主办：江苏师范大学哲学范式研究中心

当代中国马克思主义哲学研究

Marxist Philosophical Researches in
Contemporary China

2016

主　编　任　平
副主编　曹典顺　李惠斌

【总第 5 辑】

中央编译出版社
Central Compilation & Translation Press

《当代中国马克思主义哲学研究》

学术委员会主任：陈先达

学术委员会：

(按姓氏笔画排列) 丰子义　王南湜　孙正聿　刘森林　刘陆鹏
　　　　　　　　张一兵　杨　耕　陈先达　陈　忠　杨金海
　　　　　　　　汪信砚　吴晓明　李景源　欧阳康　郝立新

主　编：任　平

副主编：曹典顺　李惠斌

编委会：任　平　曹典顺　李惠斌　冯建华　孔明安

本期执行编辑：冯建华

主办单位：江苏师范大学哲学范式研究中心

江苏师范大学哲学范式研究中心

中心顾问

任平，1956年10月生，江苏高邮人，教授，博士生导师，中国人民大学哲学博士，江苏师范大学前校长。中央"实施马克思主义理论与建设工程"专家，教育部教学指导委员会委员，国家哲学社会科学基金项目评审专家。江苏省哲学学会副会长，江苏省政治学会副会长。

中心主任

曹典顺，1966年6月生，江苏沛县人，教授；吉林大学哲学博士，江苏师范大学哲学一级学科硕士点带头人，江苏重点学科（哲学）带头人，江苏省高校哲学社会科学优秀创新团队负责人，江苏省"333工程"中青年学术带头人。中国马克思恩格斯研究会常务理事。

中心简介

江苏师范大学哲学范式研究中心（以下简称"范式中心"），又称马克思主义哲学范式研究中心，成立于2011年，顾问是任平教授，主任为曹典顺教授。范式中心设有范式创新研究所、发展理论研究所、过程哲学研究所、传统文化现代化研究所、美国哲学研究所、自然辩证法研究所、法哲学研究所7个学术机构，校内和校外研究人员26人。范式中心在学科带头人曹典顺主任的带领下，2016年哲学学科成为江苏省五大哲学重点学科之一，哲学团队获批2017年江苏高校哲学社会科学优秀创新团队。

范式中心围绕马克思主义哲学研究范式创新问题、中国特色社会主义建设问题，展开了广泛而深入的研究，获批国家社科基金重大、重点、一般、后期资助项目21项，在《中国社会科学》《哲学研究》《马克思主义研究》《马克思主义与现实》等刊物上发表了一系列高水平的学术成果。

范式中心一方面立足于已有基础，继续发挥既有特色优势，争取建立当代中国马克思主义哲学研究的"评价中心"；另一方面，进一步拓宽研究思路与视野，更新研究方法与观念，加强与国际哲学界的交流，争取成长为国内外有一定影响力、特色鲜明的马克思主义哲学"国际交流中心"。

范式中心分别于2011年、2013年、2015年成功举办"中国马克思哲学高峰论坛（2011）"、"中国马克思哲学高峰论坛（2013）"、"中国马克思哲学高峰论坛（2015）暨中美哲学家论坛"。国内外众多知名专家学者云集论坛，《光明日报》理论版、《中国社会科学报》、《哲学动态》刊登论坛研究综述或专题报道，在国内外产生一定的学术影响。

以方法论自觉推动中国马克思主义哲学协同创新体系建设

——《当代中国马克思主义哲学研究》出版五周年记

摆在我面前的两个相互关联的学术物件，勾起我们对初创岁月的回忆，不由得让人生出诸多感慨。在纷扰变幻的学术史长河中，它们近似转瞬即逝的两朵小小浪花，然而却具有象征意义。

一是随着《当代中国马克思主义哲学研究 2016》的问世，标志着"当代中国马克思主义哲学范式研究"事业从初创到今天，已悄悄跨过不平凡的五年，来到了一个时间节点，可以稍做盘点。

二是全国哲学社会科学基金规划办公室颁发的项目结项证书，这一证书所标注的项目也是造就上述事业的起源：我主持的国家重点项目"当代中国马克思主义哲学研究范式的创新研究"因获得"免于评审结项"的等级而圆满画上句号。

人生学术道路虽然漫长，但是关键的只是其中走过的几步。五年时光虽然不长，但是这一事业的开拓史却绝非平凡！

"却顾所来径，苍苍横翠微"。同步、动态地考察当代中国马克思主义哲学前沿状况，是我几十年来始终如一的追求。在改革开放的 20 周年、30 周年纪念之际，我都策划主编了《当代视野的马克思主义哲学》一书，旨在展示学术前沿、介绍理论成果、刻画学派脉络。为此邀请全国著名的老中青三代学者供稿，分别以对马克思主义哲学体系理解和研究范式为主题，委托苏州大学出版社和人民出版社于1998年、2008年出版。2007年，我还与《中国社会科学》杂志社联合举办了主题为"当代中国马克思主义哲学研究范式：创新与转换"的全国第7届"马克思哲学论坛"，次年出版了与会议主题同名的论集。然而，发端于苏州大学的种种谋划和前期准备，直到我来徐州工作才真正落地。2010年，我主持的"当代中国马克思主义哲学研究范式创新研究"这一国家社科重点项目获得立项。在我和师大的课题团队看来，这不仅仅是一个项目，更是一个具有重大而深远意义的事业的开端，是以往谋划落地的标志。我们不是简单将之当作一个由有限经费资助的有限课题来对待，而是把它当作具有无限发展前景的无限事业来加以谋划，当作我们学术和学科发展总体战略的一个重要起点。这一事业就是：我们要建立全国唯一的当代中国马克思主义哲学研究范式的研究中心，相应建立当代中国马克思主义哲学研究范式的资料中心。我们从零起步，由这一重点项目开端，我们聚焦新中国成立以来，特别是改革开放近40年来当代中国马克思主义哲学研究的前沿，用研究范式这一"方法论自觉"的视域来系统观察、深描学术前沿状况，归纳和总结学术研究和理论创新的成果，与全国29个马克思主义哲学博士点合作，重点关注全国知名学术人物和他们的学术成果，努力揭示当代中国马克思主义哲学创新研究的图景、机制和演化图谱，同步、动态地书写活生生的当代中国马克思主义哲学史。为此，我们要跨三个台阶。第一个台阶即先做资料中心，建立当代中国马克思主义哲学研究数据库。大量收集新中国成立以来、特别是改革开放以来当代中国马克思主义哲学界老中青三代学者们的学术论著、会议发言和其他各种前沿学术思想动态，力争成为当代中国马克思主义哲学研究领域全国最权威的资料中心和数据库。跨上这一台阶，首先在观念上就要打破"当代人不做当代史"的陋俗，为当代中国马克思主义哲学学者留名留痕，相信这一文献资料和数据库不仅对于以后的中国马克思主义哲学史研究，而且对于走向世界的中国马克思主义哲学用以扩大国际影响和开展国际交流，更是不可或缺的重要条件。第二个台阶是研究中心。文献资料和数据库，只有在深度挖掘和系统研究中才显现出它的重大意义。多年以来，虽然学界以各种方式关注当代中国马克思主义哲学前沿状况，用以反映学术前沿动态、评价得失、提出某些建设性发展的意见。但这些报告和评述存在以下问题：第一，缺乏在大数据条件支撑下建立关于当代中国马克思主义哲学研究学术成果的全方位的、系统的数据库，因而其研究和评价缺乏应有的科学数据支撑。第二，缺乏方法论自觉，只有部分的前沿描述、成果介绍和观点评价，缺乏对材料和数据进行本质性穿透和分析的方法论视域。因而，研究和评述难以达到本质性的、严格的、应有的高度。第三，没有将项目研究成果转化为咨询智库，进而既缺乏从总体上对当代中国马克思主义哲学创新学术史发展脉络和整体发展图景的深刻了解和把握，更缺乏一个能够同步、同态、同构地反馈研究成果、支撑理论创新的协同创新体系。在我看来，学术史叙事的灵魂在于方法论自觉。超越记述史、穿透学术史"完整的表象"而达到"抽象的规定"的"方法论自觉"，就是把握这一创新学术史中次第出场的研究范式。研究范式作为研究群体自觉的行为规范、总体方法和基本路径，是时代思维方式的集中体现，是学术见解、观点和理论创新的根基与灵魂，是当代创新学术史坐标和图谱的轴心。每一个重要研究范式的变革，都引起创新学说史图景的整体转换。以研究范式为切入点，准确把握当代创新学术史的范式图谱构变，就可以循此脉络深度理解和把握当代中国马克思主义哲学研究的创新学术史。

基于"方法论自觉"，我们不仅深度刻画国内各马克思主义哲学博士点学科已经形成的马克思主义哲学的"教科书改革"、"原理研究"、"哲学史研究"、"文本—文献学解读"、"与当代西方哲学对话"、"反思的问题学"、"中国化"、"部门哲学"、"出场学"等九种研究范式的历史成因、基本特征、主要创新功能和内在局限等，并且进一步深度探索从范式到创新学术史图谱全景，把握其中的四个关键环节：第一，科学界定各种研究范式创新特色，进而阐明多元创新范式之间既竞争又互补的相互关系。第二，从研究范式的彼此孤立分析走向整体关联研究。在多元范式中寻找支配和影响其他范式的范式，即"轴心范式"，它形成理论创新的坐标，进而由坐标扩展成为理论创新的学术图景。每一个理论创新时代之所以相互区别，主要是由轴心范式构成的学术图景的不同而造成的。第三，深描学术图景之间的历史转换。学术图景之间的连续、断裂和辩证转换，共同造就了学术图谱（学术图景转换史）。第四，每一种学术图景的发生与转换，都是在一定的历史语境中出场的，都依赖于一定的历史场域、一定的出场路径、一定的出场方式，表现为一定的出场形态。因此，历史的出场逻辑与思想的出场逻辑的对应生成，就是本文所指的创新学术史。

第三个台阶就是由文献资料中心、研究中心而升级为评价中心，成为全国唯一的专门智库。我们不仅每年书写每一个研究范式的年度进展的研究报告，而且深度分析各个研究范式的利弊得失，并且建立创新指数。"创新指数"（CI）用以表示各个范式的理论创新功能的程度，它是指某一研究范式所推动、包含、催生的新概念、新思想、新原理、新领域、新理解方式与这一范式涵盖的全部论著基数之比。

$$CI = c_1 + c_2 + c_3 + c_4 + c_n \cdot t_0 / Sn(t_0) \cdot 1/100$$

其中 CI 为创新指数，c 系列为各个类别的创新数量，t_0 是时间段，Sn 是某一范式影响下全国发表的论著数量总和，而 1/100 是系数比。也就是说，在某一时间段中，某一范式推动、催生、提供的创新内容数量与同期范式支配下的论著数量之百分比。待年度研究报告出版后，我们联合全国相关博士点每年召开学术研讨会，发布报告，陈述各个研究范式的经验和问题，与研究者和研究机构深度交换意见，以期同步、同态、同构地推动全国马克思主义哲学研究更快、更好地发展，形成一个全国马克思主义哲学研究的协同创新体系。

当然，我们的野望目标更高。我们还期望将来成为当代中国马克思主义哲学研究的国际学术交流中心，让世界相关学术机构和学者通过我们的窗口来更全面、更系统地了解当代中国马克思主义哲学研究的现状，以更好地促进相关国际学术交流。为此，我们在力所能及的范围内召开国际学术研讨会和交流会。

五年来，我们的事业似乎有了长足进展。盘点一下收获，可以交出一份让人欣慰的答卷：建立江苏师范大学马克思主义哲学研究范式研究中心（2010年7月）、在该领域建立了全国第一个专业数据库（2010年12月）、与全国29个马哲博士点建立合作科研关系（2011年7月）、出版年度研究集刊《当代中国马克思主义哲学研究》（已经出版2012年卷、2013年卷、2014年卷、2015年卷和2016年卷等5卷），形成丰厚的阶段性成果和10个分项目研究报告，以及按照9个研究范式每年提交一份关于全国马哲该范式的年度进展情况报告，共45份年度报告，分别都公开发表在本中心5卷集刊上，并同时作为为全国29个马哲博士点理论创新咨询的报告。在此基础上，2012年，我又进一步拓展项目视野，主持了国家社科重大委托项目"当代中国马克思主义哲学创新学术史"，进而与课题团队成员一道在《中国社会科学》、《哲学研究》、《马克思主义研究》等权威刊物上共发表论文65篇，其中被《新华文摘》全文转载7篇，《中国社会科学文摘》转载4篇，人大复印报刊转载18篇。出版著作5部，其中译著1部。获得江苏省哲学社会科学优秀成果一、二等奖各1项，教育部优秀科学研究成果奖（人文社会科学）三等奖1项，五年来举办国际、国内高端论坛5次，产生了重要的学术影响。由一个项目开端的事业，在顶层设计上，不仅圆满完成了一个研究报告，而且创新地用本项目撬动**一个事业的初步达成**，即全面推进当代中国马克思主义哲学研究**协同创新体系的建立**，即"五个一"：**一个总体目标方案、一个可持续的研究平台及其网站、一个专业数据中心和评价中心、一个出版交流的窗口（年度连续出版物）、一个与当代中国马克思主义哲学创新研究同步、同态、同构闭环反馈意见建议和持续改进的系统，既是研究成果产出基地，更是助推创新大局的智库**。本项目支撑的范式中心已经成为全国马哲著名的学术中心和发展智库，成为江苏省重点研究基地、国家重点研究基地的分支机构，马克思主义哲学学科成为江苏省重点学科，团队也成为江苏省优秀学术团队。已经初步推动建立了全国马哲内部良性运行、闭环改进的协同创新体系。可以说，一个项目以微薄之力，竟然带起了一片事业。然想起个中所历艰辛，不由得让人感叹，不足为外人道也。

站在五年的时间节点上，2016年卷就在内容上有了自己的特点。一是鉴于重点项目结项和重大项目的进展，本刊将最新的综合的研究成果奉献给读者。我的《当代中国马克思主义哲学创新学术史的范式图谱演化》一文就是代表，其主体部分曾在《中国社会科学》上发表。二是在范式专题类别上，强化对九大成型范式的2015年进展状况乃至整个五年研究进展的考察，形成了曹典顺和张丽霞的《论当代中国马克思主义哲学教科书研究范式的特点》、郑萌萌的《2015年中国马克思主义哲学原理范式研究综述》、冯建华的《马克思主义哲学史研究范式的视域局限及不同阶段的表现》、张丽霞的《论当代中国马克思主义哲学文本文献学研究范式的特点》、刘凤娟的《马克思哲学的理论前提及其哲学史地位——基于马克思主义哲学对话范式研究视角》、孟献丽的《时代发展和哲学创新双重视阈下的"反思的问题学"研究——2015年"反思的问题学"研究范式的研究述评》、于桂凤的《马克思主义哲学中国化研究范式：问题与出路》和《论部门哲学研究范式对马克思主义哲学的学术创新价值》、魏强的《出场学：超越解释学的文本理解新范式》等。上述研究报告的许多内容进入国家社科基金重点项目的结项报告之中，充分体现了这一专辑的时间节点的特性。三是在"专家评论"专栏中，辑选了国内两位著名长江学者杨耕和汪信砚的文章：《关于中国马克思主义哲学体系的历史沉思》和《认祖归宗与当代中国马克思主义哲学创新》。杨文对于马克思主义哲学体系的历史逻辑和当代形态，做了深度阐释。汪文对如何弘扬早年中国马克思主义者用理论聚焦和穿透重大中国现实的务实学风和理论联系实际的优良传统这一主题，做了深度挖掘。两篇鸿文论题聚焦、挖掘颇深、视野开阔，为本专辑大大增色。四是学术争鸣有了新突破，发表的四篇论文分别是刘李的《马克思政治经济学的四重维度——兼评曹典顺〈政治经济学与唯物史观的内在关联〉一文》，对曹典顺在《中国社会科学》杂志发表的论文做了评述，杨思基、徐甜甜、毛健在《历史唯物主义术语与内涵之考证》一文中对于历史唯物主义一词做了源流考证，乔茂林的《中国马克思主义文本学研究范式的兴起与架构及可能走向》一文对文本学研究范式的发展源流和未来趋向做了评述，姜海波的《论争：作为马克思主义哲学的出场形态之一》一文对论争作为未来研究范式可能性进行了思考，这些文章都具有启迪心智、催人深思之功效。五是在发展理论方面，继续发挥作为国家研究分支机构的"中央编译局江苏师范大学发展理论研究基地"的学术功能，推出王建明的《绿色发展的文化路径》，李齐、田辉玉的《驾驭资本与中国道路——马克思〈1844年经济学哲学手稿〉深度阐释》，李包庚、周文娟《生态危机背景下"人类命运共同体"思想的出场逻辑》四篇论文，多角度深化了发展哲学的研究。六是在国外视点上，选择了著名学者张一兵教授的《历史地理唯物主义与关系性存在论》一文，在与美国著名空间生产批判的马克思主义学者大卫·哈维的对话中阐释自己的关系性存在论的新思想。另一篇则选择了由阳翻译的日本著名马克思哲学学者内田弘的《马克思的斯宾诺莎〈神学政治论〉研究的问题像》一文，以飨读者。

另外还需要做出说明，为了与江苏师范大学机构名称保持一致，以后本刊的主办单位由原来的"江苏师范大学当代中国马克思主义哲学研究范式创新研究中心"改为"江苏师范大学哲学范式研究中心"。

五年辛劳，五年耕耘，五年收获。回顾以往，我们欣慰；展望未来，信心百倍。在上下求索的新征程中，愿读者继续支持我们的事业，我们同仁一定不负众望，再鼓雄风，再创辉煌。

是为序。

任 平

2017年秋日

目录 Contents

当代中国马克思主义哲学创新学术史的范式图谱演化

 任　平 …………………………………………………… 1

一　范式专题

论当代中国马克思主义哲学教科书研究范式的特点

 曹典顺　张丽霞 …………………………………………… 3

2015 年中国马克思主义哲学原理范式研究综述

 郑萌萌 ……………………………………………………… 18

马克思主义哲学史研究范式的视域局限及不同阶段的表现

 冯建华 ……………………………………………………… 35

论当代中国马克思主义哲学文本文献学研究范式的特点

 张丽霞 ……………………………………………………… 46

马克思哲学的理论前提及其哲学史地位

 ——基于马克思主义哲学对话范式研究视角

  刘凤娟 ……………………………………………………… 59

时代发展和哲学创新双重视阈下的"反思的问题学"研究
——2015年"反思的问题学"研究范式的研究述评

　　孟献丽 ………………………………………… 71

马克思主义哲学中国化研究范式：问题与出路

　　于桂凤 ………………………………………… 90

论部门哲学研究范式对马克思主义哲学的学术创新价值

　　于桂凤 ………………………………………… 109

出场学：超越解释学的文本理解新范式

　　魏　强 ………………………………………… 126

二、专家评论

关于中国马克思主义哲学体系的历史沉思

　　杨　耕 ………………………………………… 143

认祖归宗与当代中国马克思主义哲学创新

　　汪信砚 ………………………………………… 162

三、学术争鸣

马克思政治经济学的四重维度
——兼评曹典顺《政治经济学与唯物史观的内在关联》一文

　　刘　李 ………………………………………… 173

历史唯物主义术语与内涵之考证

　　杨思基　徐甜甜　毛　健 ……………………… 189

中国马克思主义文本学研究范式的兴起与架构及可能走向

　　乔茂林 ………………………………………… 218

论争：作为马克思主义哲学的出场形态之一

  姜海波 ………………………………………………………… 238

四、国外视点

历史地理唯物主义与关系性存在论

  ——张一兵与大卫·哈维的对话

  张一兵 〔美〕大卫·哈维 ………………………………… 251

马克思的斯宾诺莎《神学政治论》研究的问题像

  〔日〕内田弘 ……………………………………………… 263

五、发展理论

绿色发展的文化路径

  王建明 ………………………………………………………… 297

生态危机背景下"人类命运共同体"思想的出场逻辑

  李包庚 周文娟 …………………………………………… 323

驾驭资本与中国道路

  ——马克思《1844年经济学哲学手稿》深度阐释

  李 齐 田辉玉 …………………………………………… 337

当代中国马克思主义哲学创新学术史的范式图谱演化

任 平

[摘 要] 研究当代中国马克思主义哲学的创新学术史，我们必须要穿越"人名、书名的历史"表象，抵达学术创新逻辑的底蕴，在深描马克思主义哲学中国化、时代化、大众化学术演化图景的同时，深刻把握作为"方法论自觉"的研究范式的创新与转换。研究范式作为研究群体自觉的行为规范、总体方法和基本路径，是时代思维方式的集中体现，是学术见解、观点和理论创新的根基与灵魂。每一个重要研究范式的变革，都引起创新学说史图景的整体转换。在解放思想、锐意创新的当代中国马克思主义哲学学术史图景上，教科书改革、原理研究、文本学—文献学解读、马克思主义哲学史、与中西方哲学对话、反思的问题学、部门哲学、马克思主义中国化、马克思主义出场学等相继成为推进理论创新的研究范式，成为这一时代理论创新的本真逻辑。多元范式之间关系是不均衡的。重要范式构成了学术图景的轴心。轴心范式通过支配其他研究范式构成纵横坐标，扩展为理论创新的学术图景。当代中国，由四大轴心范式构成的四大学术图景，经历三次转换，形成了范式

---

* 本文系国家社科重大招标项目"当代中国马克思主义哲学创新学术史研究"（项目编号：12&ZD108）的阶段性成果。

图谱的演化逻辑。揭示这一演化逻辑，就展示了当代中国马克思主义哲学创新学术史的本真结构。只有认真考察各个范式以差异方式推动理论创新与马克思主义整体性发展之间的关系，才能把握这一时代创新学术史的演化规律。

[**关键词**] 马克思主义哲学　创新学术史　范式图谱

一、创新学术史研究：前提反思与"方法论自觉"

研究当代中国马克思主义哲学创新学术史（以下简称创新学术史）具有重大意义。伟大的时代总是产生创新的思想。马克思说："任何真正的哲学都是自己时代的精神上的精华"，"文明的活的灵魂"。① 如果说，一个时代的学术史展现这一时代学术发展的基本脉络和主要成就，那么，创新学术史则反映和体现以思想和学术创新为鲜明特征的伟大时代的学术理路。新中国成立以来、特别是改革开放新时代以来的马克思主义中国化、时代化、大众化进程不仅走出了实现中华民族伟大复兴的中国道路，创造了新时期毛泽东思想和中国特色社会主义理论体系两大飞跃性成果，同时也极大地推动了马克思主义哲学学术研究的繁荣和发展。这一繁荣和发展不仅表现在学界对马克思主义哲学原理研究的不断深入，以《马克思恩格斯全集》历史考证版（MEGA2）研究为标志的马克思主义文本文献学意义上的翻译、出版和解读成果的不断问世，马克思主义中国化问题反思和理论原创空间的蓬勃兴起，对国外马克思主义各类人物、思想和著作译介或评价的大量涌现，对中国特色社会主义重大理论问题的反思和部门哲学的阐释，更表现为理论自觉、文化自觉和方法论自觉，出现了丰富多样的研究范式和独特路径，以及致力于原创中国理论和中国话语的中国马克思主义学科体系、教材体系、学术体系的建设与完善。因此，这一学术史所具有的鲜明时代特征就是理论创

---

① 《马克思恩格斯全集》第1卷，北京：人民出版社1995年版，第220页。

新，其演化逻辑突显了这一伟大时代中理论创新和学术繁荣、成果斐然和学派纷呈的基本样态，因而是创新学术史的典范。本文致力于研究的"当代中国马克思主义哲学创新学术史"，正是指新中国成立以来、特别是改革开放30多年来发生在中国大地上反映和指导中国特色社会主义伟大实践的中国化、时代化、大众化的马克思主义哲学在学术领域的创新发展的理论图景，是世界经历了新旧全球化时代大转换、中国进入社会主义建设、改革、发展时代并走向世界的中国马克思主义哲学思想与学术的原创过程，是在复杂现代性语境中创造"新现代性"即中国特色社会主义道路的马克思主义哲学的理论体系和话语体系形成演化逻辑。深描创新学术史的图景，厘清其在学术地理中的主要脉络和创新走向，概括和总结创新学术史的深刻经验，以范式图谱构变来反观和书写创新学术史谱系，以便同步、同态、同构地助推当代中国马克思主义学术创新，这一研究本质上是在一个伟大创新时代"思想创新出场的反思逻辑"。这不仅成为当代人治当代史、当代研究推动当代学术创新的典范，同时对学界自觉秉持文化自信和理论自信、推动中国原创学术走向世界具有重大价值。

学术史叙事的灵魂在于方法论自觉。学术史出场样态与方法论的关系，一如黑格尔在《哲学史讲演录》中所说的体系与方法的关系。即体系=方法在内容中的展开，而方法=抽象了内容之后的体系。因此，方法论不是学术史出场样态的外在路标，而是学术史样态的学术理路与内在逻辑。创新学术史决不等于列宁所批评的"人名和书名"的历史，或者如科林伍德所批评的"剪刀+浆糊"的历史。创新学术史也不能"述而不作"、仅成为有关学术事件和人物的记述史或编年史。因为这一记述史或编年史仅仅建立了对各种相关数据外在历史表象的基本联系，只能达到马克思在《资本论》中所说的"完整的表象"或"感性的具体"，而没有抓住学术史的内在理路、脉络、本质和规律，看不见思想创新的必然流动逻辑，根本无法将创新学术史当作一个由若干本质性规定综合而成的"理性具体"来加以把握。

超越记述史、穿透学术史"完整的表象"而达到"抽象的规定"的"方法论自觉",就是把握这一创新学术史中次第出场的研究范式。研究范式之所以能够成为这一创新学术史的"抽象规定",源于以下理据。第一,研究范式作为研究群体自觉的行为规范、总体方法和基本路径,是时代思维方式的集中体现,是学术见解、观点和理论创新的根基与灵魂。每一个重要研究范式的变革,都引起创新学说史图景的整体转换。马克思曾经这样来阐释工具对于人类发展的重大作用:"各种社会经济形态的区别,不在于生产什么,而在于怎样生产,用什么劳动资料生产。劳动资料不仅是人类劳动力发展的测量器,而且是劳动借以进行的社会关系的指示器。"①马克思和恩格斯曾经将辩证法称之为是他们最好的思维劳动工具。研究范式也同样如此。通过研究范式的脉络,我们可以找到当代中国马克思主义哲学创新研究的测量器和指示器。第二,哲学研究范式是当代创新学术史坐标和图谱的轴心。以研究范式为切入点,准确把握当代创新学术史的范式图谱构变,就可以循此脉络深度理解和把握当代中国马克思主义哲学研究的创新学术史。第三,根据马克思关于"人体解剖是猴体解剖锁钥"的"从后思索"方法,站在中国马克思主义哲学学术史繁荣与创新这一经典时代的范式图谱构变的制高点上,就可以反观百年马克思主义哲学中国化学术史。

研究范式的创新已经成为当代中国马克思主义哲学思想解放、观念进步、学术发展的原创思想动力和方法论前提。基于"方法论自觉",国内各马克思主义哲学博士点学科在推进理论创新的进程中已经形成了马克思主义哲学的"教科书改革"、"原理研究"、"哲学史研究"、"文本—文献学解读"、"与当代西方哲学对话"、"反思的问题学"、"中国化"、"部门哲学"、"出场学"等九种研究范式,并且日趋完善。以"方法论自觉"秉持研究范式推动学术创新,日益成为当代中国马克思主义哲学研究的主流趋势。科学辨识、界分和评价这些研究范式,系统

---

① 《马克思恩格斯文集》第5卷,北京:人民出版社2009年版,第210页。

考察各个研究范式的历史成因、基本特征、创新功能、内在局限和未来走向，至今仍然是学界应当着力深度开展研究的课题。然而，仅仅基于各个单一范式功能的研究，仍不足以整体准确勾画当代创新学术史的全貌。只有从研究范式整体出发，上升为学术图景甚至图谱的高度，转换为出场学视域，才能真正揭示当代中国马克思主义哲学与时俱进的创新逻辑。基于这一新的理解，本文需要进一步深度探索的问题是：这些范式如何转换成为当代中国马克思主义哲学创新学术史图谱？其中的机制和结构是什么？我们能否按照"抽象上升为具体"的叙述逻辑使这一过程再现出来？

总的来说，按照"从抽象上升到具体"的方法论原则，叙述这一过程至少需要经过四个关键环节：第一，穿越学术史表象而深入到"抽象的规定"，科学界定各种研究范式的视域差异，分析它们在推动理论创新功能方面的各自特色，进而阐明多元创新范式之间既竞争又互补的相互关系。只有科学解释这些范式的成因、基本结构和特征，分析其创新的作用和缺陷，分析其多元范式相互作用而生成的学术谱系和图景，我们才能真正找到创新学术史的本质结构和"发展规律（与时俱进的思想逻辑）"。第二，从研究范式的彼此孤立分析走向整体关联研究。在多元范式中，存在着支配和影响其他范式的范式，我们称之为"轴心范式"，它形成理论创新的坐标，进而由坐标扩展成为理论创新的学术图景。每一个理论创新时代之所以相互区别，主要是由轴心范式构成的学术图景的不同而造成的。第三，深描学术图景之间的历史转换。学术图景之间的连续、断裂和辩证转换，共同造就了学术图谱（学术图景转换史）。第四，每一种学术图景的发生与转换，都是在一定的历史语境中出场的，都依赖于一定的历史场域、一定的出场路径、一定的出场方式，表现为一定的出场形态。因此，历史的出场逻辑与思想的出场逻辑的对应生成，就是本文所指的创新学术史。

二、多元研究范式的界分

创新学术史所形成的九种研究范式：马克思主义哲学的教科书改革、原理研究、哲学史、文本—文献学解读、与当代西方哲学对话、反思的问题学、部门哲学、中国化、出场学等，历时态地依次出场，共时态地互补关联，共同构成马克思主义哲学创新研究的范式图谱。研究范式在本质结构上构成创新学术史图谱的微观基础；而创新学术史图谱则成为多元范式相互作用的宏观表现。考察各研究范式在这一图谱中具有自身的历史成因、基本特征、创新功能、内在局限、未来走向，成为深描创新学术史图谱的逻辑起点。鉴于笔者在以往研究中对此已有论述，因此，在此只需要撮其大要，以便作为进一步考察它们之间相互关系及其结果形态的微观基础。①

"马克思主义哲学教科书改革研究范式"（简称教科书改革）一直是中国研究与普及马克思主义哲学的主要方式。教科书改革范式的形成有三个原因：实现马克思主义大众化；巩固马克思主义哲学在意识形态领域指导地位；反映时代创新发展。教科书最大特点即内容原理化、逻辑体系化、表达教科书化。教科书改革范式的内在矛盾是：内容时代化与表达原理化、教科书化之间存在着历史性与原理性、相对性与绝对性、变化性与稳定性、原理共识与个性表达的矛盾。前者是不断变化的，后者则是相对稳定的，易于导致体系话语教条化的结果。原理研究范式就是因克服这一局限的需要而产生。

"马克思主义哲学原理研究范式"（简称原理研究）是以专著、论文等话语形式表现出来的研究方式，其特点是：表达主体更适合学者个体；研究、创新和表达更加自由、个性化；领域分散化，拓展了对马克

---

① 关于九种研究范式的界分、特点和创新功能，请参见任平：《当代中国马克思主义哲学研究范式的创新与转换》，载《哲学研究》2012 年第 3 期。

思主义哲学的多种理解体系、诸多新哲学领域研究。原理研究范式也存在着逻辑表达与历史变化、相对性与绝对性的矛盾，缺乏文本、历史和现实根据的支撑，容易陷入片面的"一家之言"，存在"非法引证"问题。马哲史研究范式因其局限而生，起到巨大的补正作用。

"马克思主义哲学史研究范式"（简称马哲史）的历史成因有三：冲破苏联教科书的教条性理解、更加历史地、完整准确地理解马克思主义哲学；与西方"马克思学"的误读展开对话与论辩；全面梳理马克思主义发展逻辑、创新理解马克思主义中国化最新成果。其基本特点是：历史性解读，即从思想史发展的角度看马克思主义哲学发生、发展、演化的过程；规律性解读，从思想史逻辑中总结马哲史发展规律，指导当代马克思主义哲学创新；对话性解读，每一研究都需要与西方马克思学展开对话，从而在论辩中得出结论。其创新功能是，历史性描述和开放性解读，使学者以发展的眼光看待马克思主义哲学的出场和在场，强调马克思主义哲学的与时俱进。

"马克思主义文本文献学解读研究范式"（简称文本—文献学解读）的出场原因有三：深度理解马哲史需要，没有文本文献学的深度准确理解，也就没有正确的马哲史；与西方马克思学等思潮展开对话、抢夺文本解释话语权；正本清源、推动马克思主义哲学创新。这一范式的基本特点是：通过版本学比较、文本编纂和意义解读来理解马克思主义哲学，进而通过以时代视域解读文本来实现理论创新。这一研究范式对于学者的学术技术规范要求很高。其局限性在于，文本研究不能替代现实关照，对其崇古向度的反思就引起学者提出新的研究范式。

"与当代西方哲学对话研究范式"（简称对话）的历史成因有二：迎接西方思潮挑战、激活马克思主义思想资源、捍卫马克思主义地位；彰显马克思主义当代意义、激活思想资源、推动创新。其创新功能在于：深入了解了当代西方学术前沿，使中国学界与西方学术前沿差距逐步缩小，又锻炼提高了中国学者的理论素养和对话水平，展示了中国学术的风采，在国际学术场域中中国学术的声音从无到有、从少到多、从弱到强,逐步解构和打破了西方学术一统天下的话语霸权。对话研究范式也问题在于,易于将西方思潮嫁接到马克思主义哲学,出现"以西解马"、食洋不化的现象。因而必须从自己的实践出发,反思中国时代化重大现实问题。

"反思的问题学研究范式"有三个出场原因:扭转食洋不化现象,实现中国学术的原创性研究;以重大现实问题为中心,以改变世界的实践为灵魂,以解决时代的重大现实问题为归宿,强力推进当代中国特色社会主义发展;问题学导向是马克思主义哲学自身创新的必然路径。这一范式的基本特点是,它既是问题学的,也是反思的,是反思的问题学。其创新功能是,直面现实问题本身,不断推动理论拓展、理论创新。这一范式取得重大的理论进展,形成了一系列新思想、新概念、新命题。其局限在于,对时代重大问题反思不够系统化、专门化,因而部门哲学就应运而生。

"部门哲学研究范式"(简称部门哲学)的出场有两个历史原因:原理研究范式对于各个新领域的关注,导致理论分化,出现"小体系的时代";反思的问题学研究范式需要逐步集中在一个专门领域和部门,将学科知识背景与反思的问题学的现实导向加以有机结合。其基本特点是:作为一种专门化的领域哲学理论,处在一般哲学与具体科学领域的中介位置,是某领域科学的总概括和引领性的理论。其创新功能是,催生理论创新,推动各个小体系创新理论发展。部门哲学的最终宗旨是服务于中国特色社会主义建设,因此,马克思主义中国化研究范式就必然再次出场。

"马克思主义中国化研究范式"(简称中国化)的理论特点和创新功能是:聚焦中国问题,我们的研究要以中国问题为中心;坚守中国立场,我们研究中国问题的立场要坚定地从中国人民立场出发;创新中国视域,要有自己的理论眼光和理论视域;原创中国理论,真正解释和指导自己的实践;形成中国学术话语,使中国学术走出国门,影响世界学术。当然,所有的研究不能仅仅停留在理论和思想层面,还需要研究产生思想、创造思想的历史底蕴和时代基础。这就呼唤"马克思主义出场学研究范式"的出场。

"马克思主义出场学研究范式"（简称出场学）是研究马克思主义与时俱进逻辑的科学。其宗旨是阐释在不断变化的时空语境中，马克思主义如何不断适应时空变化，而创新地出场。它具有三个基本特点：其一，建立马克思主义与时俱进逻辑的空间坐标，其中包括"两大地平线"：时代历史地平线的变化逻辑；在历史地平线上，马克思主义出场形态发生创新型改变的逻辑。两条地平线造就四个模块（当年历史语境—当代语境；当年马克思—当代马克思主义），因而构成了出场学研究范式的基本话语空间。其二，马克思主义哲学体系的本质是由一定的历史语境造就、依赖一定出场路径的出场形态，决不能教条主义地将其看成一经出场就永恒在场不变的理论体系，马克思主义只有不断创新出场才能秉持在场，而创新就是差异。其三，马克思主义创新过程充满着出场学的辩证法，其中主要是"出场"和"在场"的循环、"同一"与"差异"的循环。马克思主义只有在历史、全球化两个维度上看马克思主义在全球和时代的创新变化，才能真正理解中国特色社会主义的当代出场形态的合理性。

可见，研究范式的出场，是学术创新的需要；而各个研究范式在推动马克思主义哲学创新的作用路径、机制和方法论特点是各不相同的。其中，学界观察研究范式的创新功能一般包括广狭两个方面。狭义即指科研论著的数量及其创新指数。广义还包括学者创新素养与学术共同体的成长；学术研究基地和平台的建设；学科建设的水平、质量和方向特色；等等。广义涉及的其他方面，有待知识社会学加以深度研究。由于本文主题所限，本文主要着眼于考察狭义作用的方面。对此，我们可以从以下两个视角来加以观察。其一，是各个研究范式对于学术文献产出的贡献量。笔者领衔的学术团队依托大数据支撑条件下建立"当代中国马克思主义哲学研究数据库"，在专业数据采集基础上，得出了各个归类于研究范式的文献产出统计数据①（见表1）：

表1 文献产出统计

研究范式/学派	学派名称	发表论著：图书(种)/论文(篇)		
		1949—1989	1990—1999	2000—2015
教科书	教科书学派	378/12718	179/16671	325/25215
原理研究	体系学派	118/12677	365/78076	385/93152
马克思主义哲学史	历史学派	139/1121	176/3520	217/4212
文本—文献学解读	经典学派	57/260	61/725	146/2127
对话	文化学派	167/2329	278/7263	352/11369
反思的问题学	批判学派	216/211870	337/252712	498/41768
部门哲学	分析学派	126/12190	229/22317	376/22913
马克思主义中国化	本土化学派	174/22750	236/35998	762/58249
出场学	辩证学派	0/0	1/4	33/1274
总计	9	1375/275915	1862/417282	3094/260279

需要说明的是，由于当代中国马克思主义研究中的学派形成的稳定程度不同，各位学者对于学派的皈依程度不同，因此，我们还能够看到同一个学者虽然以某个范式研究为主体，但是并未完全阻断他尝试着在使用其他范式做研究，也就是说，他们并没有"从一而终"。因此，我们在不同范式和学派描述时，也会同时发现他们的学术身影置于其中。每个范式的产出用图1表示：

---

① 数据来源：江苏师范大学"当代中国马克思主义哲学研究范式研究中心"根据中心收集资料和对"超星现代发现"、"万方数据知识服务平台"和"维普期刊资源整合服务平台"三大数据库，论著形式主要包括全国347家图书馆及范式研究中心数据库所收藏的数据：图书、期刊、报纸、学位论文、会议论文等。由于数据库赖以识别的数据模型采取模糊识别等原因，其中各个范式类别的统计数据可能有部分的交叉，大约不超过10%。

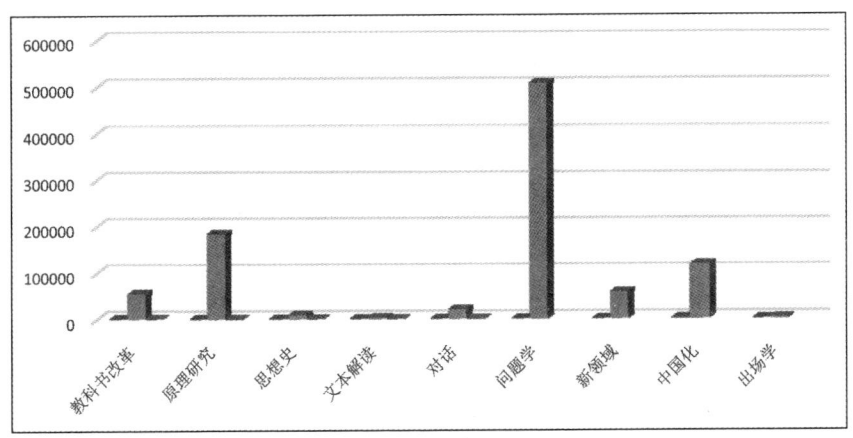

图1

其二，各个基本研究范式的创新功能，还可以"范式创新指数"作为评价尺度，评价各理论范式创新度的基本状况。

"创新指数"（CI）用以表示各个范式的理论创新功能的程度，它是指某一研究范式所推动、包含、催生的新概念、新思想、新原理、新领域、新理解方式与这一范式涵盖的全部论著基数之比。

$$CI = c_1 + c_2 + c_3 + c_4 + c_n \cdot t_0 / Sn(t_0) \cdot 1/100$$

其中 CI 为创新指数，c 系列为各个类别的创新数量，t_0 是时间段，Sn 是某一范式影响下全国发表的论著数量总和，而 1/100 是系数比。也就是说，在某一时间段中，某一范式推动、催生、提供的创新内容数量与同期范式支配下的论著数量之百分比。如果我们用这一个公式为指标，新中国成立以来、特别是改革开放以来各个研究范式的理论创新的大致情形如表2：

表2 理论创新情况统计

研究范式	创新总量 C（1949—2015）	T(1949—2015)	Sn(t_0，即同一时期该范式发表论著总量）	创新指数
教科书	8998	T(1949—2015)	942/54604	0.162

（续表）

研究范式	创新总量C（1949—2015）	T(1949—2015)	Sn(t_0，即同一时期该范式发表论著总量)	创新指数
原理研究	62268	T(1949—2015)	868/183905	0.337
马克思主义哲学史	2055	T(1949—2015)	532/8853	0.219
文本文献学解读	1154	T(1949—2015)	264/3112	0.286
对话	9378	T(1949—2015)	797/20961	0.431
反思的问题学	170486	T(1949—2015)	1051/506350	0.336
部门哲学	18783	T(1949—2015)	731/57420	0.323
马克思主义中国化	34505	T(1949—2015)	1172/116997	0.292
出场学	396	T(1949—2015)	34/1278	0.302
范式平均	34224		710/105942	0.298

上述表格①换算成图2：

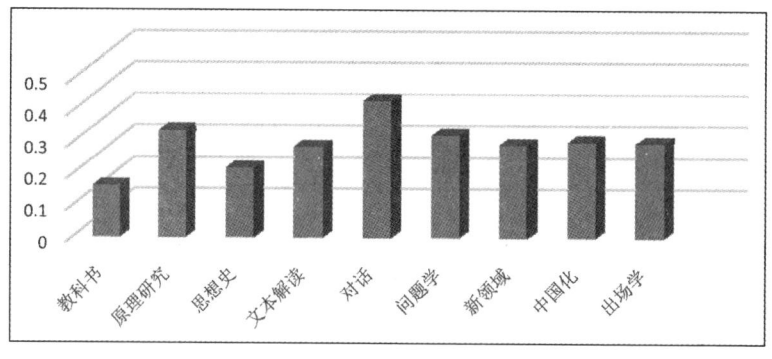

图2

---

① 资料来源：根据表1数据，再根据江苏师范大学马克思主义哲学范式研究中心对各个范式创新总量的计算，加以数据处理而来。因为上述关于各个范式发表总量数据中可能存在着10%左右的相互交叉的模糊地带，因此，上述数据计算结果仅做参考。转引时请慎重使用。

可见，九大研究范式由于历史成因不同、基本特征不同，在推动学术创新成果方面的功能也就显现出一定的差异。

研究范式的创新驱动功能还涉及更广的方面，例如，不同的研究范式作为学术共同体的共同研究路径、研究规范、方法和工具，对于学术共同体（甚至学派）的形成、发展起着积极的作用；研究范式的形成又必然促进学科特色的凝聚，进而推动学科发展和研究基地的建设，等等。鉴于这些方面需要专门阐释，故在此不一一赘述。本文的进一步研究聚焦于：从研究范式出发，如何构成本真的当代中国马克思主义哲学创新学术史图谱？为此，我们不仅需要厘清各个单个研究范式的自我规定，而且要深度分析和把握各个研究范式之间的相互关系。

三、创新的轴心范式、纵横坐标与学术图景

虽然研究范式构成了创新学术史图谱的微观基础，但是完整描述创新学术史图谱需要整体把握多元范式的宏观结构。而要达成这一目标，我们就会发现：各研究范式决不是孤寂地在场、仅呈现为一种"散漫无机的完整性"，也不仅存在于历时态关联中，而是一经产生就存在于共时态关联中。然而，一个重大问题恰好在于：多元研究范式的各自知识生产规则、方法论，主导学术共同体的规则各不相同，那么，不同的范式是怎样被切分、拼接、组装为整体化的学术装置的呢？在它们之间的共时态关联是如何出现支配与服从关系、从而展现为一个完整学术图景的呢？从微观基础上升到宏观结构，两者之间存在着鸿沟，跨越鸿沟需要有"惊人的跳跃"。解答上述问题的奥秘，恰好是历史地和逻辑地再现创新学术史的关键。

跨越鸿沟、实现从"抽象上升到具体"过程的关键在于：在不同的创新时期、不同的学术图景中，出场的研究范式不仅数量不同，而且研究范式之间的地位和功能也不相同。其中，必有一个起主导和支配作用的范式，它的存在在所有范式共时态关联中起着支配、决定其他范式性

质和创新功能的作用。我们把这一主导范式称之为轴心范式。因为，这一范式决定着一个学术图景的根本性质和基本结构。

例如，在教科书改革时代，理论创新、哲学发展主要依靠教科书改革，呈现内容创新的时代化与话语方式的教科书化的高度统一。因此，理论创新的知识生产形式就必然表现为从旧教科书到新教科书。教科书改革成为承载马克思主义哲学内容时代化创新发展的主要路径和方式。

从新中国建立到改革开放初期，"教科书改革"就成为那一创新时期的轴心范式。教科书一直是马克思主义哲学中国化思想在场的主要方式。之所以如此，这既是源于从第二国际到前苏联的一贯学术传统，更是因为马克思主义中国化、时代化、大众化的需要，渐次成为影响中国学术展开的传统路径。从第二国际到前苏联，哲学教科书传统大致分为三个阶段。一是第二国际阶段。恩格斯在《反杜林论》中借"积极批判"杜林的机会，对"共产主义世界观"做"系统而比较连贯的阐述"，成为哲学教科书体系的主要范本。此后，狄慈根、拉布里奥拉、考茨基、梅林等第二国际理论家为了进一步完整准确地宣传马克思主义哲学，撰写了类似"教科书"的专门性著作，如考茨基的《唯物主义历史观》、拉布里奥拉的《论历史唯物主义》等。二是前斯大林阶段。从普列汉诺夫《论一元论历史观之发展》（1895）、《唯物主义历史观》（1901），列宁的《卡尔·马克思》、《马克思主义的三个来源和三个组成部分》等，都为全面阐释马克思主义哲学原理奠定了最重要的思想基础。列宁甚至称赞普列汉诺夫的著作"培养了整整一代马克思主义者"①。自德波林之后，1921 年布哈林的《共产主义 ABC》、《历史唯物主义理论——马克思主义社会学通俗教材》也曾经在过渡时期成为武装全党、教育干部的普及教材。在列宁和布哈林思想影响下，苏联学者出版了权威性版本的马克思主义哲学教科书：1922—1930 年间，由沃里夫松（1922）、萨拉比杨诺夫（1925）、蒂缅斯基（1930）等人出版了有

---

① 《列宁全集》第 19 卷，北京：人民出版社 1987 年版，第 308 页。

关"辩证唯物主义"的教科书。米丁、拉祖莫夫斯基主编的《历史唯物主义》(1932年)、《辩证唯物主义》(1934年)。1933年底,全苏共产主义学院哲学研究所出版了《辩证唯物主义和历史唯物主义》高校哲学教科书,标志着教科书话语体系范式的形成。三是斯大林时期,为了巩固执政党指导思想的主导地位,武装全党、教育人民,有必要以教科书"标准"话语、完整体系方式阐释、宣传和普及马克思主义"哲学原理"。以批判德波林为契机,斯大林撰写出版了《论辩证唯物主义和历史唯物主义》(《联共(布)党史》四章二节),奠定了"辩证唯物主义和历史唯物主义"框架。由于苏联的领导地位,这一教科书对中国马克思主义哲学产生巨大的影响。德国人塔尔海玛的《现代世界观》(1929)、日本河上肇的《马克思主义之哲学的基础》(1930)等也对中国学者产生了一定的影响。李达在大力翻译国外相关著作之余,撰写的《社会学大纲》,毛泽东同志曾经赞誉说"这是中国人自己写的第一本马克思主义哲学教科书"。此外,瞿秋白的《社会科学讲义》(含《社会哲学概论》和《现代社会学》)、延安整风时期曾编写过的《辩证唯物主义》授课大纲等,都应当是我国马克思主义教科书的早期雏形。新中国成立初期(1952年起),由于政治战略"一边倒"的需要,我国在中国人民大学大规模举办马列师资培训班,聘请苏联一批专家讲学,因此苏联教科书思想就此通过中国知识界途径向整个社会普及。新中国成立初期,学界很少有自己的教科书出版,除了有个别学者如1955年就受到批判的华岗主编的《辩证唯物论大纲》之外,学界主要陆续翻译出版了一批苏联教科书,如《联共(布)党史》(包括其论述哲学的四章二节),苏共高级党校教材《辩证唯物论》,康斯坦丁诺夫主编的《马克思主义哲学教程》(上下编),米丁主编的《辩证唯物主义》、《历史唯物主义》,罗森塔尔主编的《马克思主义哲学基础》等。在人民大众中普及"苏联教科书版"的同时,就将苏联教科书版马克思主义哲学研究范式深深嵌入中国读者心灵,成为长期影响学界的研究范式。对此,毛泽东同志在读书谈话中也有所警惕,对其教科书中有形而上学错误的地方都加以严厉批评,反对无条件将苏联教科书做教条化的跨界平移,要求"教科书中国化",体现中国化的理论创新。

因此,教科书改革范式的出场,旨在打破前苏联用僵化教条方式理解马克思主义哲学的教科书对人们思想的束缚,以思想解放和理论创新精神重写教科书。其动力来自三个因素:一是重写新的时代精神;二是重新理解马克思主义哲学本性和体系;三是重建学科体系。新中国成立以来,"教科书改革热"大致出现在三个时段:一是20世纪60年代,在毛泽东同志和中共中央直接关心支持下,在教育部精心组织下,在融合了先后出现的六种教科书基础上,教育部委托艾思奇主编《辩证唯物主义历史唯物主义》,沿着李达《社会学大纲》之路,完成了马克思主义哲学中国化教科书编写任务,成为新中国成立后发行量最大、最为经典的教科书。第二个阶段则是改革开放之初,由中国人民大学肖前、李秀林、汪永祥主编的《辩证唯物主义》、《历史唯物主义》,而后高清海主编《马克思主义哲学基础》,创教科书改革的先河。第三个时段就是2004年以来"马工程"开展大规模教材体系建设时期,2009年出版的《马克思主义哲学》,标志着马克思主义哲学中国化的最新时代成果。教科书最大特点即思维(概念、范畴、规律)原理化、逻辑体系化、表达教科书化。所谓原理化,即教科书、特别是国家审定教科书一定要内容精练、准确,条理分明,阐释力求达到共识,进入原理化。所谓体系化、逻辑化,即教科书追求表达思想内容的完整知识体系,要有一贯的逻辑。所谓教科书化,即呈现形式是教科书,话语一定要采取断言式,概念明晰、定义准确、论证周延、语言精练、章节逻辑层次鲜明、内容环环相扣、内容循序渐进,由浅入深,由简入繁,符合学生渐次理解和逐步掌握的学习规律,把内容作为一门完整正确的知识体系来加以建构。因而对象性、明晰性、循序渐进性、逻辑性、体系性原则等特点特别鲜明。范式内在追求的目标是:任何创新思想只有表现为教科书才达到最高表现或终结形式,具有教科书崇拜倾向。教科书研究范式最大的创新功能在于:教化、宣传、普及作用无可替代,影响广泛、贡献巨大。由于教科书范式本然存在的内容时代化与表达原理化、相对性与绝对性、变化性与稳定性的矛盾,因此,教科书研究范式的内在局限走向极端必然导致体系的教条化甚至僵化。同时,教科书共识化呆板要求延缓、压抑了个体自由学术表达。因此,需要突破这一研究范式的局限,由教科书改革而延伸的横轴,原理研究范式应运而生。

原理研究话语方式脱胎于教科书,其研究内容依然源于教科书体系性构建和原理性表达,表现为教科书的共时态横轴延伸。但是,原理研究已经呈现出三个超越性功能:第一,能够更及时、更充分反映时代精神,强化马克思主义哲学的创新功能。如反映和表达新科技革命的系统辩证法研究以及反映新时期时代精神的价值论研究、现代化研究、文化研究等,拓展了原先教科书体系暂时难以包容的重大领域的创新内容,进而发展为部门哲学,如经济哲学(含财富哲学和资本哲学)、政治哲学、发展哲学、文化哲学、社会哲学、军事哲学、价值哲学、城市哲学甚至生活哲学等。第二,更加方便学者对马克思主义哲学本性与体系的个性化理解和表达。20世纪80—90年代,在思想解放、创新探索的激励下,学者们提出了有别于"辩证唯物主义与历史唯物主义"体系的新理解,强调历史、实践、人等因素在马克思创立新世界观中的地位和作用,提出了诸如"历史唯物主义一体化"、"实践的唯物主义"、"实践本体论"、"人学"、"实践哲学"、"交往实践的唯物主义"等理解模式。第三,话语方式表现为"后教科书方式",主要是论文和专著,而不再是教科书。无论原理研究如何超越教科书阐释体系,但是其学术理路和治学方式仍然没有摆脱教科书传统,其研究的最终理想依然是皈依某种新版教科书。因此,原理研究服从、服务于教科书改革范式,构成以教科书改革为轴心的学术图景的横轴。

经典原著选读构成这一学术图景的纵轴。原著选读入选(后演变为文本—文献学解读)的文本按照原典问世时序编选的,形式上表现为历时态向度。但是,文本出场时序的"历史性"并没有表现在对文本思想理解的历史差异上,相反,在本质上,对原著文本意义的理解恰好是同质性、无差别、非历史的。原著选读仅仅是用来证明教科书所包含原理出场有据，即有原典根据而已。原著选读无非是"穿着原著衣装的教科书"。至此，由教科书改革范式为轴心、由原理研究和原著选读为纵横两轴，就形成了改革开放以来的创新学术史的第一个学术图景。

可见，学术图景作为新的学术创新装置，其布展结构决不是多元范式的简单叠加，而是一个由轴心范式与其他相关范式有机整合的结果。学术图景的创新功能也不等于各个研究范式功能简单相加，而是其由轴心范式与协同范式的有机重构后的系统功能。在这一系统中，各个范式围绕轴心范式的指派而承担着某种协同创新的功能。学术图景的创新功能因此远大于单一范式和范式简单和。在轴心范式没有发生改变之前，相对应的纵横两轴就不会发生改变，相应地，对应生成的学术图景也就不可能发生改变。反之，一旦轴心范式的地位发生改变，那么，相应地，学术图景则必然发生转换。随着轴心范式不断发生格式塔转换，学术图景就发生新旧更迭，历史地呈现一个个既相互联系、又相互区别的知识生产装置，一种学术创新的知识型。

四、学术图景的格式塔演化与结构创新：范式图谱

轴心范式一旦发生新旧交替，那么，学术图景必将或迟或早总要发生构变。新中国成立以来，特别是改革开放 30 多年来，围绕理论创新的步步深入，先后有四个研究范式成为轴心范式，因而促使当代中国马克思主义哲学创新的学术图景发生三次重大转变、形成了四种学术图景。

在冲破苏联教科书僵化教条束缚、思想解放的引领下，教科书改革在"改革的哲学、哲学的改革"精神召唤下，以原理研究、原著选读为纵横轴，建构起第一个创新的学术图景（如图3）：

学术图景的命名由轴心范式这一主导因素决定。教科书改革和原理研究的内在矛盾和局限，即历史性与原理相对稳定性的矛盾、体系追求

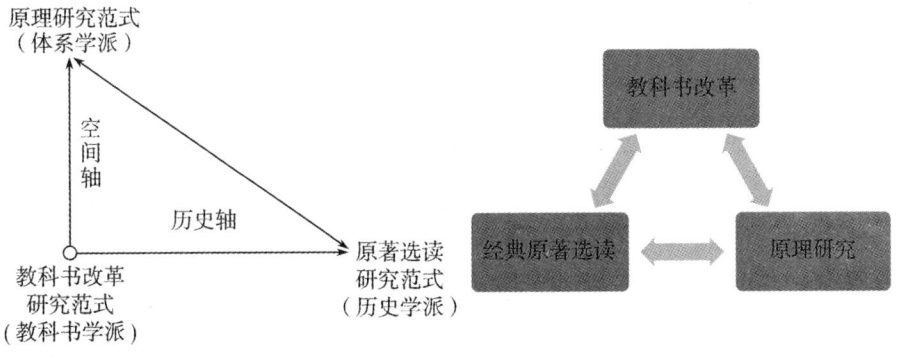

图3

绝对性与内容相对性的矛盾、原理要求恒常性与内容发展性的矛盾等,因而就转变为整个学术图景的矛盾和局限。这一学术图景容易忽略时代实践发展造就内容的变革性、变化性、历史性而强化教科书表达的原理性、绝对性、稳定性,走向极端必然导致僵化教条,成为"在场的形而上学"。此外,这一学术图景非历史地、平行地非法引证马克思主义经典作家在不同时期的文本话语作为原理论据,就将与时俱进的马克思主义哲学,重新变成一成不变的教条。为此,超越这一学术图景,充满历史意识的马克思主义哲学史研究范式应运而生。1981年,在教育部大力支持下,人民出版社出版了由刘嵘、高齐云、叶汝贤等主编的全国第一本《马克思主义哲学史稿》,成为中国马克思主义哲学史学科和研究范式的开山之作。而后,以陈先达、靳辉明著《马克思恩格斯思想史》、《马克思早期思想研究》,陈先达著《走向历史深处》、黄楠森主编《马克思主义哲学史》、孙伯鍨著《探索者道路的探索》等著作为主要标志,开辟了马哲史研究的新阶段。此外,以庄福龄、徐琳、余源培等为代表的资深学者和以梁树发、张异宾(张一兵)、王东、何萍、孙承叔、徐俊忠等为代表的中年学者群星闪耀,使历史学派迅速形成。这一范式以历史性解读即从思想史发展的角度看马克思主义哲学发生、发展与演化过程,从思想史逻辑中总结马克思主义哲学发展的规律,从而避免了教科书改革和原理研究经常存在的非历史性理解和教条化解读的局限。以与西方马克思学对话方式展开解读和理解,从而使研究视域更加开放。这一范式的创新功能也因此得以显明:历史性描述和开放性解读,使学者有以发展的眼光看待马克思主义哲学的出场和在场,强调马克思主义哲学作为"历史的科学"的与时俱进品格。

当然,这一范式必然呼唤文本—文献解读研究范式的出场,从而促使原著选读向文本—文献学解读范式的转变。文本—文献学解读成为第二个学术图景的轴心范式。之所以如此,主要取决于三个原因。第一,马哲史研究越深入,就越对文本—文献学解读研究范式产生深度依赖,使后者地位凸显,进而成为新的轴心范式。马哲史学者发现:他们对于马哲史内容的叙事,总是被文本—文献学解读的最新成果牵引而被不断刷新。因此,文本—文献学解读成为马哲史研究的前提条件和学术基础。这一内在关系,必然使文本—文献学解读成为轴心范式。

第二,成为与西方"马克思学"争夺马克思恩格斯文本文献编纂和解读模式话语权的主要战场。马克思主义原典收集、整理、翻译和出版工作,进而开展文本—文献学的解读和研究,是主动掌握马克思主义经典著作解释的话语权,坚持以马克思主义为指导,不断推进理论创新和学术创新,维护国家意识形态安全的迫切需要。目前,在这一领域,中国还面临很多挑战。首先,从总体上看,我国虽然现在是翻译马克思主义经典著作最多最全的国家,但与其他有关国家相比,我国的马克思主义经典文献典藏还比较落后。马克思、恩格斯的手稿原件,三分之二收藏在荷兰,三分之一收藏在俄罗斯(原苏联)。许多国家专门设立了收藏马克思主义文献、研究马克思主义理论的专门机构。例如,德国的国际马克思恩格斯基金会、俄罗斯的国家社会政治史档案馆(原马克思列宁主义研究院)、荷兰的阿姆斯特丹国际社会史研究所、比利时的布鲁塞尔马克思研究所、英国伦敦马克思纪念图书馆,等等。甚至日本,其收藏的马克思主义文献也远远多于我国。缺乏文献典藏支撑,掌握经典解释权和话语权就失去了基本前提。此外,文献研究、文本解读水平也相对落后,翻译、解读、研究专业人才严重匮乏,这就严重阻碍了掌握解释话语权的进程。其次，随着开放进程的加速，国外的各种马克思主义研究，如西方"马克思学"、西方马克思主义、后马克思主义都对我国的马克思主义研究有很大影响。他们对马克思主义经典文本做了深入详细的研究，对消除某些针对马克思主义的误解等方面有启发意义；但是，他们更多地对马克思主义提出了质疑和挑战。如何积极回应挑战、开展对话，就成为中国学界"保卫马克思"的一大任务。不在马克思恩格斯文本文献编纂和解读模式上争得中国话语权，那么中国马克思主义研究就永远受制于人。因此，这一战场随着对话的深入必然要延伸到对马克思恩格斯文本文献编纂学和解读模式这一深层地带来展开。轴心范式与纵横两轴之间的关系也因此被限定：文本—文献学解读水平和模式决定着中国马克思主义学者对话能力和马哲史研究水平，而对话与马哲史研究水平反过来强力推动着中国学者文本—文献学解读水平的提升和解读模式的创新。

第三，作为轴心范式，文本—文献学解读具有独特的创新功能。首先，第一次真正以文本—文献学方式考察马克思恩格斯思想的原初语境，把版本学、编纂学、目录学和校勘学等文献学研究方式看作是推动深度理解原典意义的有效方式，当作创新中国马克思主义哲学研究的基本路径之一。在这一范式看来，不仅意义决定文本样式，文本样式承载意义；同时文本结构、样式也决定文本的意义。文本结构的改变可以相应改变文本意义。西方"马克思学"与中国学者由于编纂—解读模式不同，因此，原初文本呈现的意义也大相径庭。因此，中国马克思主义研究必须重视建立自己的编纂学和解读体系。近年来，在资深学者原著选读基础上，在以张一兵、王东等为代表的一批中青年学者的深度耕犁下，文本—文献学解读领域硕果累累，影响日隆。其次，以张一兵的《回到马克思》一书为标志，以批判非历史地引证文本文献为突破点，文本—文献学解读范式主张回到马克思的原初历史语境，以对文本的深度耕犁来大力推动当代中国马克思主义研究的历史自觉和发展自觉。其三，文本—文献学解读范式成为一种创新马克思主义哲学的当代方式。

这一解读的前理解是时代的和创新的,是用创新视域的对话来让马克思"大声说话",让文本意义真正向当代人开放。其四,多层推进文本—文献学研究。其中至少包括了文献学、认识论、文本解释学三个层面的研究。文献学是基础,版本、目录、编纂和校勘决定文本结构。认识论探索的是文本结构及其与意义结构的关联。文本解释学层面进一步追问解释的意义。在有没有文本原意、什么是文本原意问题上,学界展开激烈的争论。客观解释学、主观解释学和哲学解释学都在这一问题上有自己的主张。

　　以这一范式为核心形成的经典学派,带有较为浓郁的学院派风格。这不仅体现在他们"板凳须坐十年冷,文章不写半句空"的严谨学风,更体现在文献学研究所必然依赖的目录学、版本学、编纂学等等的技术范型。这一范型也成为他们从事国际学术对话的优势基础。他们可以用同一种技术范型来相互交流和相互印证。也正因为如此,这一派的某些学者有技术至上主义倾向,重技术而轻思想,可能导致"学术登场、思想退场"。文本—文献学解读范式在真正激活了马哲史历史灵魂的同时也激活了与以 MEGA2 整理出版为标志的西方"马克思学"的对话,进而形成了第二个学术图景。

　　与上一个学术图景相比,文本—文献学解读学术图景呈现的最大特点在于:上一个学术图景主要是逻辑的、原理的、横向布展的,而这一

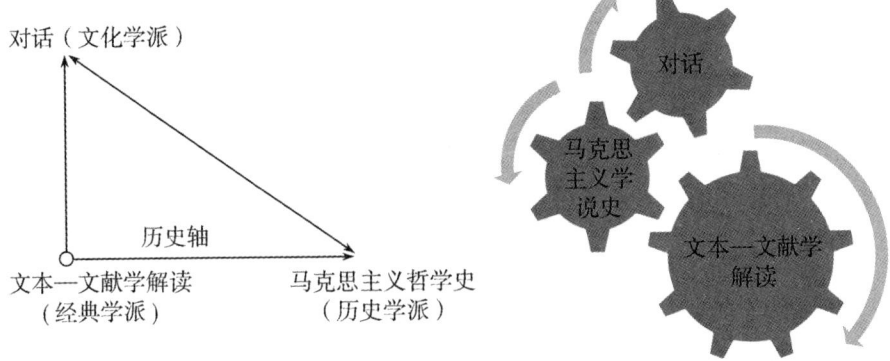

图 4

学术图景以巨大的历史感为基础，偏重于对马克思主义哲学做历史的、演化的和纵向差异的研究。

针对文本—文献学解读视域下可能隐藏的"顽强的崇古意识"，学界需要将"回到马克思"与"马克思走向当代"结合，真正做到"回归马克思"与"发展马克思"的统一，让马克思主义哲学既"返本"又"开新"，王东、段忠桥、乔瑞金等人强调要将文本研究与理论创新结合；而在对话范式支撑下，俞吾金、吴晓明、陈学明等人则强调用与当代西方思潮对话来"激活马克思的思想资源"，彰显"马克思是我们同时代人"的在场维度。苏东剧变，新自由主义宣告马克思主义"灰飞烟灭"和"历史的终结"，在"脱节的时代"马克思主义时代性、在场性意义受到严重挑战。迎接时代挑战，马克思思想的当代价值不仅需要在对话中来激活，更需要在反思时代本质、解答时代问题中才能真正得以彰显。而"回到马克思"的文本—文献学解读毕竟也需要以时代视域作为研究前提。而时代视域只能来源于对时代重大问题的反思。因此，以"反思的问题学"研究范式为轴心，以拓展的领域部门研究范式和马克思主义中国化研究范式为纵横两翼，形成了第三个创新的学术图景。

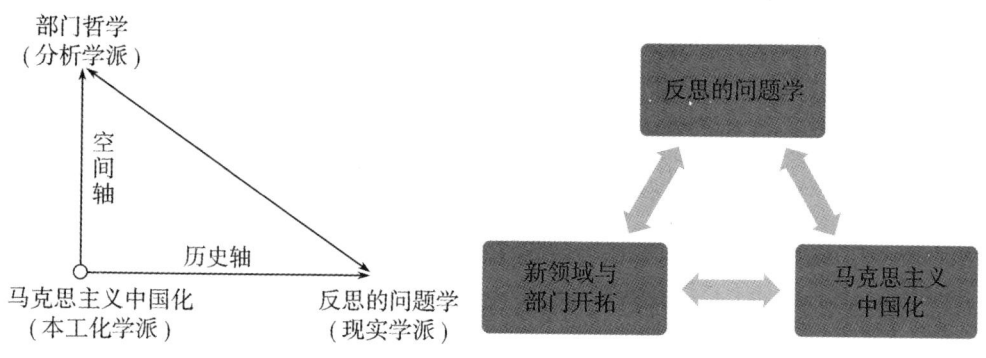

图 5

"反思的问题学"之所以成为新轴心范式，源于有自己鲜明特点。其一，强烈的问题意识一直是马克思主义哲学的生命力所在，成为研究的出发点和归属点，一以贯之的灵魂。马克思说："问题就是公开的、无畏的、左右一切个人的时代声音。问题就是时代的口号,是它表现自己精神状态的最实际的呼声。"① 其二,马克思主义哲学当代在场方式就是成为时代"反思的问题学",深刻反思、着力穿透和科学解答系列新全球化问题:如资本创新逻辑对全球生产方式的深刻变革、重写现代性、全球格局变化、多元文明冲突等等,这应当成为马克思主义哲学当代出场的主要方式。其三,问题导向必须对问题和提问方式本身加以深刻反思和批判,既反对"问题的形而上学",也反对"问题的实证主义",因而是反思批判问题的研究方式。② 其四,"反思的问题学"是理论创新的范式。"理论是灰色的,生活之树常青"。生活不断提出问题,引导哲学打破教条,重新反思问题、解答问题,因而就可以不断引导理论创新。问题学视域是破除教条主义的利器。

然而,重大现实问题也需要专门研究。因此,部门哲学研究范式就将问题学反思逐步上升为专门的学科化、部门化系统,如经济哲学对资本批判问题的哲学研究,政治哲学对于公平正义问题的研究,价值哲学对于社会主义核心价值的弘扬,等等。部门哲学在"反思的问题学"基础上,布展出一个又一个新部门、新领域,如经济哲学、政治哲学、发展哲学、价值哲学、社会哲学、文化哲学、管理哲学、军事哲学等,涌现出一大批著名学者③,取得了辉煌的成就。交叉学科、新兴学科日益增多,成为当代中国马克思主义哲学研究的一大拓展和一大助力。部门哲学因此成为"反思的问题学"的横向展开,或横轴。从纵轴来看,马克思主义中国化作为一种研究范式,着力考察马克思主义哲学与中国实

---

① 《马克思恩格斯全集》第40卷,北京:人民出版社1982年版,第289—290页。
② 关于"问题的形而上学"和"问题的实证主义",详见任平:《马克思"反思的问题视域"及其当代意义》,载《中国社会科学》2006年第6期。
③ 如经济哲学领域张雄、唐正东、鲁品越等;政治哲学领域陈晏清、俞可平、万俊人、段忠桥、李淑梅、龚群、姚大志、顾肃、张盾等;发展哲学领域庞元正、刘森林等;价值哲学领域李连科、李德顺、袁贵仁等;社会哲学领域郭湛、王南湜、胡大平、刘怀玉等;文化哲学衣俊卿、邹广文、韩民青等;管理哲学领域崔绪治、刘敬鲁等;军事哲学侯书栋、毕京京、夏兴有、黄书进等。

际结合的历史经验、实践路径和文化路径，探索毛泽东思想和中国特色社会主义两大飞跃性成果的出场逻辑，"一切从实际出发"、"实事求是"、"以正在做的事情为中心"通篇贯彻着"反思的问题学"的实践向度，使"反思的问题学"指向更加明确。沿着李达开创的学术理路，陶德麟、王伟光、许全新、李景源、汪信砚、何萍等人深度研究了马克思主义中国化的基本问题、基本理论和总体战略。当然，无论是"反思的问题学"、部门哲学或是马克思主义中国化，依然都是思想出场的逻辑，还没有穿透思想出场逻辑背后去发现历史语境和出场语境。而要想真实地理解马克思主义哲学中国化演化逻辑，就必须要将历史与逻辑之间建立为统一的出场体系，考察思想何以出场、如何出场，这就必然召唤出场学范式。

因此，以马克思主义研究的出场学范式为轴心，以正在形成中的实践解释学范式和马克思主义发展史为两翼，正在形成第四个创新的学术图景。如图6。

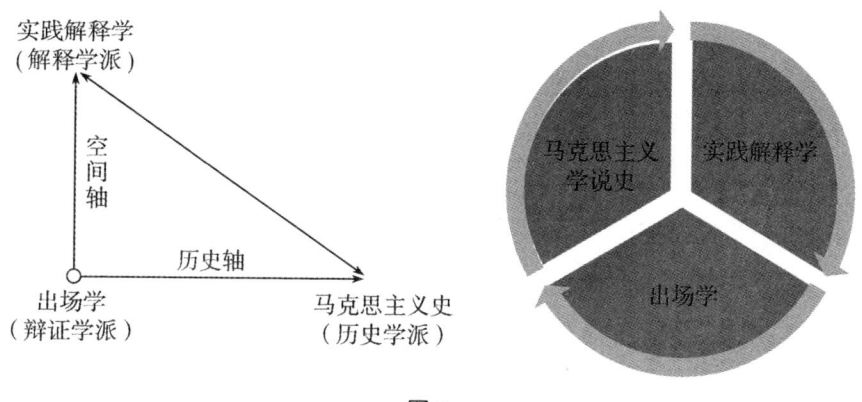

图6

马克思主义出场学是研究马克思主义与时俱进逻辑的理论体系。它深度分析马克思主义"出场"的历史语境、出场路径和出场形态之间的内在连锁关系，探索马克思主义哲学从当年到当代、从世界到中国的出场史和创新过程。之所以能够作为第四个学术图景的轴心范式，在于它所具有的独特研究视域和创新马克思主义的功能。具体表现为：第一，迎接挑战，深刻阐释马克思主义在当代出场的必然性。"出场"一词源于舞台艺术，出场学视域中"出"是摆脱被遮蔽状态而"进入"某一特定场域中的行动。"场"也不是一个通常剧院的台场，而是人类历史的宏大舞台。"出场"也因此而成为人类及其思想亲临历史舞台的现身行动。我们既需要全面阐释当年马克思新世界观对资本全球化批判而"出场"的历史语境和逻辑，更需要对马克思之后中国马克思主义对当代神圣同盟种种"退场"逻辑的批判，需要对各种学术图景的历史语境、出场路径和出场形态做全面梳理，研究马克思主义"与时俱进"地出场的条件和过程、路径和方式。

第二，系统揭示马克思主义从当年到当代、从国外到中国的出场机制。出场学通过对"出场语境"、"出场路径"、"出场方式"、"出场形态"等一系列基本概念的界定，以两大地平线、四个模块为坐标深度阐释马克思主义与时俱进的逻辑。所谓两大地平线，即历史地平线与理论（哲学）地平线；而每一个地平线的变化又界分为从"原初"到"当代"两个时代维度，因此可以区分为四个基本模块。历史地平线的转换就呈现历史时代的大转换；而随着历史时代的新旧更迭，"原初的学术图景"就必然地转换为新的"学术图景"，从而实现思想的与时俱进。

第三，"出场学"也是阐释马克思主义与时俱进的辩证法。出场与在场、差异与同一、创新与守成、出场语境与出场方式、出场路径与出场形态，等等，构成了若干辩证的循环。其中，"出场与在场"、"同一与差异"的循环是出场学辩证法的核心环节。两个循环深刻地表达了出场学的辩证法，科学阐释了马克思主义与时俱进的创新机制。

第四，出场学也是我们宏观理解马克思主义中国化与全球化双向出场的空间关系的科学方法。资本历史地造就全球分裂，因而导致马克思主义出场形态"中国化"和"西方化"。我们需要科学把握其空间差异与联合关系。

马克思主义出场学不仅不排斥其他研究范式的积极作用，相反，是最大限度包容其他研究范式"一切不受反驳的合理成分"，又最大限度地避免上述研究范式的局限,并且能够抵达许多研究范式所难以企及的空间,具有更广阔的理论阐释力和预见力。因而,在深刻揭示真实历史语境基础上,可以将马哲史、思想史作为纵轴,而将马克思主义解释学作为横轴,形成第四个学术图景。

三次转型、四个创新学术图景,构成了当代中国马克思主义研究的学术图谱。虽然每一个学术图景内在的轴心与协同范式之间的关联方式不尽相同,有紧密关联,有分段关联,但是都共同支配着这一时期中国马克思主义哲学研究创新的学术图景。每一个学术图景向下一个图景的格式塔转换,并不意味着原先的研究格局或图景不复存在,原图景依然存在并继续沿着自己的范式轨迹惯性地向前滑行,但是新图景崛起成为新时期的研究创新的旗帜、主导的和引领。所谓学术图景虽不同,各领风骚十数年。这就是当代中国马克思主义研究的前沿状况和演化逻辑,就是基于范式图谱构变的当代中国马克思主义创新学术史。它深刻地展示了马克思主义哲学中国化、时代化、大众化的历史,是中国化马克思主义哲学创新学术史发生、发展、与时俱进的历史。

五、出场学阐释:创新学术史的与时俱进逻辑

以四大学术图景格式塔转换形成的范式图谱,宏观展现了创新学术史的思想演进逻辑。然而,我们的研究任务还需要更进一步,揭示其出场逻辑的历史必然性,考察其出场史。因此,我们要进一步将思想演进逻辑放置在真实历史时代演进基础上加以再反思。为此,我们就必然再一次召唤马克思主义出场学视域。

在"抽象上升到具体"的思维行程中,出场学不仅呈现为研究对象即作为第四个学术图景的轴心范式,更作为这一行程最终环节的主体方法论,被用来深度自觉地阐释创新学术史的历史与逻辑统一。两者一个作为对象在场,一个作为研究方法而出场;一个作为学术图景的轴心范式,一个作为总体阐释创新学术史图谱的视域。

出场学视域指出：以四大学术图景转换为主线所构成的当代中国马克思主义哲学创新学术史的范式图谱，是中国特色社会主义道路伟大探索的哲学表现。随着马克思主义中国化实践主题从革命转向建设、改革和发展各个历史阶段，因而其特殊的历史需求表现在马克思主义哲学创新学术史中，就必然使各个不同的研究范式应运而生，并呈现为不同的轴心范式和学术图景。

第一个学术图景是全球分裂和对抗条件下新中国社会主义建设实践需要的理论表现。西方资本全球化势力与反资本全球化的东方社会主义势力组成分裂和对抗的两大阵线。全球分裂必然表现为意识形态的对抗和冷战。新中国的建立，"一边倒"地加入东方阵线，也因此受到帝国主义封锁，处在意识形态冷战对立之中。中国共产党领导中国人民不仅推翻三座大山的经济、政治统治，建立新的经济制度和政治制度；也需要在思想领域结束旧文化意识形态的统治，在国家和社会层面全面布展、普及和巩固以马克思主义为指导思想的意识形态。为此，新中国主要采取了两大战略举措。一是开展大规模思想改造和批判运动，肃清旧社会遗留的，与帝国主义、封建主义、官僚资本主义制度相适应的旧思想、旧道德、旧学术的影响。不破不立、不塞不流、不止不行，没有批判西方在旧中国影响最大的杜威、胡适的实用主义和"第三条道路"思潮，没有批判梁漱溟等为代表的唯心主义旧儒学，就不可能廓清意识形态地平，让马克思主义大规模传播并有效占领意识形态阵地；也就不可能大规模促使旧知识分子参与思想改造、转变立场、接受马克思主义。二是为了全面、准确、迅速地在全社会大规模普及宣传马克思主义，包括马克思主义哲学，国家必然需要利用最便捷、最可靠、最有效的教科书方式来积极实施这一意识形态战略。既然"十月革命一声炮响，给我们送来了马克思列宁主义"，成功地指导中国共产党人实现了新民主主义革命，建立新中国；那么，新中国建设初期"一边倒"地继续用"拿来主义"即请苏联专家大规模培养中国学者、用苏联马克思主义哲学教科书来帮助中国完成普及宣传任务，就是一个合理的行动。然而，这一"拿来主义"所内含的苏联教科书中形而上学、僵化的教条主义必然产生消极影响，因而不能满足马克思主义中国化的理论要求。因此，重编中国化马克思主义哲学教科书，即教科书改革范式就必然出场。为了与教科书式普及和宣传配套，也为了帮助高级干部和广大教师"学深一步"，原著选读作为"提高课"在党的高级干部培训和高校专业学生培养中陆续开设。为了帮助学者们更深入理解教科书内容，同时开展马克思主义中国化探索，各种学术刊物应运而生，刊登辅导和原理研究的论文。原初的哲学类学术刊物主要刊登三类文章：一是哲学思想批判类，二是对教科书内容的理解和阐释类，三是对新中国现实运动、重大政策和实践经验的哲学解释类。随着中国社会主义建设道路的不断探索，根据中国化实践经验来丰富和发展马克思主义哲学，编写中国人自己的马克思主义哲学教科书，就成为理论界的主要使命。为实现这一理论目标，原理研究和原著选读就承担了更深入的研究责任，因而逐渐繁荣和发展起来。

然而，一个特殊时期历史语境和出场路径决定了其出场的学术图景所具有的内在局限。思想批判虽然初步完成廓清意识形态地平的任务，但是也加剧了在全球分裂和对抗语境中与西方学术之间的封闭性。对传统旧学术的批判清算，到"文革"达到顶峰，造成相当严重的历史的虚无主义和文化断裂。从苏联翻译引进的马克思主义教科书体系和内容在普及和传播马克思主义哲学原理的同时也具有僵化教条倾向，对于中国以后的马克思主义哲学创新带来难以忽视的消极影响。原著选读和原理研究严重受政治斗争影响，始终在教科书改革研究范式支配的卵翼下未能尽快独立发展。因而，这一时期的学术图景的内在局限需要在历史场域转换中才能得到克服。

第二个学术图景是在新全球化时代来临的历史语境中中国改革开放初期到中期的思想出场形态。就历史场域变化来看，以美国信息革命开端和1974年"后福特主义"出现为标志,全球资本创新逻辑初步实现了从马克思当年大工业资本主导的旧全球化时代向以后工业资本为主导的新全球化时代的转变。主导资本从大工业转向金融资本、再向后工业其他资本主导形态转变。资本创新需要有一个较长的经济增长周期(长周期)来实现资本盈利最大化的冲动。因此,和平与发展就成为世界主题。在这一主题支配下,全球资本创新希望通过产业升级而重塑世界经济结构,即将制造业转移到世界边缘(欠发达)国家和地区,而腾出空间发展新支配性后工业资本产业(金融资本、知识资本、服务贸易、虚拟资本等),形成"全球的后工业资本—工业制造业"新两极化经济结构。在这一全球结构中,经济全球化交往超越了分裂,世界发展需求替代了全面战争,成为中国利用全球主题环境实现改革开放新战略、抢抓战略机遇而实现中国特色社会主义现代化的客观条件。于是,"改革的哲学、哲学的改革"、"现代化的哲学、哲学的现代化"就成为新时期中国马克思主义哲学创新发展的新使命。受历史惯性影响,最先打破"文革"以来"左"倾教条主义桎梏的马克思主义哲学表达先声,为胡福明的《论实践是检验真理的唯一标准》一文,采取原理研究范式,引发了全国原理研究热。这是新中国成立以来,原理研究的地位第一次抬升到几乎超越教科书改革范式的水平。随之而来,教科书改革狂潮跟进,再一次在学界夺回轴心范式地位。然而,随着思想解放、学术发展的日益深入,原理研究再也不满足于教科书改革对于马克思主义哲学理解的共识性、统一性束缚,因而出现了对马克思主义哲学本质和体系的多样性理解,从而冲破了教科书改革的时代局限,学界以论著而不是教科书进入了"后教科书时代"。此外,随着改革开放的深入,西方思潮蜂拥而至,关于马克思早期思想研究成为人们激烈争论的场所。原理研究的多样性理解不仅是源于改革开放的新实践,也源于人们在与西方思潮对话中的思考。因此,马克思主义哲学与西方思潮对话,激发了对话研究范式的迅速崛起;为了对话,系统阐释马克思主义哲学史,成为当务之急。而为了更准确、深入地理解马克思恩格斯原典,文本—文献学解读范式也应运而生。于是,超越第一个学术图景,中国马克思主义哲学创新研究的当代出场形态,必然形成以文本—文献学解读范式为轴心、以马克思主义哲学史和对话为纵横两轴的新学术图景。

然而,和平与发展的全球浪潮、改革开放的中国特色社会主义道路都是在不断探索的实践中向前迈进的。作为"时代精神的精华"、"文明活的灵魂",以"改变世界"为己任的马克思主义哲学,其安身立命之所当然是植根于活生生的时代实践。因而,突破文本视域、超越对话逻辑,紧贴时代实践的"反思的问题学"研究范式,直接脱胎于"实践标准"大讨论,直接扎根于中国道路探索实践,因而必然成为第三个学术图景的轴心范式。

因此,第三个学术图景是在改革开放的中国特色社会主义发展如日中天、中华民族伟大复兴进程日益加速时代的哲学产物。前无古人的改革开放事业不能从原典中找到现成答案,那么在探索中以正在做的事情为中心、在不断解答新问题、攻坚克难中开拓新境界,形成新理念、新思想、新理论就成为"反思的问题学"意义上创新发展中国化马克思主义哲学的主要路径。改革开放伟大实践深入到哪一个领域,"反思的问题学"就同步、同态、同构地深入到那一个领域,形成关于该领域的部门哲学。既然发展成为执政兴国第一要务,我们需要研究如何摆脱"GDP"崇拜为特征的传统发展观,而要向"科学发展观"、进一步向"创新、协调、绿色、开放、共享"的新发展理念转变,那么,关于研究发展观的理论体系,就必然构成发展哲学。我们需要研究经济发展的逻辑、财富的逻辑、资本的逻辑,那么经济哲学就应运而生。既然我们社会呼唤公平正义,需要构建中国特色社会主义民主政治,那么,研究何为正义、如何公平、如何构建中国民主的政治哲学当然就必不可少。我们需要社会主义核心价值体系的建设,价值哲学就显得格外重要。每一个部门哲学的兴起,都集中体现了"反思的问题学"的指向性,也同时为中国特色社会主义的各个重大领域实践提供了相应的理论准备。当然，所有的这些创新成果都是马克思主义中国化的时代产物，都为了原创中国理论和中国话语。因此，作为这一学术图景的纵轴，马克思主义中国化需要从历史的角度系统梳理和总结近"两个一百年"来马克思主义中国化的历史道路和基本经验，为今天的中国化马克思主义指导创新的实践服务。

第四个学术图景是在前三个学术图景基础上更高的方法论自觉，集中体现和反映了中华民族伟大复兴中国梦要求理论创新所能够达到的新境界和新高度。中国化马克思主义哲学原创不仅在于自己的具体理论成果上，而且更需要在自己的原创的方法论上达到理论自觉。作为第四个学术图景的轴心范式，它不仅以宏大的视野穿透了以往的思想史、学术史，而且更以揭示思想史、学术史背后的历史场域的演化逻辑和决定作用为己任，因而它具有仿佛内在地包容着中华民族五千年内在底蕴那样的巨大历史感；同时它又以出场形态研究包容着不断变化的思想形态，以往被教科书改革、原理研究、文本文献学解读甚至部门哲学等所内蕴的那些理论样式，在出场学视域中都不是逻辑自洽、孤闭自在的，而是在一定的历史和空间场域决定下、受一定的出场路径支配的出场形态。因此，我们不能将马克思主义某种理论样式看做是一经在场就一成不变的"超历史哲学"。马克思主义永远需要在新的历史和空间场域中重新出场，保持创新活力。这一视域，在方法论上成为自觉阐释中国特色社会主义最新成果的理论条件。当然，这一研究范式具有真正的原创性，因而可以成为走向世界的中国学术的标志之一；同时它多方面涉及当代西方学术的问题，因而具有与西方思潮对话的超大空间。

从当代中国社会主义建设、改革、发展的历史场域转换到学术图景的转换，形成对范式图谱的历史唯物主义解释。范式图谱构变史，就是当代中国马克思主义哲学与时俱进的出场史。出场学用两线（历史时代实践的线索和中国马克思主义哲学研究范式图谱线索）、四个模块（原初时代语境、当下时代语境；原初范式图谱、当下范式图谱）来深度解释中国马克思主义哲学范式演化构变的创新学术史逻辑，从而把学术史研究转化为一种对当代中国马克思主义学术与时俱进的创新逻辑分析，使研究转变为一种科学。

（作者任平系苏州大学政治与公共管理学院教授、博士生导师）

一

范式专题

论当代中国马克思主义哲学教科书研究范式的特点

曹典顺　张丽霞

[摘　要] 教科书研究范式的演变史表明，不论教科书的书写原则、教材内容等发生怎样的变化，每种教科书研究范式的教材之间都会有着许多共同之处，即能够表现出教科书研究范式共同拥有的范式性特点。教科书研究范式的哲学原理通俗化、哲学思想简明化、意识形态一元化等特点为积极意蕴特点，没有摆脱历史思想的非历史性判断和相对的条件性判断绝对化、对马克思主义哲学原理的阐释教条化和彼岸化等的特点为消极意蕴特点。

[关键词] 马克思主义哲学　教科书研究范式　积极意蕴特点　消极意蕴特点

长期以来，何为教科书研究范式的特点，从怎样的视角界定和把握教科书研究范式的特点，一直是困扰学术界的重要理论困难。究其原因，主要有三点：其一，是不是可以对作为马克思主义哲学理论权威解释的教科书的相关理论或原理进行质疑？其二，是不是对普及中国主流意识形态观念的教科书的相关理论或原理进行质疑就是质疑马克思主义的意识形态？其三，是不是对教科书相关理论或原理进行质疑就是对马克思主义哲学理论研究学术权威的学术水平的否定？事实上，直到当下，这三个问题也没有得到很好的解决，而问题没有得到解决的原因，不是源于理论逻辑上多么难以理解，而是源于人们心理和情感上对传统教科书的认同。本书从历史影响和理论逻辑的视角理解，即从教科书的理论逻辑、社会影响等要素归纳教科书研究范式的特点，教科书研究范式在马克思主义哲学的普及和传播之中，既具有占据主流的积极意蕴特点，也包含些许的消极意蕴特点。这就是说，教科书研究范式具有积极意蕴的根据在于教科书的实际社会影响，即教科书的社会影响是积极的；教科书研究范式具有消极意蕴的根据在于人们对教科书理论逻辑理解上的局限性，即教科书书写者存在学术水平和书写能力的局限。

一、积极意蕴特点

教科书研究范式的积极意蕴，就是指教科书具有良性的社会价值，或者说，教科书传播的知识和思想能够促进社会进步。社会价值的表现形式是多方面的，最为明显的特征之一就是能够说服较为多数的人民群众。教科书对马克思主义哲学原理的阐释，坚持意识形态的一元化，不仅通俗易懂，简明扼要，而且旗帜鲜明，被人们誉为"大众的哲学"，也就是说，教科书阐释的马克思主义原理，武装了人民群众的头脑。本研究把教科书研究范式具有的哲学原理通俗化、哲学思想简明化、意识形态一元化等能够"说服大众性"的特点，称之为具有积极意蕴的教科书研究范式特点。

哲学应该是什么？哲学思维和非哲学思维之间的区别究竟是什么？为什么人们对于哲学家十分崇拜？这些问题触及的核心理念是人民群众能否掌握哲学的问题，或者说，哲学是否仅仅属于个别喜爱哲学的人独有的学问。从马克思主义哲学教科书的内容看，教科书范式的作者和支持者，都认可人民群众能够学习哲学、理解哲学和掌握哲学。但中外哲学史的发展表明，哲学史上根本没有令哲学家达成共识的哲学前提和哲学结论，也就是说，人们只能把哲学理解为哲学史。需要说明的是，尽管马克思主义的哲学家和教育家们要面对如此不利的社会现实，但还必须完成在人民群众中传播马克思主义哲学的历史使命和社会责任。所以，马克思主义哲学教科书范式的书写原则之一就应该是哲学原理的通俗化，或者说，马克思主义哲学教科书范式的书写原则之一就是要通过哲学原理的通俗化来达到掌握人民群众的目的。众所周知，哲学的专业知识需要系统学习，然而，绝大多数的人民群众没有条件接收哲学的专业教育。既然如此，人民群众究竟能不能掌握哲学呢？教育家李公朴在评论艾思奇的《哲学讲话》（后来从第四版起更名为《大众哲学》）时提出，"哲学就在人的生活中，每人都有他自己的哲学，本没有什么神秘的，不过因为多数的哲学家都是用高深的词句来谈哲理，所以使一般人反糊涂起来，以为哲学太艰深难解了，没有办法可以和它接近。这种错误的观念，似不能不说是由过去谈哲学的人所造成的。"[①] 用艾思奇的话说就是，"提起哲学，有的人会想到旧社会大学校教室里的一种难懂的课程，也有的人会想到算命先生。许多人总以为哲学是一种虚无缥缈的学问，或者说是一种谈命运说鬼神的神秘思想，以为哲学和我们的日常生活是隔得天地一样的远，普通人绝难过问。其实，哲学和人类社会生活的关系，是非常密切的。在我们的日常生活里，随时随地都可以找到哲学的踪迹。"[②] 正是按照这样的理解，艾思奇等马克思主义哲学教科书范式的开创者，选择用通俗的马克思主义哲学原理诠释马克思主义哲学。比如，只要有人提及何为马克思主义哲学，人们的头脑中就会闪现"辩证唯物主义"、"历史唯物主义"、"物质与意识"、"三大规律"、"五大范畴"、"辩证唯物主义认识论"、"价值观"、"社会存在决定社会意识"、"人民群众是历史的创造者"、"阶级斗争是阶级社会发展的直接动力"等属于马克思主义哲学原理的东西。而我们之所以说这些教科书中的哲学原理实现了马克思主义哲学原理的通俗化，从根本上理解，至少

[①] 艾思奇：《大众哲学（修订本）》，北京：人民出版社2009年版，"序"第1页。
[②] 艾思奇：《大众哲学（修订本）》，北京：人民出版社2009年版，第1页。

有三大根据。其一，哲学概念采取数量上的从简原则，以避免哲学原理理解上的困难。哲学理论是由诸多哲学概念，围绕既定的哲学逻辑，系统构筑的理性思维体系。以德国古典哲学的集大成者黑格尔为例，他的思辨哲学体系就是以预构的绝对精神概念为逻辑前提，以正反合的逻辑原则为框架构筑原则的哲学理论。现实的看，黑格尔哲学体系的逻辑之严密，至今哲学界没有人能够超越。黑格尔哲学体系之所以具有极强的严密性，根本原因是其哲学体系建立在概念体系之上，即是以诸多概念的相互铺垫为前提。面对着哲学体系的概念之笼，没有受过专门哲学训练的人民群众，只能敬而远之，所以，马克思主义哲学教科书吸取以往哲学的这一教训，力争在数量上实行从简原则，即用最少和最精的概念来表征相应的哲学原理。比如，把"马克思主义哲学"解释为"辩证唯物主义与历史唯物主义"，把"历史唯物主义"理解为"唯物主义的历史观"，等等。其二，哲学原理之间力争其相对独立性，以避免"系统性"给理解哲学带来的障碍。从本质上看，任何一个哲学体系之中的哲学原理都是这个哲学体系中的一个要素，即每个原理都是其他原理存在的理由或根据，但事实上，因为每个原理针对的问题不同，所要解释的事物或过程也不同，所以，马克思主义哲学教科书之中的哲学原理都具有相对独立性，也就是说，马克思主义哲学教科书中的哲学原理虽然在本质上都从属于马克思主义哲学体系，或者说，都是马克思主义哲学这一整体思想体系中的基本要素，但都可以自我解释，自成"体系"。比如，"辩证唯物主义"被理解为"唯物主义"与"辩证法"的统一，"历史唯物主义"被理解为"唯物主义"与"历史观"的统一。其三，哲学原理阐释采取现实生活世界化，以增进人们对哲学原理的理解和认同。教科书的实践目的就是要实现人们对教科书原理的把握和掌握，进而将其运用到社会实践之中，换言之，哲学原理应该能够指导人们的社会实践。在我们看来，用现实生活世界的实践案例来阐释教科书中的哲学原理，不但能够令人们更为容易的理解哲学原理和更为准确地把握哲学原理，而且能够直接指导人们的生活体验和社会实践。比如，为了让人们增进对"正确发挥意识能动作用"的理解和认同,在《辩证唯物主义和历史唯物主义原理(修订本)》的教科书中就做了如下的现实生活世界化解释,即"党的十二大提出的任务和方针,深刻地反映了社会主义建设的客观规律,因而是正确地、充分地发挥群众主观能动性的可靠指南……我们在全面开创社会主义建设新局面的伟大实践中,特别需要坚持和发挥这样的思想和行动,坚持和发扬这种符合客观实际的自觉能动性"①。

从人类思想发展史的历程看,思想家和思想者的思想不仅仅是深刻的,而且也是复杂的。或许正是因为此,人们经常会感慨很难寻觅思想的知音,尤其是哲学家们经常会感慨很少有人能够理解自己。在马克思的历史唯物主义看来,不论思想家的思想多么复杂,在其复杂思想的背后都有着共同的遵循原则,即物质利益,因为,不论思想者如何标榜自己思想的深刻,"'思想'一旦离开'利益',就一定会使自己出丑。"②当然,为了说明思想与利益的关系,马克思撰写了大量的论证著作,最为典型的就是鸿篇巨著《资本论》。这就是说,就是在马克思那里,其哲学思想也是通过大量的著述来阐释的,即没能实现马克思主义哲学思想的简明化。前文已经提及,马克思主义哲学的目的之一就是武装人们的思想,所以,马克思主义哲学教科书为了完成传播马克思主义哲学基本理论的使命,就必须保证教科书中的马克思主义哲学思想的表述简单明了,即实现马克思主义哲学思想的简明化。从教科书的书写内容看,马克思主义哲学思想简明化至少应该体现在三大方面。其一,教科书语言表达大众化。马克思主义哲学在中国的传播成果表现为马克思主义哲学的大众化,也就是说,广大的人民群众能够掌握马克思主义哲学的基本内涵和思想精髓。从传播学的视角看,尽管思想传播者的传播方式决定着传播效果,但传播方式中最为重要的条件之一语言形式则更为重

---

① 李秀林、王于、李淮春:《辩证唯物主义和历史唯物主义(修订本)》,北京:中国人民大学出版社1984年版,第88页。

② 《马克思恩格斯全集》第2卷,北京:人民出版社1957年版,第103页。

要,或者说,只有传播者使用受众喜闻乐见的传播语言传播思想,才能获得人民群众的支持,进而取得预期的传播效果。比如,关于对世界的认知,叔本华在其《作为意志和表象的世界》一书中的表达就极具抽象性、晦涩性,即与马克思主义哲学教科书的表达不一致。以《辩证唯物主义和历史唯物主义原理(修订本)》为例,教科书对世界的阐释是,"在说明世界的本原,说明物质和意识关系的时候,只能把物质定义为'标志客观实在的哲学范畴',除'客观实在'外不能再给物质附加任何其他属性"①,而《作为意志和表象的世界》一书的阐释是,"作为表象的世界,也就是这儿我们仅在这一方面考察的世界,它有着本质的、必然的、不可分的两个半面。一个半面是客体,它的形式是空间和时间,杂多性就是通过这些而来的。另一个半面是主体,这却不在空间和时间中,因为主体在任何一个进行表象的生物中都是完整的,未分裂的。"②(从这两段话中我们可以看出,前者较后者的语言更为通俗,因而前者所传播的观点比后者更加容易理解,理解是一种思想得以传播的基础,因而,语言的大众化或通俗化对于思想能够广泛的传播具有极其重要的作用。其二,教科书逻辑结构简单化。哲学的最大特点之一是逻辑的复杂性和严密性。比如,从黑格尔的哲学看,如果不理解黑格尔的《精神现象学》,就无法理解黑格尔的《逻辑学》和《哲学科学全书纲要》,而如果不理解《逻辑学》和《哲学科学全书纲要》,就无法把握黑格尔的《历史哲学讲演录》、《哲学史讲演录》、《宗教哲学讲演录》、《自然哲学》,以及《法哲学原理》。事实上,任何哲学体系的逻辑结构都是十分严密的,也即是说,并不仅仅是黑格尔等少数哲学体系的逻辑结构才是复杂的。既然如此,马克思主义哲学教科书的逻辑结构能够实现简单化吗?需要说明的是,本研究所指代的逻辑结构简单化是相对于诸如黑格尔等复杂哲学体系而言的,也就是说,教科书哲学的逻辑结构的简单

---

① 李秀林、王于、李淮春:《辩证唯物主义和历史唯物主义(修订本)》,北京:中国人民大学出版社1984年版,第43页。

② 叔本华:《作为意志和表象的世界》,北京:商务印书馆1982年版,第29页。

只是相对的,即并不是说教科书的结构没有逻辑性。比如,不论每一种具体的马克思主义哲学教科书的结构多么不同,其本质上都围绕着"唯物论、唯物辩证法、辩证认识论、马克思主义价值观和唯物主义历史观"的结构形式进行书写,比如,李秀林等著的《辩证唯物主义和历史唯物主义原理(修订本)》的逻辑结构:第一章绪论,第二章世界的物质性,第三章意识的起源、本质和作用,第四章物质世界的普遍联系和永恒发展,第五章唯物辩证法的基本规律,第六章唯物辩证法诸范畴,第七章认识和实践,第八章真理,第九章人类社会发展是自然历史过程,第十章社会基本矛盾,第十一章阶级、国家、革命,第十二章社会意识,第十三章人民群众和个人在历史上的作用,第十四章社会进步和人类解放;陶德麟等编写的《辩证唯物主义与历史唯物主义》的逻辑结构:第一章世界的物质性,第二章意识的起源、本质和作用,第三章唯物辩证法是关于联系和发展的科学,第四章对立统一规律,第五章质量互变规律,第六章否定之否定规律,第七章唯物辩证法的基本范畴,第八章认识与实践,第九章科学的思维方法,第十章真理,第十一章历史唯物主义是科学的历史观,第十二章社会基本矛盾,第十三章阶级 国家 革命,第十四章社会意识及其形式,第十五章人民群众和个人在历史发展中的作用,第十六章社会文明和人类解放。其三,教科书思想内涵通俗化。所谓通俗就是指浅显易懂,适合或体现大多数人水平的东西。据此解释,通俗化就应该是指能够令大多数人理解和掌握的语言、思维、文字和思想等。从本质上看,教科书思想内涵的通俗化是为了能够保证马克思主义哲学思想更大意蕴上的有效传播和受众之间能够进行深度的交流。根据这一原则,教科书思想内涵的通俗化至少表现在三个方面。其一,基本概念的解释通俗化。基本概念是哲学原理构成最为基本的元素,能否实现基本概念解释的通俗化,是衡量教科书范式是否成功的关键要素之一。从教科书的实际状况看,具有一定影响的教科书大多实现了基本概念解释的通俗化。比如,《辩证唯物主义和历史唯物主义原理(修订本)》对运动的解释就是如此,它认为,"辩证唯物主义认为,运动是标志宇宙间一切事物、现象和过程的变化的哲学范畴。运动同物质一样，具有最大的广泛性和普遍性。"① 其二，原理自身的表述通俗化。每个哲学原理都是马克思主义哲学体系的主题，如何实现对哲学原理自身的表述，是每本教科书都特别重视的重要问题。从马克思主义哲学教科书诞生以来的几代教科书，都一定意蕴上实现了马克思主义哲学原理自身表述的通俗化。比如，《辩证唯物主义和历史唯物主义原理（修订本）》对运动观的表述就是如此，它认为，"物质和运动不可分割地联系着，物质是运动的承担者，是一切运动、变化和发展的实在基础；运动是物质所固有的根本属性，是一切物质形态的存在方式。不存在没有运动的物质，也不存在没有物质的运动；无运动的物质或无物质的运动都是不可想象的。全部科学都证明了这个辩证唯物主义的运动观。"② 其三，原理运用的阐释通俗化。为了满足教科书是为社会实践服务的要求，教科书最为重要的任务之一是对哲学原理如何在社会实践中运用予以阐释，即要达到马克思主义哲学原理运用阐释的通俗化。从教科书的实际状况看，所有的教科书都或多或少地实现了马克思主义哲学原理运用阐释的通俗化。比如，《辩证唯物主义和历史唯物主义原理（修订本）》对马克思主义哲学运动观的阐释就是如此，它认为，"在社会生活中，运动和物质的联系也是非常明显的。整个的社会运动就是建立在生产方式这个物质基础上的，社会的政治运动、思想文化运动等等，归根到底总是社会存在，即现实的客观的社会物质关系、物质生产方式的反映。"③

从词源学意义上理解，意识形态（Ideology）是指观念的集合。在

---

① 李秀林、王于、李淮春：《辩证唯物主义和历史唯物主义（修订本）》，北京：中国人民大学出版社1984年版，第46页。

② 李秀林、王于、李淮春：《辩证唯物主义和历史唯物主义（修订本）》，北京：中国人民大学出版社1984年版，第46页。

③ 李秀林、王于、李淮春：《辩证唯物主义和历史唯物主义（修订本）》，北京：中国人民大学出版社1984年版，第48页。

马克思主义哲学意蕴上理解，意识形态是指统治阶级的思想观念和行为方式的指南。众所周知，马克思主义哲学是马克思主义者的世界观和行动指南，是无产阶级革命和社会主义建设的指导思想。这就是说，马克思主义哲学具有鲜明的思想态度和行动立场。从马克思主义意识形态的视角理解，这种鲜明的政治态度和行动立场，具有强烈的一元化倾向，或者说，马克思主义哲学反对其他任何非马克思主义哲学的思想体系。当然，这里所说的"反对"也是相对的，即马克思主义哲学反对其他思想体系，并不是要彻底否定其他思想体系，它反对的只是与其理念相冲突的部分。比如，马克思主义哲学反对资产阶级倡导的自由、民主，但马克思主义哲学并不反对自由、民主，而且提倡社会主义的民主和自由。对待中国传统文化亦是如此，即马克思主义哲学反对中国传统文化中的糟粕部分（如儒家文化中的"三从"等），但尊重和承认中国传统文化中的优秀基因（如中国传统文化中"百善孝为先"等）。作为宣传马克思主义哲学思想的马克思主义哲学教科书，必然要坚持意识形态的一元化，这主要体现在两个方面。其一，在书写原则上，坚持教科书是代表最为广大人民群众立场的思想体系。任何一个哲学体系都有着自己的思想前提和逻辑前提，教科书范式的思想前提就是保障其哲学原理能够反映和能够代表广大人民群众的利益。从马克思主义的产生看，马克思主义理论从它的诞生之日起，就明确表明自己的理论是为人民群众服务的，比如，在其著作《共产党宣言》中，马克思和恩格斯明确指出，"共产党人同其他无产阶级政党不同的地方是：一方面，在无产者不同的民族斗争中，共产党人强调和坚持整个无产阶级共同的不分民族的利益；另一方面，在无产阶级和资产阶级的斗争所经历的各个发展阶段上，共产党人始终代表整个运动的利益。"[①] 从马克思主义理论的政治实践看，无论是苏联的社会主义探索，还是中国的社会主义建设，共产党人都坚持人民的利益高于一切的指导原则，比如，江泽民2000年2月

[①] 《马克思恩格斯选集》第1卷，北京：人民出版社1995年版，第285页。

25日在广东省考察工作时指出,"中国共产党所以赢得人民的拥护,是因为中国共产党在革命、建设、改革的各个历史时期,总是代表着中国先进生产力的发展要求,代表着中国先进文化的前进方向,代表着中国最广大人民的根本利益,并通过制定正确的路线方针政策,为实现国家和人民的根本利益而不懈奋斗。"① 从表述上看,教科书作者在撰写或修订教科书时,始终强调要牢记马克思主义哲学的世界观和方法论,比如,在《辩证历史唯物主义和历史唯物主义》第三版的修订说明中,作者提出如下的修订原则,"马克思主义是现时代的时代精神的精华。学习、宣传和掌握马克思主义的科学世界观和方法论不仅在当前具有特殊的和重大的意义,而且是人们认识世界和改造世界的永恒需要。"② 其二,在哲学原理上,坚持教科书中的马克思主义哲学原理是唯一正确的哲学理论。在资本主义国家,由于人们对生产资料占有的方式不同,资本主义国家存在着两大对立的阶级,即作为剥削阶级的资产阶级和作为被剥削阶级的无产阶级。同时,根据分配方式的不同,每个阶级内部又存在着不同的阶层。从宏观上看,不同的阶级有着不同的意识形态;从微观上看,不同的阶层都有属于自己阶层的意识形态。所以,资本主义国家没有统一的意识形态,即不强调意识形态的一元化。但以马克思主义理论指导的社会主义国家,坚持意识形态的一元化原则。因为,马克思主义哲学的真理观认为,真理是一元的,即"就某个确定的问题和对象而言,真理只能有一个,即与客观事物及其规律相符合的客观真理。真理多元论是站不住脚的"③。按照这种观念理解,教科书范式认为,马克思主义哲学就是当今唯一正确的真理或唯一正确的意识形态。比如,《辩证唯物主义与历史唯物主义原理(第五版)》明确表明,"马克思

---

① 人民网,2013-06-12。

② 李秀林、王于、李淮春:《辩证唯物主义和历史唯物主义原理(第五版)》,北京:中国人民大学出版社2004年版,"第三版说明"。

③ 李秀林、王于、李淮春:《辩证唯物主义和历史唯物主义原理(第五版)》,北京:中国人民大学出版社2004年版,第296页。

主义哲学是 19 世纪中叶社会发展的必然产物,它在科学实践观的基础上实现了对旧哲学的全面清算和批判继承,使唯物主义和辩证法、唯物主义自然观和历史观达到高度统一,使科学性和革命性达到高度统一。马克思主义哲学的这一基本特征,充分表明了哲学史上这一革命变革的实质和意义。"①

二、消极意蕴特点

按照马克思辩证法的思维理解,任何理论体系都不是终极的真理,即所有的理论充其量只能是自己时代精神的精华,不可能是永恒的真理,也就是说,任何理论体系都只能是实现了绝对真理与相对真理的统一。这就意味着,任何理论体系都可能会因为理论工作者的个人能力、时代条件等因素而表现出理论或逻辑的局限性。从教科书内容的理论逻辑看,教科书对马克思主义哲学原理的阐释,不仅没有摆脱历史思想的非历史性判断、相对的条件性判断绝对化,而且将对马克思主义哲学原理的阐释教条化、彼岸化,本书把教科书范式具有的这些特点称之为具有消极意蕴的教科书研究范式特点。

教科书历史思想非历史化,"就是教科书显现的'原理'是理论空间结构,与思想的历史性('每个原理都有它出现的世纪')之间存在矛盾,思想不断出场的历史图景、变化和发展性被原理严重遮蔽,把原初属于不断在场、基于'历史的科学'变成了相对凝固、脱域和永恒在场的'历史哲学'即僵化和形而上学"。② 根据该理解,教科书历史思想非历史化应该体现在三个方面。其一,对思想的历史背景不经仔细分析而直接采取拿来主义。思想不是人本身的构建,它是以一种事先在场

---

① 李秀林、王于、李淮春:《辩证唯物主义和历史唯物主义原理(第五版)》,北京:中国人民大学出版社 2004 年版,第 13—14 页。

② 任平、曹典顺、李惠斌:《当代中国马克思主义哲学研究(2012)》,北京:中央编译出版社 2012 年版,第 5 页。

的形态存在的，因此，反映其时代精华的思想，则表现出对特定历史事实的依赖性，即是说，任何思想都有其自身的历史时代背景。在宏大的历史背景下，思想者的思想必定会受到历史条件的制约，即该思想打上了特定历史内涵的烙印。这就意味着，作为试图给大众普及哲学理论的教科书，要实现自己的理想，就要试图与当时的历史语境相交融，通过对第一手文本文献的真实解读，即在历史发生学意义上进行深入的文本学解读，或者说，要在大量文本基础上，构建历史本身的时间与空间的结构，即将原哲学思想的原初语境呈现出来。事实上，教科书研究范式的诸多版本中，都或多或少存在着没有适当结合当时历史而直接将原观点作为普遍结论来认识和传播的内容，其结果就是"非法引用"，其影响就是将遮蔽了相关理论的历史局限性。其二，忽视思想的历史形成过程。每一个人的思想都是要变化发展的，即在不同时期、不同语境、不同文本中，每一个人对同一事物的看法、表述事不尽相同。教科书研究范式中的一些版本的内容还存在着不能贯彻这一原则的现象，即为了表征某种观念的正确，就直接将某一具有特定历史性的原理作为普遍意蕴的论据，即背离了原经典作家本来的思想意蕴。这样的"非法"引证就使得某些教科书中原理、思想缺乏规范性和科学性，从而使原本很简单的问题变得错综复杂起来。这即是说，教科书不仅要对第一手文本进行历史性的分析，还要研究经典作家思想形成的历史。只有如此，才能从文本和文献中探求出其背后的、深层的理论旨趣。其三，在思想运用方面，未能考虑是否符合实际。每一个历史时代的生存状态和文明程度等都不尽相同，代表某一特定历史内涵的意识形态有其自身理论前提。教科书如若对理论生成的前提不作"历史的"分析而直接运用到当下的社会实践中，原先设想的结果就可能不会出现。造成这样或那样的偏差，原因之一就是对原本历史性的思想进行了非历史的表达。对当下时代的理论和思想，要采取辩证的、批判的态度，即要对原有的理论和思想辩证分析且不断创新，以避免思想的非历史性运用。

绝对化只承认事物的绝对性与无条件性，不承认事物的相对性与可变性，不承认结论的过程性、开放性与发展性。绝对化排除了差异性，坚持认为结论是不变的、唯一的，即是一种机械的、形而上学的思想方法。从这种意蕴上理解，任何教科书结论都是研究者在一定的社会条件下，依据客观事物的发展程度、个人实践经验和个人知识储备等得出的个体性结论。这种结论受自己的时代特点、民族特征以及个人能力的影响，得出的结论是带有个人见解与时代特征的相对性理论，而非绝对化结论，或者说，这些结论是需要不断发展与完善的。教科书相对结论绝对化主要表现在两个方面。其一，马克思主义哲学教科书将马克思主义哲学本土化的具体结论绝对化。例如：斯大林时期，马克思主义思想成为苏联共产党的指导思想，为了让人民群众了解马克思主义的基本观点，斯大林于1938年主编了《辩证唯物主义与历史唯物主义》一书。该书为了适应苏联的社会经济发展需要，十分重视历史唯物主义中经济基础知识的论述，关注生产力与生产关系的理论，探究对"社会物质生活条件"究竟是什么的理解。可以说，这是苏联在当时的国内外环境背景下产生的教科书范式，这种范式在一定程度上实现了马克思主义哲学的苏联本土化，适应了当时斯大林社会主义模式的需要。然而，这一教科书范式主要关注的是马克思主义哲学对无产阶级政党的指导作用，包含着浓厚的政治形态意识，过分注重对历史唯物主义阶级斗争理论的论述，相对忽视了马克思主义哲学的认识论观点与实践论观点，即得出的结论只是反映当时苏联社会发展特征的相对结论。所以，中国要建构自己的马克思主义哲学教科书体系，必须要联系中国国情，实现马克思主义哲学中国化，不能照搬照抄苏联的本土化研究结论，这样才不至于远离马克思主义哲学的实践论方向。其二，马克思主义哲学教科书将研究者对马克思主义基本原理的理解的个性化结论绝对化。"教科书要求准确表达马克思主义哲学的基本概念与基本原理，将人们普遍认同的'成熟'的观点编入教科书体系，遵守同一律、排除歧见，按照同一性准确表述原理，是教科书编写的主要职责之一。在众多差异性理解中，哪种理解能构成'基本原理'"①，不同时代的研究者对马克思主义哲学基本原理有不同的见解，不同研究者撰写的教科书基本原理的结论都是带有个人思维特点的，具有相对性与发展性。比如，在基本原理的理解方面，恩格斯指出："全部哲学，特别是近代哲学的重大的基本问题是思维与存在的关系问题。"② 由此理解，哲学应该着眼于思维与存在二者之间的关系问题，然而，个别教科书却割裂思维与存在的关系，将思维与存在分开研究。教科书研究范式相对结论绝对化的消极意蕴，不仅在于它违背了马克思主义哲学本身的批判性与发展性特征，而且削弱了马克思主义哲学教科书的创新意蕴。

创新理论就是指教科书展现出的马克思主义哲学理论，创新理论教条化是指人们将教科书的理论视为了不可撼动的教条，或者说，所谓教科书理论的教条化，是指每一个时期、每一个学者编写的教科书都有一种企图，即利用教科书而造就一个时代占统治地位的绝对真理体系③。当然，这并不是说，整个教科书理论都是教条化，而是指教科书在某些方面存在教条化。教科书理论的教条化主要表现在以下三个方面：其一，体系的教条化。从艾思奇署名主编的《辩证唯物主义历史唯物主义》，到肖前等人主编的《辩证唯物主义原理》，再到李秀林等人主编的《辩证唯物主义和历史唯物主义原理》，这一系列的教科书，第一部分几乎都是以"物质"作为基本概念来引入到马克思主义哲学的唯物论；第二部分讲述了对立统一规律、质量互变规律、否定之否定规律为主线的马克思主义哲学的辩证法；第三部分讲述了马克思主义哲学中的以真、善、美为核心的认识论和价值观；第四部分是历史唯物论，而且这样的体系至今仍然占据教科书研究范式的主流。也就是说，一系列的教科书

---

① 任平：《当代中国马克思主义哲学学术史的创新与发展——以张一兵的〈回到马克思〉为中心》，载《河北学刊》2013年第2期，第8—9页。
② 《马克思恩格斯选集》第4卷，北京：人民出版社1995年版，第219页。
③ 任平、曹典顺、李惠斌：《当代中国马克思主义哲学研究（2012）》，北京：中央编译出版社2012年版，第5页。

的理论体系都没有质的突破，因为其体系被教条化了。其二，逻辑框架的教条化。所谓逻辑框架，既是指从理论待解决的核心问题入手向上逐级展开，从而得到理论的影响及其后果；向下逐层推演找出理论引起的原因，从而得到所谓理论问题的关键点。将理论问题进行转换，也就是将问题的关键点描述的因果关系转换为相应的手段，进而推演出相应的理论结论。表面上看，教科书创新理论的逻辑框架十分完整，即存在着理论的核心问题、原因、结果、影响等，但需要指出的是，这些原因、结果、影响都是在这个逻辑框架下得到的，即一完整化反而导致了该理论被教条化，因为思考的方式都在同一逻辑框架内进行的。其三，思想的教条化。不容置疑，教科书中的许多理论本身都有其"合理性"，再者，任何一种理论都有着历史传承性，即在人们的认知活动中，社会心理中的惰性因素无疑更倾向于维护自己已经熟悉，并被大多数人所认同的知识。换言之，人们的社会心理和文化结构对旧思想、旧理论起到了不自觉的认同效应。即使在许多情况下，原有的理论已经暴露出其巨大的弊端性，甚至已经明显地不能表征社会生活的现实，但它却仍能为人们支持。

（作者曹典顺系江苏师范大学哲学范式研究中心主任、教授；主要研究方向：哲学基础理论、社会哲学、马克思主义文本文献学。张丽霞系江苏师范大学哲学范式研究中心研究人员、讲师；主要研究方向：马克思主义理论、马克思主义哲学。）

2015年中国马克思主义哲学原理范式研究综述

郑萌萌

[摘　要] 2015年中国马克思主义哲学原理范式的研究更加注重现实针对性、关注热点问题。研究成果集中在价值哲学、人学、本体论和"中国道路"四个方面。对于唯物史观、辩证法、实践观、方法论等领域也有所论述。本文通过对2015年中国马克思主义哲学原理范式的盘点和梳理，明确研究的重点并找出不足。

[关键词] 中国马克思主义哲学　原理范式　综述

2015年"原理范式"的研究继续在全面性、多样性、灵活性、现实针对性上需求突破，在实现自身发展、创新的基础上，使研究成果更加适应新时期新阶段的社会需求。具体来说，2015年"原理范式"研究成果较多集中在价值哲学、人学、本体论和"中国道路"四个方面。此外，对于唯物史观、辩证法、实践观、方法论等领域，学者们也开展了较为深入的研究，提出了许多新的思想论断。本文主要围绕这几大领域分别展开论述。

一、价值哲学

2015年对价值哲学的研究主要围绕社会主义核心价值观、传统文化的价值、马克思主义文化理论和文化自觉相关问题展开论述。此外，还有一些学者对马克思主义价值哲学、诚信、自由价值观、康德价值哲学等问题进行了研究。

第一，关于社会主义核心价值观。杨耕辨析了价值、价值观与核心价值观的概念和特征。① 吴向东指出理解社会主义核心价值观的重大意义、基本内容，把握社会主义核心价值观与社会治理体系现代化和中国传统文化的关系是亟待解决的重大理论问题。② 顾萍、袁久红提出促进社会主义核心价值观培育，需要在理论上梳理"三个倡导"的传统文化根脉，在实践上，建设国家制度、国民教育、媒介传播、社会示范四大平台。③ 傅李琦、周书俊探究了社会主义核心价值观与中国梦的关系。④ 张允熠指出社会主义核心价值观总体上是以马克思主义为指导、以民族文化为根基、以西方文化为借鉴构建起来的主流文化。⑤ 叔贵峰指出从中国提出全面建设现代文明社会的大背景出发来审视"新价值观"，它会呈现给我一个即将展开的现代性视域。⑥

---

① 杨耕：《价值、价值观与核心价值观》，载《北京师范大学学报（社会科学版）》2015年第1期。

② 吴向东：《社会主义核心价值观的若干重大问题》，载《北京师范大学学报（社会科学版）》2015年第1期。

③ 顾萍、袁久红：《以中华优秀传统文化涵养社会主义核心价值观的前提与路径思考》，载《思想理论教育导刊》2015年第10期。

④ 傅李琦、周书俊：《社会主义核心价值观与中国梦的关系探究》，载《思想理论教育导刊》2015年第7期。

⑤ 张允熠：《社会主义核心价值观的中国文化要素》，载《马克思主义研究》2015年第6期。

⑥ 叔贵峰：《社会主义核心价值观的现代性视域探析》，载《辽宁大学学报（哲学社会科学版）》2015年第2期。

第二，关于传统文化的价值。学者宋进、杨旭、何中华、庞立生分别论述了中国特色社会主义①、马克思主义②、民族复兴③与中国传统文化的关系。寇清杰提倡以高度的文化自信和自觉正确对待传统文化。④

第三，关于马克思主义文化理论。胡海波指出马克思恩格斯文化生态思想对于当代社会主义文化建设具有极为重要的理论意义和实践价值。⑤刘文杰、周向军指出马克思主义文化思想从维柯、康德、黑格尔三人的思想为出发点，形成了生产劳动创造人、创造人类历史的观点。⑥辛莹、周向军指出中华优秀传统文化与马克思主义文化理论是我国社会主义文化建设的两大思想资源，二者有机融合是中国特色社会主义文化建设的必由之路。⑦王凤祥、安维复在《中国科学技术史》中探寻了马克思主义与中国传统文化契合处。⑧

第四，关于文化自觉。洪晓楠、蔡后奇指出"各美其美"的"时间距离"问题是"各美其美"是否可能的关键。⑨他们还提出人们要认清文化自觉、文化自信和文化强国的三位一体关系，在吸收各个文化所长的基础之上，树立起不可撼动的主体性文化自觉，在交流和对话中打破

---

① 宋进、杨旭：《关于中国特色社会主义与中国传统文化关系的三个维度》，载《思想理论研究》2015年第8期。

② 何中华：《马克思主义与中国优秀传统文化的契合》，载《学习月刊》2015年第7期。

③ 庞立生：《民族复兴的文化自觉与哲学憧憬》，载《吉林大学社会科学学报》2015年第4期。

④ 寇清杰：《以高度的文化自信和自觉正确对待传统文化》，载《思想理论教育导刊》2015年第5期。

⑤ 胡海波：《马克思恩格斯的文化生态思想探讨》，载《马克思主义研究》2015年第7期。

⑥ 刘文杰、周向军：《马克思文化思想渊源探析》，载《齐鲁学刊》2015年第5期。

⑦ 辛莹、周向军：《马克思主义文化理论在当代中国的传承与创新》，载《东南学术》2015年第1期。

⑧ 王凤祥、安维复：《〈中国科学技术史〉：马克思主义与中国传统文化的双重体现》，载《广西社会科学》2015年第2期。

⑨ 洪晓楠、蔡后奇：《文化自觉的诠释学反思："各美其美"的"时间距离"问题》，载《学习与探索》2015年第2期。

历史文化的滞后性和世界视野的缺乏，创造一种适应时代需求的新文化。①

第五，马克思主义、康德价值哲学。王珊、鲁品越指出马克思主义价值观是物化了的价值观，以此看待我国价值体系建设，社会主义核心价值观培育和践行不仅限于思想意识层面，还包括物化价值观的符号建设，使以物为价值载体的社会主义核心价值观深入人们生产生活。②此外，他们还指出"人与人的关系"是价值的本质，而"物对人的关系"是价值的载体，一切社会化物质都是这个价值世界的组成部分。③吴向东指出马克思主义经典著作为我们解决实际问题提供了立场、观点、方法。④张曙光指出康德从"应当"到"目的"或"合目的"，再到"历史"的思想推进，对于现代价值哲学的建构具有重要的启示和借鉴意义。⑤

第六，其他方面的研究。张曙光提出从价值理想与现实实践的关系切入解决人类社会的新情况和新问题。⑥袁久红指出习近平的自由价值观体现了马克思主义的根本价值追求，更是社会主义自由价值观中国化发展的最新科学成果。⑦金建萍、杨谦，杨伊佳、杨河分别从中西方的

---

① 洪晓楠、蔡后奇：《文化自觉的主体间性维度——对文化自觉"空间轴"的哲学反思》，载《哲学研究》2015年第8期。

② 王珊、鲁品越：《马克思主义价值哲学与价值关系的物化》，载《甘肃社会科学》2015年第5期。

③ 鲁品越、王珊：《价值是负载于客体的社会关系——马克思主义价值哲学的精髓》，载《湖北社会科学》2015年第5期。

④ 吴向东：《马克思主义经典著作的当代价值》，载《北京行政学院学报》2015年第6期。

⑤ 张曙光：《从"应当"到"目的"再到"历史"——对康德价值思想的批判性解读与借鉴》，载《辽宁大学学报（哲学社会科学版）》2015年第1期。

⑥ 张曙光：《价值理想与现实实践——中国社会主义的矛盾运动》，载《北京师范大学学报（社会科学版）》2015年第1期。

⑦ 袁久红：《论习近平对社会主义自由价值观的创新发展》，载《东南大学学报（哲学社会科学版）》2015年第3期。

比较①、社会主义法治角度②探讨了诚信价值观。王国敏、王增智指出欲克服历史虚无主义的泛滥，需要从其理论根源、传播方式和市场需求入手进行围堵。③

二、人学

对于这一问题，2015年学者们研究的重点集中在马克思主义人学和人的主体性、人民性研究。此外，学者们还对人的存在、高清海"人的哲学"思想做了深入的研究探讨。

第一，关于马克思主义人学。李明、郭忠义指出马克思的人学研究方法，是个体主义、集体主义和历史主义三重维度的统一。而我国理论界曾长期把与个体主义方法相对立的"集体主义"方法作为马克思主义人学研究的唯一方法，引发了一系列错误和失误。恢复马克思主义人学方法的三重维度，对完善社会主义市场经济及其相应的法治文明具有异乎寻常的作用。④ 王巍、刘怀玉从哲学人类学的研究视角出发，对《手稿》中的"交往"概念进行创新性阐释。⑤ 叶泽雄、吴齐指出马克思在积极吸取前人思想成果的基础上，从人的生存实践出发，确立了人的双重生命得以可能的内在根据，揭示了人的生命价值的内涵、表现形式，从而为人的本质的不断提升和实现指明了方向。⑥ 褚尔康、赵宇霞指出

---

① 金建萍、杨谦：《比较视域下诚信价值观的现代意蕴》，载《中国特色社会主义研究》2015年第4期。

② 杨伊佳、杨河：《诚信是法治精神的重要伦理基础》，载《红旗文稿》2015年第1期。

③ 王国敏、王增智：《评析历史虚无主义的理论根源、传播方式及克服》，载《兰州学刊》2015年第11期。

④ 李明、郭忠义：《论马克思人学分析方法的第三重维度——个体主义方法》，载《东北大学学报（社会科学版）》2015年第2期。

⑤ 王巍、刘怀玉：《马克思交往理论的哲学人类学内涵》，载《河海大学学报（哲学社会科学版）》2015年第6期。

⑥ 叶泽雄、吴齐：《马克思实践视域下的人的双重生命与价值》，载《江汉论坛》2015年第2期。

马克思主义法人类学基本论域确立不仅对研究体系建构具有重大理论意义，同时也对中国特色社会主义法治建设具有重要现实意义。① 张奎良指出马克思阐释了人的类本质、发展本质、共同体本质、社会联系本质和社会关系总和本质。这五重规定及其逻辑系统不仅是哲学上划时代的伟大创新，而且在今天也有重要的实践指导意义。②

第二，关于人的主体性、人民性的研究。刘卓红、徐锐指出人民主体观是历史唯物主义的重要内容。只有坚持人民主体地位的思想，建构中国特色社会主义治国理政新模式，才能从理论与实践上实现对历史唯物主义人民主体观的新发展。③ 双传学、袁久红指出"四个全面"战略布局的价值追求总体上说就是人民至上，具有鲜明的人民性。④ 褚尔康、赵宇霞指出对中国特色社会主义权力监督机制的"人民性"内核的研究，对于进一步推进社会主义民主政治和加强党执政能力的建设，具有重大的理论意义。⑤ 陈学明指出一个人素质的高低取决于其有没有生存指向，有没有信仰，以及这种生存指向和信仰的坚定性如何。当今中国，提升人的素质关键是要确立共产主义的信仰。⑥ 张奎良指出人类的生产积淀了五大文明，五种文明的互动是它们发展和提高的重要机制。⑦ 林剑指出社会历史发展有规律原因在于人的实践活动有规律，推动社会

---

① 褚尔康、赵宇霞：《马克思主义法人类学基本论域的多维解读》，载《湖北经济学院学报》2015年第4期。

② 张奎良：《人的本质：马克思对哲学最高问题的回应》，载《北京大学学报（哲学社会科学版）》2015年第5期。

③ 刘卓红、徐锐：《历史唯物主义人民主体观的当代释读》，载《教学与研究》2015年第8期。

④ 双传学、袁久红：《论"四个全面"战略布局的人民性》，载《江苏社会科学》2015年第5期。

⑤ 褚尔康、赵宇霞：《论中国特色社会主义权力监督机制的"人民性"内核》，载《泰山学院学报》2015年第1期。

⑥ 陈学明：《人的素质与人的信仰》，载《郑州大学学报（哲学社会科学版）》2015年第1期。

⑦ 张奎良：《人类的五种生产及其文明积淀》，载《学术交流》2015年第7期。

历史进步的最终动力是人的社会实践活动,社会历史之所以表现为不断进步,原因在于人的实践不断发展、实践能力与水平是不断提高的。①

第三,关于人学的其他研究。任平、周柳指出人的存在是一切存在的出发点,它对当今我国高等职业教育的发展具有指引作用。② 邹广文分析了高清海"人的哲学"思想,指出该思想能够真正实现哲学观念的变革,实现对人思考的具体性、丰富性与全面性,有效面对人的未来发展危机、实现人类的整体进步。③

三、本体论

第一,关于形而上学。陆杰荣、张丽指出主体由同一性向异质性的转变,以及形而上学的微观个体化进路,交织出主体境界作为现代形而上学研究归宿的判断。主体境界表现出现代形而上学个体性与关系性、有限性与无限性、历史性与现实性等多重维度的交织。④ 陆杰荣还指出对形而上学的内在异质性规定的历史事实的考察,可以提取基于实践智慧演进的必然逻辑,勾连出在现代哲学的背景中领略马克思哲学形而上旨趣的未来的可能方式。在马克思看来,传统哲学自身的固有功能的产生似乎仅仅是哲学理论价值的自身显现,然而倘若哲学仅停留在理论范围的内部,其结局也就只能限于精神的哲学活动自身了。⑤ 此外,陆杰

---

① 林剑:《论人的实践活动与社会历史规律生成之关系》,载《学术研究》2015年第3期。
② 任平、周柳:《"人的存在"哲学观视阈下的我国高等职业教育》,载《职教论坛》2015年第30期。
③ 邹广文:《高清海"人的哲学"的延展逻辑》,载《天津社会科学》2015年第2期。
④ 陆杰荣、张丽:《形而上学研究的主体视域初探——形而上学境界论演进的一种理解》,载《理论探讨》2015年第1期。
⑤ 陆杰荣:《论形而上学自身所蕴含的异质性规定之价值》,载《社会科学》2015年第7期。

荣还研究了古希腊哲学的基本样式①,分析了形而上学与哲学境界的内在关联②,探讨了俄罗斯形而上学中的"精神性"规定。③ 安维复批判了传统科学哲学力主"拒斥形而上学"导致了相对主义的思想泛滥,强调康德哲学的基本立场,研究"科学哲学史作为另一种科学哲学"这一命题所蕴含的"科学—哲学并行"旨意④。

第二,关于本体论研究。王晓升指出不能简单地否定主体,而是要去否定自我同一性。只有否定了自我同一性,人才成为真正的主体。⑤ 邵晓光、刘岩指出共同体的本质就是共同性,不管是"自然性"还是"人性"角度,它都摆脱不了对概念的追问。重建共同性是在多样性前提下,为解决人与人的矛盾而提出的可以选择的方案。方案中必须承认现实的强制性功能,发挥自愿的服务功能的作用,转向身份认同的共同性路径。⑥ 陈学明、姜国敏从西方马克思主义研究的角度,着力解决了马克思主义本体论是什么的问题。⑦ 何中华指出作为本体论预设,"对象化"不具有自身的合法性,它只能作为实践展开的结果,被历史地建构起来。"对象化本体论"不能取代实践本体论成为恰当的本体论形态。⑧

---

① 陆杰荣、张佳琳:《论古希腊形而上学的基本样式》,载《世界哲学》2015年第4期。
② 陆杰荣:《论形而上学与哲学境界的内在关联》,载《马克思主义与现实》2015年第2期。
③ 陆杰荣、张佳琳:《论俄罗斯形而上学中的"精神性"之规定》,载《哲学研究》2015年第9期。
④ 安维复:《"科学哲学史作为另一种科学哲学"——从"拒斥形而上学"到"科学-哲学并行"》,载《学术月刊》2015年第2期。
⑤ 王晓升:《告别"主体"——一个后现代哲学视角的思考》,载《学术研究》2015年第10期。
⑥ 邵晓光、刘岩:《共同体的历史走向和重建中的功能矛盾》,载《学术月刊》2015年第7期。
⑦ 陈学明、姜国敏:《何为马克思主义的"本体论"?——从西方马克思主义研究的角度看》,载《哲学研究》2015年第3期。
⑧ 何中华:《实践本体论为什么是对的——一个再回应》,载《华中科技大学学报(社会科学版)》2015年第4期。

四、"中国道路"问题

2015年关于中国道路问题的研究,主要围绕中国道路的马克思主义意义、"四个全面"战略、生态文明、中国梦四个方面展开,具体如下:

第一,关于中国道路马克思主义意义。陈学明阐释了中国道路的马克思主义意义,包括用实践证明了马克思主义的一系列基本理论没有过时、用实践推翻了马克思主义原有的一些不合时宜的结论、用实践向前推进了马克思主义①;从中国道路证明马克思主义关于社会主义无市场的判断是站不住脚的、中国道路使马克思主义的"斗争哲学"变得不合时宜、中国道路表明马克思主义的"物质本体论"存在缺陷、中国道路意味着必须重新审视马克思主义"与传统观念彻底决裂"的思想几个方面着重探讨中国道路对马克思主义的"证伪"②;中国道路对马克思主义哲学、马克思主义政治经济学和科学社会主义理论这三个组成部分都有卓越的发展③;中国道路对马克思主义阶级斗争理论的继承和发展④;中国道路蕴含着马克思主义文化、中国传统文化和西方文化三大思想资源。这三大思想资源在中国道路的前进方向与具体途径上得以交互贯通。而马克思主义思想资源在这三大思想资源的交互贯通中始终处于核心地位。⑤ 叶险明指出,在中国,作为"批判的武器"的马克思主义哲

---

① 陈学明:《中国道路对马克思主义的"证实"——论中国道路的马克思主义意义之一》,载《南京政治学院学报》2015年第4期。
② 陈学明:《中国道路对马克思主义的"证伪"——论中国道路的马克思主义意义之二》,载《南京政治学院学报》2015年第5期。
③ 陈学明:《中国道路对马克思主义的发展——论中国道路的马克思主义意义之三》,载《南京政治学院学报》2015年第6期。
④ 陈学明:《论中国道路对马克思主义阶级斗争理论的继承和发展》,载《马克思主义研究》2015年第5期。
⑤ 陈学明、陈祥勤、姜国敏:《论中国道路蕴含的"马中西"三大资源及其交互贯通》,载《上海师范大学学报(哲学社会科学版)》2015年第6期。

学，必须以自己特定的方式全面介入"中国道路"的前提性批判。① 任平探讨了中国道路的历史坐标、社会根基与世界价值。②

第二，关于"四个全面"战略。吴晓明指出"四个全面"是当今治国理政的基本战略，是现阶段中国特色社会主义的实践纲领。③ 陈金龙提出，如果从中国道路表达、国家形象建构、融入国际社会等维度来考察，可进一步彰显"四个全面"战略布局的价值。④ 王国敏、陈加飞指出，"四个全面"从"目标、动力、保障、主体"等维度构成一个严密的内在逻辑结构，自成一个有机的理论系统，体现鲜明的人民立场，贯穿"实事求是"、"辩证思维"的品质、方法，以一系列重大理论创新观点，丰富和发展了邓小平理论、"三个代表"重要思想和科学发展观等重大战略思想，成为中国特色社会主义理论体系的最新成果。⑤ 李楠明指出，必须把全面深化改革放在"四个全面"的总体布局中，放在同其他三个"全面"的联系和相互作用中去理解。⑥

第三，关于生态文明。彭继红、任书东探讨了马克思主义地理环境论在建设中国特色生态文明实践中的作用，包括引领我们正确认识和处理人与自然关系，形成生态文明时代人与自然关系新观点、新思想的有力工具；是我们建设绿色经济、循环经济、低碳经济良性发展的资源节约型和环境友好型社会的精神动力；是我们进行生态文明制度建设顶层

---

① 叶险明：《"中国道路"的前提性批判——一种基于对当下"中国语境"反思的批判》，载《哲学研究》2015年第10期。

② 任平：《中国道路的历史坐标、社会根基与世界价值》，载《江苏行政学院学报》2015年第3期。

③ 吴晓明：《"四个全面"是现阶段建设中国特色社会主义的战略部署和实践纲领》，载《毛泽东邓小平理论研究》2015年第6期。

④ 陈金龙：《"四个全面"战略布局的价值解读》，载《学术研究》2015年第12期。

⑤ 王国敏、陈加飞：《"四个全面"战略思想是中国特色社会主义理论体系最新成果》，载《理论学刊》2015年第8期。

⑥ 李楠明：《在"四个全面"的战略布局中来理解全面深化改革的意义》，载《学术交流》2015年第4期。

设计的理论原则。① 刘湘溶提出，生态文明建设不但有赖于人的文化自觉，需要一个文化启蒙或思想解放的历史过程，而且必须整体谋划，作为系统工程协同推进。② 生态危机的人为性和生态文明的为人性决定了生态文明建设关键在人，在于培养出具有生态化人格的现代公民，这既是生态文明建设的前提，亦是它的归属。③ 此外，刘湘溶、罗常军指出生态文明建设要以中华民族伟大复兴为理想、以全面深化改革为根本动力、以科学发展观为指导思想。④ 生态环境治理是一项复杂的系统工程，必须坚持道德、法治与科技三管齐下，为此必须强化责任担当，构建合理而完整的责任观。⑤

第四，关于中国梦。陈学明指出，中国梦的实现意味着中华文化中王道精神与马克思主义的"真精神"的双重复兴，并由此而在中华民族这一古老的大地上形成了一种新的人的存在状态，在这一意义上中国梦的实现意味着一种新的人类文明的诞生。⑥ 杨谦、王超指出，通过对中国梦、社会主义核心价值观、全面深化改革的考察，能够更好地认识和理解中国梦作为马克思主义中国化逻辑演进的结果及其最终实现的精神依托、动力因素和依靠主体。⑦ 汪青松提出从历史、现实和未来的结合上开展中国梦教育，激发当代青年以道路自信与民族自尊、理论自信与

---

① 彭继红、任书东：《论作为生态文明建设理论基础的马克思主义地理环境论》，载《江汉论坛》2015年第11期。

② 刘湘溶：《生态文明建设：文化自觉与协同推进》，载《哲学研究》2015年第3期。

③ 刘湘溶：《生态文明视域下的环境教育》，载《湖南师范大学教育科学学报》2015年第5期。

④ 刘湘溶、罗常军：《生态文明建设三题》，载《湖南师范大学社会科学学报》2015年第1期。

⑤ 刘湘溶、罗常军：《生态环境的治理与责任》，载《伦理学研究》2015年第3期。

⑥ 陈学明：《中国梦与人类新文明》，载《苏州大学学报（哲学社会科学版）》2015年第3期。

⑦ 杨谦、王超：《马克思主义中国化逻辑演进中的中国梦及其现实诉求》，载《四川师范大学学报（社会科学版）》2015年第6期。

民族自强、制度自信与民族自豪为内核的民族复兴正能量。①

五、唯物史观

2015年,学者们从唯物史观的历史性、实践性等方面探讨了唯物史观的理论特质。此外,有学者分析了唯物史观的功能,探讨了意识形态批判对于历史唯物主义创立的意义,从新的角度对唯物史观给出了新的阐释。

第一,关于唯物史观的理论特质。杨河、于品海指出,唯物主义历史观的最终形成,将消除以往的历史理论只考察人们历史活动的思想动机和忽视人民群众活动这两个主要缺点。②张奎良指出,对人及其活动的重要性的重视,是直观唯物主义到实践唯物主义转变的关键,是马克思新唯物主义的基础。③唐正东指出,马克思在意识形态理论中不仅从政治的维度揭示了统治阶级通过编造虚假的观点来进行意识形态统治的做法,而且还从历史观的维度深刻地阐明了这种意识形态统治与生产方式发展水平之间的具体联系。④仰海峰指出,马克思思想中存在着双重逻辑:即生产逻辑与资本逻辑,资本逻辑对生产逻辑具有统摄作用。实践唯物主义建立在生产逻辑的基础上,以劳动本体论与主体性为其基本特征,这一思路在资本逻辑中被颠覆了。⑤鲁克俭指出,马克思唯物史

---

① 汪青松:《中国梦教育激发当代青年民族复兴正能量》,载《青年学报》2015年第2期。
② 杨河、于品海:《历史是怎样创造出来的——马克思恩格斯关于历史创造思想研究》,载《中国高校社会科学》2015年第3期。
③ 张奎良:《马克思的新唯物主义再探》,载《哲学动态》2015年第4期。
④ 唐正东:《马克思意识形态理论的双重维度:政治的及历史观的》,载《哲学研究》2015年第8期。
⑤ 仰海峰:《实践唯物主义:反思与超越》,载《马克思主义与现实》2015年第4期。

观中的"历史性"观念是在《1844年经济学哲学手稿》中逐渐引入的。①鲁品越指出,马克思的唯物主义,是以人与人所创造的物质世界和精神世界的关系为主题,因而是能动的、辩证的唯物主义;是关于人类通过世俗社会的生活创造出精神世界的生活哲学,因而是发展的、历史的唯物主义。②王德峰指出,历史唯物主义学说起自社会权力之被发现。对社会权力的形成和演变所做的存在论阐明是历史唯物主义的真正内容。因此,历史唯物主义是在哲学终结之后的一条新存在论之路,它开启了真正的历史存在论。③

第二,关于唯物史观的功能和价值。丰子义指出唯物史观在《资本论》中又发挥着独特的功能,即驱雾解蔽的功能、透视现象的功能、揭露矛盾的功能、价值指向的功能等。④另外,他指出实践唯物主义所确立的实践理性、实践主体性、实践的价值取向、实践的辩证法、实践的合理性、实践的探索精神等,对于中国道路的成功确立和开拓起了极为重要的作用。⑤康渝生、胡寅寅指出,唯物史观的确立是马克思主义哲学变革的最高理论成果。马克思"回归现实生活世界"的致思理路,不仅标志着唯物史观与传统哲学的根本分野,彰显了唯物史观的哲学变革逻辑;而且蕴含着他对人的现实困境及其解放途径的价值关怀,展现了"改变世界"的社会革命逻辑。⑥

---

① 鲁克俭:《唯物史观"历史性"观念的引入——马克思〈1844年经济学哲学手稿〉中"异化"概念新解》,载《哲学动态》2015年第6期。

② 鲁品越:《唯物史观灵魂与唯心主义体系构造法则的矛盾——马克思的第一个历史哲学体系及其历史地位》,载《河北学刊》2015年第2期。

③ 王德峰:《在当代境况中重读历史唯物主义》,载《云南大学学报(社会科学版)》2015年第4期。

④ 丰子义:《〈资本论〉唯物史观的呈现方式与独特作用》,载《中国高校社会科学》2015年第6期。

⑤ 丰子义:《中国道路的哲学自觉——实践唯物主义的当代意义》,载《北京大学学报(哲学社会科学版)》2015年第4期。

⑥ 康渝生、胡寅寅:《走向"真正的共同体":唯物史观的致思理路》,载《理论探讨》2015年第4期。

第三,关于唯物史观的新阐释。刘文杰、周向军指出,在唯物史观的视域内,物质生产仅为逻辑在先,是社会发展的前提;而且唯物史观本身有一定的适用范围;恩格斯晚年为回应"经济决定论",对唯物史观做了新的阐发,对理解唯物史观有一定的启迪。①

第四,关于意识形态批判与唯物史观。程彪指出,意识形态批判对于历史唯物主义创立具有实质性意义,意识形态批判充分彰显出历史唯物主义的本质特性。②

六、其他领域研究

第一,关于辩证法。贺来指出,只有以思维与存在的异质性为前提,辩证法真正克服了一切独断论和教条主义的束缚,成为一种推动思想解放与人的解放的力量,辩证法的批判本质才能得到彻底的彰显。③ 唐正东强调,马克思主义辩证思维方法具有客观性、联系性和发展性、全面性和系统性的特点,这充分彰显了它的唯物辩证法的本质。④ 孙正聿分析了毛泽东的《实践论》和《矛盾论》,指出两部著作既是实践论的矛盾论,又是矛盾论的实践论。⑤ 陈志尚指出,唯物辩证法是人类解放的伟大精神武器,马克思、恩格斯、列宁、毛泽东都有着重大贡献。我们应该自觉信仰它,不断地学习、研究、实践、传播和发展它,使越

---

① 刘文杰、周向军:《唯物史观新阐释》,载《东岳论丛》2015年第2期。
② 程彪:《意识形态批判与历史唯物主义的理论特质》,载《学习与探索》2015年第12期。
③ 贺来:《"思维"与"存在"的异质性与辩证法的批判本质》,载《天津社会科学》2015年第3期。
④ 唐正东:《马克思主义辩证思维方法的一般特点和基本规律——兼论习近平同志的辩证思想》,载《南京工业大学学报(社会科学版)》2015年第3期。
⑤ 孙正聿:《毛泽东的"实践智慧"的辩证法——重读〈实践论〉〈矛盾论〉》,载《哲学研究》2015年第3期。

来越多的人都能掌握它，使它真正成为人类解放的伟大精神武器。① 孙利天、高苑指出，传统文化在现代社会中得到传承和弘扬，需重提文化自发和自觉统一的辩证法。②

第二，关于实践观。赵家祥具体分析了列宁对黑格尔实践观念含义存在的不当之处，指出他把黑格尔所说的"实践观念"归属于"实践领域"，把"实践"和"实践观念"完全等同起来，不仅不符合黑格尔的原意，而且也有悖于马克思主义哲学对"实践"与"实践观念"相互关系的理论。③ 胡海波指出，中华民族复兴之中国精神是以中华优秀传统文化为根基，凝聚当代中华民族实践理念的精神整体。④ 孙正聿指出，"从实践的观点看"马克思主义哲学的唯物论、辩证法、认识论和历史观，并在对哲学的"重大的基本问题"的深层反思中，实现当代中国马克思主义哲学研究的范式转换。⑤ 鲁克俭指出，马克思真正进入唯物史观视域的关键一步，是在纷繁的历史现象中抓住了动态实践这一环节。⑥ 贺来指出，实践哲学为重新对待与解决"一"与"多"的关系提供了一种新的思路。在实践哲学视域里，"一"与"多"的关系转换成了现代民主社会多元声音与公共之理之间的实践关系，让每个人自由发展，同时又推动社会共同体和谐稳定，这就是"一"与"多"关系的真实

---

① 陈志尚：《深化唯物辩证法核心和精髓的认识》，载《毛泽东邓小平理论研究》2015年第2期。

② 孙利天、高苑：《自发自觉的辩证法：论中国传统文化的现代转化》，载《吉林大学社会科学学报》2015年第4期。

③ 赵家祥：《"实践观念"属于"观念领域"还是属于"实践领域"——对列宁〈哲学笔记〉中一个观点的理解》，载《新视野》2015年第1期。

④ 胡海波：《中国精神的实践本性与文化传统》，载《哲学研究》2015年第12期。

⑤ 孙正聿：《从实践的观点看——当代中国马克思主义哲学研究的范式转换》，载《社会科学战线》2015年第11期。

⑥ 鲁克俭：《超越传统主客二分——对马克思实践概念的一种解读》，载《中国社会科学》2015年第3期。

意义。①

第三，关于马克思主义的整体性、精神生活观、世界观、科学性的研究。汪青松指出马克思主义整体性体现在其横向有机构成和纵向历史发展上，实质在于立场观点方法的统一性。把握马克思主义整体性，要从哲学、政治经济学和科学社会主义的理论体系上全面把握马克思主义的逻辑性，从一脉相承和与时俱进上系统把握马克思主义的完整性，从立场、观点、方法上准确把握马克思主义的统一性。② 赵家祥提出从马克思主义产生的社会历史条件、马克思主义的理论来源、马克思主义理论体系的内容、马克思主义发展的历史过程、马克思主义经典著作的实际情况五个方面阐明马克思主义的整体性。③ 陆杰荣、徐海峰指出马克思的精神生活观建基于"实践的唯物主义"前提之上，在对西方传统哲学精神生活观的历史反叛和现实扬弃之中，确认精神生活的存在由超验、先验和经验共时态构成，并由此开启了重新理解精神生活的"实践"、"现实"、"人的解放"等新维度，进而具体展现出对精神生活理解的多重性的解释框架。④ 王国坛、徐慧杰指出马克思的世界观就是在承认个性差异基础上寻求同一性的世界观，这也是社会主义和谐社会的思想基础。⑤ 安维复研究了科学哲学史，指出科学与哲学是连续知识谱系的两极，科学哲学应该是经验性与超验性的统一，知识与智慧的统一，事实判断与价值判断的统一。任何一种科学理论，总有其哲学观

---

① 贺来：《超越"一"与"多"关系的难局——一种实践哲学的解决方案》，载《中国人民大学学报》2015年第5期。

② 汪青松：《论中国共产党人对马克思主义整体性的全面把握》，载《马克思主义研究》2015年第7期。

③ 赵家祥：《也谈马克思主义的整体性》，载《理论视野》2015年第7期。

④ 陆杰荣、徐海峰：《论马克思的精神生活观》，载《哲学动态》2015年第10期。

⑤ 王国坛、徐慧杰：《论和谐社会的世界观基础》，载《辽宁大学学报（哲学社会科学版）》2015年第2期。

念；任何一种哲学观念，总有其科学基础。①

综上所述，2015年我国学界对于原理范式的研究更多关注理论指导实践、更加契合当前的热点问题。例如，在价值哲学研究中更多关注马克思主义文化理论的应用以及中国传统文化的价值；在人学研究中关注人民主体地位思想、以人为本；对于"中国道路"的研究中关注"四个全面"战略、生态文明建设、"中国梦"，等等。但是，仍然存在一些问题有待于进一步探讨：第一，对理论挖掘的深度和广度还有待于进一步提高；第二，对热点问题的研究缺乏世界视野和历史视野，缺少对国外相关问题的梳理和中国历史经验的总结；第三，对"四个全面"战略的研究成果理论性过强，如分析该战略的意义、价值、重要性等，而缺乏对"四个全面"战略实施途径的研究。这些问题都在一定意义上限制了原理范式的发展。

（作者郑萌萌系江苏师范大学马克思主义学院讲师，法学博士；主要从事政治传播和思想政治教育研究）

---

① 安维复：《科学哲学史研究的兴起：从"科学共同体"走向"科学—哲学共同体"》，载《自然辩证法通讯》2015年第6期。

马克思主义哲学史研究范式的视域局限及不同阶段的表现

冯建华

[摘 要] 马哲史研究范式中存在着总体性的内在张力和视域局限，表现在时间逻辑和思想逻辑之间的矛盾，存在着史论循环、对象本性与方法论视域之间的循环、微观文本与整体通史阐释之间的循环。这些内在张力和视域局限表现在中国马哲史研究范式发展的不同阶段之中。20世纪末表现在以论带史，思想的历史服从理论逻辑的倾向、马哲史的深层研究模式并没有真正彻底摆脱苏联影响的问题和局限；新世纪以来则存在着"有史无论""趋史避论"的倾向，马哲史通史研究急剧衰落、成果锐减，又存在着轻视理论逻辑创新与轻视现实历史同时并立的怪象，标榜"价值中立"、进行纯文本研究的问题。

[关键词] 马哲史研究范式　视域局限　不同阶段

在整个马克思主义哲学研究范式图谱中，马克思主义哲学史研究范式具有自身独特的研究特点、优势和地位，其根本研究特点是历史性，这一特点优于教科书非历史的研究方式，它打破了马克思主义哲学、政治经济学、科学社会主义僵硬的学科壁垒，具有综合性、交叉性的研究优势，其地位不是论证教科书原理的手段和工具，而是马克思主义哲学理解的活水源头，对于其他各类型、各领域马克思主义哲学研究发挥着辐射和带动作用。在马克思主义哲学创新中,它具有独有的功能,这一功能表现在历史性的阐释方式、避免经验主义的历史叙述,注重逻辑挖掘、理论提升、史论结合的研究方式,在多学科、多门类知识的整体关联性中重新阐释和创新马克思主义思想的整体性。

虽然如此,马哲史研究范式仍然不能包打天下,不能单独承担马克思主义哲学研究的所有任务,它只是马克思主义哲学创新研究的一种范式、一种路径,自身也存在着内在张力和视域局限,只有明确其视域局限及其表现,才能认识它在马克思主义哲学研究中的地位和作用的边界,更加全面地对其进行总体定位,扬长补短,与其他马克思主义研究范式相结合,更好推动马克思主义研究的发展,因而探讨马克思主义哲学史研究范式的内在张力和视域局限以及这些局限在不同发展阶段的表现就具有重要的理论意义。

一

像其他马克思主义研究范式一样,马哲史研究范式仍然存在着内在张力,带有难以克服的视域局限。

首先,是按照时间逻辑、还是问题逻辑或思想逻辑来展现马哲史,是马哲史研究中的一个内在张力。作为思想史研究,马哲史研究存在的一个根本问题就是如何展现思想史,是按照时间逻辑、还是按照问题逻辑或思想逻辑来展现?也就是按照时间在先原则、还是按照思想逻辑在先原则来叙述?这是马哲史范式研究中存在的一个难以解决的问题,也是其研究的一个视域局限。按照时间逻辑来叙述马哲史就会要求时间在先原则,其叙述方法就会侧重历史描述性方法,恪守时间先后的顺序,收集整理所有的学术史料,以学术编年方式,列举相对重要的人物和著作的思想介绍,对人物、著作、事件、活动等方面进行专题性研究。这种做法的好处是忠实于历史发生的先后顺序,力求客观呈现思想发生、发展、传播的历史。而其带来的缺陷是经验性、表象性、外在性,其研究方法很容易陷入"剪刀+浆糊"的经验主义做法,收集、罗列马哲史中的人物、著作、事件、活动,进行外在地焊接、缝合,最终只能达到马克思所说的"完整的表象"或"感性的具体",将思想史变成列宁所批评的"人名和书名"的历史,是"一大堆在时间中产生和表现出来的哲学意见的罗列和陈述"①,根本无法到达"理性具体",也无法回应和反驳其他思想史叙述方式的批评,无法深层呈现思想逻辑的内在流动和贯通。与此相反,按照问题逻辑或思想逻辑来叙述思想史,则要求理论逻辑在先、理论问题在先,其研究方法是暂时撇开思想发生的时间先后顺序,以某种思想中建构的理论逻辑、理论形态作为逻辑线索,这一理论形态本身可能导源于对现实问题的理论思考、理论建构,也可能仅仅由理论问题引发的理论家建构的观念形态,理论逻辑是第一位的,甚至带有先验性,思想客观发展的先后顺序是不重要的、次要的,至少是第二位的。这种研究方式的优势是能够透过经验的表象去探寻思想历史背后的理论逻辑,避免经验主义研究方式的弊端,经验主义的做法是单纯堆积和罗列思想史材料,把思想史研究淹没于大量思想史材料之中、无法揭示思想史发展中的内在逻辑。其带来的问题是这种逻辑建构可能是主观的和先验的、脱离思想发展的实践逻辑和思想文本的客观意义、脱离思想史本来面貌,易于陷入主观主义、多元主义。即使研究者力图结合思想发展的时间逻辑、文本的客观意义、思想史本来的面貌,反对主观主义和多元主义的研究态度,但是在不同思想史逻辑的抽象和建构中,究竟如何判定其客观性、一元性?谁才是判定这一思想史逻辑客观性的标准?思想史本身无法回答,这是马哲史研究范式存在的一个难以解决的内在问题。

其次,马哲史始终存在着解释学循环,面对马克思和恩格斯等经典作家留下的文本,面对由这些文本中的思想所组成的思想发展历史,后人的研究也是一种理解和诠释,而马哲史的理解和诠释同样存在着一系

---

① 黑格尔:《哲学史讲演录》,北京:商务印书馆1997年版,第16页。

列解释学循环，这些循环也是马哲史研究范式内在张力的具体表现。

第一，史论结合的循环。这是理解主体和理解对象之间的循环，历史上的马恩思想、马恩思想的历史就是理解的对象，关于对象理解的理论形态属于理解主体的理论建构。马哲史是思想理论的历史，而思想理论的历史都离不开书写者的解释，书写者的解释又总是基于一定理论立场、理论观点，理解的"前结构"，离开解释者的前结构和理论立场理解就不发生，纯粹"中立"的客观解释是不存在的，那样做就把人等同于动物、从而取消了理解本身。理解者的前结构和理论立场不同，所理解出来的马哲史就会不同，比如具有辩证唯物主义、实践唯物主义、历史唯物主义、实践人道主义等不同的理论立场的研究者，所书写的马哲史就存在极大差异，甚至完全相反。另一方面，又必须承认文本思想的客观性、马克思主义哲学思想史的客观性，思想史的研究必须以文本的客观思想为基础、以整体思想史的客观性为基础，不能歪曲客观思想，任意建构背离客观思想的主观主义解释，因而必须反对相对主义、主观主义的解释学态度。尽管我们反对相对主义和主观主义的解释学态度，反对苏联马哲史研究模式完全用辩证唯物主义来解释马哲史，反对这种政治实用主义做法，但这并不等于否定理解者理论立场的作用，我们只是反对把这一前结构和立场唯一化、绝对化、教条化，排斥其他解释理论存在的可能性，反对这种意识形态教条主义的同质性解释。换言之，在马哲史研究和理解中，一方面它离不开理解客体对象，就是对客体对象的理解，另一方面又离不开理解主体，是理解主体的理解，主体理解的"前结构"制约了关于对象的理解。这样就形成了一种循环和矛盾：马哲史理解和研究是关于对象内容的理解，而不是主观任意理解，而对象理解的前提又是主体具有自身的"前理解"，否则关于对象的理解就不发生，所以要理解对象就必须有主体的前理解，而主体的理解又必须是关于对象的理解，马恩思想的客观性、一元性和研究者的主体性、多元性、时代性之间的矛盾与循环就一直伴随着马哲史研究。

第二，方法论视域与对象本性的循环。这是研究主体的研究方法和对象之间循环、主客体之间的中介和对象之间的循环，前一方面的解释学循环是理解主体与理解对象的循环，它表明理解主体在面对理解对象时，并不是一块白板，而是具有理解的前结构、前理论。具有一定理论立场和结构的理解者，在理解马哲史对象时，还必须采用一定的研究方法和工具，视域、方法影响着理解的结果，理解主体如果不采取一定的方法论、一定的概念框架，理解就是盲目的。理解者理解的前结构与采用的方法论之间存在相互作用，一方面，理解者的前结构、理论立场规定着理解者所采用的方法论、视域，有什么样的前结构就会采用什么样的方法论，另一方面，理解者持有什么样的方法论，就会形成与之相适应的理解前结构、理论立场。理解者持有的方法论也直接影响和规定着理解的结果：面对同样的马哲史对象，不同时代，甚至同一时代的不同主体总会采用不同的研究方法论、视野，而方法论和视野不同，理解的结果就会不一样，比如我们采用苏联马哲史研究模式，采用目的论预设、线性进化论、领袖中心论的方法论，就会形成我们所熟悉的传统的马哲史面目，如上世纪八九十年代的马哲史通史著作。而如果我们采用动态出场论、多线发展论、学者与领袖共同作用的方法论，就会呈现与之不同的马哲史面貌，如何萍的《马克思主义哲学史教程》、《20世纪马克思主义哲学史：东方和西方》，吴元梁的《马克思主义哲学形态的演变》，张一兵的《资本主义理解史》等。任何理解和研究都持有一定的方法论立场，但是研究者并不一定自觉，如果不能实现对旧的研究方法论自觉，就不能有效实现马哲史研究的深层创新。虽然理解主体理解的前结构、持有的方法论直接影响着理解的结果，影响着对马哲史理解的面貌，但另一方面，作为理解对象的马克思主义哲学思想发展史有其客观的逻辑、客观的规律和本性。不能无视马哲史对象的客观本性，背离马哲史的本性，任意采用一种方法论视域来书写马哲史，这样马哲史范式研究就带来了另一种循环：马哲史方法论视域和对象本性之间的循环。因此必须正视这种循环，既要看到任何思想史的解释理论都离不开思想史客观性，否则就是主观性的任意书写；又要看到任何思想史都离不开一定的解释者的方法论视域，否则就是一大堆经验材料的堆积，或者对于前理解结构和理论缺乏自觉。这种循环给马哲史提出了一个难题，如何判定自己的研究方法论是正确的、最符合对象本性的？依据哪种方法论书写的马哲史是最符合马哲史的本性？

第三，微观文本解读与整体通史阐释的循环。这是关于理解对象中存在的循环。马哲史研究和理解的对象是马恩等经典作家留下的文本，这些文本中包含的思想，以及由这些文本中的思想所组成的思想发展历史，在这一研究对象中，单一的文本思想是马哲史研究的基本单位，整体的通史由不同历史时期、不同文本思想构成的。这里存在着一个解释学循环：一方面思想史由不同文本思想构成的，马哲史研究离不开微观文本解读，微观文本解读是基础，脱离对微观文本解读就不可能阐释马哲史通史；另一方面，对各单一、具体的文本的解读又离不开对整体通史的阐释，没有通史的阐释以及它带来的理论视野和方法论，就不可能解读微观具体文本的思想，宏观通史的阐释模式不同，面对同一文本解读的结果会完全不同。比如张一兵在《回到马克思》一书中系统分析了西方马克思学解读模式、西方马克思主义人本学模式、阿尔都塞的模式、苏联学者的模式、孙伯鍨的解读模式对于《1844年经济学哲学手稿》、《关于费尔巴哈的提纲》、《德意志意识形态》等马克思早期文本截然不同的解读结果①。也就是说马哲史研究中，要阐释马哲史通史，就必须首先解读微观文本，微观文本是宏观通史的基础，否则就是抽象的；而要解读微观文本，又离不开对整体通史阐释，以及它所带来的视野和方法论前提，整体通史阐释模式不同，对同一文本的解读就不一样。究竟是先解读单一文本，还是先阐释整体通史的马哲史？马哲史研究范式存在着这一循环带来的内在张力和矛盾。

总起来讲，马哲史研究范式中存在着时间逻辑和思想逻辑之间的矛盾，存在着史论循环、对象本性与方法论视域之间的循环、微观文本与

---

① 张一兵：《回到马克思》，南京：江苏人民出版社1999年版，第2—12页。

整体通史阐释之间的循环。马哲史研究范式无法根本解决这些循环和张力，而只能在这些张力中进行，这些循环与张力构成马哲史研究范式的视域局限。

二

我国马哲史研究范式在不同阶段上也存在着阶段性的视域局限。在我国马哲史研究范式前 20 年发展中存在以下问题和局限：首先，以论带史，思想的历史服从理论逻辑的倾向。虽然在 20 世纪 80 年代之初，马哲史范式已经作为一个学科、一个研究范式从苏联教科书原理中独立出来，其产生的初衷就是为了反对教科书理论的弊端：原著选读和思想史研究对于教科书原理的附属性、理论结论和形态的终极性和神圣性、"原理体系+事例+辩护"的叙述方式，传统教科书原理统治下，没有真正的马哲史研究，马克思主义哲学研究处于"有论无史"状态。以历史性为根本特点的马哲史研究范式在中国诞生以后，一定程度上弱化、摆脱了传统教科书原理的垄断，结束了"有论无史"状态，从而发挥出总体创新功能，取得并带动许多创新成果，一度成为马克思主义哲学创新的主要路径，"80 年代是该学科大发展、大丰收的一个黄金时代"①。但是，应该看到其叙述逻辑中仍然存在着教科书原理的影子，在展现马克思主义哲学史时，仍然把辩证唯物主义理论、最多把实践唯物主义理论作为优先逻辑，不符合这一逻辑的其他内容统统不予关注，理论逻辑是第一位的，客观的思想发展事实和顺序是次要的、第二位的。史论结合的张力、时间逻辑和理论逻辑之间的张力在此表现为以论带史、思想的历史服从理论逻辑的局限。

其次，马哲史的深层研究模式并没有真正彻底摆脱苏联的影响，对苏联马哲史研究模式中实际存在的问题与局限缺乏必要的反思与批判，

---

① 张亮：《我国马克思主义哲学史学科的历史之路》，载《学术研究》2009 年第 1 期。

在深层的研究模式和基本的方法论、在马克思主义哲学史观、在对待西方马克思主义哲学思潮的评价等方面，基本还是沿用着苏联模式。具体表现在：第一，领袖中心论的理论立场。马克思、恩格斯之后，政治领袖人物的马克思主义哲学观念成为马克思主义哲学的唯一合理形态，与之不同的其他各种马克思主义哲学理论总体上被排除在马克思主义哲学史视野之外，马克思主义哲学研究中各种职业哲学家的思想更是没有纳入马哲史叙述逻辑之中。马克思主义哲学发展史仅仅成了经典作家、政治领域思想演变、发展和继承的历史。第二，形成了单一发展或单线进化的理论观念。虽然也强调马克思主义哲学随时代而发展，却忽视和否定了马克思主义哲学发展的多元性，不承认西方马克思主义、北美生态学马克思主义、东欧新马克思主义属于马克思主义哲学的形态，在通史研究中也不把它们纳入马克思主义哲学发展史的范围中，马克思主义哲学史变成了一元、线性的发展史。第三，经典著作解读的研究模式影响过重。由于没有纳入西方马克思主义等多种哲学思潮、各种马克思主义职业哲学家的代表性思想，因而不能对马克思主义哲学发展的内在逻辑和叙述主线进行深入挖掘、完整表述。第四，重政治历史因素而轻哲学内在逻辑的理论倾向。在坚持以历史与逻辑统一、理论与实践统一的原则来研究和叙述马克思主义哲学发展史的时候，国际共产主义运动的线索被过分突出，过多地强调政治社会现实对马克思主义哲学的影响，冲淡和忽略了对马克思主义哲学发展的内在逻辑的清理和呈现。比如，在前20年我国马哲史范式研究中，黄楠森等主编的8卷本《马克思主义哲学史》是其研究成果集大成者和杰出代表，这本书依然没有消除上述缺陷，基本上仍然是革命领袖的思想发展史，很少关注专业工作者的贡献，回避了政治问题①，一元线性进化论的问题也比较突出，而同一时期其他马哲史通史著作也大都存在着上述缺陷。

---

① 章绍武：《专家学者座谈马哲史的研究》，载《哲学动态》1995年第6期。

三

21世纪以来,我国马哲史研究从方法论上清理和批判了苏联马哲史研究模式的影响、僵化教条的教科书原理对马哲史的影响,但是马哲史研究范式的内在张力和视域局限仍然以另一种方式存在着。

首先,"有史无论""趋史避论"①的倾向。21世纪,我国马哲史研究批判了20世纪马哲史研究方法论的错误,基本消除了"有论无史"、"以论驭史"、思想的历史服从理论逻辑的局限,但其基本面貌仍然未摆脱"以苏解马"(指苏联马哲史研究模式)状态,虽然在20世纪90年代夹杂着"以西解马"思潮(即简单盲从西方马克思主义),但这一状态还没有出现在通史研究中,其成果只是以专题史形式出现,没有以通史形式呈现。新世纪的研究则自觉转变为"以我解马"、"以时解马",即以当下中国化社会主义道路建设为现实依托、以中国化马克思主义哲学形态建构为理论目标而进行马哲史研究。但由于受现实历史发展程度的限制(我国社会主义市场经济尚未发展成熟、基本的制度构架和社会治理模式尚不完善),也受马哲史研究内在张力和视域局限的限制,马哲史研究又走到了另外一端,由过去"有论无史"和"以论驭史"状况转变为"有史无论"、"趋史避论"、"史强论弱"局面。重实际的历史问题、轻理论逻辑建构,在近十余年的马哲史年会上总是直接以当下实际存在的具体问题为主题,忽视和缺乏对这些经验性、操作性问题进行深入的学理分析、理论逻辑的穿透,鲜能把这些问题有效提升为总体的理论逻辑层面,并以此深度透视整个马克思主义哲学发展的进程。这一局限的主要表现是21世纪以来马哲史通史处于低潮状态,一方面通史著作总量大幅减少,很少有人问津,通史研究不再成为马哲史研究的重点和热点,而当代中国马克思主义哲学史研究一旦只专注于当代中国具

---

① 杨学功:《在范式转换的途中》,北京:中央编译出版社2012年版,第142页。

体问题，失去与马哲通史逻辑的深层关联，其合法性基础、理论深度、未来发展趋向、世界价值等方面就会大受影响；另一方面，在少数的马哲史通史著作中，除何萍的《马克思主义哲学史教程》外，大部分都在重复20世纪末各种通史著作的内容和线索，很少能够结合当代中国实践的重大问题和以往社会主义运动的历史发展，结合马克思主义哲学思想发展的进程进行理论逻辑创新，并有效回答和解释其中的一般问题和深层规律，因而尽管在专题史、若干断代史、人物思想研究、中国化马克思主义哲学史等领域取得许多进展，但从总体上看，新世纪马哲史失去了20世纪通史研究的辉煌局面。

其次，一方面，马哲史范式研究中存在"趋史避论"、"史强论弱"现象，另一方面，又存在着轻视理论逻辑创新与轻视现实历史同时并存的怪象，这一情形表现在一味追求纯文本研究、躲进经典文本的"象牙塔"中，推崇"价值中立"的研究原则，反对马哲史研究应该立足和面对和现实、提炼时代问题、成为时代精神精华的追求。应该说，在马哲史范式研究中重视文本文献研究是其题中之义，这一研究作为马哲史研究的基础，构成马哲史研究的前提。但是对待马克思文本文献的态度却在不同阶段存在着不同缺陷。在马哲史研究范式诞生之前，马列"原著选读"课程及其相应研究应该作为其前身，但是这一研究却没有独立性，完全附属于教科书原理体系，成为论证其真理性的工具，失去了文本文献研究的本来意义，并且某种程度上阻碍了马哲史研究范式的诞生。20世纪80年代以后，随着马哲史学科和研究范式的出现，这一状况得到一些改变，但是由于马哲史研究中解释学循环的内在张力，微观的文本研究仍然附属于总体通史的叙述逻辑，而后者并从没有根本上避免苏联的研究模式及其逻辑主线，因而文本研究的创新意义没有充分展现。新世纪以来，张一兵、聂锦芳、韩立新等学者积极倡导"文本学"研究，反思和批判传统原著研究的方法论前提之误，"廓清理论地平"，以哲学解释学立场、以新的方法论、站在新的时代地平线上，回归马恩文本原初的历史语境，从而释放出研究和创新的活力，推动了马克思哲学的创新，也宣布它作为独立的研究范式从马哲史研究范式母体中诞生。但是，在文本文献研究中，也存在着另外一种消极倾向，部分研究者一味沉醉在纯粹文本解读的象牙塔中，无限崇拜、神话 MEGA^2 研究，认为马哲史研究中如果不进行 MEGA^2 的文献学研究，就不是马克思主义哲学研究、就不能获得马克思主义哲学的真理，由此使马克思主义哲学鄙视、脱离现实生活和现实实践，回避现实实践的重大问题，削弱了马克思主义哲学的当代性意义。另外还有一部分学者无原则推崇"西方马克思学"，标榜"价值中立"，反对马克思主义哲学的意识形态性，有些学者提出建立"中国马克思学"的目标，把马克思主义哲学中性化、纯学术化，取消它的现实性和当代性、意识形态性。应该看到，重视马克思第一手资料的收集、原著文本思想的解读和研究、不同时期文本思想之间的逻辑线索分析，凸显马克思哲学研究的学术性，反对以实用主义、非学术的态度任意曲解马克思文本思想这本无何厚非，是一种学术研究的进步，但是，文本文献研究只是马克思主义哲学研究中的一个基础性工作，它不是理解马克思主义哲学的最重要的方法，更不是唯一根据，也不是理解当代问题的根本途径；现实性、当代性和意识形态性才是马克思主义哲学的本质特征，只有在这一前提下，重视研究马克思在当代历史语境下出现的现实问题，以马克思的方法建立回应现实问题的理论逻辑，才能充分彰显马克思文本文献研究的意义和价值。

（作者冯建华系江苏师范大学当代中国马克思主义哲学研究范式创新研究中心研究人员，副教授，哲学博士；研究方向：马克思主义哲学原理、马克思主义哲学史）

论当代中国马克思主义哲学文本文献学研究范式的特点

张丽霞

[摘 要] 马克思主义哲学文本文献学研究范式的直接目的是对马克思主义经典作家的原初思想进行文本和文献的研究，根本目的则是通过对经典作家的文本和文献研究来为马克思主义的中国化服务。深度概括文本文献学研究范式的特点是准确理解和把握马克思主义哲学文本文献学研究范式的需要。以文本为依据进行的马克思主义哲学研究的特点称之为文本的视域特点，以文献为依据进行马克思主义哲学研究的特点称之为文献的视域特点，从历史的视角出发回归文本文献本真理论形态研究的特点称之为历史的视域特点，按照当下时代背景重新解读马克思主义文本文献的特点称之为当代的视域特点。

[关键词] 马克思主义哲学 文本文献学研究范式 研究特点

任何一种马克思主义哲学研究的范式都会呈现出自身所具有的共同特征，文本文献学研究范式也不例外。长期以来，人民群众对文本文献学研究范式并不熟悉，绝大多数人认为，文本文献学解读马克思主义哲学的目的就是，从经典作家的文本和文献中感知经典作家的真实思想。这种理解，极大地遮蔽了文本文献学研究范式的意义和价值。因为，文本文献学研究范式的根本目的是通过对经典作家的文本和文献研究，为马克思主义中国化服务，而不仅仅是对马克思主义经典作家原初思想的还原。当然，还原马克思主义经典作家的原初思想也是文本文献学研究范式的任务之一。纵观文本文献学研究范式的著作，我们认为，文本文献学研究范式的特点主要体现在四个研究视域之上。

一、文本的视域特点

所谓文本文献学研究范式的文本视域，即是指以文本为依据进行的马克思主义哲学研究。文本是经典作家理论和思想的物质载体，亦可理解为典籍，是马克思主义思想在场和出场的载体。文本或典籍具有重大的意义，因为"典籍所蕴含的思想是理论研究和创新的前提和基础。随着理论创新的深化，人们必然会越来越重视典籍考订和文本研究。典籍研究是马克思主义中国化的基本前提，也是与西方抢夺马克思主义著作话语权的主要阵地，牵涉到我国意识形态安全"[①]。马克思主义经典文本很多，比如，《资本论》、《1844年经济学哲学手稿》、《德意志意识形态》等。文本很好地记载和表达了经典作家们的理论观点。所以，研究者只有着眼于经典作家的文本的研读，并在此基础上，对经典文本中理论和思想发生、发展、完成的整个过程加以理解和把握，才可能深刻理解并正确阐释经典作家的思想、理论。从文本的视域出发来研究马克思主义哲学，是对马克思主义哲学进行重新理解和阐释的内在要求。由此可见，中国要推进马克思主义哲学的研究进程，抢夺马克思主义研究的话语权，文本视域的文本文献学研究有着重要的意义。一定意义上理解、抢夺马克思主义研究的话语权，就是要实现对马克思主义经典文本的"中国化"。而要实现马克思主义经典文本的中国化，引进和翻译马克思主义经典作家的文本是最为基础的工作，即只有在此文本基础上，

---

① 任平、曹典顺、李惠斌：《当代中国马克思主义哲学研究（2012）》，北京：中央编译出版社2012年版，第9页。

才可能实现马克思主义哲学中国化的可能性和正确性。"中国共产党从成立之时起,就高度重视马克思主义经典著作的编译事业。针对王明等人所犯的以'洋教条'误导工农干部和革命大众的教条主义错误,1938年中央在延安成立了马列学院,设立专门的翻译部组织翻译马恩经典著作;1949年,中央决定成立中共中央俄文翻译局,主要翻译俄文的经典文献;1953年,中共中央编译局正式成立,开始系统地翻译马克思主义经典作家的全部著作;改革开放新时代,又对马克思主义经典文本编译和研究提出了更高的要求"①。这即是说,经过无数人长期的努力,中国马克思主义经典文本的翻译事业得到了快速发展,取得了举世瞩目的成就,即一跃成为世界上翻译和出版马克思主义经典文本著作最多、最全的国家,如《马克思恩格斯全集》(50卷)、《马克思恩格斯选集》(第一、二版各4卷)、《马克思恩格斯文集》(10卷)、《列宁全集》(第一版39卷、第二版60卷)、《马列主义文库》(21种)、《列宁选集》(第一、二、三版各4卷)等。如此丰富、全面的著作翻译文本,为我国马克思主义哲学研究者的马克思主义理论研究提供了深度研究马克思主义哲学的文本基础。

从文本文献学研究范式学术成果角度看,许多著作都体现了以文本为视域的特点。由孙伯鍨、侯惠勤主编的《马克思主义哲学的历史和现状》(上卷)中以《资本论》文本为依据,分析了马克思的历史唯物主义思想和科学方法论(主要见于第六章、第七章)。在该书中,作者着重分析了《资本论》创作的过程以及文本的结构,以此来阐发《资本论》的主题和思想。比如,作者认为,"《资本论》四卷结构的形成,使马克思经济学著作的写作计划有所缩小:不再专门写作六册计划中的后三册(国家、对外贸易和世界市场),而第二和第三册(土地所有制和雇佣劳动)并入了第一册(资本)。但是,另一方面,'资本一般'的

---

① 任平、曹典顺、李惠斌:《当代中国马克思主义哲学研究(2012)》,北京:中央编译出版社2012年版,第9页。

研究范围却得到扩展，不仅地租和工资问题被容纳进去，而且原定为第一册后第三篇的内容'竞争'、'信用制度'和'股份资本'也被囊括进'资本一般'的框架结构中去了，甚至原定最后三册的有关内容，在《资本论》中也往往随时随地得到探讨"。①《资本论》最后形成的四卷结构，完整地表达了其理论和思想，使得其经济理论得到进一步深化和发展。这即是说，对《资本论》文本结构的分析，既有利于对马克思经济理论的形成、发展过程的梳理和把握，更有利于对马克思思想和理论的理解与阐释，因为，"马克思在《资本论》中不以通常意义的'经济理论'为限，他并不仅仅局限于从经济学的角度研究资本主义生产关系，以此来说明该社会经济形态的结构和发展，还随时随地探究适合于这种生产关系的上层建筑，使骨骼有血有肉。他不但研究了以'集中地有组织的社会暴力'为主要特征的'法律的和政治的上层建筑'，而且研究了法律观念、政治观念、宗教、艺术、哲学等资产阶级意识形态的各种形式"②，作者从《资本论》文本出发，对当时的历史背景、文本结构等方面进行了细致而深入的研究，从而使得马克思理论和思想的分析有理有据，论证严明，逻辑清晰。不仅如此，作者还从文本的内容方面进行了历史地、具体地分析，整理和总结出《资本论》中马克思关于社会结构、历史过程的理论，并以相关文本的研究为线索，勾勒出其思想、理论形成、发展和最终确立的过程。如此研究成果，为人们更好地理解和掌握马克思主义理论提供了极大的便利。由此可见，准确和真实把握经典作家的思想和理论，对其经典文本进行深入分析和探索是不容回避的。当然对经典文本的解读不能仅仅局限于单一的文本，应当将不同的文本相结合进行研究，对不同时期的文本进行考察，厘清其内在关

---

① 孙伯鍨、侯惠勤：《马克思主义哲学的历史和现状（上卷）》，南京：南京大学出版社2009年版，第169页。

② 孙伯鍨、侯惠勤：《马克思主义哲学的历史和现状（上卷）》，南京：南京大学出版社2009年版，第171页。

联,深度把握"整体马克思",这是极具理论和实践意义的。①

二、文献的视域特点

马克思主义哲学文本文献学研究范式的文献视域,就是指以文献为依据进行马克思主义哲学的研究。这里的文献是指马克思主义经典作家的相关笔记、纪录、来往信件等材料,如《克罗茨纳赫笔记》、《致安年科夫的信》、《巴黎笔记》等。通过对经典作家的笔记的辨别、书信的考察、版本的对照等研究方式,研究者可以更好地观察和全面、真实地把握马克思主义经典作家们的思想形成和演变,从而为深入理解马克思主义理论的思想来源和逻辑体系奠定文献基础。当然,文献的视域也有利于帮助我们更进一步接近马克思主义理论的本真意义,从而消解对马克思主义理论的有意或无意的歪曲和误解等。

在当代中国,以文献的视域对马克思主义理论进行研究的学者人数众多,成就非凡。比如,如果从文献学的视域研究《克罗茨纳赫笔记》,就可以发现许多理解马克思主义的新线索。张一兵通过对《克罗茨纳赫笔记》的深入分析,发现"《克罗茨纳赫笔记》的主要内容是马克思以法国革命为主线的历史学摘录资料,这是他自己独立走向社会历史本体的极重要的一个方面。同时,也正是在这一研究中,马克思在现实生活真实层面上确认了费尔巴哈唯物主义哲学(不是历史唯物主义)的革命意义,这集中表现为费尔巴哈对黑格尔哲学的主谓语再颠倒的肯定"②。这个对青年马克思的思想演进过程的认识,就是作者从文献的视域出发,对马克思主义理论进行文本文献学研究的结果。张一兵还就《克罗茨纳赫笔记》的五册笔记本进行了内容分析,梳理了每一册笔记本的大

---

① 曹典顺:《政治经济学与唯物史观的内在关联》,载《中国社会科学》2016年第10期。

② 张一兵:《回到马克思——经济学语境中的哲学话语》,南京:江苏人民出版社2013年版,第153页。

致内容和中心思想。通过这样的分析和梳理，作者发现了"青年马克思在步入历史学领域时，他那种刚在《莱茵报》经受了现实打击的哲学话语——唯心主义观念论还没有全面崩溃，所以他的主体性思考在新的历史事实面前并没有积极地在场，而是悄然隐匿在大段的文本摘录和零星评述之后"[①]。通过比对，张一兵还注意到此时马克思的理论风格与以往有所不同，并将其称为"失语状态"。在对《克罗茨纳赫笔记》的继续分析、研究中，作者发现马克思的这种"失语状态"情况直到笔记的最后才发生了改变，即"马克思的最为重要的哲学理论变化发生在笔记第四册的后半部分。当马克思在对兰克主编的《历史政治杂志》第一卷中发表的（也是兰克自己撰写的）《论法国的复辟时期》一文进行摘录时（该书第41页第28—32行间），他写下了在全部《克罗茨纳赫笔记》中篇幅最长的非常性评论。在这里，我们看到了一种哲学话语的重要转变。因为，这里出现的已经明显不是青年黑格尔式的自我意识的理性原则，而是在社会现实中对这种唯心主义原则的否定"[②]。通过对这一文献的研究，作者发现马克思已经看到社会历史结构的基础是所有制，并转向了社会唯物主义立场，即与费尔巴哈的自然唯物主义相区别和切割。

很多学者还从文献视域对马克思主义哲学的相关理论作了具体而历史的研究。杨耕、仰海峰编著的《马克思主义哲学文本导读》（上册）就是其中的代表。在这一著作中，作者对马克思给俄国文学家巴·瓦·安年科夫的回信作了细致分析，通过对当时的写作背景、篇章结构、文本节选等方面的阐述，揭示了马克思《哲学的贫困》一书与蒲鲁东《经济体系的矛盾，或贫困的哲学》（简称《贫困的哲学》）一书之间的关系，以及马克思《哲学的贫困》与《致安年科夫的信》的关系，清晰地

[①] 张一兵：《回到马克思——经济学语境中的哲学话语》，南京：江苏人民出版社2013年版，第154—155页。

[②] 张一兵：《回到马克思——经济学语境中的哲学话语》，南京：江苏人民出版社2013年版，第158页。

呈现出马克思的思想和理论的发展变化过程。书中提及，"俄国文学家巴·瓦·安年科夫致信马克思，询问对《贫困的哲学》的看法。马克思于12月28日写了回信，对蒲鲁东的哲学—经济学思想进行了简要的批判，《致安年科夫的信》实际上成为《哲学的贫困》一书的纲要。《哲学的贫困》全书名为《哲学的贫困。答蒲鲁东的〈贫困的哲学〉》，写于1847年1—4月，同年7月在布鲁塞尔和巴黎出版"①。这一对相关文献关系的考证与梳理，对我们深入理解和认识马克思的思想、理论有着重要的作用。张一兵在其著作《回到马克思——经济学语境中的哲学话语》中也对《致安年科夫的信》的篇章结构、书信内容等作了更深入的分析，认为其主要是从唯物主义历史观及其方法论的视角来对蒲鲁东的思想进行批判。马克思认为，"蒲鲁东先生不是直接肯定资产阶级生活对他来说是永恒的真理。他间接地说出了这一点，因为他神化了以观念形式表现资产阶级关系的范畴。既然资产阶级社会的产物被他想象为范畴形式、观念形式，他就把这些产物视为自行产生的、具有自己的生命的、永恒的东西。可见，他并没有超出资产阶级的视野"②。作者通过对该书信的研究，进一步深化了对马克思唯物主义历史观的理解和认识，即"文本的第三个理论层面，也是最重要的理论质点，就是马克思从社会历史动态发展的角度，进一步说明了历史进步的必然性，并导引出科学批判理论的真实出发点。在文本的最后一部分中，马克思主要批评蒲鲁东总是在谈论所谓'永恒的规律'，这就使他在面对资产阶级社会生产方式时，错误地将其中许多历史的经济范畴假想成永恒的天然的东西"③。

---

① 杨耕、仰海峰：《马克思主义哲学文本导读（上册）》，北京：北京师范大学出版社2013年版，第70页。
② 《马克思恩格斯全集》第27卷，北京：人民出版社1972年版，第485页。
③ 张一兵：《回到马克思——经济学语境中的哲学话语》，南京：江苏人民出版社2013年版，第505页。

三、历史的视域特点

历史的视域，即研究者在文本文献范式的研究过程中，从历史的视角出发，考察理论成果形成过程的时代背景或历史环境，分析理论成果形成的原初语境，回归本真的理论形态。需要注意的是，历史的视域并不是落后的、复古的视域，而是一种与社会实践相结合的视域。文本文献学研究范式的特点之一是历史的视域，要求研究者在研究马克思主义的文本和文献时，历史地分析马克思主义文本文献的思想和理论内涵，着眼于马克思主义文本文献出场的变化，结合当下社会与马克思主义理论原初语境，科学地、与时俱进地分析并运用马克思主义文本和文献，这种历史视域的文本文献学研究不是所谓的"原教旨主义"，也不是所谓的"顽强的崇古意识"，而是回到马克思主义文本文献的出场语境，创造性地理解马克思主义的文本文献学研究范式。综合而言，马克思主义文本文献学研究范式的历史视域，主要指从文本文献形成的历史背景进行文本文献研究和从研究者理论研究的思想变化进行文本文献研究。

从马克思主义文本文献形成的历史背景着手，有利于准确地认识真正的马克思主义文本文献。研究者想要通过文本文献研究来解释马克思主义理论体系，必须首先弄清楚马克思主义文本文献的真实面目，即深入马克思主义哲学产生的具体的、特殊的历史背景，研究历史视域的马克思主义文本文献。联系我国文本文献研究的具体实际，我国研究者研究的马克思主义文本文献大都从苏联引进。毋庸置疑，许多引入的文本文献不仅带有浓厚的阶级斗争特征，还掺杂着研究者对马克思主义文本文献的错误认知。但这种状况，长期以来被忽视和遮蔽，即许多中国学者在研究马克思主义文本文献时，并不关注这些问题，只是把从国外引进的马克思主义文本文献作为一手资料进行研究，以至于研究结果往往偏离了马克思主义的基本理论。要想达到对马克思主义文本文献的准确研究，马克思主义文本文献研究者应该从其理论形成的历史背景出发进行研究,即让研究回到马克思主义文本文献的历史诞生地,即在相应的历史背景中对马克思主义文本和文献进行研究和解读。张一兵对于直接拿来的文本和文献研究进行了解读,他认为那是失却历史语境的马克思主义,而"对于我们来说,失却历史语境融合的马克思必然成为外在的、对象化的无思的现成物。这种情况的出现,排除政治意识形态的原因,更主要的是源于方法论前提上的错误预设,即马克思是可以现成地'居有'的,似乎只要翻译一套全集,打开一部文本,马克思的思想便毫无遮蔽地在一个平面上全盘展开,剩下的只是根据我们现实的需要,任意地对其中的片段进行同质性。从第一卷的第一页,到最后一卷的最后一页)的抽取,拿它'联系实际',拿它来与当代对话,拿它作为'发展'的前提。马克思学说的历史性生成在这里荡然无存。人们甚至根本意识不到前苏东传统教科书解释框架对马克思文本先在的结构性编码作用。其实,所谓'回到马克思'不过是对此进行祛魅的一种策略罢了"①。按照张一兵的理解,马克思主义的文本和文献是在一定的历史时代背景中产生的,这一历史背景特指 19 世纪 40 年代欧洲的资本全球化时代,当时西方资本主义已经得到相当发展,作为马克思主义思想的发源地,英国、法国、德国等国家已经完成或者正在进行工业革命,无产阶级和资产阶级的矛盾也愈演愈烈,最终导致了三大工人运动的爆发,无产阶级作为一支独立的政治力量从此正式登上历史的舞台。马克思所写的《1844 年经济学哲学手稿》这一经典文本就是在这样的历史背景中诞生出来的。《1844 年经济学哲学手稿》作为马克思主义思想的重要标志,也是马克思主义文本文献的经典作品。由此理解,研究者对马克思主义的文本和文献的研究,应该回到马克思主义的文本和文献产生的历史语境,从其思想产生的历史背景出发,具体分析文本文献所带有的浓厚历史意蕴。

---

① 赵剑英、叶汝贤:《马克思哲学的当代意义》,北京:社会科学文献出版社 2006 年版,第 124 页。

从马克思主义文本文献形成的思想变化着手，有利于准确研究马克思主义的文本和文献。关注马克思主义文本文献学研究范式的历史视域，研究者除了要关注马克思主义文本文献产生的历史与时代背景，还要关注作者在文本和文献过程中的思想变化和发展，因为任何文本和文献都是作者思想的阐述与表达，都代表作者自身的思想观念，或者说，作者在文本文献创作过程中，其思想历程并不是一成不变的，而是随着自身的认知结构、实践经验以及写作背景的变化而变化。就马克思而言，作为一名"千年思想家"，其思想的形成不是一蹴而就的，而是经历一定的变化过程的，这要求研究者在对其文本和文献进行分析研究时，应该关注马克思的思想发展历程，从马克思思想历程变化的角度分析马克思的文本和文献，进而推进文本文献学历史视域的研究进程。在历史视域的研究中，一些学者对马克思思想的变化做了十分认真和准确的理解，孙伯鍨所著的《探索者道路的探索》就是其中之一。该书是对青年马克思恩格斯哲学思想研究的代表作品，本书的第二章和第三章具体论述了马克思恩格斯思想两次转变的过程，第二章是青年黑格尔时期马克思恩格斯哲学思想的形成和发展，具体包括三节内容，即第一节是马克思《博士论文》中的哲学思想，第二节是《莱茵报》时期马克思哲学思想的发展，第三节是青年黑格尔时期恩格斯的哲学思想，第三章是完成向唯物主义的转变，具体包括二节内容，即第一节是《克罗茨纳赫笔记》和《黑格尔法哲学批判》，第二节是马克思恩格斯发表在《德法年鉴》上的文章。从孙伯鍨对这部分内容的论述可以看出，从马克思《博士论文》时期到马克思恩格斯发表《德法年鉴》时期，在费尔巴哈哲学的影响下，马克思在批判黑格尔法哲学的基础上，结合大量的社会实践活动，完成了从革命民主主义到共产主义的思想转变，从唯心主义到唯物主义的思想转变，为科学社会主义和辩证唯物主义的形成奠定了基础。在著作的第五章，作者论述了异化劳动理论，并对黑格尔唯心辩证法的批判改造，这一章包括三节内容，即第一节是异化劳动理论的提出及其在马克思思想发展中的意义，第二节是对共产主义的论证及其方法论特点,第三节是第一次系统地批判和改造了黑格尔辩证法。在这一章节中,孙伯鍨通过分析马克思经典文本《1844年经济学哲学手稿》,提出了在马克思的两次思想转变过程中,尤其是在第二次思想转变中,实现了从思辨逻辑向科学逻辑的突进。由此理解,马克思、恩格斯等经典作家在创作马克思主义文本文献时,其理论思想并不是始终不变的,而是随着自身认知结构的调整不断完善,随着自身实践经验的积累不断发展,随着与不同思想的碰撞交流不断深入,所以,研究者在进行马克思主义文本文献学研究时,应该注重马克思等经典作家的思想变化。

四、当代的视域特点

文本文献学研究的当代视域,就是指按照当下时代背景重新解读马克思主义的文本和文献。许多经典的文本文献的研究,都是基于当时的历史背景所做的解读,即"从中国的马克思主义发展过程来看,直到改革开放前,中国的马克思主义者基本上是沿着阶级斗争的阅读视界去解读马克思主义的。这一阅读视界的形成有其复杂的背景,它既与中国共产党人所接受的马克思主义文本首先来自于以高度突出阶级斗争的意义为基本特点的俄国版本有关,也与中国共产党人长期处于残酷的阶级斗争过程及在这一过程中所形成的惯性有关。在中国的新民主主义革命实践中,借助这一阅读视界,曾经在马克思主义充分地指导下,显示出巨大的威力"[①]。现在的时代背景不同了,从党的十一届三中全会以来,我国进入了一个新的发展阶段,这就是改革开放。"中国的改革开放既缘起源于迅速改变中国经济和文化落后状况的要求,又是总结世界社会主义运动的经验教训的产物"[②]。那么,从当代视域去理解马克思的文本文

[①] 赵剑英、叶汝贤:《马克思哲学的当代意义》,北京:社会科学文献出版2006年版,第112页。

[②] 赵剑英、叶汝贤:《马克思哲学的当代意义》,北京:社会科学文献出版2006年版,第113页。

献就是这一领域的变革。我们要以当代视域来重新解读经典作家的文本和文献。虽然我们强调要"回到马克思",要以原初语境的方式去解读马克思的文本文献。以原初语境的方式来解读马克思的文本文献,可以恢复马克思主义哲学的历史性质,可以更好地研究马克思主义哲学理论。正如张一兵所言:这一解读模式就是要还历史的马克思本真面貌和原初语境。"摆脱对教条体制合法性的预设,消除现成性强制,通过阅读文本,实现中国人过去所说的'返本开新'"。① 但是对文本文献的研究,还必须从当代的视域来研究,因为"哲学解释学已经揭示,任何理论研究都无法完全摆脱源于当下社会和思想的视域,研究的过程实际上是将当下的视域与研究对象的视域相融合的过程。这表明,对前人思想的研究离不开对当下社会和思想的深入考察,它们之间构成了一种总体性的相互关联。只有走进当代社会和思想的深处,我们才能在解读马克思主义文本时更好地理解马克思主义哲学,并揭示马克思主义哲学走向当代的途径"②。很多学者都是从当下视角对《德意志意识形态》这一经典著作重新解读的,比如,聂锦芳的《思想的传承、决裂与重构——〈德意志意识形态〉创作前史研究》(载《河北学刊》2006 年第4、5 期)、《〈德意志意识形态〉在文本学研究的视野内》(载《光明日报》2006 年 8 月 14 日)、《离开思辨的基地来解决思辨的矛盾——〈德意志意识形态〉中的"圣布鲁诺"章解读》(载《学术月刊 2007 年第 2 期》等;夏凡的《〈德意志意识形态〉第一卷第一篇的文本结构问题》(载《学术月刊》2007 年第 1 期);魏小萍的《〈德意志意识形态〉的文献学问题探讨》(载《哲学动态》2006 年第 2 期)、《词汇选择与哲学思考:财富的来源、性质与功能——〈德意志意识形态〉中马克思、恩格斯与施蒂纳分歧的文本解读》(载《哲学研究》2008 年第 2 期)、《〈德

---

① 任平、陈忠:《当代视野中的马克思主义哲学》,北京:人民出版社 2010 年版,第 364 页。

② 杨耕、仰海峰:《马克思主义哲学文本导读(上册)》,北京:北京师范大学出版社 2013 年版,"序言"第 6 页。

意志意识形态〉研究的两个方向》（载《光明日报》2006 年 12 月 11 日）等论文；鲁克俭的《"马克思文本解读"研究不能无视版本研究的新成果》（载《马克思主义与现实》2006 年第 1 期）、《〈德意志意识形态〉研究的几个问题》（载韩立新版《〈德意志意识形态〉研究》，中国人民大学出版社 2007 年出版）；姚顺良的《论马克思在〈德意志意识形态〉写作中的主导作用——析广松涉"恩格斯主导论"的文献学依据》（载《马克思主义研究》2007 年第 5 期）等论文，都是基于当下的视角，对文本重新进行的解读。用当代的视域来解读文本与文献，有利于培养哲学研究的问题意识。在当代中国，不仅要从当代视域来研究文本文献，还要重视文本文献的当代价值。换言之，我们对马克思主义哲学研究要更加重视它的当代意义，重视对当代马克思主义的哲学研究。因为我们所处的时代与马克思写原著的时代背景不一样了，马克思与我们已经有一个多世纪的历史间距了，许多经典的文本文献不可能穷尽我们现在面对的所有的问题，更不可能解决我们当下所有的问题，它所解决的问题，只是当时的问题。比如，当下的"中国道路"问题，如果仅从历史的视域研究文本文献，显然是行不通的，这就需要我们以当代的视域研究马克思主义文本文献，以阐释中国道路所具有的"本体意蕴"、"主体意蕴"和"价值意蕴"。① 总之，研究者不仅要以历史视域研究马克思的文本文献，还要以当代的视域来研读这些文本文献，这样才能发现文本文献的当代价值。

（作者张丽霞系江苏师大哲学范式研究中心研究人员、讲师；主要研究方向：马克思主义理论、马克思主义哲学）

---

① 曹典顺：《"中国道路"的哲学意蕴》，载《马克思主义与现实》2013 年第 6 期。

马克思哲学的理论前提及其哲学史地位

——基于马克思主义哲学对话范式研究视角

刘凤娟

[摘 要] 辩证唯物主义不仅是人们理解马克思哲学精神实质的理论前提,更是理解其哲学史地位的唯一路径。对马克思哲学的辩证唯物主义或实践唯物主义定位的争论,并不导致非此即彼的解读模式,相反地,这两种思路是相容的。实践唯物主义或一切关于马克思哲学的人学界定都必须以辩证唯物主义为理论根据,惟其如此,人类的生产实践和人类社会的历史发展才能被看作是,在作为人与自然统一体的唯物主义世界之中符合辩证法普遍精神的现实活动。马克思通过将黑格尔的唯心的和形而上的绝对精神还归于现实世界,再现了古希腊整体性视域下的宇宙论和逻各斯哲学精神,也解决了近代哲学笛卡尔开创的思维和存在之统一性的难题。对马克思哲学实践唯物主义的研究不能忽视其哲学史意义。

[关键词] 马克思 辩证唯物主义 实践唯物主义 逻各斯

学术界对马克思辩证唯物主义有这样一种观点:马克思批判地、革命性地继承了黑格尔的辩证法,将其与唯物主义结合起来,使其成为解释并改造感性世界的思想指导。所以,马克思的这种哲学立场不仅发扬了德国古典哲学的精髓,更扬弃了哲学史上占主导地位的唯心主义和形而上学思想。与此不同的另一种流行观点将马克思哲学的精神实质界定为，以人文关怀和人学研究为视域的实践唯物主义，但这种理解容易造成西方哲学史和马克思哲学之间的断裂。本文将对这两种解读思路进行评述，并以西方逻各斯精神的发展演化为线索对马克思的哲学史地位给以重新界定，由此也试图揭示马克思哲学与西方哲学之间的内在联系和系统演变路线。笔者将得出结论：马克思的辩证唯物论完成了西方逻各斯精神发展演化的圆圈，并真正回到了古希腊整体性视域下的宇宙论思想。

一、辩证唯物主义是马克思哲学的理论前提

马克思哲学常常被冠之以辩证唯物主义、实践唯物主义、历史唯物主义等思想标签，如何用这几个概念为马克思哲学定位却是一个长期争论的话题，这种争论在辩证唯物主义和实践唯物主义两个视角的对峙中表现得尤为激烈。强调实践唯物主义视角的学者有俞吾金、陆剑杰等，强调辩证唯物主义视角的学者有黄楠森、安启念等。

俞吾金教授指出："马克思哲学就是实践唯物主义"[①]，这一解读建立在其对马克思哲学的人文维度的定位上。在俞教授看来，马克思哲学的基本维度是人文关怀，其实践哲学的本质在于生存论的本体论，他扬弃了亚里士多德和康德关于实践的技术性和伦理性的二元分化的理解模式，把实践理解为涵盖全部人类社会生活的统一性概念。这其中最重要的就是生产劳动实践。这一理解要求把马克思的实践从认识论解释框架中解放出来，从而也扬弃近代哲学在思维和存在之间的二元对立的思想框架。经过这种扬弃，那种建立在抽象设定的、与人的活动相分裂的物质基础上的本体论就被超越了，取而代之的就是与人类社会生活密切相

[①] 俞吾金：《马克思的实践唯物主义及其当代发展趋向》，载《江苏社会科学》2000年第6期。

关的生存论本体论。而按照传统哲学中认识论、辩证法和逻辑学的统一性思想来理解马克思哲学，必然会导致其人文维度的边缘化。由此得出辩证唯物主义并不是理解马克思哲学本质的准确视角，只有生存论的本体论基础上的实践唯物主义才能概括其精神实质。①

陆剑杰教授认为："在历史地造成的马克思主义哲学的诸多名称中，虽各有其意义，但最能表明这一哲学的真正实质的名称应是'实践唯物主义'"②。恩格斯将辩证法理解为"关于自然界、人类社会和思维的运动和发展的普遍规律的科学"③，这就对世界作了一分为三的片面理解，而从中抽象出来的普遍规律就不再涵盖关于人的实践论。同理，"辩证唯物主义"这一名称也不符合马克思以改造世界为宗旨的实践论世界观。

与上述观点不同，黄楠森教授认为，"马克思恩格斯在创立唯物主义历史观时，其世界观前提就是辩证唯物主义，而不是其他任何唯物主义，'唯物主义'表明了现实的外部世界的客观存在，'辩证'表明了其辩证的本质特征。'辩证的'可以蕴涵马克思恩格斯所理解的现实世界的非常丰富的本质特征而与他们所批判过的直观的、机械的、庸俗的、形而上学的、不彻底的等形形色色的唯物主义流派区别开来。后来的狄慈根、普列汉诺夫、列宁及苏联哲学家以辩证唯物主义称呼他们的世界观思想体系，确实是非常确切的。但是马克思恩格斯最初只是创立了唯物主义历史观思想体系，没有创立辩证唯物主义思想体系，辩证唯物主义只是作为唯物主义历史观的哲学前提而逻辑地蕴涵其中"④。在《重谈我对实践唯物主义的看法》一文中，黄楠森教授进一步指出，"辩证唯

---

① 参见俞吾金：《如何理解马克思的实践概念》，载《哲学研究》2002年第11期；《自然辩证法，还是社会历史辩证法》，载《社会科学战线》2007年第4期。
② 陆剑杰：《为"实践唯物主义"再辩护》，载《学术研究》2010第12期
③ 《马克思恩格斯文集》第9卷，北京：人民出版社2009年版，第49页。
④ 黄楠森：《马克思恩格斯创立辩证唯物主义世界观的过程》，载《光明日报》2011年9月19日。

物主义的产生是与19世纪以来自然科学革命的根本精神完全一致的，而20世纪现代自然科学的发展和人类社会文明的进步也是同辩证唯物主义完全一致的。"① 而单单强调实践唯物主义虽然突出了马克思的主体性和人学哲学，但忽视了其本体论思想前提。他揭示了这两种解读背后的一个深层原因：辩证唯物主义解读容纳了西方哲学经典的本体论思维方式在马克思哲学中的指导性意义，而实践唯物主义则趋向于一种近代哲学中产生的非本体论的解读路径。

安启念教授认为，马克思在《1844年经济学哲学手稿》中以物质的自我运动解释自然界、有机物以及人的产生与发展，这体现出了系统的辩证唯物主义思想。尽管他没有使用"辩证唯物主义"这一概念，但这一思维方式却构成了马克思哲学体系的本体论基础。既然辩证唯物主义仅仅被看作是本体论基础，那么用辩证唯物主义来概括马克思哲学的全部内涵也是不准确的，安教授认为马克思特有的、最有价值的哲学思想是实践唯物主义。马克思一方面承认客观世界的普遍法则的存在，承认作为客观规律的辩证法，但另一方面他更加强调从人的现实实践活动解释世界。而人的实践活动不再是传统哲学中抽象的道德实践，而是人类感性生产活动。② "在感性的意义上，自然和人、物质和精神、存在和思维、客体和主体都是同一的。"③ 这些方面的同一性实际上也揭示了马克思辩证唯物主义和实践唯物主义两种解读视角之间的相容性，对人的感性实践活动的考察与对世界自身的唯物主义的辩证的研究并不矛盾，人本身被看作是物质世界之中的存在者，其实践活动必然也遵循作为客观法则的辩证运动的规律。辩证法为人的实践活动提供了一个普遍的和广义的方法论前提，它揭示了整个物质世界包含人在内都具有自我生

---

① 黄楠森：《重谈我对实践唯物主义的看法》，载《毛泽东邓小平理论研究》2010年第10期。

② 参见安启念：《辩证唯物主义还是实践唯物主义——再读马克思》，载《学术月刊》2011年第3期。

③ 邓晓芒、赵林：《西方哲学史》，北京：高等教育出版社2005年版，第269页。

成、自我发展的运动规律,而实践唯物主义就更切近地将研究视角拉向世界中的人类存在者的实践活动。换言之,辩证唯物主义的研究视角更趋向于宏观整体性地把握马克思的哲学思想,而实践唯物主义则趋向于对具体对象的具体研究,前者为后者奠基。

有类似立场的学者包括邬焜、陶富源等。邬教授指出,"实践唯物主义和辩证唯物主义并不是相互排斥的两种不同的哲学,两者在本质上是统一的。但是,实践唯物主义这一术语还仅只是从某种特定角度切入的一种特称,它并不能完全包容和覆盖辩证唯物主义的全部内容。辩证唯物主义是马克思主义哲学的元理论,用辩证唯物主义这一术语来称谓的马克思主义哲学彰显的是一种具有普适性的全新哲学形态……实践唯物主义这一术语有赖于运用辩证法的原则对其进行具体解读。"[①] 陶富源教授认为,以往哲学教科书对马克思哲学的辩证唯物主义的定位是有根据的,但忽视了从主体维度去解读客观世界的辩证运动,为克服这一缺陷,可以将马克思哲学的本质精神概括为实践主导的辩证唯物主义。[②] 这种观点的实质仍然是以辩证唯物主义为理论前提,以人的实践活动考察,因而以实践唯物主义研究为指向。

从对这几位学者的论点的分析中可以得出:辩证唯物主义的解读视角作为一种理论前提,本身是可以容纳实践唯物主义和历史唯物主义等其他解读路径的,而单纯强调实践唯物主义恰恰容易使人忽视人与自然的统一性和世界的整体性,也很难包容辩证唯物主义的解读。因此,辩证唯物主义的解读路径应该具有更大的适应性和合理性。应该说,当今学界对马克思哲学立场的定位趋向于这种辩证唯物主义的综合性解读。正是由于这种综合性解读,为马克思在西方哲学史上的地位的阐明提供了可能性。在辩证唯物主义和实践唯物主义两种解读路径中,前者表征

[①] 邬焜、董涛:《是辩证唯物主义还是实践唯物主义——关于马克思主义哲学的本质之争的讨论》,载《社会科学研究》2013年第1期。

[②] 参见陶富源:《论实践主导的辩证唯物主义——马克思主义哲学本质精神新解》,载《马克思主义研究》2014年第4期。

的是马克思哲学的"哲学"精神，后者表明的是其"人学"精神。这两种解读思路实际上反映了近代哲学思维方式的转向在马克思哲学中产生的内在思想张力。古希腊和中世纪哲学以本体论为主流思维方式，而近代哲学具有主体性和认识论的思想转向，可以比较笼统地说，在以宇宙论或神学本体论为哲学第一思想形态的阶段，认识论和人类主体性问题是附属性的。古希腊哲学讨论的人的概念是宇宙整体性视域下的一个并非孤立的研究对象，对人的研究是建立在宇宙论的基础上的；而中世纪哲学的神学本体论超越于一切其他的研究视角，对人的研究更是被置于神学目的论之下。但近代哲学不同，从笛卡尔到康德的思想发展就是人类理性主体逐渐占据哲学最基础地位的过程，认识论的分量超过了宇宙论和本体论，对人自身的研究也逐渐超越了对世界的整体性研究和对神的形而上学研究。在近代哲学中本体论和认识论的这种对峙一直延续到马克思的哲学体系中，学界对马克思哲学的定位也受到这两种哲学理论形态的思维方式的影响。经典的哲学思维方式总是以本体论为第一性、以认识论为第二性，从而也导致世界观在前人生观在后、人学奠基于宇宙论和本体论之上的理性主义思维方式。西方哲学中唯一彻底打破这一局面的只有康德，尽管马克思重点的哲学运思在于其实践唯物主义和人学，但仍免不了要以整体性的和辩证性的世界观、宇宙论为基础。在世界一切具体存在物都按照辩证法的普遍逻辑运动的前提下，人类社会的发展和人的生产实践活动必然就获得了辩证性的和历史性的维度。这种整体性研究视域既容许具体存在者的特殊性，也容许各种存在者之间的相互作用与和谐发展。在这种辩证唯物主义的整体性视角下，马克思哲学既可以强调人类的主体能动性和自我意识的创造性，又将人类自身的特殊能力包容于世界整体之中，并未忽视自然对于人以及人对于自然的交互价值。

因此，与俞吾金教授从康德的主体性哲学视角解读马克思不同，笔者认为辩证唯物主义的世界观是实践唯物主义和历史唯物主义必然的思想前提，在这一宏观本体论思想视域中，马克思才获得了关于人类生存论和实践上的意义。这一解读视角不仅不会割裂人与自然,甚至就是建立在人与自然的圆融一体的基础之上的。因为马克思从黑格尔那里继承下来的并不仅仅是绝对精神的辩证法,更有绝对精神包罗万象的整体性思想。当马克思将唯心主义的辩证法翻转过来渗透到世界的一切间隙中时,假如不同时把现实世界看作是唯一的和整体性的,他就还不能解决笛卡尔所遗留下来的思维和存在的统一性的难题。所以,辩证唯物主义这一术语揭示了马克思哲学的理论基础或者其"哲学性",实践唯物主义的术语则揭示了其旨归,一体一用,相得益彰。强调辩证唯物论并未遮蔽马克思的人文关怀,但单独突出实践唯物主义却是"只见树木不见森林",容易忽视马克思哲学真正的"哲学"精神。

总体上来看,辩证唯物主义的视角是必不可少的,如果人们要将马克思的思想看作是一种哲学、甚至是西方哲学史上一个重要环节上的思想形态的话,就必须从其辩证唯物主义的思维方式进行考察。这也是将马克思融入西方哲学的发展整体的唯一途径。

二、西方哲学逻辑进程和马克思哲学的定位

笔者这里的"西方哲学"是指马克思及其之前的哲学。马克思哲学是否是西方哲学逻辑进程的一部分,这是一个值得争议的话题,国内诸多西方哲学史教科书对马克思哲学的重视程度也各有不同。笔者认为,马克思哲学的辩证唯物主义的精神实质和理论前提是符合西方哲学逻辑进程的,而单纯强调其实践唯物主义和人文关怀是不足以呈现这一点的。因此,要理解马克思哲学的哲学史地位、哪怕只是要承认马克思哲学作为西方哲学史的一个重要环节,必须以辩证唯物主义为研究视角。

西方哲学最基本哲学精神是逻各斯的发展演化。哲学中的逻各斯(Logos)精神最早对应于希腊文化中的命运观,希腊文化中的命运揭示了人们对世界整体的合秩序性、合规律性、合目的性的最初理解。在这种观念中,一切存在物都遵循客观的、不可改变的法则,任何人甚至包

括希腊人信奉的奥林匹斯诸神无一能逃脱命运法则的约束。这种客观的命运在赫拉克利特哲学中被思辨地理解为逻各斯。哲学家的逻各斯精神就是他们对世界的理性主义的规整,在西方哲学史上没有哪一个哲学家愿意用一种虚无的、无目的的、杂乱无章的视角看待整个世界,而逻各斯就是他们用以合理性理解世界、理解神,甚至理解他们自身的一种普遍法则。这样一种合理性的法则精神在康德、黑格尔、马克思的哲学中发展到极盛,并在后现代主义的解构哲学中被最终颠覆。因此,逻各斯精神可以说是从古希腊直到马克思哲学的最核心的哲学精神,从逻各斯精神的发展演化过程中必然能够一窥马克思哲学的哲学史地位。

在格思里(W.K.C.Guthrie)的《希腊哲学史》中,逻各斯概念的含义被总结为十种①,笔者认为这其中又可精简为三种:客观的世界法则、主观的理性思维、言说。在古希腊哲学中,逻各斯的这三种含义揭示的是人与自然、思维和存在的原始的同一性;有何种客观法则就会有相应的主观思维,也就会有对应的进一步的言说。所以在哲学中,语言揭示的是人类主观理性思维和客观世界法则。这是逻辑学与本体论的同一性的原始根据,在这种视域中,人的主观思维并不超出于世界之外,也并不与客观世界相疏离,这是希腊哲学整体性视角下的宇宙论图景。但是经过巴门尼德和柏拉图的思想革命,本来圆融地存在于世界之中又支配世界万物的逻各斯被抽离于世界之外,至此哲学家开始对世界的根本法则做形而上学的理解,而被剥夺了法则的现实世界沦为现象界和感官世界。这就形成了西方哲学的主流的形而上学思维方式,现象界和被抽象设定的逻各斯世界(本体界)的对立,也造成人的理性思维和肉体存在的对立,原来具有整体性的逻各斯的三种含义最终被相互割裂。

中世纪基督教哲学延续了柏拉图的形而上学思想,逻各斯的第一性的意义被看作是上帝的道说而不是客观世界的运动法则。但从柏拉图到

---

① W.K.C.Guthrie, *A History of Greek Philosophy*, Volume I, *The early Presocratics and the Pythagoreans*, Cambridge University Press, 1962, p.419.

中世纪哲学甚至直到近代哲学（例如在笛卡尔哲学），逻各斯的主客两方面虽然被对立起来，但仍然具有独断的同一性：人类的主观思维以上帝的超越性道说为根据，自然界的客观规律也源自于上帝从上而下的天赋。教父神学的代表人物奥古斯丁、极端的实在论者安瑟伦，甚至近代的笛卡尔，他们对上帝的本体论证明都以思维和存在的同一性为理论前提，从人类思维中关于上帝的完满观念推论出来思维之外的上帝之实存。没有古希腊逻各斯精神的主客同一性的思想奠基，这些独断的、唯理性主义的证明在哲学史上是没有任何说服力的。所以，"逻各斯中心论在西方自柏拉图以来，是理性主义的代名词"①，这种理性主义思维方式的根基就在于主观思维和作为形而上学本体根据的逻各斯之间的同一性。

但逻各斯精神在近代哲学的发展不止是延续了自古以来的思维和存在的同一性，更有所突破。在近代哲学中，笛卡尔一方面利用上帝的观念和其存在之间的同一性为其实存做独断的证明，一方面延续基督教神学中肉体和精神的分离思想，建立了心与物、人与自然的二元论。人和自然之间的对立关系逐渐超越人与上帝之间表面分离实则同一的传统形而上学格局，由此笛卡尔拉开了令近代几乎所有哲学家费尽思量也无法解决的一个难题：作为认识主体的思维存在者和作为认识客体的自然如何达到统一性？如果说在古代和中世纪形而上学中人类总还是具有追求超越的逻各斯和神性道说的可能性，那么在笛卡尔开创的二元论中人和自然被完全割裂了。当清楚明白的自我意识作为精神实体被确立起来之时，那种清楚明白的对象意识也同时建立起来独立于思维之外的自然对象。人类思维和上帝存在之间的同一性让位于思维和自然存在之间的对立，上帝自上而下立法的逻各斯精神也逐渐让位于人类理性自身立法的逻各斯精神。直到康德哲学，法则不再是上帝独断地赋予人和自然的，而是人类理性自身固有的内在法则。可以说，古希腊宇宙论中存在于世

---

① 安希孟：《西方哲学中的逻各斯中心论传统》，载《社会科学家》2013年12月。

界之中的逻各斯、从柏拉图到中世纪基督教神学中作为世界之外的超验根据的逻各斯，在康德哲学中被彻底内化为人类理性自身的法则：人为自然立法，也为其自身立法。但人类的主体性尽管在近代发展到了无以复加的如此地位，也仍然无法真正解决与自然对象的统一性难题。笛卡尔的身心交感学说、马勒伯朗士的偶因论、莱布尼茨的前定和谐学说、康德的先验观念论，都无一例外带有自身的思想缺陷和内在矛盾；康德以现象和物自身的二元对立转嫁了主客体的对立，他之后的费希特、谢林和黑格尔三个哲学家则尽力摒弃其物自身的不可知的深渊，但正因为这种摒弃也陷入了唯心主义思维方式的窠臼，因而他们也未能真正解决人类主观意识和物质性的自然存在之间的统一性。

但西方哲学发展到黑格尔那里毕竟产生了向古希腊宇宙论回归的倾向，在赫拉克利特那里，逻各斯与其物质性本原（火）是一体两面的关系，法则存在于世界之中并呈现于万物的运动变化中，而无所不包的绝对精神及其辩证的运动法则就是逻各斯精神的观念化呈现。黑格尔通过将人类主观思维和自然存在都看作是唯一的实体（主体）绝对精神自身发展过程中的具体环节和表现样式，也向人们呈现了一个整体性的虽然是唯心主义的宇宙论宏大叙事。这种整体性视域和辩证的运动观正是逻各斯精神最基本的含义，马克思从黑格尔那里继承下来的绝不仅仅是单纯的辩证法思想，更是这种宇宙一元论的整体性观念。黑格尔由于仍然拘囿于唯心主义的思维方式中，没有能够真正将现实世界统摄进他的哲学体系中。马克思所担负的哲学使命就是将黑格尔的绝对精神的辩证运动融入现实，将人和自然、思维与存在看作是同一世界中具有辩证发展模式的特殊样式。而由于马克思将形而上学的逻各斯精神真正地纳入了世界之中，人与自然的辩证发展也就无需再求助于一个超越的本体根据。至此，世界整体也无须表现为自然、人、神的等级性系统，人与自然的交互协作以及它们自身辩证的能动的发展性就是历史唯物主义的根据；被神化的逻各斯精神演变为渗透于世界一切存在者之中的辩证的能动力量。黑格尔的绝对精神一元论对应于马克思的现实世界一元论，是马克思将古希腊圆融一体的宇宙论思想和逻各斯精神真正地呈现在现实中，甚至呈现于人类的实践活动中。所以，马克思在哲学史上的贡献就在于扬弃了黑格尔的观念化逻各斯精神，将人与自然存在于其中的现实世界自身看作是辩证运动的唯一世界。由此，他丰满地再现了古代的宇宙论思想，也真正解决了笛卡尔遗留下来的思维和存在（人与自然）的统一性难题。而最能够体现马克思哲学的这种哲学史意义的就是其辩证唯物论，辩证唯物主义这一术语不仅没有掩盖马克思的人文关怀，更能够揭示其实践论和历史观的思想根源。而单单强调实践唯物主义和人学却会再次产生"人高于自然"、"人类中心主义"等不合理的思维倾向，甚至模糊马克思哲学在西方哲学史上举足轻重的地位。

结 论

按照上文的分析和论述，马克思哲学的精神实质、理论前提必须是辩证唯物主义，这一定位完全能够容纳作为其研究重点的实践哲学和人学思想。西方哲学的逻各斯精神经由柏拉图被形而上学化为超验法则，经由康德被内化为人类理性的自身法则。康德对马克思的影响不仅在于其人文关怀，更在于将法则拉回到作为现实世界存在者的人身上；尽管在他那里，现象背后仍然有物自身的世界，但物自身已经不再是柏拉图式的超越世界，而是能够与现象界统一为一体的先验根据。康德对先验和超验两个概念的区分，其深层含义就在于将其物自身概念区别于柏拉图式的抽离而独立的理念本体。马克思则更彻底地弥合了现象和物自身之间的界限，也真正统一了人与自然。所以，人们可以这样去评价马克思哲学及其哲学史地位：他批判地继承了康德哲学的现实性、黑格尔哲学的辩证法和整体性，将其整合为辩证唯物主义的宇宙论，由此使古希腊的逻各斯精神得以重现，成为解释世界和改造世界的最合理路径。可以说，从赫拉克利特到马克思，西方哲学完成了逻各斯精神自我发展、自我超越、自我回归的一个圆圈。虽然在这一过程中，柏拉图开创的形而上学思维方式占据了主流，但经由马克思哲学的整合，逻各斯"从天上回到了世间"。哲学史自身发展的逻辑进程就成为最严格意义上和最完备意义上的哲学，这一点最终是由马克思的辩证唯物论做成的。按此思路，笔者也愿意得出这一结论：马克思哲学是西方哲学史上必不可少的一环。

（作者刘凤娟系江苏师范大学哲学与公共管理学院哲学系副教授，硕士生导师，哲学博士；主要从事德国古典哲学研究）

时代发展和哲学创新双重视阈下的"反思的问题学"研究

——2015年"反思的问题学"研究范式的研究述评

孟献丽

[摘 要] 以问题为中心,关注、回应和解答时代问题是马克思主义哲学的内在要求,"反思的问题学"研究范式正是我国学者从马克思主义创新和发展内在要求出发提出的马克思主义哲学研究的新范式,它强调对现实问题的关切,推动马克思主义哲学的创新与发展,实现马克思主义哲学在21世纪中国的重新出场。2015年,国内学术界就"四个全面"战略布局、五大发展理念、"一带一路"战略和供给侧改革等重大现实问题展开了深入的探讨和研究,通过对现实问题的关注和回应,不仅能够推动马克思主义哲学的理论创新与发展,还可以推动中国特色社会主义实践的不断前进。

[关键词] 反思的问题学 "四个全面"战略布局 五大发展理念 "一带一路"战略 供给侧改革

"反思的问题学"研究范式是我国哲学社会科学工作者在推动我国哲学社会科学发展过程中探索出来的面向中国现实问题的一种马克思主

---

① 该文为国家社会科学基金青年项目"高校意识形态安全预警机制研究"(14CKS033)的阶段性成果。

义哲学研究范式，它强调树立强烈的问题意识，以问题为导向，紧紧围绕"现实问题"开展马克思主义哲学研究，在思考、分析、回应和解决重大理论与现实问题中实现哲学自身的创新与发展，从而彰显哲学的时代性和现实性，为哲学的与时俱进、不断发展注入新鲜的血液。我国著名学者任平教授在2003年首次提出了"反思的问题学"概念，随后在理论研究和实践发展中不断丰富和完善这个哲学研究范式，当前已经成为我国马克思主义哲学发展领域重要的研究范式之一。

一、反思的问题学是时代发展和哲学创新的双重要求

十八大以来，我国经济社会发展面临着错综复杂的新形势和新局面，经济社会发展由原先的高速增长转向经济发展新常态阶段；全面深化改革进入"啃硬骨头"的攻坚期，供给侧改革不断推进；全面小康社会建设进入关键的最后时期；在网络时代的背景下，思想文化领域和意识形态领域面临着严峻的现实挑战。面对错综复杂的现实局面和纷繁复杂的现实问题，以习近平总书记为代表的党中央对哲学社会科学发展也作出了重要指示，其中最重要的一条就是，要求哲学社会科学工作者树立强烈的问题意识，从事哲学社会科学研究要在马克思主义的指导下，面向中国的现实问题，以问题为中心，从而思考、回应和解决我国发展中遇到的重大理论和现实问题。

习近平总书记就曾在多种场合强调要树立问题意识，强调问题导向。2015年初，在中共中央政治局第二十次集体学习时，习近平指出，要"不断强化问题意识，积极面对和化解前进中遇到的矛盾。问题是事物矛盾的表现形式，我们强调增强问题意识、坚持问题导向"①。强调树立问题意识，是由于当前中国特色社会主义建设正处于问题凸显期和矛

---

① 《坚持运用辩证唯物主义世界观方法论 提高解决我国改革发展基本问题本领》，载《人民日报》2015年1月25日。

盾多发期,实践的需要是推动理论创新与发展的根本动力,哲学发展只有直面现实问题,分析和回应时代问题,从而解决重大现实问题,才能彰显理论的活力,凸显理论的生命力。习近平总书记在哲学社会科学工作座谈会上还指出:"坚持问题导向是马克思主义的鲜明特点。问题是创新的起点,也是创新的动力源。只有聆听时代的声音,回应时代的呼唤,认真研究解决重大而紧迫的问题,才能真正把握住历史脉络、找到发展规律,推动理论创新。坚持以马克思主义为指导,必须落到研究我国发展和我们党执政面临的重大理论和实践问题上来,落到提出解决问题的正确思路和有效办法上来。"同时,"理论创新只能从问题开始。从某种意义上说,理论创新的过程就是发现问题、筛选问题、研究问题、解决问题的过程。马克思曾深刻指出:'主要的困难不是答案,而是问题。''问题就是时代的口号,是它表现自己精神状态的最实际的呼声。'"①"马克思也是通过对相关政治经济学研究的问题的反思,才得出了在现实生活世界起作用的是唯物主义而不是唯心主义的结论。"② 可见,树立问题意识,以问题为中心,坚持问题导向,是哲学研究的重要基础,而回应和解决时代问题则是哲学研究的重要使命与义不容辞的时代责任。反思的问题学作为马克思主义哲学的研究范式,正式被寄予了这样的使命和期望,它是时代发展和哲学自身创新发展的双重要求。

二、2015 年"反思的问题学"研究范式聚焦的重大现实问题

2015 年,学术界围绕一系列重大的理论与现实问题进行了广泛而深入的探讨与研究,形成了一大批优秀的理论成果,为推动我国马克思主义哲学自身的理论创新与发展以及经济社会的发展起到了重要的作用。

---

① 《在哲学社会科学工作座谈会上的讲话》,载《人民日报》2016 年 5 月 19 日。
② 曹典顺:《政治经济学与唯物史观的内在关联》,载《中国社会科学》2016 年第 10 期。

其中，学术界关注的焦点现实问题包括："四个全面"战略布局、五大发展理念、"一带一路"战略和供给侧改革。

（一）"四个全面"战略布局

2014年12月，习近平总书记在江苏调研时提出："协调推进全面建成小康社会、全面深化改革、全面推进依法治国、全面从严治党，推动改革开放和社会主义现代化建设迈上新台阶"①。"四个全面"战略布局的思想由此正式提出，学术界对"四个全面"战略布局进行了深入的研究和探讨，主要包括"四个全面"战略布局的科学内涵、特征、重大意义、历史脉络与逻辑关系以及协调推进等。

1. "四个全面"战略布局的科学内涵、特征与重大意义

"四个全面"战略布局作为一个科学的战略体系，有着丰富的内涵。有学者对四个全面战略布局的科学内涵做了一一解读，如秦宣认为，四个全面"中的每一个"全面"都有其独特的科学内涵。全面建成小康作为一个重大战略目标，包括几个方面：建设目标涵养经济社会发展各个领域；建设成果惠及全体中国人民；建设布局全覆盖；实现人的全面发展等等。全面深化改革则包括改革目标要全方位；改革领域要全覆盖；改革要贯穿经济社会发展全过程。全面推进依法治国体现在依法治国目标体系要全面；依法治国工作布局要全面；推进依法治国过程要全面；法治领域改革内容要全面。全面从严治党则要求治党内容要全面；治党主体要全覆盖；治党过程要全面；"严"字要贯穿治党全方位全过程。②还有学者从整体的层面，对四个全面战略布局科学内涵做了整体概述。如陶文昭认为，对于"四个全面"战略布局的科学内涵，要着重从治国理政的角度来加以把握。首先，"四个全面"战略布局的提出，源自治

---

① 《主动把握和积极适应经济发展新常态，推动改革开放和现代化建设迈上新台阶》，载《人民日报》，2014年12月15日。

② 秦宣：《"四个全面"：形成发展、科学内涵和战略意义》，载《思想理论教育导刊》2015年第6期。

国理政的责任担当；其次，"四个全面"战略布局所关注的，是治国理政的焦点问题；再次，"四个全面"战略布局也是治国理政经验的实践总结；最后，"四个全面"战略布局还是指导治国理政的科学方略。① 李文阁认为，应该立足于坚持和发展中国特色社会主义全局来理解"四个全面"战略布局的内涵。他指出，从"总依据"来看，"四个全面"战略布局正是依据社会主义初级阶段这个"当代中国的最大国情、最大实际"提出来的；从"总布局"来看，"四个全面"战略布局是依据中国特色社会主义"五位一体"总布局提出来的，它是中国特色社会主义总布局的体现；从"总任务"来看，"四个全面"战略布局首先是中国特色社会主义总任务中的一个阶段性任务，是为了实现中国特色社会主义总任务，是为了坚持和发展中国特色社会主义。②

关于"四个全面"战略布局的新特征，刘海涛认为，强烈的问题意识、鲜明的目标导向和全面的战略举措是以习近平同志为总书记的新的一届中央领导集体治国理政的总体思路以及中国特色社会主义的战略布局的新特征和新特点。③ 宇文利强调，习近平治国理政思想全面而齐整，表现出整体性、系统性和一致性，具有思想的综合性；坚守实事求是的正确思想路线，具有思想的正确性；对人民主体地位的笃行，具有价值信念的坚定性；源于中国实践，又还原并指导实践，具有理论应用的指导性。④

关于"四个全面"战略布局的重大意义。首先，学界普遍认为"四个全面"战略布局对实现"中国梦"具有重要意义，如罗志军指出："只有坚持以'四个全面'统领党和国家各项工作，才能为'中国梦'照进现实打下坚实基础、提供根本保障。因此，实现中国梦，必须以

---

① 陶文昭：《治国理政要把握"四个全面"》，载《学习月刊》2015 年第 4 期。
② 李文阁：《如何理解和把握"四个全面"》，载《红旗文稿》2015 年第 13 期。
③ 刘海涛：《"四个全面"习式战略布局新特征》，载《人民论坛》2015 年第 2 期下。
④ 人民论坛"特别策划"组：《习近平"四个全面"战略思想》，载《人民论坛》2015 年第 2 期下。

'四个全面'引领经济发展新常态；实现中国梦，必须以'四个全面'引领国家治理体系和治理能力现代化；实现中国梦，必须以'四个全面'引领精神文明建设；实现中国梦，必须以'四个全面'引领党的建设新的伟大工程。"① 景俊海指出："中国梦是中国人民孜孜以求的奋斗目标，全面建成小康社会是实现中国梦的第一阶梯，全面深化改革是实现中国梦的强大动力，全面推进依法治国是实现中国梦的法治保障，全面从严治党是实现中国梦的根本保证。"② 其次，对建设中国特色社会主义具有重要意义，罗志军认为，"四个全面"的重大战略思想，反映了历史的要求，回应了时代的呼唤，积极面对前进中遇到的矛盾和问题，为坚持和发展中国特色社会主义提供了新的思想武器。③ 王玉珏认为，"四个全面"战略思想与中国特色社会主义理论体系中的邓小平理论、"三个代表"重要思想、科学发展观一脉相承，同质共向，都是中国共产党人以马克思主义为指导，在中国特色社会主义建设实践中的理论创新成果。"四个全面"战略思想在理论形态上是中国特色社会主义理论体系新成果，实现了对中国特色社会主义理论体系的新发展。④ 再次，对马克思主义中国化具有重要意义。喻新安指出："习近平总书记提出的'四个全面'战略布局，探索和回答了'什么是民族复兴、怎样实现民族复兴'这样的基本问题，进一步推进了马克思主义中国化，是马克思主义中国化的最新理论成果。"⑤ 再次，还有其他方面的理论和实践意义。如曲青山指出，"四个全面"战略布局是新形势下党治国理政的总方略。体现在：它是党对治国理政实践的新总结；开辟了党对治国理政

---

① 罗志军：《实现中国梦的行动指南——学习习近平总书记关于"四个全面"的重大战略思想》，载《求是》2015年第4期。

② 景俊海：《"四个全面"：解读中国梦的四个维度》，载《党建》2015年第2期。

③ 罗志军：《实现中国梦的行动指南——学习习近平总书记关于"四个全面"的重大战略思想》，载《求是》2015年第4期。

④ 王玉珏：《"四个全面"战略思想：中国特色社会主义理论体系的新发展》，载《四川理工学院学报（社会科学版）》2015年第2期。

⑤ 喻新安：《"四个全面"战略布局的理论意义》，载《理论导报》2015年第3期。

认识的新境界；提出了党对新形势下治国理政的新要求。① 张福军等人认为，"四个全面"是新时期完善中国道路和中国模式的战略指引。②

关于"四个全面"战略布局的科学内涵和时代特征以及重大意义，学者们几乎没有太大争议。学者们只是从不同的方向和角度对其进行了不同的探索和研究，都力求在某一个方面系统阐述"四个全面"战略布局。因而，我们可以判定，"四个全面"战略布局是一个有着丰富内涵的科学体系，呈现出了新时期、新阶段的一些新特点，对中国特色社会主义的建设具有重要的意义和深远的影响。

2. "四个全面"战略布局的历史演进与内在逻辑

学界对"四个全面"战略布局的历史演进脉络大多数是对每一个"全面"进行具体分析得来的。如秦宣、邸乘光等人就分点对每一个"全面"的历史发展过程进行了探究。也有从整体视角对其演进脉络进行分析的。从整体视角看，曲青山认为，"四个全面"的形成经历了三个阶段：从"一个全面"到"两个全面"、从"两个全面"到"三个全面"、从"三个全面"到"四个全面"。同时，它还对每一个"全面"的形成过程进行了详细考察，找到了"四个全面"的总源头——党的十八大精神。③

关于"四个全面"战略布局的内在逻辑关系，学术界作了重要的研究和探讨。杜黎明指出："'四个全面'不可分割、相互促进、相互支撑，形成'四个全面'战略布局的有机整体；它既体现出内在的'目标—途径'的二分逻辑结构，又体现出'目标—途径—调控'的三分逻辑结构。"④ 秦正为指出，"四个全面"特色鲜明，各有侧重，又具有严密

---

① 曲青山：《"四个全面"：新形势下党治国理政的总方略》，载《党建》2015年第2期。
② 张福军、程恩富：《在落实"四个全面"中完善中国道路与中国模式》，载《思想理论教育导刊》2015年第4期。
③ 曲青山：《党的十八大与"四个全面"提出和形成的历史过程》，载《中共党史研究》2015年第3期。
④ 杜黎明：《"四个全面"的逻辑结构及理论创新》，载《观察与思考》2015年第5期。

的逻辑关系,其中全面建成小康社会是治国战略目标,全面深化改革是动力战略,全面依法治国是规范战略,全面从严治党是保障战略,它们共同构成有机的统一体,从而形成了新形势下中国共产党治国理政的全新战略布局。①

综上所述,关于"四个全面"战略布局历史脉络的梳理和内在逻辑的阐释,学者们基本意见一致。学者们都认为"四个全面"战略布局是与党历史上马克思主义中国化理论成果一脉相承的最新理论成果,每一个"全面"都有着自身的历史演进过程,是党对历史经验和教训总结的成果;同时,"四个全面"之间又是有着内在关联的逻辑统一体,从而"四个全面"战略布局实现了历史与逻辑的统一。

3."四个全面"战略布局的协调推进

学界普遍认为,要协调推进"四个全面"战略布局,但不同的学者从不同的角度进行了深入的探究。

关于全面建成小康社会,周明海认为,全面建成小康社会,第一,核心是全面,从理论和现实层面上看,全面建成小康社会不仅包括地域上的全面,还包括社会群体的全面;不仅包括经济意义上的全面,也包括社会状态和社会价值意义上的全面。首先,覆盖人群;其次,涉及领域。最后,"全面"的小康着眼于发展中国特色社会主义事业"五位一体"总体布局。第二,关键是建成,一方面,建成小康社会必须要坚持问题导向;另一方面,建成小康社会要用好改革推进器。第三,根本是发展。发展是当今世界潮流,发展是当今中国主题。②

关于全面深化改革,郝玉宾认为,全面深化改革贯通"四个全面"战略布局的始终,既是驱动力,也是凝聚力,是协调推进"四个全面"的根本途径与必由之路。全面深化改革的根本是"改革",关键在"深

---

① 秦正为:《习近平"四个全面"战略布局的逻辑关系》,载《长白学刊》2015年第3期。

② 周明海:《习近平"四个全面"战略布局思想论纲》,载《长白学刊》2015年第3期。

化",着力要"全面"。①

关于全面依法治国,张晓敏指出,"四个全面"中,全面推进依法治国,就是坚持走中国特色社会主义法治道路、建设中国特色社会主义法治体系、建设社会主义法治国家,实现科学立法、严格执法、公正司法、全民守法。认识维护宪法权威、加强宪法实施和监督的重要性,对于全面推进依法治国具有重要意义。②

关于全面从严治党,张志芳认为,在"四个全面"战略布局中,全面从严治党具有关键性作用。全面从严治党为协调推进"四个全面"提供了根本政治保障。全面从严治党是全面建成小康社会的根本要求,是全面深化改革的必然体现,是全面依法治国的政治保证。③

学术界普遍认为,"四个全面"战略布局是一个有机联系、相互促进并且需要协调推进的战略布局,但不同的学者从不同的角度为其顺利推进提出了不同的对策与建议。

(二) 五大发展理念

在 2015 年 10 月底召开的中共中央十八届五中全会上,五大发展理念被正式提出,包括创新、协调、绿色、开放、共享五个方面。五大发展理念一经提出,就引起学术界的广泛关注,并取得了一系列成果。

1. "五大发展理念"的提出及重要意义

学界普遍认为,五大发展理念的提出是我们党深刻总结发展经验、把握发展规律的成果,其提出对我国经济社会的发展具有重要意义。任理轩认为,五大发展理念是深刻总结国内外发展经验教训、深刻分析国

---

① 郝玉宾:《全面深化改革是协调推进"四个全面"的必由之路》,载《前进》2015 年第 4 期。

② 张晓敏:《在"四个全面"总布局中全面推进依法治国》,载《党建》2015 年第 3 期。

③ 张志芳:《全面从严治党是协调推进"四个全面"的关键 学习"四个全面"战略布局的体会》,载《前进》2015 年第 4 期。

内外发展大势的思想结晶。① 李君如就认为，五大发展新理念在政治经济学上推进了马克思主义中国化，是马克思主义中国化政治经济学的最新成果。同时，在实践上，是我们破解经济新常态下各种问题，全面建成小康社会并实现"两个一百年"奋斗目标的行动先导。② 张兴茂、李保民等人认为，五大发展理念可以引领经济新常态，并且从五大发展理念的每一个发展理念详细地阐述了如何引领经济新常态。③ 杨春鹏认为，五大发展理念创造性地回答了新形势下我们要实现什么样的发展、怎样实现发展的重大问题，是顺应时代潮流和我国发展优势的战略抉择，是我们党关于发展理论的重大升华。④

2. "五大发展理念"的内在逻辑以及与"四个全面"战略布局的关系

关于"五大发展理念"的内在逻辑，张兴茂、李保民认为，在五大发展新理念中，创新是引领发展的第一动力，协调是可持续发展的基本要求，绿色是现代社会文明发展的标尺，开放是现代化建设的必由之路，共享是中国特色社会主义的内在本质。就五大理念的关系而言，创新是其中的核心内涵，任何经济发展和社会进步都离不开理论创新、制度创新、科技创新、文化创新等各方面创新，协调、绿色和开放是经济社会全面均衡发展的客观必然，共享是前四大理念的目的和归宿，五大发展理念是一个相互贯通相互联系的有机整体。⑤

---

① 任理轩：《关系我国发展全局的一场深刻变革——深入学习贯彻习近平同志关于"五大发展理念"的重要论述》，载《人民日报》2015 年 11 月 4 日。
② 《马克思主义中国化政治经济学的最新成果——中央党校原副校长李君如谈五大发展理念》，载《理论视野》2015 年第 11 期。
③ 张兴茂、李保民：《论经济社会的五大发展新理念——读中共十八届五中全会文件体会》，载《马克思主义研究》2015 年第 12 期。
④ 杨春鹏：《从四个方面理解"五大发展理念"》，载《红旗文稿》2015 年第 23 期。
⑤ 张兴茂、李保民：《论经济社会的五大发展新理念——读中共十八届五中全会文件体会》，载《马克思主义研究》2015 年第 12 期。

关于"五大发展理念"与"四个全面"战略布局的关系，李君如认为处理好"四个全面"中的三对关系需要新的理念，而五大发展理念是贯彻"四个全面"战略布局的题中之意，是协调推进和落实"四个全面"战略布局的关键和科学指南。① 郝立新认为，"四个全面"和"五大理念"是内在统一的。"四个全面"回答了当代中国发展的战略目标、战略重点和主要矛盾，强调认识和实践的全面性、完整性；"五大理念"关注的是实现全面建成小康社会这一目标的发展过程的内在要求、科学原则和价值诉求，是"四个全面"战略布局的路径展开，强调了发展的综合性、多维度。从某种意义上说，"四个全面"是"五大理念"的战略统领，"五大理念"是"四个全面"的具体展开或延伸。②

3. "五大发展理念"的内在要求和实践取向

杨春鹏认为，五大发展理念体现着党的思想路线的本质要求。五大发展理念贯穿着鲜明的问题导向。五大发展理念体现了人民至上的价值取向。③ 路云辉认为，"五大发展理念"立足于中国现阶段的发展实际与实践；致力于破解发展难题；与发展方式、发展战略对应相连；引领并服务于发展战略，具有鲜明的实践性，对于建成全面小康意义重大。④ 张兴茂、李保民等认为，五大发展新理念的实践要求就是助推全面实现小康生活，五大发展新理念贯穿了人民至上的价值取向，全面建成小康社会新的目标要求和具体措施都和人民群众的物质文化生活息息相关，反映了人民对美好小康生活的新期待。⑤

综上所述，学术界一致认为五大发展理念的提出是我们党把握发展

---

① 李萌：《马克思主义中国化政治经济学的最新成果——中央党校原副校长李君如谈五大发展理念》，载《理论视野》2015年第11期。
② 郝立新：《中国特色社会主义实践的战略布局和发展理念》，载《中国特色社会主义研究》2015年第6期。
③ 杨春鹏：《从四个方面理解"五大发展理念"》，载《红旗文稿》2015年第23期。
④ 路云辉：《"五大发展理念"的实践性》，载《特区实践与理论》2015年第6期。
⑤ 张兴茂、李保民：《论经济社会的五大发展新理念——读中共十八届五中全会文件体会》，载《马克思主义研究》2015年第12期。

规律、总结历史经验基础上创新性提出的新时期治国理政的新思路和新引领，它具有重要的理论意义和实践价值，对新常态状况下我国经济社会的发展具有重要引领意义。学者们从不同的方面对五大发展理念进行了深入的探究，取得了一定的理论成果。

（三）"一带一路"战略

2105年随着亚投行的筹建与成立，以及"一带一路"战略很多项目的投资建设，"一带一路"战略建设与开发也成为理论界关注的焦点问题，并且从多个方面进行了深入的研究和探讨。

1. "一带一路"战略的内涵解读及重要意义

"一带一路"战略有着丰富的内涵，其内容涉及政治、经济、文化等各个领域。如周文、方茜认为，"一带一路"战略既是空间战略，又是经济、政治和文化的战略，是东西方国家发展平衡、发展中国家与发达国家携手并进的战略。① 黄俊、董小玉则认为，"一带一路"战略依托古丝绸之路的历史底蕴及文化符号，致力于亚非欧大陆及海洋的互联互通，在政治互信、经济融合、文化包容、互利共赢、共同繁荣的基础上，构建沿线各国的利益共同体、命运共同体和责任共同体。② 陈耀则从几组对应平衡关系中理解和把握其深刻内涵，一是古今传承；二是内外开放；三是海陆统筹；四是东西互济；五是虚实结合；六是中外共赢。③

关于"一带一路"战略的重要意义，周文、方茜认为，"一带一路"战略不仅有利于中国与发展中国家之间形成新的生产关系，而且可以更

---

① 周文、方茜：《"一带一路"战略的政治经济学思考》，载《马克思主义研究》2015年第10期。

② 黄俊、董小玉：《"一带一路"国家战略的传播困境及突围策略》，载《马克思主义研究》2015年第12期。

③ 陈耀：《"一带一路"战略的核心内涵与推进思路》，载《中国发展观察》2015年第1期。

好地通过资本输出实现合作共赢,推动资源要素的全球化分工,促进全球治理结构的多元化。① 王义桅则把它纳入人类文明史的视野,并指出,"一带一路"将修订内陆文明从属于海洋文明、东方从属于西方的"西方中心论",重塑均衡、包容的全球化文明,推动欧亚大陆回归人类文明中心地带,开创"天人合一""人海合一"的人类新文明。②

2. "一带一路"战略实施的风险、挑战与对策分析

学界对"一带一路"战略落实和实施过程中的风险和挑战进行了深入的分析,并相应的给出了合理的建议与对策。

在生态环境方面,叶琪认为,"一带一路"战略实施面临着可持续发展的严峻挑战,包括:发展任务的艰巨性和生态环境的脆弱性的冲突;环境技术发展和环境制度创新的冲突;结构升级的紧迫性和环境规制约束的冲突;经贸合作的拓展和环境贸易壁垒的冲突;个体行动独立性和整体合作协调性的冲突。在此基础上,她认为,必须在生态文明理念的引领下,通过开展多种形式的环境合作、构建环境利益共享机制、建立环境协调机构、推动环境制度创新、协调推进环境与经济发展等路径,从根本上化解"一带一路"的矛盾。③

在国际国内方面,周方银认为,其国际风险包括:启动阶段的风险;顺利启动但中途出现局部逆转的风险;能有效启动、正常推进,中途也能克服各种风险和障碍,但战略回报未能与战略投入相匹配的风险。因而,要全方位、多渠道加强国际动员;建立与"一带一路"重要性相匹配的国际话语权;强化国别分析和风险评估;重视国际资源的动员和使用。其国内风险包括:战略定位与努力方向方面的问题和风险;

---

① 周文、方茜:《"一带一路"战略的政治经济学思考》,载《马克思主义研究》2015年第10期。

② 王义桅:《"一带一路"的文明解析》,载《新疆师范大学学报》(哲学社会科学版)2015年第1期。

③ 叶琪:《"一带一路"背景下的环境冲突与矛盾化解》,载《现代经济探讨》2015年第5期。

资源的碎片化、零散化使用，不能发挥系统性的效果；"一带一路"建设动力的可持续性问题；人才不足问题。因而，要明确"一带一路"的核心内容与辅助内容，分清本末与主次，明确资源投入上的取舍；强化国内的思想准备；动态变化的国际环境中提升学习能力，针对现实情况进行战略反思与策略调整；让民间企业、资本、人员有切实的参与渠道。①

在道德伦理层面，王义桅、郑栋等认为，"一带一路"战略需应对来自国家、企业、个人三大层面的道德风险，这种道德风险同传统经济学领域内的道德风险相异相通，意指双边行为中言行不一、损人利己等行为，同时具有主体层面的多元性与影响层面的多样性两个特点。因而，要观念、机制、实践三方入手，在继承传统丝路精神的基础之上，促使民心相通，使道德风险趋于缓和，并以此为契机逐步推动"一带一路"建设的顺利开展。②

3. "一带一路"战略的全方位构建路径

在话语传播和国家形象构建方面，黄俊、董小玉认为，要突破传播困境，需要明晰"一带一路"战略的传播路径，转换传播模式；发挥逆向传播的强大舆论功能，注重国际国内传播的互动；打造多元、鲜活、负责任的大国形象，构建主动型传播模式；发挥中外自媒体强大的舆论辐射及传播力，提高传播的有效性与针对性。③

在法律保障方面，包运成认为，"一带一路"战略的顺利实施需要利用法律来予以引领和保障，法律其顺利进行的引领力量，法律是防止或者减少干扰的重要手段，法律是争端得以公正解决的基础。规范"一带一路"建设的法律包括全球性法律、区域性法律、双边法律以及相关

---

① 周方银：《"一带一路"面临的风险挑战及其应对》，载《国际观察》2015年第4期。
② 王义桅、郑栋：《"一带一路"战略的道德风险与应对措施》，载《东北亚论坛》2015年第4期。
③ 黄俊、董小玉：《"一带一路"国家战略的传播困境及突围策略》，载《马克思主义研究》2015年第12期。

国家的国内法律。①

在人才支撑方面,周谷平、阚阅等认为,人才是"一带一路"建设的支点和关键。"一带一路"愿景与目标的实现离不开创新创业人才、国际组织人才、非通用语言人才、华人华侨人才、海外高端人才以及急需领域专业人才等各类人才的支撑和保障。面对需求与挑战,教育尤其是高等教育部门应根据"一带一路"战略的要求,以"内生"和"外延"为路径,更新观念,完善制度,优化办学,创新实践,切实担负起人才培养的重要使命。②

在文化交流方面,郑士鹏认为,"一带一路"建设的提出是古丝绸之路文化价值的当代显现,是当前中华文明播撒四方、进一步推进中国对外开放、提高我国文化软实力的重要举措。构建"一带一路"文化交流机制有着高度的必要性,只有加大力度帮扶友国文化产业发展、转变文化话语形式构建国际互信、建立国内文化输出科学机制以及加强宗教文化的交流,才能够使文化在"一带一路"的发展进程中更好地承载着对外开放、共同发展的新梦想,开启新丝路的历史篇章。③

综上所述,学界对"一带一路"战略构建的科学内涵进行了全方位、多层次的探索,并认为"一带一路"战略的实施无论是对我国经济社会的发展,还是对沿线各国的经济提升都具有重要意义。同时,学者也认为,其实施不可避免地会遇到各种各样的困难与挑战,要努力克服困难,采取积极的措施化解矛盾,从而全面推动"一带一路"战略的实施。

(四) 供给侧改革

2105年,我国领导人在不同的场合多次强调要推进供给侧改革,这

---

① 包运成:《"一带一路"建设的法律思考》,载《前沿》2015年第1期。
② 周谷平、阚阅:《"一带一路"战略的人才支撑与教育路径》,载《教育研究》2015年第10期。
③ 郑士鹏:《一带一路建设中文化交流机制的构建》,载《学术交流》2015年第12期。

也引起了理论界的广泛关注和热议,并形成了一系列理论成果,对供给侧改革问题的思考与回应主要体现在以下几个方面。

1. 供给侧改革的内涵与依据

有学者认为,供给侧改革,有别于以往刺激需求端,回到增长本源创新,强调制度供给,构建发展新体制,以期通过供给端发力破除增长困境,释放增长红利。即强调在供给角度实施结构优化、增加有效供给的中长期视野的宏观调控。供给方面有五项：劳动力、土地代表的自然资源、资本、创新力量、制度体制安排。我国接下来的供给侧改革将集中在以下四个方面：减产能加快企业并购重组；从以货币政策为主转向以财政政策为主；进行财税体制改革；推进金融体制改革提高服务实体经济效率。①

李佐军认为,进行供给侧改革是基于以下原因：需求管理政策的边际效益在递减；需求管理政策的副作用和后遗症越来越大；推进供给侧改革与推进全面改革是吻合的；推进供给侧改革是实现可持续发展的需要；供给与需求相互依存,但国内有效需求最终决定于各主体的供给能力；在开放经济条件下供给能力决定一国的竞争力。② 韩芳则对供给经济学的历史发展脉络进行了梳理,她指出,中国的"新供给经济学"着重从供给侧发展实体经济、促进就业的核心理念和政策取向出发,是在对西方凯恩斯主义、供给学派等经济理论的基础上建立起来的具有中国特色的经济理论。③

2. 供给侧改革的重要意义和面临挑战

有学者认为,推行供给侧改革,有助于培育经济增长的新动力；通过供给侧结构性改革解决我国经济存在的产能过剩、房地产库存过大、

---

① 《"供给侧改革"的内涵及其实施路径》,载《中国总会计师》2015年第11期。
② 李佐军：《"供给侧改革"为何是势在必行之举》,载《上海证券报》2015年12月17日。
③ 韩芳：《供给侧改革的内在演变理路分析》,载《辽宁省社会主义学院学报》2015年第4期。

"僵尸企业"较多、金融风险累积等紧迫问题;通过供给侧结构性改革推进全面改革;进一步提高我国的国际竞争力。① 宋宁则认为,在微观层面,推进改革要着眼于提高供给的质量和效率,着力激发市场主体的自身活力,使各类要素能够便利地进出市场,自由地创造价值,自主地实现价值,形成经济持续增长的不竭的动力。在宏观层面,推进改革要着眼于政府自身,着力创新行政管理体制和宏观管理方式,打造市场主体能够充分释放财富、创造潜力的良好环境,并使各类政策工具的运用,有利于存量资源的不断优化重组,提高国民经济的总体素质和国际竞争力。②

有学者认为,要实施供给侧改革,主要面临以下障碍:一是观念障碍;二是既得利益障碍;三是改革环境障碍。③ 厉以宁则认为,供给方面发力的难点在于,供给增加的同时会带来"三个不足":一是资本不足,因为要增加投资;二是专业人员跟技工不足;三是土地和淡水供给不足、营销力量也不足。同时,供给的增加会遇到一些不可逾越的障碍,主要是资源有限,包括土地有限、淡水、交通运输等资源有限。④

3. 供给侧改革在各领域的实施路径和具体措施

有学者认为,"十三五"期间推进供给侧结构性改革的正确方向应是"八减八增",一是减少政府管制,增加市场活力。二是减少行政垄断,增加公平竞争。三是减少税费负担,增加企业效益。四是减少政府机构,增加社会组织。五是减少货币超发,增加直接融资。六是减少政府投资,增加社会投资。七是减少资源消耗,增加智力资本。八是减少

---

① 《"十三五"规划的执行力与供给侧结构性改革》,载《改革》2015年第12期。
② 《新供给新动力——供给侧改革圆桌论坛"专家建言:供给侧改革的核心需激活生产要素》,载《经济参考报》2015年11月30日。
③ 《"十三五"规划的执行力与供给侧结构性改革》,载《改革》2015年第12期。
④ 厉以宁:《"十三五"应从供给方面更好地发力》,载《中国经贸导刊》2015年第36期。

短期政策,增加长期法治。① 贾康为优化供给侧环境与机制提出了五大建议,第一,从控制人口数量转向优化实施人力资本战略。第二,积极审慎推动土地制度改革,逐步建立城乡统一的土地流转制度。第三,全面实施金融改革,积极解除"金融抑制",有效支持实体经济。第四,切实改革,为企业经营创业活动"松绑"、"减负",激发微观经济活力。第五,大力实施教育改革和创新驱动战略,培育高水平人才有效建设创新型国家。② 李稻葵认为,未来供给侧改革可能主要集中在三个方向:第一个方向就是想方设法给百姓提供他们最需要的公共产品;第二个方向是通过政府的改革,加快产业更新换代或者说新陈代谢;第三个方向就是要积极运用最新的科技手段去改造生产结构。③

综上所述,学界对供给侧改革的理论基础和现实意义进行了深入的探究,对宏观层面的对策与建议也进行了分析和阐述。但是在面临的困境、挑战和具体操作层面探究的还较少,有待进一步加强,对供给侧改革的实践探索尚待推进。

三、"反思问题学"对发展21世纪中国的马克思主义哲学的重要意义

"反思问题学"研究范式是由我国当代马克思主义学者提出的旨在推动马克思主义哲学创新与发展的创新型研究范式,而以问题为中心进行理论创新也是马克思主义哲学自身发展的内在要求。因而,"反思问题学"研究范式的创立,对我国发展21世纪中国的马克思主义哲学具有重要意义。

一方面,关注现实、切中问题是当代中国马克思主义哲学实现研究

---

① 《"十三五"规划的执行力与供给侧结构性改革》,载《改革》2015年第12期。
② 贾康:《供给侧改革的核心内涵是解放生产力》,载《中国经济周刊》2015年第49期。
③ 李稻葵:《关于供给侧结构性改革》,载《理论视野》2015年第12期。

范式转换，摆脱理论困境的唯一出路。① 只有关注现实问题，反思、回应和解答现实问题，马克思主义哲学才能不断保持生命力和活力。而反思现实问题不仅是马克思主义哲学研究的重要内容，而且是实现马克思主义哲学当代出场的重要路径选择。问题研究就是通过捕捉和回答现实问题，开展马克思主义哲学研究，丰富和发展马克思主义哲学。基于问题范式的马克思主义哲学，始终是对现实问题的解答，永远指向未来的时代性思想。这样，马克思主义哲学才具有时代性和强大生命力，才可能不断出场。② 另一方面，哲学创新与发展的一个重要意义就在于更好地指导和推进生产生活实践。因而，不断推动当代中国马克思主义哲学研究范式的转向与创新，是不断解决当代中国诸多重大时代问题的必然要求和现实选择。理论是行动的先导，只有实现理论的与时俱进，能够真正地贴近现实，解决现实问题，才能推动实践的前进，因而，只有马克思主义哲学能够坚持以问题为中心，不断探索创新性解决现实问题的办法，回应和解决人民群众热切期盼的重大现实和理论问题，才能推动中国特色社会主义建设的全面发展。

（作者孟献丽系江苏师范大学当代中国马克思主义哲学研究范式创新研究中心研究人员，副教授，博士；主要从事马克思主义理论与社会发展问题研究）

---

① 孟献丽：《问题反思与范式转换的双向互动——"反思的问题学"研究范式2013年研究综述》，见《当代中国马克思主义哲学研究（2014）》，北京：中央编译出版社2015年版，第76页。

② 任政：《问题反思与理论建构——面向"中国问题"的马克思哲学研究范式》，载《中共天津市委党校学报》2013年第4期。

马克思主义哲学中国化研究范式：问题与出路

于桂凤

近年来，围绕马克思主义哲学中国化问题，学术界出版和发表了诸多论著，取得了丰硕的研究成果。这些论著深化了马克思主义哲学中国化的历史与理论研究。但是，当前的马克思主义哲学中国化研究在学术定位、研究视野、研究方法等方面还存在不少问题，严重制约了马克思主义哲学中国化研究的进一步创新和发展。理性分析马克思主义哲学中国化研究范式的局限，并在此基础上探索克服其局限的出路，对于推进马克思主义哲学中国化研究的进一步发展具有重要意义。

一、马克思主义哲学中国化研究范式存在的两大问题

本文认为，马克思主义哲学中国化研究范式存在的问题与局限，主要可以概括为以下两个方面：一是关于马克思主义哲学中国化命题的理解，存在着确定性与不确定性的矛盾；二是关于马克思主义哲学中国化研究的逻辑起点，存在着到底是实践优先还是理论优先的问题。

（一）确定性与不确定性的矛盾

哲学本是对确定性的寻求，但哲学的探索却又总是走向不确定性，其中最大的确定性莫过于对"什么是哲学"这一根本问题的不确定性理

解。这种确定性与不确定性的矛盾对于哲学发展的作用具有二重性：既可推动哲学的创新，又可阻碍哲学的发展。作为一种哲学研究范式，马克思主义哲学中国化也存在着这种确定性与不确定性的矛盾，这一点尤其体现在马克思主义哲学中国化命题本身的理解上，其对马克思主义哲学中国化研究的影响也是二重性的。

　　研究马克思主义哲学中国化，首先要回答的问题就是"什么是马克思主义哲学中国化"。这是任何马克思主义哲学中国化研究无论如何都不得不回答的前提性问题。只有先行对这一前提性问题给出说明与论证，马克思主义哲学中国化其他方面的研究才能得以进一步深入展开。20世纪90年代以来，学术界围绕"什么是马克思主义哲学中国化"展开了热烈的探讨。这种探讨立足于一个确定性的前提，即毛泽东关于马克思主义中国化命题的最初阐释，并首先从这一阐释出发展开了马克思主义哲学中国化问题的研究。众所周知，早在20世纪30年代，马克思主义哲学中国化这一命题已由毛泽东、艾思奇等人从理论上提出并逐步确定了内涵。1938年10月，毛泽东在中共六届六中全会上作的《论新阶段》的政治报告中，正式提出了马克思主义中国化命题。他对这一命题的解释是"对于中国共产党来说，就是要学会把马克思列宁主义的理论应用于中国的具体的环境。成为伟大中华民族之一部分而与这个民族血肉相联的共产党员，离开中国特点来谈马克思主义，只是抽象的空洞的马克思主义。因此，使马克思主义在中国具体化，使之在其每一表现中带着必须有的中国的特性，即是说，按照中国的特点去应用它，成为全党亟待了解并亟需解决的问题。洋八股必须废止，空洞抽象的调头必须少唱，教条主义必须休息，而代之以新鲜活泼的、为中国老百姓所喜闻乐见的中国作风和中国气派。"[①] 按照毛泽东的这种理解，马克思主义中国化就是把马克思主义与中国具体实际相结合，包括两个方面的内容：一是使马克思主义与中国的具体实践相结合，把马克思主义应用于

---

① 《毛泽东选集》第二卷，北京：人民出版社1991年版，第533—534页。

中国的具体的环境；二是使马克思主义与中国的传统文化相结合，使马克思主义具有中国作风和中国气派。由于当时面临的主要问题是如何运用马克思主义解决中国的问题，因此，毛泽东对马克思主义中国化的理解更侧重于实现马克思主义中国化的路径问题，马克思主义与中国的具体实践相结合、马克思主义与中国的传统文化相结合实际上都是实现路径问题。尽管如此，这两个方面依然展现了马克思主义中国化命题所蕴含的丰富内容，即使就马克思主义中国化的文化路径来说，即马克思主义与中国传统文化的结合来说，不仅要运用马克思主义哲学来审视和改造中国的文化传统，推动和促进中国先进文化的形成和发展，而且还要汲取中国传统文化，尤其是中国传统哲学的精华，用以丰富和发展马克思主义哲学，并使之具有为中国老百姓所喜闻乐见的中国作风和中国气派。有鉴于毛泽东把马克思主义中国化阐释为马克思主义与中国具体实践、马克思主义与中国传统文化两个方面的结合，很多学者将马克思主义中国化的内涵或内容概括为"结合论"。20世纪90年代以来，学术界重提马克思主义哲学中国化问题，主要遵循毛泽东对马克思主义中国化命题的初始界定，即从"结合论"出发，把马克思主义哲学中国化的内涵也概括为两个方面：一是马克思主义哲学的基本原理与中国的具体实践相结合，用马克思主义哲学的基本原理指导中国的革命与建设；二是马克思主义哲学的基本原理与中国传统文化相结合，用马克思主义哲学的基本理论批判、改造中国的传统文化，实现其现代性的转换。这种"结合论"作为一种通行的理解，构成了马克思主义哲学中国化问题研究的确定性基础。

20世纪90年代以来，马克思主义哲学中国化所面对的实践语境与理论语境都发生了根本性的变化：中国的实践已经从革命走向建设与发展，中国的文化已从传统走向现代，中国的马克思主义哲学的存在样态已经从一元走向多元，中国马克思主义哲学研究可资借鉴的国外马克思主义思想资源已从单一走向多样化，等等。在这种背景下，人们关于马克思主义哲学中国化的阐释与理解也发生了变化，呈现出多样性。一方面，从上面所讲的"结合论"衍生出不同意义的中国化，如"互化论"、"契合论"等。"互化论"主张马克思主义哲学中国化的过程是马克思主义哲学传入中国并在中国得到运用和发展的过程，是在化中国的同时被中国化的过程。化中国与中国化是同一个过程的两面，又是相互支撑相互印证的两面，中国化是为了化中国，化中国就必须中国化。[①]"契合论"则认为，马克思主义哲学中国化是马克思主义哲学的唯物论与中国传统哲学朴素唯物论的契合，是马克思主义的辩证法与中国古代朴素辩证法的契合，是马克思主义认识论和中国传统哲学知行观的契合，是马克思主义唯物史观与中国传统哲学社会历史观的契合。[②] 另一方面，以"结合论"的"两个方面的内容"为基础，进一步发展出不同"版本"、多个"层面"的马克思主义哲学中国化。从"版本"上看，有学者将马克思主义哲学中国化区分为"实践版本"与"理论版本"，认为"实践版本"是中国共产党人运用马克思主义哲学解决中国问题的实践过程，"理论版本"则是"实践版本"的理论升华，包括"现实化形态"和"学术化形态"。[③] 还有学者在这个基础上，进一步划分出"实践版本"、"理论版本"、"学术版本"。[④] 从"层面"上看，有的学者认为，马克思主义哲学中国化包含实践层面的中国化和学术层面的中国化，实践层面的中国化是指革命家、政治领袖运用马克思主义哲学的立场、观点和方法考察中国的历史和现状，科学解答革命和建设进程中遇到的实际问题，形成指导中国革命、建设和改革的正确理论、路线、方针和政策，学术层面的中国化是指哲学工作者继承马克思主义哲学的真精神，以中

[①] 马俊峰：《马克思主义哲学中国化的几个问题》，载《学术研究》2006年第3期。

[②] 李军林：《马克思主义哲学中国化的传统文化底蕴》，载《云南社会科学》2007年第5期。

[③] 陈晏清、杨谦：《马克思主义哲学中国化的实践版本与理论版本》，载《哲学研究》2006年第2期。

[④] 姜喜咏：《确立中国化马克思主义哲学新形态建构的两大"内在性"问题》，载《理论学刊》2008年第11期。

国传统哲学的积极成果为切入点，建构中国化的马克思主义哲学体系。①也有的学者把这种区分表述为"政治层面"的中国化与"学术层面"的中国化。还有的学者认为，马克思主义哲学中国化包含语言层面、理论层面和实践层面。语言层面是马克思主义哲学的汉语化（说汉语），是马克思主义哲学中国化的最为直接的层面，理论层面是中国人基于中国文化传统、中国经验和中国语境诠释出来的马克思主义哲学，就是中国化了的马克思主义哲学的理论形态，实践层面是用马克思主义哲学指导中国具体实践。②此外，还有一些学者分别从解释学、文化哲学、实践哲学等角度对马克思主义哲学中国化命题进行了深入的解读。上述这些理解，尽管有些观点看上去大同小异，但是总的来说，学术界对马克思主义哲学中国化的理解，在确定性的基础上，还存在着诸多的不确定性。这种确定性与不确定性的矛盾，隐含着一个重要的问题，那就是马克思主义哲学中国化的内涵、意义等是一成不变的，还是不断变化、与时俱进的？如果它是一成不变的，那么，我们今天又是在何种意义上谈论马克思主义哲学的深度中国化？如果它是不断变化、与时俱进的，那么，我们不禁要进一步追问：第一，我们今天所要中国化的对象"马克思主义哲学"，应该是一种还是多种，是"单数"还是"复数"？最小范围上说，是否包括西方马克思主义哲学？第二，马克思主义哲学要被中国化的那些方面、那些部分是什么？是否也要更新？如果需要更新，那么，这种更新只是理解上的变化，还是也包括内容上的变化？如果只是理解上的变化，那么这种更新有多大的价值？如果是内容上的变化，那么如何在这种变化中体现马克思主义哲学中一以贯之的东西？又是怎样变化的？有的学者认为，马克思主义哲学中国化的主线是唯物史观，那么在当代语境下又如何使唯物史观进一步中国化？有的学者认为，马克思主义哲学中国化包含指导"做事"的方法论和指导"做人"的人生观

---

① 王向清：《学术层面马克思主义哲学中国化的逻辑进程》，载《学习论坛》2008 年第 1 期。

② 何中华：《马克思主义哲学中国化四问》，载《东岳论丛》2012 年第 10 期。

两个方面的中国化。在民族生存处于危机状态的第一阶段，追求现实性成功的方法论方面的中国化，自然地处于主导性地位；而在现实生存问题获得基本解决之后，追求价值理想实现的人生观方面的中国化问题，应得到人们更多的关注。① 这种从方法论到人生观的变化，是否意味着马克思主义哲学中国化的目标定位的变化？上述这些追问并不是无意义的，这是因为经过多年的探讨之后，"什么是马克思主义哲学中国化"这一基础性的问题，不但没有成为一个自明的问题，反而在当代不同语境下衍生出多重的意义，变得愈加不明确。今天进行的马克思主义哲学中国化及其研究置身于一个更加复杂、多变的语境，尤其是在人们的理论诉求与实践诉求都发生了根本性变化的情况下，如果不弄清楚这些前提性问题，或者在这些前提性问题上缺乏基本的共识，就不能深刻而全面地把握马克思主义哲学中国化在新的历史条件下的意义与任务，当然也就无法切实有效地推进马克思主义哲学中国化的实践，这不仅会威胁到马克思主义哲学中国化的合法性，更会影响中国特色社会主义现代化建设实践的顺利进行。

（二）理论优先还是实践优先

矛盾是事物发展的根本动力，而理论与实践的矛盾则构成了马克思主义哲学中国化不断发展的动力和源泉。马克思主义哲学中国化的百年历史始终贯穿着理论与实践的矛盾运动，即理论与实践从对立到统一、从统一到对立的辩证运动。马克思主义哲学之所以要中国化、本土化，就是因为理论与实践之间出现了矛盾，即有些人在运用马克思主义哲学解决中国问题的时候，犯了教条主义的错误，颠倒了理论与实践的关系。作为一种生成于西方语境的普遍性理论，马克思主义哲学只有与中国的具体实际相结合，才能有效指导中国的实践，达到改变世界的目

---

① 王南湜：《马克思主义哲学中国化：从现实性到理想性》，载《毛泽东邓小平理论研究》2008 年第 1 期。

标，因为中国本土的实践具有不同于西方的特殊性。可以说，理论与实践的矛盾是促使马克思主义哲学中国化得以发生的内在根据。回顾历史，不难发现，每当中国社会实践领域发生重大变革、实践主题发生重大转换时，或者每当我们在理论上出现一些重大失误或偏差，严重影响到社会实践的健康发展时，马克思主义哲学中国化的问题就会凸显出来。而且，在马克思主义哲学理论与中国具体实践的矛盾关系中，实践是矛盾的主要方面，居于主导地位；理论是矛盾的次要方面，处于从属地位。这种主次关系表明了马克思主义哲学中国化的出发点与落脚点都是实践，也正是在这个意义上，人们普遍认同，马克思主义哲学中国化首先是一个实践问题，而不是一个理论问题，虽然它包含着理论的向度。这充分体现了马克思主义哲学中国化实践优先的原则。当然，实践优先并不代表对理论的否定，相反，马克思主义哲学中国化恰恰是要在实践的基础上重构理论，使理论更加能够满足实践的需要，从毛泽东思想到邓小平理论、从"三个代表"重要思想到科学发展观的理论创新，都是中国实践发展的客观要求。因此，马克思主义哲学中国化的历史进程是一个以实践为根基的实践创新与理论创新相统一的过程。

当然，无论是在本体论意义上，还是在认识论意义上，都表现出实践对于理论的优先性。马克思主义哲学中国化的实际进程遵循的就是实践优先的原则，并在这个原则下解决理论与实践的矛盾。但是，作为一种学术研究，马克思主义哲学中国化研究应该如何处理理论与实践的矛盾，这种研究到底应该遵循实践优先的原则还是理论优先的原则？这一问题实质上关联着马克思主义哲学中国化研究的逻辑起点问题。从学理上说，任何学术研究都需要一个逻辑起点，无论这个逻辑起点是明晰的还是隐蔽的。逻辑起点不同，对马克思主义哲学中国化诸多问题的理解就会不同。从最广泛的意义上说，实践与理论是学术研究的两个最基本的逻辑起点。以实践为逻辑起点的研究，可以理解为从现实、问题出发展开研究，以理论为逻辑起点则侧重于从文本、概念出发展开研究。对于马克思主义哲学中国化研究而言，所谓的实践优先原则，主要可以理解为以中国的具体实际为研究的逻辑起点,即从中国革命、建设与发展的历史性的实践去把握马克思主义哲学中国化的历史与理论;所谓的理论优先原则,主要表现为以马克思主义哲学为研究的逻辑起点,即以对马克思主义哲学之精神实质的理解与阐释为前提,理解马克思主义中国化的相关理论与实践问题。那么,当代语境下的马克思主义哲学中国化研究,到底应该以哪一个为研究的逻辑起点呢?对此,学界形成了两种对立的观点:一种观点主张以实践为逻辑起点,坚持实践优先原则。持这种观点的学者,大多是从马克思主义哲学中国化及其研究的根本目的出发的。当然,也有学者从其他角度进行了说明,如霍桂桓认为,"尽管中国化是一个存在了近百年、导致了中国共产党成立和中华人民共和国诞生的历史事实,但这并不意味着我们已经对其现实语境有了足够全面和清楚的认识和把握;而这种现实语境恰恰是进行中国化研究首先必须重视的基本前提,因此,研究中国化首先涉及的就是中国当今的现实语境及其特征究竟是什么这样一个问题。"[①] 李景源则从唯物史观中国化的角度提出,"以唯物史观为基本原则的马克思主义哲学在中国的具体化和本土化,决不单单是一项文本梳理的案头上的工作,不是靠摘引文本上的词句抽象地演绎出体系,而是要深入到中国社会发展的历史起点,理论地反思中国人民在现代化进程中所从事的基本的实践活动,分析和研究实践中所提出的重大问题以及在解决这些问题中所形成的全新的哲学观念,以与时俱进的理论品格和实事求是的实践精神而获得广大人民群众的认同。"[②] 另一种观点主张以理论为逻辑起点,坚持理论优先原则。例如,有的学者认为,"马克思主义哲学是一种已经被证明为具有普适性和世界性的哲学,是放之四海而皆准的普遍真理,需要的是把这一普遍真理运用、具体化于中国的特殊实践。因此,对于马克思主义哲学中国化事业而言,深入研究中国的实际情况固然十分重要,但首先

---

① 鉴传今等:《当代语境中的马克思主义哲学中国化》,载《哲学研究》2006年第6期。
② 鉴传今等:《当代语境中的马克思主义哲学中国化》,载《哲学研究》2006年第6期。

要搞清楚的一个前提是，马克思主义哲学本身是什么？如果马克思主义哲学本身是面目不清的，哪里谈得上什么中国化呢？因此，回到马克思主义哲学创始人尤其是马克思的文本，搞清楚马克思主义哲学的本来含义，是我们首先要做的并且是至关重要的事情。"① 虽然大部分学者强调马克思主义哲学中国化研究要以实践为立足点，坚持理论联系实际的原则。但是，从马克思主义哲学中国化研究近些年已经取得的理论成果来看，绝大部分研究遵循的却是理论优先的原则。

无论是实践优先，还是理论优先，马克思主义哲学中国化研究都应该在理论与实践的辩证关系中展开。这不仅因为理论与实践的矛盾是马克思主义哲学中国化得以发生的根据，而且因为马克思主义哲学中国化本身就包含着实践与理论两个层面的统一，即马克思主义哲学与中国具体实践相结合、马克思主义哲学与中国传统文化相结合的统一。学术界关于马克思主义哲学中国化的理解与研究基本上都是按照理论与实践的"二分法"进行的。例如，上面提到的关于马克思主义哲学中国化的"实践版本"与"理论版本"、"政治层面"与"学术层面"、"现实化形态"和"学术化形态"的区分。此外，关于马克思主义哲学中国化的路径，有学者提出了党的理论化路径和学术化路径②；关于马克思主义哲学中国化研究的当代语境，有学者认为包括实践语境和学术语境两部分③；关于判断马克思主义哲学中国化成败的标准，存在着学术标准与实践标准；关于马克思主义哲学中国化当代形态的建构，有学者认为，实践理论形态和学术理论形态是马克思主义哲学中国化的两种基本形态④；关于马克思主义哲学中国化研究的基本路向，有学者区分出实践

---

① 王江松：《马克思主义哲学中国化五问》，载《河北学刊》2011年第5期。

② 孙芳：《马克思主义哲学中国化的路径解析》，载《毛泽东邓小平理论研究》2007年第8期。

③ 鉴传今等：《当代语境中的马克思主义哲学中国化》，载《哲学研究》2006年第6期。

④ 林默彪：《马克思主义哲学中国化形态的诠释与建构》，载《中共福建省委党校学报》2011年第1期。

哲学与理论哲学两种路向①，等等。理论与实践的"二分法"成为马克思主义哲学中国化研究的基本思路。从马克思主义哲学中国化的实质来看，这种划分是有道理的，但是，问题的关键是如何在具体的学术研究中真正做到理论与实践或学术性与现实性的统一，因为大部分研究成果所反映出来的是理论与实践的割裂或学术性与现实性的失衡。马克思主义哲学中国化研究，无论是遵循实践优先的原则，还是采取理论优先的原则，始终都面临着如何克服理论与实践的对立、实现理论与实践的统一的难题。这也是中国马克思主义哲学研究普遍存在的问题。

以上两个方面，是马克思主义哲学中国化研究范式存在的最为突出的问题。当前，马克思主义哲学中国化研究中出现的诸多问题，无不与这两个方面有关。

二、推进马克思主义哲学中国化研究范式创新的出路

本文认为，要解决上述两个问题，推进马克思主义哲学中国化的进一步发展，必须要科学理解马克思主义哲学及其中国化，同时要切实深入实践和时代。

（一）科学理解马克思主义哲学及其中国化

科学理解马克思主义哲学与马克思主义哲学中国化是推进当代中国马克思主义哲学中国化研究的认识论前提。不能正确把握马克思主义哲学的本真精神，不能准确理解马克思主义哲学中国化的科学内涵，马克思主义哲学中国化研究是不可能取得实质性的进展的。当前，关于马克思主义哲学中国化之可能性的质疑，马克思主义哲学中国化研究中出现的诸多问题，直接与对马克思主义哲学及其中国化的错误或片面的理解

---

① 王南湜：《中国哲学精神重建之路：马克思主义哲学中国化探讨》，北京：北京师范大学出版社2012年版，第1页。

有关。

第一，科学理解马克思主义哲学。马克思主义哲学是马克思主义哲学中国化所要"化"的核心内容，不理解马克思主义哲学的理论性质与理论功能，就不能理解马克思主义哲学中国化的理论根据。科学理解马克思主义哲学的精神实质，是实现马克思主义哲学中国化的理论前提，也是切实推进马克思主义哲学中国化研究的重要保证。历史经验证明，在某些时期人们没能很好地运用马克思主义哲学来指导中国的实践，或者形成了对待马克思主义哲学的各种错误态度，不是因为马克思主义哲学本身有问题，而是我们对马克思主义哲学的理解与阐释出了问题。换句话说，很多错误的产生恰恰是因为我们没有正确理解马克思主义哲学的精神实质，背离了马克思主义哲学的基本精神。苏东剧变的历史教训深刻有力地证明了这一点。

人们之所以不容易准确把握马克思主义哲学的精神实质主要在于：一是马克思主义哲学本身的特殊性与复杂性。一方面，"马克思终其一生也没有写过系统阐述自己哲学思想的著作"[①]，其哲学思想散见于《〈黑格尔法哲学批判〉导言》、《1844年经济学哲学手稿》、《德意志意识形态》、《神圣家族》、《哲学的贫困》、《共产党宣言》、《资本论》等相关著作中，这就为人们从整体上把握马克思主义哲学无形中设置了障碍。另一方面，马克思、恩格斯所创立的新哲学不同于西方传统思辨的体系哲学或理论哲学，要理解这种新哲学必须跳出传统哲学的思维框架。但是在现实的理解中，人们却往往容易陷入传统哲学的思维框架，如马克思主义哲学阐释中的黑格尔主义、实证主义。二是马克思主义哲学原理教科书的长期影响。由于马克思主义哲学原理教科书在中国理论格局中的特殊地位及其根深蒂固的影响，人们总是不自觉地以马克思主义哲学原理教科书的概念框架、解释原则去理解甚至建构中国的马克思

[①] 安启念：《马克思主义哲学中国化研究》，北京：中国人民大学出版社2006年版，第2页。

主义哲学，即使是在90年代以来的"后教科书哲学"时期，这种教科书模式的理解仍然潜在地发挥着作用。三是人们总是戴着"他者"的眼镜去理解马克思主义哲学，而不能直面马克思主义哲学本身。这个"他者"，以前主要是苏联的马克思主义哲学，中国早期马克思主义者主要是以苏联的马克思主义哲学为中介研究马克思、恩格斯的哲学思想，并曾把苏联马克思主义哲学等同于真正的马克思主义哲学。现在这个"他者"又换成了西方思想，主要是西方哲学。人们不仅从西方的马克思主义哲学出发理解马克思主义哲学，而且也从西方的非马克思主义哲学去研究马克思主义哲学。那种把马克思主义哲学中国化理解为百年西学东渐史的一个组成部分的观点，从本质上看，就是从"西学"的视野去理解马克思主义哲学，没有看到马克思主义哲学与"西学"的根本不同。有学者把这种以西方哲学为中介来研究马克思主义哲学的方法称为"中介式方法"①，把对西方哲学的过度推崇称为对"洋教条的迷信"②。这种以"他者"为中介的研究，虽然有助于开阔学术视野，提升学术水平，但如果过于依赖就会适得其反，因为以"他者"为"参照物"去理解马克思主义哲学，总会对马克思主义哲学有所"增加"或"减损"，从而不能使人们看到马克思主义哲学的"真面目"，而且"参照物"越多，就越容易产生混乱，越不容易准确地把握马克思主义哲学。

从历史经验来看，要克服这些障碍，科学把握马克思主义哲学的精神实质，从"破"的方面来看，要克服过分倚重"他者"阐释的局限，直面马克思主义哲学自身。马克思在批判费尔巴哈对感性世界的理解只限于感性的直观时，提出了要"按照事物的本来面目及其产生情况来理解事物"③的观点，这一观点也适用于对马克思主义哲学自身的理解上。

---

① 穆南珂：《喧嚣—骚动：马克思主义哲学研究中的"学术性"与"现实性"问题》，载《哲学研究》2004年第4期。

② 汪信砚：《当前我国马克思主义哲学研究的三个误区》，载《哲学研究》2005年第4期。

③ 《马克思恩格斯选集》第1卷，北京：人民出版社1995年版，第75—76页。

按照马克思主义哲学的本来面目,从马克思主义哲学产生的情况来理解马克思主义哲学,是准确把握马克思主义哲学精神实质的重要途径。这里所说的马克思主义哲学产生的情况,应该既包括马克思主义哲学产生的社会历史情况,又包括马克思主义产生的思想情况,这是马克思主义哲学出场的两个重要语境,只有从这两个语境出发,才有可能理解马克思主义哲学的理论性质、理论功能及其革命意义。从"立"的方面来看,既要从马克思主义各部分的有机统一中理解马克思主义哲学,又要从马克思主义哲学内部各部分的有机统一中理解马克思主义哲学。马克思主义哲学是马克思主义的一个重要组成部分,与政治经济学、科学社会主义有所区别,但"在马克思主义理论的真实进程中,他的哲学、经济学和社会历史现实批判(科学社会主义)是一个完整的始终没有分离的整体,各种理论相互之间是渗透和包容的关系。所以,我们对马克思的经济学研究不理解马克思的哲学观点不行,哲学分析完全离开对马克思的经济学研究也同样不行"[1]。因此,不能离开马克思主义的整体去理解马克思主义哲学。同时,马克思主义哲学自身也是一个由各部分构成的有机整体。当年列宁在批判俄国马赫主义者波格丹诺夫时明确指出,"在这个由一整块钢铁铸成的马克思主义哲学中,决不可以去掉任何一个基本前提,任何一个重要部分,不然就会离开客观真理,就会落入资产阶级反动谬论的怀抱。"[2] 按照国内通行的理解,作为"一整块钢铁"的马克思主义哲学,包括唯物论、认识论、辩证法、历史观四个组成部分。以往人们对马克思主义哲学的研究往往以其中的一个部分为主,或者只抓住其中的一个部分,由此形成了认识论研究、辩证法研究、历史观研究等分门别类的研究,这种碎片化的研究虽然有助于深化对马克思主义哲学的某一个部分的理解,但却不利于对马克思主义哲学的整体理解,因而即使研究很有深度,也难以全面把握马克思

---

[1] 张一兵、蒙木桂:《神会马克思》,北京:中国人民大学出版社2004年版,第214页。
[2] 列宁:《唯物主义和经验批判主义》,北京:人民出版社1971年版,第326—327页。

主义哲学的精神实质。而且，当各个部分的研究处于分裂状态的时候，对马克思主义哲学的研究也不可能做到真正深入。因此，必须从马克思主义哲学各部分的有机统一中去理解马克思主义哲学，只有如此，才不会远离真理。

第二，科学理解马克思主义哲学中国化。什么是马克思主义哲学中国化？马克思主义哲学中国化的实质是什么？这是推进马克思主义哲学中国化研究需要明确回答的另一个前提性的问题。作为一种历史运动，马克思主义哲学中国化已经走过了近百年的历程，这是一个不争的事实。但是当把马克思主义哲学中国化由一个客观存在的历史事实提升为一个学术研究的对象时，关于这个命题本身的理解，尤其是关于它的可能性、合法性的理解却成了一个有争议与分歧的问题，学术界甚至出现了以不同方式质疑马克思主义哲学中国化的合法性的现象。

前面我们已经分析过，随着马克思主义哲学中国化研究的不断深入，学术界对这一命题的理解也越发地多样化。其中，有些理解是合理的，有些理解则是不准确的，甚至完全是错误的。从马克思主义哲学中国化研究的总体情况来看，无论是现在还是过去，学术界始终存在着对马克思主义哲学中国化命题的各种形式的错误理解。其中，汪信砚教授在《"马克思主义哲学中国化"辨误》一文中所概括的学界关于马克思主义哲学中国化的十大误解，最具代表性，危害也最大。这十大误解包括："马克思主义哲学中国化是一个虚假的命题"、"马克思主义哲学中国化是一个反马克思主义的命题"、"马克思主义哲学中国化是一个不科学或不准确的命题"、"马克思主义哲学中国化是根本不可能的"、"马克思主义哲学中国化是毫无必要的"、"马克思主义哲学中国化是百年西学东渐史的一个组成部分"、"马克思主义哲学中国化就是使马克思主义哲学在中国具体化"、"马克思主义哲学中国化在学术层面上应定位于对中国传统文化的改造"、"马克思主义哲学中国化只是中国马克思主义哲学研究的一个特殊领域"、"马克思主义哲学中国化仅仅关乎中国马克思主义哲学研究"。① 这些误解不仅无助于人们把握马克思主义哲学中国化的科学内涵,而且直接危及到马克思主义哲学中国化的合法性问题。这既不利于马克思主义哲学中国化研究的深入发展,也不利于当代中国马克思主义哲学乃至整个中国哲学的健康发展。马克思主义哲学中国化过程中产生的种种问题大多源自于对马克思主义哲学中国化这一命题的错误理解。因此,要深化马克思主义哲学中国化的研究,推进马克思主义哲学研究的发展,必须首先澄清关于马克思主义哲学中国化的种种误解。

要做到这一点,关键是要辨析"马克思主义哲学中国化"概念的科学内涵。有学者指出,对一个概念进行辨析,可以是词句辨析,也可以是意义辨析。前者是分析的,后者是历史的。马克思主义哲学中国化不是一个词句的问题,而是一个包含丰富历史意义的进程。因此,不能完全从词句出发,而是要在历史的总体性与思想史的反思中对其进行一种意义辨析。② 上面所列举的关于马克思主义哲学中国化的十大误解中,有些就是仅仅围绕概念、词句做文章的结果,如"马克思主义哲学中国化是不可能的"这种观点,就围绕毛泽东对"中国化"概念的理解做文章。这种做法实际上也是毛泽东所批判的"本本主义"。对马克思主义哲学的理解和运用不能完全从"本本"出发,同样,对马克思主义哲学中国化的理解,也不能完全依靠"本本"。虽然理解马克思主义哲学中国化离不开"本本",尤其是马克思、恩格斯等经典作家的"本本",但"本本"毕竟不同于现实,也不可能完全涵盖现实。马克思主义哲学中国化是一个客观存在的历史事实,马克思主义哲学中国化命题本身是一个充满历史感的概念。这种历史感,首先来自于它的历史性的内容——近百年中国社会发展、思想变革的历史,不同文化融合、交锋、碰撞的历史。马克思主义哲学中国化的百年历程就是马克思主义哲学融入中国社会发展与中国人的精神生活并改变中国社会发展与中国人的精神生活

---

① 汪信砚:《"马克思主义哲学中国化"辨误》,载《哲学研究》2008年第10期。
② 何萍:《新世纪马克思主义哲学中国化研究的两个基本问题》,载《江苏社会科学》2011年第5期。

的历史过程。离开这些历史性的内容,关于马克思主义哲学中国化的任何讨论都是空洞、抽象的,因而也是没有理论说服力的、无意义的。相反,只有结合这些历史性的内容,才有可能理解马克思主义哲学中国化的实质、根据、意义等诸多相关问题,从而准确把握马克思主义哲学中国化命题。

(二) 切实深入实践与时代

深入实践、把握时代是马克思主义哲学中国化的生命力所在,也是推进马克思主义哲学中国化研究创新的根本途径。实践及其创新发展是一切理论创新的本体论基础。马克思主义哲学中国化之所以能够取得重大进步,不断进行理论创新,关键就在于它始终立足于中国的革命、建设、发展等重大实践。马克思主义哲学中国化的百年历程既是推动中国实践不断创新的过程,也是在实践创新的基础上实现理论创新的过程。马克思主义哲学中国化的标志性理论成果就是中国实践创新道路的理论表达,中国实践创新经验的理论总结。

实践、实践创新对于理论创新的这种基础性作用,决定了当前及今后马克思主义哲学中国化研究范式的创新必然要立足于实践,尤其是要立足于中国人正在进行的改革开放和中国特色社会主义现代化建设的实践。这主要表现在三个方面:一是改革开放和中国特色社会主义现代化建设实践及其创新发展可以不断为马克思主义哲学中国化研究提供新的生长点。如前所述,马克思主义哲学中国化的过程是立足中国的具体实践、不断解决"中国问题"、总结"中国经验"、创造"中国理论"的过程。马克思主义哲学中国化研究不仅是对这一解决"中国问题"、总结"中国经验"、创造"中国理论"的过程的历史回顾与反思,而且还要对新出现的"中国问题"、"中国经验"进行提炼与总结,进行新的理论创造。正因如此,新时期中国特色社会主义现代化建设实践中不断出现的新问题,已经形成的新经验,逐渐走出的新道路,无疑会为马克思主义哲学中国化研究增添新内容。二是改革开放和中国特色社会主义现代化建设实践创新可以为马克思主义哲学中国化研究提供新的研究视野、研究思路和研究方法。研究视野、研究思路、研究方法的创新是马克思主义哲学中国化研究创新的方法论前提。以往马克思主义哲学中国化研究的广度与深度、程度创新都不尽如人意，最根本的原因就在于脱离动态发展的实践，致使研究视野狭窄、研究思路单一、研究方法陈旧。在这种情况下，即使有了新的研究内容，也无法实现真正的理论创新。目前，在学术界，用老思路、旧方法研究新问题的现象是非常普遍的。有些人不是从文本里寻找研究思路，就是重复前人或者移植外国人的研究方法，殊不知，一切真正原创性的研究思路与方法都是植根于实践的。三是改革开放和中国特色社会主义现代化建设实践可以为马克思主义哲学中国化研究提供新话语。当前的马克思主义哲学中国化研究承载着建构中国马克思主义哲学话语体系的理论任务。从语言层面上讲，马克思主义哲学中国化的过程，是中国人在马克思主义哲学与中国具体实际相结合的过程中更新自身话语体系的过程，包括中国学术话语体系的更新与重建。历经百年的马克思主义哲学中国化，"一大批马克思主义哲学的核心术语已经深入到了现代汉语的话语体系之中，比如革命、资本、阶级、封建、劳动、解放、唯物论、矛盾、辩证法、价值、意识、人民、理论、实践、意识形态、经济基础、上层建筑、生产关系、社会主义、共产主义、政治经济学、布尔什维克……这些马克思主义哲学的核心术语已经成为现代中国人话语体系中不可分割的组成部分"，也是人们解读、把握中国社会的历史与现实的核心概念，对于建构中国马克思主义哲学话语体系具有重要意义。但是，要真正建构起新的满足时代需要的中国马克思主义哲学话语体系，仅仅依靠马克思主义哲学的这些核心术语是远远不够的，除了从中国传统文化中吸取资源外，还必须从改革开放和中国特色社会主义现代化建设实践中提炼出理论创新与时代发展所需要的新话语。马克思说过："一切划时代的体系的真正的内容都是由于产生这些体系的那个时期的需要而形成起来的。所有这些体系都是以本国过去的整个发展为基础的,是以阶级关系的历史形式及政治的、道德的、哲学的以及其他的后果为基础的。"① 这意味着建构中国马克思主义哲学话语体系所需要的新话语也要以当代中国的发展为基础。而从实际上看,改革开放与中国特色社会主义现代化建设实践及其深入发展,"中国道路"与"中国价值"的日渐明晰,确实已经为理论创新提供了新话语。

在具体的学术研究中切实深入实践,并不是一件容易的事。虽然学术界一致呼吁马克思主义哲学研究一定要切入现实生活,但是脱离中国具体现实、完全从"本本"出发的马克思主义哲学研究比比皆是,各种形式的教条主义的存在就是最好的明证。马克思在批判德国思辨哲学家时曾经指出:"这些哲学家没有一个想到要提出关于德国哲学和德国现实之间的联系问题,关于他们所作的批判与他们自身的物质环境之间的联系问题"。② 以此反观今天的马克思主义哲学中国化研究,我们发现,有些研究者也像思辨哲学家那样,没有看到中国马克思主义哲学与中国现实之间的联系,忽视了他们自己所作的批判与他们自己所处的物质环境之间的联系,有些研究者虽然提出了中国马克思主义哲学与中国现实之间的联系问题,但却没有使自己的研究与这种现实联系起来,依然进行着思辨哲学家所从事的纯粹思辨的研究。这一方面与某些学者担心过于关注现实会招致非学术化的指责有关,另一方面又与现实本身的难以把握有关。究竟如何以哲学的方式介入现实?到底怎样理解哲学中的现实?这是改革开放以来学术界热烈探讨的核心话题,但至今也没有给出令人满意的答案。由此看来,要想改变这种状况,使马克思主义哲学中国化研究切实做到深入实践,把握时代,关键是要正确处理好学术性与

---

① 《马克思恩格斯全集》第3卷,北京:人民出版社1960年版,第544页。
② 《马克思恩格斯选集》第1卷,北京:人民出版社1995年版,第66页。

现实性的关系，要求研究者必须自觉走出象牙塔，突破纯粹"学院化"的研究模式，克服唯学术化的研究取向，关注学院外鲜活、生动的现实。当然，另一方面，也要求研究者要保持独立的思考空间，不被现实，尤其是不被政治现实所左右。

（作者于桂凤系湖北大学马克思主义学院副教授，哲学博士，研究方向为马克思主义哲学和生态哲学）

论部门哲学研究范式对马克思主义哲学的学术创新价值

于桂凤

无论是从西方哲学发展史来看,还是从中国哲学发展现状来看,部门哲学都已成为哲学的一个不可或缺的组成部分,它不仅是哲学研究繁荣发展的一种表现,而且在推动哲学创新中发挥着不可替代的作用,体现了哲学研究的现实感与历史感。就中国哲学研究来说,部门哲学是马克思主义哲学研究摆脱穷困走向现实化与具体化的一种尝试,并在理论与实践、文本与现实、哲学与具体科学的多重"视域融合"中,推进了马克思主义哲学的理论创新,对探索建构中国化的马克思主义哲学新形态具有重大的理论意义。鉴于论题所限,这里主要通过分析部门哲学对马克思主义哲学创新的学术价值,阐释部门哲学这一研究范式的创新功能。

一、拓展了马克思主义哲学研究的学术空间

中国学界普遍认为,部门哲学丰富和发展了马克思主义哲学,是马克思主义哲学研究中具有开拓性意义的工作。这种开拓性意义首先表现在部门哲学的兴起与发展,超越了传统的马克思主义哲学教科书在研究领域、研究内容上的局限,开辟出一系列新的研究领域和新的生长点,

从而拓展了马克思主义哲学研究的学术空间。

第一，对马克思主义哲学的一些重要范畴和基本原理做了批判性考察与创新性理解，赋予其新的内涵与意义。自 20 世纪 80 年代以来，围绕真理标准、实践唯物主义、异化和人道主义等问题的讨论，学界开始重新理解马克思主义哲学的一些重要范畴（如人、主体、实践、价值、文化等）与基本原理（如认识论和唯物史观的相关原理），这为部门哲学研究提供了重要的理论资源。反过来，部门哲学又通过对经济、政治、文化等现实问题的探讨以及对经济学、政治学、文化学等具体科学的借鉴，深化了对这些范畴与原理的理解，并赋予其时代性内涵与意义。从具体的研究路径来看，部门哲学对上述重要范畴的深入解读，可以相对地概括为两种情况。一是不同的部门哲学对同一范畴的多维理解。例如，对主体范畴的理解。在传统的马克思主义哲学教科书研究范式中，主体是认识论的核心范畴，因此，对于主体范畴的理解也往往拘泥于认识论的范围。这种仅仅局限于认识论的解读，在一定程度上遮蔽了马克思主义哲学主体概念所蕴含的丰富内涵与价值。而经济哲学、管理哲学、文化哲学、政治哲学、发展哲学、价值哲学、社会哲学、历史哲学、教育哲学等不同形态的部门哲学，却通过对经济主体、管理主体、文化主体、政治主体、发展主体、价值主体、社会主体、历史主体、教育主体等具体主体的多角度研究，使主体的丰富内涵与价值得到了发掘与彰显。可以说，在部门哲学研究领域中，主体成了一个无限开放而又具体的概念。二是具体部门哲学对特定范畴的深入解读。如，文化哲学对文化范畴、价值哲学对价值范畴、社会哲学对社会范畴、发展哲学对发展范畴、政治哲学对政治范畴的理解。这里，我们以文化哲学对文化概念的理解为例来说明这一问题。文化哲学对文化范畴的深入理解，一方面表现为通过对马克思的文化概念或文化观的解读，进一步理解文化概念自身。如陈云胜在《文化哲学的当代发展》一书中，结合马克思的《1844 年经济学哲学手稿》、《1857—1858 年经济学手稿》、《德意志意识形态》、《资本论》等相关文本，认为马克思笔下的"文化"

具有不同的指称,很多时候,马克思使用的文化概念并不十分严格,通常泛指人类文明。但是,在历史方法论叙述中,马克思通常会把文化概念严格限定在文化艺术领域。① 邴正则认为,马克思主义哲学的文化观是一种广义的实践文化观,即在马克思主义哲学中,文化是人类劳动的成果,或者说一切劳动成果都可以视为文化,因此,马克思所理解的文化是一个广义的概念。人与文化的矛盾是社会发展中的主要矛盾,共产主义运动的目标就是解决人和自己创造成果即文化之间的矛盾,是对人的自我异化、文化否定性的抗争②;李维武与何萍也从文化与实践的关系中界定文化概念,但他们认为,从马克思主义哲学的视角来看,"所谓文化,并不只是人所创造的物质产品和精神新产品的总汇,而是人的自我创造性、人的生命活动的体现。文化显示了人与自然、人与社会的动态联系,说明了人是在人与自然、人与社会的复杂关系中创造世界、同时也创造自己的。因此,文化是人的主体性的表现。"③ 左亚文认为马克思的文化观是一种辩证的文化观,其在文化概念上的定义是多维和多义的,马克思既从劳动实践的维度规定了文化的本质,也从"时代精神"和"文明的活的灵魂"的维度上定义了文化的内涵。在马克思哲学中,文化概念也有广义和狭义之分,广义的文化是人类的劳动实践活动及其所创造的一切成果,狭义的文化则是思想上层建筑的范畴。④ 黄力之以18、19世纪欧洲学术思想为背景,结合马克思、恩格斯的相关著作,全面考察了马克思和恩格斯对文化概念的使用情况,提出了一种新的理解:马克思、恩格斯在使用文化概念时只把它当成一个一般的、不证自明的概念,没有把它看成一个中心范畴,不深究、不回答"文体是什么?文化如何产生的?"之类的本体论问题,只涉及"什么属于文化?文化有什么用?"之类的功能性问题,而且他们对文化现象的研究是通

---

① 陈云胜:《文化哲学的当代发展》,南昌:江西人民出版社2007年版,第2页。
② 邴正:《马克思主义文化哲学》,长春:吉林人民出版社2007年版,第4页。
③ 李维武、何萍:《马克思主义文化哲学论纲》,载《武汉大学学报》1989年第4期。
④ 左亚文:《马克思文化观的多维解读》,载《学术研究》2010年第3期。

过文明概念、精神生产与精神生活概念、意识形态概念,甚至还有上层建筑概念来进行的。① 另一方面表现为在哲学与文化的"亲缘"关系中深化对文化概念的理解,如李鹏程认为,哲学作为观念,应是整体意义上的文化观念,应该研究人类的全部文化;而文化就是"人的现实的生命存在"及其"世界"和"优化过程"。人的现实的生命存在是文化的本体,也是哲学的本体。② 邹广文认为,"文化是标志人类生存样式、意义规范和可能发展方向及道路的整体性范畴,文化的发展表征着人与自然、人与社会的动态联系,因此也是人类文明与进步的历史表达。"③ 丁立群认为,在外延上说,文化的广泛意义应包括所有的人造物,在这个意义上文化就是人们通常所说的"人化";从内涵上看,文化乃是人类历史地凝结成的生存方式和社会历史运行的内在机理。④ 上述种种观点,深化了对文化概念的理解,也深化了对马克思主义文化哲学的理解。

第二,将传统马克思主义哲学教科书排斥或未曾关注的价值、生态、财富、正义、管理、教育等问题课题化,挖掘、阐发马克思主义关于这些问题的思想,突破了以往对马克思主义的狭隘理解,拓宽了马克思主义哲学的研究领域。部门哲学使这些现实问题成为某一时期或某一派别哲学研究的主题,并通过对这些具体的现实问题的深入研究,不断开辟出一些新的问题域,弥补了以往马克思主义哲学研究中存在的空白,为马克思主义哲学研究注入了新的活力。通过对马克思主义人学、政治哲学、文化哲学、生态哲学、经济哲学、价值哲学、科技哲学等思想的深入发掘与研究,拓宽马克思主义哲学的研究领域,至少具有以下

---

① 黄力之:《解读马克思、恩格斯的文化概念》,载《上海行政学院学报》2007年第7期。
② 李鹏程:《当代文化哲学沉思》(修订版),北京:人民出版社2008年版,第一版序言第1页。
③ 邹广文:《关注整体性:文化哲学的重要问题》,载《河北学刊》2007年第3期。
④ 丁立群:《文化哲学的双重界定》,载《天津社会科学》2014年第1期。

两方面的理论意义：一方面，有利于澄清以往西方学者关于马克思主义哲学的种种误读，尤其是那种认为马克思主义哲学存在着诸多"空白"的误读，如存在主义哲学家萨特认为马克思主义哲学存在所谓的"人学空场"，部分西方生态学研究者认为马克思主义哲学中没有生态思想，法国哲学家阿尔都塞认为马克思主义传统实际上是一个没有政治哲学的传统，等等。另一方面，有助于立体化地呈现马克思主义哲学的当代价值。众所周知，苏东剧变后的一段时期内，各种贬低马克思主义的声音不断涌现，大肆宣扬马克思主义"过时论"的人士不在少数，马克思主义陷入巨大的国际危机之中，在此种情况下，如何体现马克思主义哲学的当代价值，如何为马克思主义哲学的当代价值作辩护，成为马克思主义理论界急需解决的重大课题。而在这一时期及至今天，国内学界立足于特定社会实践领域，深入发掘、研究马克思主义的领域哲学思想，如黄楠森、袁贵仁、韩庆祥等对马克思主义人学思想的研究，何萍、邴正、黄力之等对马克思主义文化哲学思想的研究，余源培、孙伯鍨、张一兵、张雄、宫敬才等对马克思主义经济哲学思想的研究，陈晏清、王南湜、王新生、张文喜等对马克思主义政治哲学思想的研究，高清海、丰子义、孟宪忠、庞元正、阎孟伟、刘森林等对马克思主义发展哲学与社会哲学思想的研究，李连科、王玉樑、李德顺等对马克思主义价值哲学思想的研究，李文阁、杨楹等对马克思主义生活哲学思想的研究，乔瑞金等对马克思主义技术哲学思想的研究，以及其他众多学者对马克思主义教育哲学、生态哲学、军事哲学、环境哲学、语言哲学等的研究，从不同领域、视角呈现了马克思主义哲学对当代社会实践的深层"切入"，表明了当代诸多重大社会现实问题的解决离不开马克思主义的哲学遗产，从而肯定了马克思主义哲学的当代价值。挖掘马克思主义哲学的当代价值离不开对马克思主义哲学文本的深入解读。不过，正如有学者所言，如果脱离现实问题进行纯粹的文本研究，虽然也具有文献学、考据学等学术价值，但却使研究难以深入展开，从而降低其学术生命力。反之，立足于现实问题的文本研究，才更具有强大的理论穿透力与学术生命力。而各部门哲学对马克思主义哲学的多领域、多视角的挖掘与研究，恰恰是以具体的社会现实问题为切入点，如文化冲突与转型问题，价值重建问题，经济全球化问题，生态文明建设问题，公平正义问题，等等。这就突破了纯文本研究的平面化特征，使马克思主义哲学在解决当代人类生存困境中的独特价值立体化地呈现出来。部门哲学对马克思主义哲学思想智慧的多维挖掘，也意味着马克思主义哲学的价值并不是某种封闭性的、现成性的、非历史性或超历史性的存在，而是一种开放性的、生成性的、历史性的存在。在这个意义上，部门哲学研究打破了以往马克思主义哲学研究中的现成性思维与同质性神话。

第三，对西方马克思主义与中国化马克思主义部门哲学思想的研究，推进了马克思主义哲学的整体发展。西方马克思主义与中国化马克思主义是马克思主义发展史上的重要组成部分，各自蕴含着丰富的部门哲学思想，对这些思想的阐发，构成当代中国部门哲学研究的内容之一。其中，在对西方马克思主义部门哲学思想的阐发中，文化批判理论、意识形态理论、生态批判理论、技术批判理论、公平正义理论等备受关注。而对中国化马克思主义部门哲学思想的阐发，既包括对毛泽东的人学、经济哲学、文化哲学、政治哲学、道德哲学、领导哲学、人生哲学、军事哲学、管理哲学、教育哲学、科技哲学、发展哲学的研究，又包括对邓小平的经济哲学、政治哲学、管理哲学、发展哲学、领导哲学、军事哲学、教育哲学、行政哲学、人学、科学技术思想等的研究，还包括对"三个代表"重要思想的政治哲学、发展哲学意蕴的挖掘等。这些研究在一定意义上丰富了中西马克思主义哲学研究的内容，推进了马克思主义哲学的整体发展。

第四，把部门哲学作为一种研究视角或方法，对相关理论与现实实践问题给予深入的分析与阐释，拓宽了马克思主义哲学的研究视野。把部门哲学作为一种研究视角或方法，对马克思主义哲学及其他理论或实践问题予以深入研究，拓宽了马克思主义哲学的研究视野。大致可以划分为三种情况：一是从某一部门哲学出发去研究马克思主义哲学的相关问题,如何萍从文化哲学的视角去对马克思主义哲学中国化与马克思主义哲学史的解读①,张文喜从政治哲学角度对马克思主义"正名"问题的反思②,卜祥记、孙丽娟从经济哲学的理论视野对马克思的社会学说的阐释③。二是直接从马克思主义的某一部门哲学出发对诸多理论与实践问题的研究。如马俊峰从马克思政治哲学出发对共同体问题的研究④,叶红云从马克思主义人学视角财富观的研究⑤,杨华、赵福生从马克思主义文化哲学视角对贝尔资本主义文化矛盾观的阐释⑥,田启波从马克思主义发展哲学的视角对可持续发展思想的研究⑦。三是直接从某一部门哲学出发对现实问题的分析,在这种分析中总会关联着马克思主义哲学的相关思想,如杨岚、陈晏清从社会哲学视角对中国当代人文精神构建问题的思考⑧,丰子义从人学视角对社会管理理念创新问题的研究⑨,邱耕田从发展哲学角度对发展的意义问题的思考⑩。这些研究在不同程度上拓展了马克思主义哲学研究的学术视野。

---

① 何萍:《从文化哲学看马克思主义哲学史》,载《人民论坛》2011年第17期。
② 张文喜:《政治哲学:为马克思主义"正名"的一种应有视野》,载《学习与探索》2012年第11期。
③ 卜祥记、孙丽娟:《马克思社会学说的经济哲学分析及其当代意义》,载《学习与探索》2010年第1期。
④ 马俊峰:《论马克思政治哲学视野下的共同体》,载《广西社会科学》2011年第4期。
⑤ 叶小红:《马克思主义人学视阈中的财富观》,载《高校理论战线》2013年第2期。
⑥ 杨华、赵福生:《贝尔资本主义文化矛盾观的马克思主义文化哲学阐释》,载《学术交流》2009年第4期。
⑦ 田启波:《马克思主义发展哲学与可持续发展思想》,载《马克思主义研究》2001年第2期。
⑧ 杨岚:《社会哲学视野中的中国当代人文精神构建》,载《学术研究》2000年第2期。
⑨ 丰子义:《人学视野中的社会管理理念创新》,载《中国特色社会主义研究》2013年第5期。
⑩ 邱耕田:《发展的意义:基于发展哲学视域的一种分析》,载《天津社会科学》2008年第1期。

二、推动了马克思主义哲学研究范式的转换

部门哲学不仅在哲学的研究对象即哲学"研究什么"的问题上给出了新的理解,拓展了马克思主义哲学的研究领域,而且在哲学的研究方式即"如何研究"的问题上进行了新的尝试,在一定意义上,超越了传统马克思主义哲学教科书所代表的知识论解读模式,推动了马克思主义哲学研究范式的现代转换。

众所周知,部门哲学最早兴起于西方。从西方哲学发展的历史轨迹来看,部门哲学的产生是传统哲学研究范式向具体化、现实化研究范式转换的必然结果。① 同样,部门哲学研究在中国的兴起,不仅是对传统马克思主义哲学教科书体系的突破,更是对传统马克思主义哲学教科书所代表的哲学研究范式的超越。在以传统马克思主义哲学教科书为代表的哲学研究范式中,马克思主义哲学被视为具有最大概括性和解释性的"绝对知识",凭借"绝对知识"的权威,马克思主义哲学成为"全部知识的基础",不仅凌驾于中国传统哲学与西方哲学之上,而且可以凌驾于一切具体科学之上、现实生活之外。这完全是站在传统思辨哲学的知识论视角去解读马克思主义哲学。这种解读模式的根本缺陷在于:

第一,混淆了马克思主义哲学与实证科学的区别,进而遮蔽了马克思主义哲学的人文性、批判性与实践性。

对马克思主义哲学的知识论解读,实际上是以近代哲学的模式把马克思主义哲学理解为一种"理论哲学"的体系,而且这一体系"被看作是某种中性的和超越于价值判断的东西……在严格的意义上说来,它是客观的和科学的。它的威力不仅建立在权力上,而且建立在知识上。"② 这种理解容易把马克思主义哲学与实证科学混同起来,从而把马克思主

---

① 曾祥云:《"应用哲学"质疑》,载《学术界》2013年第5期。
② 〔美〕悉尼·胡克:《对卡尔·马克思的理解》,重庆:重庆出版社1989年版,第25页。

义哲学实证化。这种实证主义的解释既是对马克思主义哲学的最大误解,也是对马克思主义哲学的最大威胁。当人们把马克思主义哲学混同于具体的实证科学时,对于哲学自身的发展是不利的。因为在这种理解中,哲学不是"将不可避免地发生与具体实证科学争夺地盘的无意义的争斗,并必然在这场争斗中节节败退,直至最终无家可归"①,就是充当"对科学命题进行逻辑分析,即作为科学的'副产品'的'科学的逻辑'"②,从而沦为"科学的婢女"。哲学的发展已经证明了这一点。把马克思主义哲学实证化必然会把马克思主义哲学理解为中性的、超越于价值判断的理论,从而遮蔽了马克思主义哲学的人文关怀的意义。马克思主义哲学批判性地继承了西方人文主义的伟大传统,关注人的生存与发展,肯定人的价值与尊严,追求人的自由与解放,处处显示出深厚的人文关怀精神。这也是马克思主义哲学直到今天仍然具有吸引力的主要原因之一。正是在这个意义上,西方学者宾克莱说,"如果我们把他首先看作自称为'发现了'历史发展的自然规律的社会科学家的话,那他简直是被弄错了。"③ 但是,当传统马克思主义哲学教科书立足于传统思辨哲学的知识论立场去理解马克思主义哲学时,马克思恰恰被看成发现了历史发展规律的社会科学家,马克思主义哲学恰恰被理解为揭示了社会历史发展规律的一般社会科学。这样的阐释,强化了马克思主义哲学的科学性而弱化了马克思主义哲学的人文性,从而使马克思主义哲学中蕴含的价值理想与人文精神隐匿不见了,并由此遭到一些西方学者的批判,如前面提到的萨特批判马克思主义哲学存在"人学空场",一些西方绿色理论家批评马克思主义哲学是反生态的。把马克思主义哲学实证化的另一个后果是遮蔽了马克思主义哲学的批判性与实践性。批判精神是马克思主义哲学一以贯之的根本精神。早在1843年登上理论舞台的

---

① 贺来:《辩证法的生存论基础——马克思辩证法的当代阐释》,北京:中国人民大学出版社2004年版,第21页。
② 孙正聿:《哲学观研究》,长春:吉林人民出版社2007年版,第132页。
③〔美〕宾克莱:《理想的冲突》,北京:商务印书馆1983年版,第212页。

初期，马克思就表达了其哲学理论的批判精神："新思潮的优点又恰恰在于我们不想教条地预期未来，而只是想通过批判旧世界发现新世界。以前，哲学家们把一切谜底都放在自己的书桌里，愚昧的凡俗世界只需张开嘴等着绝对科学这只烤乳鸽掉进来就得了。而现在哲学已经世俗化了，最令人信服的证明就是：哲学意识本身，不但从外部，而且从内部来说都卷入了斗争的漩涡。如果我们的任务不是构想未来并使它适合于任何时候，我们便会更明确地知道，我们现在应该做些什么，我指的就**是要对现存的一切进行无情的批判**，所谓无情，就是说，这种批判既不怕自己所作的结论，也不怕同现有各种势力发生冲突。"① 马克思主义哲学所进行的各种批判，如对黑格尔法哲学的批判，对资产阶级政治经济学的批判，对宗教的批判等，其根本目的并不是要建立以"解释世界"为特征的纯理论形态的学说，而是要在批判不完善的旧世界中发现一个美好的新世界，并通过革命实践使这个新世界由理想变为现实。"对马克思而言，政治经济学批判不是国民经济学理论的自我批判，而是一种哲学研究的范式创新，即马克思要通过政治经济学批判实现哲学变革"② 显然，马克思主义哲学的批判精神具有强烈的革命意向与实践旨趣。正是这种革命意向与实践旨趣使马克思主义哲学的批判比以往的哲学批判具有更大的彻底性。马克思留给后人的这种彻底批判的精神即使在今天仍然具有其他理论所无法比拟的优越性，因为"在面向下一个时代，开拓批判与抵抗精神的时候，在我们的思想实情中还没有出现取代马克思的大师。"③ 正是在这个意义上，德里达说，"不能没有马克思，没有马克思，没有对马克思的记忆，没有马克思的遗产，也就没有将

---

① 《马克思恩格斯全集》第47卷，北京：人民出版社2004年版，第64页。
② 曹典顺：《政治经济学与唯物史观的内在关联》，载《中国社会科学》2016年第10期。
③ 〔日〕今村仁司等：《马克思、尼采、弗洛伊德、胡塞尔——现代思想的源流》，石家庄：河北教育出版社2002年版，第13页。

来：无论如何得有某个马克思,得有他的才华,至少得有他的某种精神。"① 这里所说的某种精神就包括马克思主义哲学的批判精神。马克思之所以批判实证科学,反对把哲学实证化,就因为实证科学缺少哲学的这种批判精神。但是,当人们立足于传统思辨哲学的知识论立场,把马克思主义哲学混同于实证科学时,马克思主义哲学的彻底批判精神就被遮蔽了。

第二,颠倒了马克思主义哲学与现实生活的关系,由此使马克思主义哲学陷入窘境。诉诸哲学史,我们可以看到,传统的思辨哲学把哲学奠基于抽象的思想世界,并从这个思想世界出发去推演、解释真正现实的感性世界。于是,思想世界本身被现实化了,而真正现实的感性世界却被思想化了。当哲学以这个思想世界为真正的"阿基米德点",并把建构这样的思想世界作为理论任务时,哲学的活动就被理解为纯粹抽象的逻辑推演,即从绝对明证性的前提,如笛卡尔的"我思故我在",推出具有绝对权威的真理体系。按照传统思辨哲学的逻辑,这个真理体系越丰富、越庞大就越有解释力、越有权威性。正是在这个意义上,哲学的发展势必表现为建构越来越复杂、越来越庞大、越来越丰富的知识大厦。这既是西方传统哲学的一大特点,也是其内在追求,并在黑格尔哲学那里达到顶峰。西方哲学史的发展越来越暴露出这种以建构真理体系为最高目标的哲学,直接导致了对现实的人及其生活其中的现实世界的遗忘。那些以建构真理体系为生的哲学家们像一群可怜的建造者,他们虽然建立了巨大宏伟的宫殿,但自己却住在附近的简陋的窝棚里。因为他们建构起来的庞大的无所不包的知识体系遗忘了人的存在,或者至多是把人当作附属的一块碎片,插入到这个知识体系当中去。从知识论视角解读马克思主义哲学乃至整个哲学的传统的马克思主义哲学教科书,恰恰就遗忘了人的存在,把人当作附属的一块碎片插入到那个客观的知

---

① 〔德〕雅克·德里达:《马克思的幽灵》,北京:中国人民大学出版社1999年版,第21页。

识体系中去。

从学理上讲，哲学之为"学"，不仅需要一定的概念、范畴，而且需要通过概念、范畴来建构一定的理论体系，并且追求理论体系的完善与自足。从古至今的哲学家从未放弃过对绝对真理的追求，也从未停止过对完善的思想体系的建构。传统思辨哲学的理论缺陷不在于它建构了一个庞大的无所不包的思想体系，而在于它完全脱离人的现实生活，一味地追求思想体系的完善与自足。当哲学把建构完善的思想体系作为其最终目标，把思想世界当作哲学的真实根基时，这样虽然维护并进一步巩固了哲学在形式上的完善，却使哲学失去了应有的实践品格，正如黑格尔自己所说："哲学家是一个孤独的圣所，其中的牧师们组成了孤独的僧侣集团。它必须远离世界，它的作用是保卫对真理的占有……直接地属于实践的事情不是哲学所关心的。"① 正是由于实践品格的缺失，"概念体系"成了哲学的"本体"，"语言"成了哲学的"家"，"逻辑分析"成了哲学的"工具"。这种情况，一方面，导致了哲学在理论研究上总也摆脱不了独断论和怀疑论的恶性循环，解决不了唯科学主义与唯意志主义、理性主义与非理性主义、直觉与逻辑等无休止的争端，在理论建设上始终面临着一个知识形态的形而上学何以可能的问题。另一方面，人的现实的生存活动这一更为基础的本体论境域被概念体系所遮蔽，人的具体的、丰富的生活被抽象化了，人的现实的、活生生的生命被抽象化了。这一双重抽象化意味着哲学与人及人的生活世界的疏离。"哲学的发展，尤其是哲学在本世纪的发展已清楚地表明，哲学不可能将生活世界悬置起来。试图悬置生活世界的哲学定然会被生活世界悬置。"② 传统马克思主义哲学教科书的知识论解读模式，试图将生活世界悬置起来，结果自己却被生活世界悬置。由此导致马克思主义哲学自身发展陷入理论与实践的双重困境。

---

① 〔德〕卡尔·雅斯贝尔斯：《时代的精神状况》，上海：上海译文出版社1997年版，第11页。

② 张汝伦：《历史与实践》，上海：上海人民出版社1995年版，第2页。

部门哲学为马克思主义哲学走出这种困境提供了可能。这不仅表现在部门哲学开辟的多个研究领域，为马克思主义哲学回归人的现实生活世界提供了新路径，更在于部门哲学所开启的新的哲学研究范式对思辨哲学研究范式的超越，对哲学回归生活世界的理论自觉。人学、文化哲学、政治哲学等部门哲学代表着一种新的哲学范式，这种哲学范式使哲学不再以科学的名义凌驾于现实生活世界之上，而是深深根植于现实生活之中。部门哲学是马克思主义哲学在当代的出场路径之一，而在部门哲学中出场的马克思主义哲学，不再是为人们提供现成知识的、一成不变的理论哲学，而是动态发展的、可以改变世界的实践哲学，不再是"死知识"而是"活智慧"，并且具有多张面孔：既是懂得生活并为现世提供智慧的"生活哲学"，又是进入同时代人的灵魂、为劳苦大众提供心灵引导的"人的哲学"；既是关注无产阶级解放并成为人民精髓的"政治哲学"[①]；又是揭示人类经济活动的本质与规律的"经济哲学"；既是反思人类文化本质与文化矛盾的"文化哲学"，又是研究人类价值评价与价值观念的"价值哲学"；等等。如前所述，这种知识论解读模式属于为西方近代哲学的解读模式，在这个意义上，我们也可以说当代中国的部门哲学是在关注人类现实生活的基础上对整个传统哲学思维方式的超越，只不过各部门哲学因其关注的领域与问题不同而表现出超越方式的不尽相同。从某种意义上说，这种超越实际上也是向马克思实践哲学研究范式的回归，即向马克思哲学把事实、现实和感性当作人的感性活动、当作实践去理解的研究范式的回归。这种回归为当代中国马克思主义哲学研究走出空洞抽象的哲学争论、走向现实具体的生活实践提供了新的可能。

[①] 韩庆祥：《回到马克思哲学本性的基地上探寻哲学发展之路》，载《哲学动态》2008年第5期。

三、为促进中国传统哲学、西方哲学、马克思主义哲学（以下简称"中西马"）的深层对话提供了重要平台

从历史上看，与其他哲学思想展开对话，是一切哲学创新的共有特征。而"中西马"对话是全球化时代哲学创新的必由之路，也是当代中国哲学发展的内在逻辑要求。在"中西马"的对话与交流中进行综合性创新是当代中国马克思主义哲学理论创新的重要路径之一，也是构筑中国化的马克思主义哲学新形态的重要前提。新时期以来，推进"中西马"对话已成为当代中国马克思主义哲学研究中的一个重大课题。部门哲学在推进"中西马"对话中发挥着不可替代的作用。

首先，部门哲学本身就是"中西马"对话的真实体现。"领域性哲学本身就标志着国际哲学界的对话与交流。哲学领域的兴起是由时代的问题意识而成立，而不是依传统的学科划分为据，这是发生在当代哲学学术中的一个重大变化。无疑，由当代中国问题而兴起的领域哲学有其强烈的中国本土特色，本身也是世界哲学学术的有机组成部分。"[①] 同时，大部分部门哲学也自觉把"中西马"的融合与贯通作为自己的学术任务之一，如黑龙江大学文化哲学研究中心的研究特色之一即是在文化哲学研究中强调中国哲学和西方哲学的对话和视界的融合，打破传统哲学研究中存在的僵硬的学科分界。而从生活的维度，深入研究马克思主义哲学基础理论，加强马克思主义哲学与中国哲学和西方哲学的对话，这也是华侨大学马克思主义生活哲学研究的学术特色之一。

其次，部门哲学为"中西马"对话提供了现实的平台。任何哲学间的对话都需要一定的平台，而且这种对话平台的选择会直接影响到对话

---

① 邹诗鹏：《"领域纷呈"、"家族相似"与人学的总体性——近年来国内领域性哲学研究态势评析》，载《学术界》2002年第2期。

的水平与成效。"中西马"对话既是理论发展的需要,更是实践提出的要求。因此,对话的平台既可以是理论层面的,又可以是实践层面的。结合以往的研究来看,学界关于"中西马"的对话一般也从这两个层面展开。前者展现为面向哲学理论自身的对话,主要包括古今中外的哲学范畴、哲学观念、哲学思想、哲学方法、哲学范式的对话;后者表现为面向实践问题的对话,主要围绕全球化、现代性、生态危机、科技异化、文化冲突、价值重建等重大现实问题展开。从学理上讲,这两个层面的对话具有由浅入深的递进关系,缺一不可。其中,现实问题应该是"中西马"对话的坚实基础,因为"中西马三个哲学体系,都有其自身独特的话语系统与言说方式,有自身独特的学术焦点与思考向度,因而只有面向问题,才能找到中、西、马之间的结合点或交汇点。"[1] 事实证明,只有建立在这个基础之上的哲学对话才具有学术的生命力与思想的穿透力。反之,离开了现实问题这一坚实基础,"中西马"对话总会陷入无休止的、抽象的哲学概念、学术观点、话语体系之争。与之相应,部门哲学领域中的"中西马"对话也表现在这两个层面。从对话的真实状况来看,虽然纯粹的概念、方法、思想等理论层面的对话所占比重很大,但围绕政治、经济、文化等具体的现实问题而展开的对话却更受关注。正是以社会生活各个领域的"问题"为依托,部门哲学为"中西马"对话得以展开提供了多个具体的平台,从而真正激活并实质性地推进了"中西马"之间的汇通与融合,对于建构具有中国特色、中国气派、中国风格的马克思主义哲学新形态具有重大的理论意义。

---

[1] 彭永捷:《中哲、西哲、马哲互动与建立中国新哲学》,载《中国社会科学》2004年第1期。

四、为打破学科壁垒,推进多学科间的良性互动提供了重要条件

在社会问题越来越复杂化、领域化、综合化而学科划分与专业分工却越来越细化的背景下,展开跨学科研究,加强不同学科之间沟通与合作,是包括哲学在内的所有学科得以发展的必要条件,也是促进当代中国学术发展的重要动力。部门哲学研究,不仅有利于促进"中西马"的深层对话,还有助于推进相关学科间的学术交流,尤其是加强马克思主义哲学与其他学科之间的良性互动。这种学科间的良性互动是推进马克思主义哲学理论创新的重要基础。在传统马克思主义哲学教科书体系中,马克思主义哲学与其他学科的关系,更多地表现为利用其他学科取得的新成果去注解、论证原有的马克思主义哲学基本原理的真理性,然后再以这些具有真理性的基本原理去裁剪现实。在这种情况下,马克思主义哲学与其他学科基本上处于相互外在的分离状态,严重制约了马克思主义哲学研究的深入与创新。部门哲学是哲学与其他相关学科相联系的桥梁,其自身的交叉性、中介性、综合性决定了部门哲学的深入发展有助于打破学科壁垒,改变马克思主义哲学与其他学科相脱节的这种状况。立足于社会生活的具体领域,运用马克思主义哲学的立场、观点、方法,批判地吸收、利用经济学、政治学、文化学、人类学等学科的研究成果,并在马克思主义哲学与其他学科的结合中切入现实生活,为现实生活中各种重大问题的彻底解决提供可能的途径,正是部门哲学独具的思想魅力。学界一致认为,哲学与其他学科的对话与交流,能够促进学科间优势互补。如中国经济哲学的重要领军人物张雄教授1999年在接受《人民日报》记者访谈时指出,哲学界与经济学界都应克服"互相拒绝"的状况。哲学只有在研究经济现实中才能把握时代脉搏,经济学只有在提高哲学思维水平中,才能深刻认识变化着的经济现象。

尤其值得一提的是,为了推动人文社会科学领域的跨学科对话与交

流,并在不同学科的视域融合中探寻更加富有现实解释力与思想创造性的学术生长点,扎扎实实地推进中国社会科学理论与方法的创新,《中国社会科学》杂志推出了"当代中国社会科学学术前沿系列对话",目前已经进行了哲学与史学(2007年于复旦大学)、哲学与经济学(2008年于上海财经大学)、哲学与政治学(2010年于南京大学)、哲学与公共管理学(2010年于中山大学)、哲学与社会学(2012年于吉林大学)的跨学科高端对话。这些对话加强、推进了哲学与其他学科之间的交流与合作,既有助于部门哲学的繁荣与发展,促进相关领域学术研究的创新,又有利于当代中国现实问题的有效解决,推动中国学术话语体系的建构。

总之,当代中国的部门哲学不仅开启了哲学研究的新范式,而且为哲学研究提供了新问题,为"中西马"对话与学科间的良性互动提供了新平台,为马克思主义哲学走向实践提供了新路径。因此,部门哲学是当代中国马克思主义乃至整个哲学创新的必由之路,并以其独特的理论魅力越来越显示出其重要性。

(作者于桂凤系湖北大学马克思主义学院副教授,哲学博士,研究方向为马克思主义哲学和生态哲学)

出场学：超越解释学的文本理解新范式[*]

魏 强

[摘 要] 出场学注重文本出场的历史语境、出场路径与出场形态三者之间的紧密关联性，强调在变换了的历史语境中，文本会选择不同的出场路径，呈现差异的出场意义。与客体论解释学、主体论解释学和主体际解释学相比，出场学以理解文本意义和反思理解自身的复调叙事、以交往实践的意义结构为客体底板、对历史场域的反思和批判而超越前三者，成为文本理解理论的更具科学性、预见性和解释力的新范式。

[关键词] 解释学 中介客体 历史构境 出场学

出场学理论是由我国著名马克思主义哲学研究专家任平教授首创，经过十多年的理论建构和系统阐发，已形成了以历史语境、出场路径与出场形态之间的内在关联为核心要素，以"出场"与"差异"的矛盾运动为内在动力来与时俱进地理解文本意义的哲学范式。[①] 它反对解释学

---

[*] 本文系湖北省教育厅人文社科基金青年项目"从效果历史走向构境历史的文本理解研究"（项目编号：16Q083）和长江大学社科基金项目"历史唯物主义视域中伽达默尔'效果历史'的批判与重构研究"（项目编号：2016csy005）的阶段性成果。

① 任平：《论马克思主义"出场学"的两个循环》，载《学术月刊》2008年第9期，第42—47页。

范式单纯地强调文本理解的作者中心论、文本中心论或绝对差异的相对主义,但并非简单地消解这一范式,而是在强调其合理价值的同时希望能够在出场语境、出场路径的变化中来把握文本意义的最新出场形态,进一步深化和推进对文本意义的理解,促使文本理解走向生活、走向实践、走向同一与差异的统一。

一、出场学:历史构境与能动设定

与客体论解释学①相比,出场学理论需要解决的问题是:首先,文本意义是否只来源于作者?在客体论解释学看来,作者的思想或观念是文本意义的唯一来源,对文本意义的理解即是对作者思想的重述或重构。例如施莱尔马赫力图通过历史重构和预期重构来达到对作者话语的理解"甚至比他还更好地理解他的话语"②。狄尔泰想通过为精神科学寻求科学的方法论,以使对文本意义的理解达到与自然科学相媲美的科学性。贝蒂和赫施认为,理解的真正目的就是对文本意义的再认识和重构,以达到对作者通过文本所传达的原意的把握。这一在理解问题上对作者地位的过度赞扬和没有给解释者留下任何理解空间的解释学理论遭到了来自主体论解释学和主体际解释学的批判。例如德里达就曾指出:"如果遗产的可阅读性是给定的、自然的、透明的、单义的,如果这种可阅读性既不要求同时也不对抗解释,那我们就没

---

① 依据对文本意义理解方式的差异,我们把解释学史的发展进程划分为以下三个阶段:客体论解释学时期(即把文本当作理解活动的客观对象,解释者只需要揭示或显现对象本身的意义,而对其自身的解释活动是"遗忘"的)、主体论解释学时期(即文本理解是此在在前理解基础上对自身存在状态的展开)、主体际解释学时期(即文本理解活动是多极主体间的交往和对话,强调多极异质主体造就多元意义)。

② 施莱尔马赫:《诠释学讲演》,见洪汉鼎主编:《理解与解释》,北京:东方出版社2001年版,第61页。

有什么可以从中继承的东西了。"① 出场学虽然承认文本是有体现作者意图的"先在意义"的，但正如"与人分割开来的自然界，对人来说也是无"② 一样，脱离了解释者的历史实在和他的实实在在的现实生活过程的文本对人来说也是毫无意义的。鉴于此，出场学对文本意义的理解直接追溯至由现实的交往活动所构境的出场语境和它所依赖的出场路径。某一历史文本是否具有意义，这不取决于它的存在性质，而取决于它是否进入解释者的现实生活世界而成为对象化的存在，是否对解释者的实践和生活发生影响而使存在对象化。也就是说，文本意义深度依赖于出场语境和特定的出场路径，只有把它纳入到当代解释者的现实生活过程即交往实践的深层结构中，才能实现其意义的开放性的理解与解释。因此我们可以看到，文本的意义源并非仅仅局限于外化为文本的作者的思想或观念中，而是解释者的交往实践本身。同样，对意义的理解就不能单纯地归之于客体，而只能被看作是交往实践场中"主体（作者）—客体（文本）"与"主体（作者）—主体（解释者）"关系综合的产物。

其次，文本意义是否只具有客观性？毫无疑问，客体论解释学是坚决反对文本意义的主观性而赞成其具有客观性之说的。赫施通过"保卫作者"捍卫了文本含义（meaning/Sinn）就是作者意图的解释学观点，文本的含义始终不会发生变化，发生变化的只是文本的意义（significance/Bedeutung）。理解的真正目的就是重建作者的意图，把握作者通过文本所表达的含义。如果说文本自身的含义也发生了变化，那么对处于同一时代的解释者来说就不会拥有任何一种意见一致或意见分

---

① 德里达：《马克思的幽灵》，何一译，北京：中国人民大学出版社2008年版，第17页。

② 《马克思恩格斯文集》第1卷，北京：人民出版社2009年版，第220页。

歧所立足的基础，文本含义的意义也就失去了其基础而成了主观的东西。① 因此，含义是衡量一切解释是否有效的客观标准。在出场学看来，文本意义既具有客观性也具有主观性，是两者的有机统一。之所以具有客观性，是因为在"主体—客体—主体"的总体性框架所建构的客观意义结构中，某一文本意义的出场或者重新出场是通过现时的交往实践关系并作为交往实践的一部分而指向各极解释者的，是相对于各极解释者的历史境遇、自身利益和个人存在而言的，是由处于特定历史场域中的各极解释者共同创造的。② 同时，不管是文本意义还是解释者都要受到作为理解底板的客观意义结构的限定和制约，因而是或者首先是客观的。之所以具有主观性，是因为对文本意义的理解是各极解释者在精神交往层面的对话和交流，是在一定的交往实践关系和历史语境中对意义的能动的、主观的设定。这就使得对意义的误解甚至是曲解有了其合理的存在空间，这不仅发生在解释者与文本意义理解的关系中，也存在于各极解释者之间，呈现对同一文本意义理解的差异性。总之，出场学赞成客体论解释学坚持的意义理解的客观性一说，但这种客观性并不是与单一解释者相对应的，它同时也是各极解释者在精神层面

---

① E.D.Hirsch, *Validity in Interpretation*, Yale University Press, 1967. p.25, pp.213-214.一旦涉及重建作者的意图，就必定与心理学相关联。D.C.霍埃认为赫施在这个问题上实际上已经完全站到了施莱尔马赫和狄尔泰一边，"最近 E.D.赫施承认他是同情狄尔泰的移情概念的，而且他还原了心理学重建的原则。赫施主要是想形成一种理论，这种理论使我们能谈及解释的有效性。赫施面临着他所认为的那种在哲学解释学和实际批评中走向相对主义的当代危险倾向，他认为有必要寻求一种使解释能够有效的标准。然而他感到，人们只能在基本解释对象——该对象必定是解释理解的基本目标——即是作者意图的条件之下才能运用这种标准。"但与此同时，赫施实际上已经改变了意图的概念，他"把意图当作是一个语言术语，基本上可以共享的文字含义；而不是一个心理学术语，作者心中私有的含义"。他既想避免心理因素的过分倚重，又想避免极端的历史循环论相对主义，从而导致他"有好几个求助于意图性概念的地方在哲学上是不清楚的"。因此，在霍埃看来，"赫施的新意图论并没有产生出什么新的、正面的实际结果。相反，它有反面的实际结果。即，它能潜在地导致解释者固执地相信自己对文本看法的正确性而排斥其他的看法。"参见 D.C.霍埃：《批评的循环——文史哲解释学》，兰金仁译，沈阳：辽宁人民出版社1987年版，第14、36、37、43页。

② 任平：《走向交往实践的唯物主义》，北京：人民出版社2003年版，第67—68页。

交往的产物，因而具有主观性，有再创造、再设计的性质。因此，出场学在一定程度上承认意义理解的主观性，但这种主观性并不是无底板的对话，而是为交往实践的客观意义结构所限定，是客观性与主观性的统一。

最后，文本意义是否只具有绝对性？客体论解释学认为作者的思想或观念是文本意义的唯一来源，意义必然具有绝对性和一元性。从一定意义上来说，意义的客观性就是绝对性，是指在一定的历史场域和交往实践关系中，解释者对文本的理解具有相对稳定性的特征，但这种稳定性并不是完全的和绝对的，它只能存在于相对性即开放性之中。客体论解释学由于传统思维模式的局限，直接将意义的绝对性视为意义的绝对化和一元化。与此不同，在出场学看来，文本意义是绝对性与相对性、稳定性与开放性的统一。之所以具有绝对性和稳定性，是因为出场学将文本意义的出场形态看作是出场语境和出场路径的产物，而出场语境是由人们现实的物质生活本身不断构境的存在。在这里，由多极解释者的交往实践活动所造就的客观意义结构历史地和现实地限定着每一个解释者，他们对文本意义的理解始终与这一客观意义结构相关联，是对其交往实践和精神交往关系的再现。之所以具有相对性和开放性，是因为出场学注重文本意义的出场语境、出场路径与出场形态之间的高度关联性，交往实践结构和交往关系的不断解构与建构导致历史语境的不断变迁和出场路径的不断变换，因而出场形态必然相伴随发生着多元化的差异，呈现相对性。此外，即便在同一的历史境遇中，作为联结和制约多极解释者的意义结构，其"主体—客体—主体"的构架必然使其意义指向多元化，同一文本对于不同的解释者来说其意义是不同的，呈现文本意义的开放性。总之，出场学对意义的理解既不取决于文本自身，也不取决于单纯的解释者，而是取决于"主体—客体"与"主体—主体"的整合，是绝对性与相对性、稳定性与开放性的统一。

二、出场学：多极主体与中介客体

与主体论解释学相比，出场学理论需要解决的问题是：首先，文本意义的出场是否只针对于单一解释者？海德格尔着重强调解释者个人——此在在理解过程中的存在与筹划。理解的首要任务不是对作者思想的重建或恢复，而是在前理解的基础上此在对自身存在状态的展开[①]，此在的存在就是对文本意义的理解和解释。这是主体化或完全主观化的理解。伽达默尔继承了海德格尔开启的解释学本体论或主体论转向，但为了避免其主观化倾向，他强调对文本意义的理解是通过解释者与作者之间的对话达到过去视域与现在视域的融合来实现的，理解就是当年的历史在当代解释者这里产生的"效果历史"，任何真正的理解对象都是自己和他者的统一体。我们可以很明显地看到，伽达默尔虽然强调解释者与作者之间的对话和视域融合，但他的重点依然放在当年的历史和传统对当代解释者所产生的"效果史"上，这如同客体论解释学一样，仍然是局限在"主体—客体"模式下的跷跷板游戏。因此，不管是海德格尔的此在解释学还是伽达默尔的哲学解释学，文本意义在他们那里都是只针对单一解释者来说的生成，这必然导致意义理解的主观化或相对化。出场学认为，不同的出场语境和出场路径决定着文本意义不同的出场形态，而出场语境是多极解释者的交往实践活动所建构的社会实践状态或历史结构。基于此，不管从历时态还是同时态上来说，文本意义的出场形态对于各极解释者或各极解释者对于文本意义的出场形态都是呈现多元化和差异化的状态。每一个解释者都会在交往实践的基础上将自身设定的意义投向交往场中，这样，两种或多种意义在历史的交往活动中发生着交往视域的融合。每一个解释者的理解都处于这一交往视域中

---

① 海德格尔：《存在与时间》，陈嘉映、王庆节译，北京：生活·读书·新知三联书店 2010 年版，第 176 页。

并同时指向另一个解释者,形成"主体—客体—主体"的理解总框架,文本意义就是在以意义域为客观底板的多极解释者之间的交往和对话中共同出场的。因此,出场学中的理解主体既不是谋划自身存在的此在,也不是受权威和传统影响的解释者,而是在交往实践活动中呈现的差异化的多极解释者,文本意义便是在多极解释者之交往实践活动的双向建构和双向整合中出场的。

其次,文本意义的理解是否只呈现相对性?在主体论解释学那里,文本意义是只针对于单一解释者来说的生成,是随着此在生存过程的变化而变动不居的,因此它对意义的理解必然走向主观主义和相对主义,尽管它的支持者并不承认这一点。下面我们就以伽达默尔为例做一简单的分析。在关于意义理解的问题上,伽达默尔首先破除了作者或艺术家在文本理解中的权威地位,强调了解释者地位的重要性,"创造了一件艺术品的人跟其他任何人一样是以同样的方式站立于他的创造物之前的"[①],艺术家作为他自己作品的解释者,他的看法并不具有权威性,就对文本意义的理解而言,原作者和解释者处于同一层次[②],文本意义的理解需要解释者或读者的参与,是文本视域与解释者视域融合的产物。[③]毫无疑问,伽达默尔的这个观点为解释学理论的发展起到了巨大的推动作用。然而,理解和解释也有一个标准或尺度,理解都是"按这种尺度

---

① Gadamer, "The Relevance of the Beautiful", in *The Relevance of the Beautiful and Other Essays*, Cambridge University Press, 1986. p.33.

② 伽达默尔:《诠释学Ⅰ:真理与方法》,洪汉鼎译,北京:商务印书馆2010年版,第277页。

③ 尼采在《悲剧的诞生》一书中也强调了观众在舞台戏剧中的重要作用,认为"在希腊人的剧场里,每个人坐在弧形的层层升高的梯形观众席上,都有可能真正地对自己周围的文明世界视而不见,全神贯注而误以为自己也是合唱歌队(指酒神颂歌的萨蒂尔合唱歌队——引者注)的一员了","以致于当悲剧英雄在舞台上出现时,观众们看到的绝不是一个戴着奇形怪状面具的人,而是一个仿佛从他们自己的陶醉中产生的幻象。"参见尼采:《悲剧的诞生》,孙周兴译,北京:商务印书馆2013年版,第63、67页。我们猜测,伽达默尔应该受到了尼采这一观点的启发,因为虽然在艺术作品的理解问题上他没有明确提到尼采的名字,但在《真理与方法》两卷本的其他章节曾多次提到尼采或从正面引用他的观点。

进行衡量并达到可能的完成——这就是传承物内容本身，唯有它才是标准性的并且表达在语言里的。"① 从狭义上来讲，这里的"传承物内容本身"即是文本，作为理解标准的文本不是指它的固定存在，而是指它的内容、意义与效果的存在。据此我们可以认为伽达默尔的理解理论是以文本为中心的，因为他虽然重视解释者在理解过程中的重要作用，强调只有解释者的参与文本的意义才能得以彰显，但他又批判地指出，过分强调解释者的地位会陷入德里达解构理论的边缘。需要注意的是，这并不因此就意味着伽达默尔承认文本意义的理解有其绝对性的一面，就如同他在谈到艺术作品的游戏存在方式时指出的那样，艺术作品对每一个解释者的展现都是当下的和当时代的，但这也就表明之前的理解已经不属于它的存在，只有当下的理解才是它真正的存在，在不断的时间变迁中，艺术作品达到是其所是。理解"不只是一种复制的行为，而始终是一种创造性的行为"，"如果我们一般有所理解，那么我们总是以不同的

---

① 伽达默尔：《诠释学Ⅰ：真理与方法》，洪汉鼎译，北京：商务印书馆2010年版，第664页。伽达默尔反对客体论解释学时期对作者地位的神化，认为文本总是要向人讲述某种东西，如果没有解释者的参与，那么文本对人来说就是无。但这并不意味着他就强调解释者在理解活动中的中心地位，因为在他看来这只不过是对作者中心论的简单反转，是一种"站不住脚的解释学虚无主义"。因此，当罗伯特·耀斯从继续发展解释学理论的角度提出文本意义的实现不在于文本自身，而在于解释者或读者通过阅读实践而进行创造的接受美学理论时，伽达默尔批判性地指出，耀斯已经陷入了他本不愿意的德里达的"解构主义"的边缘。需要注意的是，接受美学与解构论还是存在一定的区别的。前者虽然消解了作者或文本中心论，却走向了解释者或读者中心论；虽然追求不确定性，却又一步步由不确定性抵达确定性；承认文本意义的可理解性而认同理解的历史性；希冀通过主体对理解对象的解释而实现主客体的统一性。这些观点都是解构论所不能认同的。See Gadamer, "The Relevance of the Beautiful", *in The Relevance of the Beautiful and Other Essays*, translated by Nicholas Walker, Cambridge University Press, 1986. p.44. 另可参见伽达默尔：《诠释学Ⅰ：真理与方法》，洪汉鼎译，北京：商务印书馆2010年版，第140页、第177页脚注；伽达默尔：《诠释学Ⅱ：真理与方法》，洪汉鼎译，北京：商务印书馆2010年版，第16—17页；王岳川：《后现代主义文化研究》，北京：北京大学出版社1992年版，第64页。

方式在理解"。① 为了反对传统解释学的客观主义和避免此在解释学的主观主义，伽达默尔强调了文本自身作为理解的尺度和限定性，但他倾心于解释者的"合理的前见"而赋予了他们过多的权力，从而夸大了意义理解的历史个性而忽视其共性，这实际上是在重视文本意义之相对性的同时否定了它的绝对性的一面，最终走向相对主义。值得肯定的是，他看到了不同的解释者由于前理解结构的不同而造成的对同一文本的差异化理解，但他没有更进一步追溯之所以产生不同的前理解结构的真正根源以及呈现差异化出场意义的原因。

在出场学看来，这一切都要归之于交往实践关系的改变和出场语境的转换，相对于以权威和传统等形式存在的前见而言，前者才是文本理解的真正现实起点。解释者和文本之间的理解关系只能被现实地还原为交往实践关系，换句话说，只有交往实践关系才能使文本现实地成为解释者的理解对象。离开交往实践关系去谈论文本对象或解释者，就会陷入抽象的思辨，要么走向绝对主义，要么走向相对主义。出场学坚持从交往实践构境的历史场域中理解文本意义，认为后者是在交往实践的过程中指向各极解释者的利益和需要，是受交往实践的客观意义结构的限定和制约的。每一个解释者所理解的文本意义都与这一意义结构相关联，是对其交往实践活动和精神交往关系的再现，因而它首先具有绝对性。与此同时，作为出场学理解文本意义之中介的客观意义结构，是多极解释者在历史的和现实的交往实践活动基础上的交往视域融合的产物，它必然使文本意义指向多极解释者并保持开放性，不同的解释者因为交往实践关系的不同而呈现理解的差异。解释者对文本意义的任何理解的绝对性中都包含着其相对性，对其相对性的理解中又是包含着绝对性。因此，如果说"一千个观众就有一千个哈姆雷特"是哲学解释学和出场学都赞成的同一文本的不同出场形态之现象的话，对于前者来

---

① 伽达默尔：《诠释学Ⅰ：真理与方法》，洪汉鼎译，北京：商务印书馆2010年版，第420页。

说是相对主义和主观化的理解,对于后者来说则是绝对性中包含的相对性的理解。因为现实并不就是现存,而是展开为必然性的现存,把现存理解为现实的哲学解释学就表现为主观性。在它那里,解释者的前理解结构是以文化和传统等现存的形式存在的;而在出场学这里,则是由前代已经产生和形成的历史条件、后代的实践活动和精神交往所构成,即由历史—交往或交往—历史所造就的。综上,出场学认为,对文本意义的理解不能仅限于"主体—客体"结构中,而必然要扩展到"主体—客体—主体"关系的完型。这样,出场学不仅避免了伽达默尔所遭遇的相对主义的指责,同时也继承和发扬了其倡导的文本意义具有开放性的特征。

最后,对文本意义的理解是否只局限在历史传统之中?伽达默尔从海德格尔对此在存在的时间性的强调出发,将解释者置于历史导向的解释框架中,"历史并不隶属于我们,而是我们隶属于历史。早在我们通过自我反思理解我们自己之前,我们就以某种明显的方式在我们所生活的家庭、社会和国家中理解了我们自己","个体的自我思考只是历史生命封闭电路中的一次闪光。因此个人的前见比起个人的判断来说,更是个人存在的历史实在"。① 在出场学看来,虽然每个解释者的理解活动都要被前见所限定,但前见并非由权威和传统组成的静态结构体,而是实实在在的个人的交往实践活动。要想对历史文本做出符合时代精神和具有时代视野的理解,就必然要求将其纳入当代的交往实践和交往关系中,实现其意义在变换了的时代和空间中的符合时代语境和时代实践的解释。因此,把时间论域转换为现代空间坐标体系,建构多极解释者之间的交往和对话机制来理解文本意义,就成为出场学的基本原则。

---

① 伽达默尔:《诠释学Ⅰ:真理与方法》,洪汉鼎译,北京:商务印书馆2010年版,第392页。

三、出场学：历史底板与实践尺度

与主体际解释学相比，出场学理论需要解决的问题是：首先，文本意义的理解是否只有"主体—主体"向度？如果说主体论解释学局限在"主体—客体"结构中而强调单一的解释者在理解过程中的主导地位和关键作用的话，主体际解释学则超越了这一单一的跷跷板游戏，主张多极解释者之间的交往和对话，但却走向了另一个极端。在他们看来，"作者已死"，文本意义成了能指的膨胀和狂欢，只有通过多极解释者之间的交往和对话才能达到意义的相互理解。"理解总是一种对话的形式"①，"除了对话的制约以外没有任何别的制约，这不是来自对象或心灵或语言本性的全面制约，而只是由我们的研究伙伴的言论所提供的零星制约。"② 强调开放性的对话是主体际解释学给我们的一个重要启示，正是这种开放性的对话使我们能够更快地理解世界上的新东西和旧东西以及它们之间的关系。但这种对话必然要依赖于一定的历史语境和作为中介客体的时代实践，否则会陷入"恶无限"的危险境地。出场学基于文本之出场语境的变换，考察文本意义得以出场的历史根源和现实基础，主张多极解释者之间的对话起源于各自特定的交往实践活动以及在其上形成的客观意义结构，肯定意义理解的同一与差异的辩证关系。作为中介底板的客观意义结构，它一方面构成多极解释者共同的理解基础与对象，另一方面又是制约和限定多极解释者的底板，是意义交往性的合晶和实践意义的融合。

---

① D.C.霍埃：《批评的循环——文史哲解释学》，兰金仁译，沈阳：辽宁人民出版社1987年版，第80页。

② 理查德·罗蒂：《后哲学文化》，黄勇编译，上海：上海译文出版社2004年版，第239页。

其次，文本意义的理解是否只有主观性与相对性？主体际解释学不是一个统一的流派，是后现代思潮在解释学领域的深刻体现，不过总的来看主要有以下两种不同的观点：一种观点以哈贝马斯和罗蒂为代表，他们强调通过建立合理的先在交往行为来确保意义理解的合法性，主张文本意义的交往性和开放性，以反对独断论和引导人类走出自欺的误区。解释学的目的是"维持谈话继续进行，而不是发现客观真理"，当它沿着这一新方向发展时，或许会产生新的正常话语、新的科学、新的哲学研究规划和新的客观真理，但这些都只是解释学的副产品而已。① 对话没有客观底板的限定和制约，意义走向多元化、相对化。另一种观点以德里达和福柯为代表，他们认为"作者已死"，文本意义不可能受到先在权威的控制，能指与所指的断裂以及符号间的永恒差异使得文本意义无限膨胀和无限开放，永远处于延异与撒播的途中。因此，对文本意义的理解不是寻求一种确定的、稳固的事实，而是在不断产生与抹去的过程中留下若隐若现的意义"痕迹"（Trace）。通过解构论，德里达彻底颠覆了文本意义的同一性和确定性，指出任何文本都是自我解构的，因而也是不确定的。福柯否认文本意义具有连续性和同质性的特征，在《知识考古学》中一开始便声称："首先应该完成一项否定性的工作：摆脱那些以各自的方式变换连续性主题的概念游戏"，因为"指出不连续性不仅仅是所有构成历史地质上断层的重大事件之一，而且已经存在于陈述的简单事实中"②。此外，与德里达一样，福柯也强调文本意义的绝对差异，否定其同质性："当我们要谈论某'作品'时，在此处和彼处的意义并不一样。作品不能被看作是一个直接的、确定的或一

---

① 理查德·罗蒂：《哲学和自然之镜》，李幼蒸译，北京：商务印书馆 2003 年版，第 352、354 页。

② 米歇尔·福柯：《知识考古学》，谢强、马月译，北京：生活·读书·新知三联书店 2012 年版，第 20、29 页。

个同质的单位。"① 在出场学视域中，文本意义具有客观性，这不仅是因为文本由于交往关系而现实地成为理解对象，更是因为有交往实践的客观意义结构作为理解的中介。因此，相对于一定的历史场域和交往意义域而言，文本意义是确定的，具有绝对性。对于哈贝马斯和罗蒂，出场学认为多极解释者之间的交往和对话固然重要，但必须要借助于历史的底板、时代的基础和实践的尺度，否则交往和对话就会失去时代真理的标准。对于德里达和福柯，出场学认为，多极主体共同的交往实践活动所造就的客观意义结构，总是会与一个个艺术家或作者的具体历史境遇相关联而形成他们特定的、具有稳定性的意图，再通过意图的对象化和对象化的意图这两个看似不同的环节，实际上是同一个原理的过程而外化为"作品的意图"。虽然由于各种因素的影响和制约，这种意图的体现可能是显现的也可能是隐蔽的，可能是强势的也可能是弱小的，但决不可能是无"先在意义"的。总之，在出场学看来，"意义的开放性，是历史性的、面向未来的，它首先是由交往实践结构的变革所导致的，进而又由这一变革所产生的新解释原则及解释主体性所决定。因此，意义在多元化、开放中是结构性变化的，相对于某一结构，其意义具有相对稳定性。"②

最后，如何建构文本意义的规范化与合理性？哈贝马斯认为晚期资本主义所重视的工具理性的交往行为已成为一种意识形态，使意义理解方面存在着严重的合法性危机。为了达成意义理解的共识，理解就不能如伽达默尔那样转向纵向的与历史传统的融合，而是要通过横向的多极主体之间的交往来实现。为此，他从普遍语用学的角度建构了具有真实性、有效性、真诚性和正确性的先验合理性的交往规则。

---

① 米歇尔·福柯：《知识考古学》，谢强、马月译，北京：生活·读书·新知三联书店2012年版，第24页。

② 任平：《创新时代的哲学探索：出场学视域中的马克思主义哲学》，北京：北京师范大学出版社2009年版，第270页。

只有符合这些交往规则的行为才能实现交往的目标,即达到彼此间的相互理解与认同,"达到理解(verständigung)的目标就是导向某种认同(einverständnis)。认同归于相互理解、共享知识、彼此信任、两相符合的主观际相互依存","我把达到理解为目的的行为看作是最根本的东西"。① 这一交往行为的一般假设前提一经提出,就遭到了众多解释学家的批评,其中罗蒂就认为应当在交往共同体中来谈论文本意义的理解规则与合理性问题。在出场学视域中,意义的规范化与合理性总是相对于特定的出场语境和交往关系而言的。在以交往实践的客观意义结构为中介的意义理解过程中,一方面建构着多极解释者的理解,另一方面又整合着他们的多元化、差异化的理解,从而形成文本意义理解的规范结构。意义的规范结构就是多极解释者之间就某一文本理解达到的相互协调和一致,是"占主导地位的社会意识形态的构成,是精神的权威秩序的建构"②。随着交往实践结构的不断解构与建构,以及出场语境的不断转换,意义的规范结构也相应地呈现出链条式的渐变。所谓合理性并不是基于先天规则的设定,而是指只有在特定的出场语境和交往实践结构中,文本意义的规范性与交往性才能被建构与整合。出场学对意义规范化与合理性的研究不是基于"主体—客体"的结构,也不是基于"主体—主体"的抽象前提,而是始终着眼于"主体—客体"与"主体—主体"合体的历史语境与交往实践结构中。

四、结语

出场学在广泛吸纳客体论解释学、主体论解释学与主体际解释学中的一切合理成分的同时,又批判地扬弃了其各自的理论缺陷,并进一步

---

① 哈贝马斯:《交往与社会进化》,张博树译,重庆:重庆出版社1989年版,第1、3页。
② 任平:《交往实践与主体际》,苏州:苏州大学出版社1999年版,第547页。

深化和推进，在出场语境、出场路径与出场形态的紧密关联中探寻文本意义的理解问题，因而具有鲜明的时代性和空间性特质。但这并非对文本意义的绝对差异的相对主义理解，而是由客观意义结构作为中介基础上的差异，是同一中的差异和差异中的同一，是文本意义的连续与断裂的统一。

（作者魏强系长江大学马克思主义学院讲师，哲学博士；主要研究方向为哲学解释学与马克思主义出场学）

二

专家评论

关于中国马克思主义哲学体系的历史沉思*

杨　耕

[摘　要] 建构马克思主义哲学体系必须以无产阶级和人类解放为理论主题，以实践为逻辑起点和建构原则，应以实践唯物主义、辩证唯物主义、历史唯物主义的"一体化"作为马克思主义哲学体系的基本框架，哲学批判、意识形态批判和资本批判的高度关联、融为一体，这是马克思独特的思维方式，是马克思主义哲学的独特的存在方式。

[关键词] 哲学体系　人类解放　实践　批判

要正确理解和把握中国的马克思主义哲学体系及其特征，就要深入考察和分析中国马克思主义哲学体系的形成、确立和演变的历史进程。这是一个有待深入开掘的研究领域，蕴藏着一系列重要的理论问题。本文拟就中国马克思主义哲学体系的形成、确立和演变作一历史的考察和审视，以深化我们对马克思主义哲学的研究。

---

* 该文发表于《哲学研究》2016年第1期。

一、从《社会哲学概论》、《现代社会学》到《社会学大纲》

中国学者建构马克思主义哲学体系始于20世纪20年代。从总体上看，这种建构是沿着两个方向展开的：一是以瞿秋白为代表，以辩证唯物主义为主导建构马克思主义哲学体系；二是以李达为代表，以唯物主义历史观即历史唯物主义为主导建构马克思主义哲学体系。

1924年，瞿秋白出版的《社会哲学概论》认为，马克思主义理论的基础和马克思主义哲学的本质就是"互辩法的唯物论"，即辩证唯物主义。正因为如此，瞿秋白依据恩格斯的《路德维希·费尔巴哈和德国古典哲学的终结》、普列汉诺夫的《马克思主义的基本问题》、布哈林的《历史唯物主义理论》以及戈列夫编写的《新哲学——唯物论》写下了《社会哲学概论》，初步阐述了辩证唯物主义，并自觉不自觉地建构了一种马克思主义哲学体系。这就是：哲学中之唯心唯物论；唯物哲学与社会现象；宇宙之起源；生命之发展；细胞——生命之历程；实质与意识；永久的真理——善与恶；平等；自由与必然；互变律；数与质——否定之否定；社会的物质——经济；原始的共产主义及私产之起源；阶级之发生及发展；分工；价值的理论；简单的与复杂的劳动；资本及剩余价值。

从这一体系的结构看，《社会哲学概论》主要是依据辩证唯物主义是宇宙观、历史唯物主义是历史观这一基本原则来阐述马克思主义哲学的。《社会哲学概论》在阐述了辩证唯物主义的主要观点之后，又阐述了历史唯物主义的若干观点，从而初步显现出辩证唯物主义和历史唯物主义的"二分结构"。《社会哲学概论》因此标志着中国马克思主义哲学体系初步形成，并标志着中国马克思主义哲学体系的建构一开始就是沿着辩证唯物主义和历史唯物主义"二分结构"这个方向展开的。

如果说瞿秋白是以辩证唯物主义为主导阐述马克思主义哲学原理，建构马克思主义哲学体系的，那么，李达在20世纪20年代就是以唯物主义历史观即历史唯物主义为主导阐述马克思主义哲学原理，建构马克思主义哲学体系的。实际上，马克思主义哲学在中国的传播，一开始就是以唯物主义历史观为主导的。但是，在这一时期，唯物史观往往被经验化、实证化、科学化了，甚至被理解为社会进化论，唯物史观的基本原理也没有得到系统阐述。李达看到了这一局限性，所以，在1926年出版了《现代社会学》，较为系统地阐述了唯物史观的基本原理。

《现代社会学》也是阐述唯物主义历史观基本观点、建构唯物史观理论体系的。在同历史学、经济学、政治学、法学、人类学的比较研究中，《现代学社会》建构了这样一个唯物史观的体系：社会之本质；社会之构造；社会之起源；社会之发达；家族；民族；国家；社会意识；社会之变革；社会之进化；社会阶级；社会问题；社会思想；社会运动；帝国主义；世界革命。和同一时期同类著作相比，《现代社会学》对唯物主义历史观基本观点的阐述更加准确、更加深入、更加全面。它不仅阐述了经济关系的决定作用，而且强调了上层建筑的反作用，并提出了"阶级意识"理论，不仅阐述了历史的"唯物论"，而且阐述了历史的"辩证法"。正是以历史唯物论和历史辩证法的高度统一为基本原则，《现代社会学》系统地阐述了唯物史观的基本观点，自觉地建构起唯物史观的理论体系。当然，《现代社会学》虽然自觉地建构起唯物主义历史观的理论体系，但它没有说明唯物史观即历史唯物主义与辩证唯物主义的关系，没有说明唯物史观在马克思主义哲学中的地位和作用，因而也就没有阐述马克思主义哲学的其他观点，没有建构起一个完整的马克思主义哲学体系。因此，同《社会哲学概论》一样，《现代社会学》只是标志着中国的马克思主义哲学体系初步形成。换言之，瞿秋白的《社会哲学概论》和李达的《现代社会学》标志着中国的马克思主义哲学体系初步形成。

20世纪20—30年代，中国学者对马克思主义哲学的研究、阐释和体系建构的成果，集中体现在1937年的李达的《社会学大纲》。它以哲学基本问题即思维与存在的关系问题为基本线索，以辩证法、认识论和逻辑学三者同一为基本原则，建构了这样一个马克思主义哲学体系：当作人类的认识史的综合看的唯物辩证法；当作哲学的科学看的唯物辩证法；唯物辩证法的诸法则；当作认识论和论理学看的唯物辩证法；当作科学看的历史唯物论；布尔乔亚社会学及历史哲学批判；社会的经济构造，即生产力和生产关系；经济构造之历史的形态；社会的政治建筑，即阶级和国家；社会的意识形态，即意识形态的一般概念和意识形态的发展。可以看出，《社会学大纲》在体系建构上是辩证唯物主义和历史唯物主义的"二分结构"。在整体结构和理论体系上，《社会学大纲》受到同一时期的苏联马克思主义哲学教科书，尤其是西洛可夫的《辩证唯物主义教程》的较大影响。但是，和同一时期的苏联马克思主义哲学教科书相比，《社会学大纲》又有自己的显明特点和可贵之处。这就是，在广泛而深入研究马克思主义哲学经典文本，尤其是《1844年经济学手稿》、《德意志意识形态》的基础上，明确提出马克思"建立了实践的唯物论"，达到唯物辩证法这一"统一的世界观"，并明确提出了"当作实践的唯物论看的唯物辩证法"这一重要命题。[①]

以此为前提，《社会学大纲》提出了三个重要观点：一是"辩证法的唯物论，以劳动的概念为媒介，由自然认识的领域扩张于历史认识的领域，使唯物论发生了本质的变化，变成了实践的唯物论"；二是"实践唯物论，把实践当作历史的——社会的范畴，解释为感性的现实的人类的活动……所以能够在其与社会生活的关联上去理解人类认识的全部发展史，因而克服观念论哲学的抽象性与思辨性，而到达于唯物辩证法"；三是实践的唯物论"主张实践是认识的源泉、认识发展的契机和真理性的标准，阐明了认识过程的辩证法，因而克服了旧唯物论的缺

[①] 《李达文集》第2卷，北京：人民出版社1981年版，第60页。

陷。所以实践唯物论的认识论，实是辩证唯物论的认识论。"由此，《社会学大纲》得出结论："实践的唯物论，由于把实践的契机导入于唯物论，使从来的哲学的内容起了本质的变革。"① 显然，《社会学大纲》已经在一定程度上意识到实践的观点是马克思主义哲学的理论基础，意识到实践唯物主义、辩证唯物主义、历史唯物主义之间存在着内在联系，意识到实践唯物主义的创立是哲学史上革命变革的契机。所以，在马克思主义哲学体系的安排上，《社会学大纲》力图用劳动—实践范畴连接辩证唯物主义和历史唯物主义。但是，《社会学大纲》并没有真正实现用实践范畴连接辩证唯物主义和历史唯物主义，并使二者"一体化"的意图。在《社会学大纲》中，辩证唯物主义和历史唯物主义仍处于"二分结构"。究其根本原因，是因为《社会学大纲》没有真正理解自然是"历史的自然"，历史是"自然的历史"，而"历史的自然和自然的历史"是在人的实践活动中生成的，实践本质上是对象化活动，它是人的存在方式、社会生活的本质和现存世界的基础。

同时，《社会学大纲》对辩证唯物主义和历史唯物主义关系的理解也存在着逻辑矛盾：一方面认为，自然辩证法是唯物辩证法的基础，历史唯物主义是辩证唯物主义在历史领域的"应用"和"扩张"。实际上，在马克思主义哲学体系中，辩证唯物主义和历史唯物主义是"一体化"的，既不存在一个独立的、作为理论基础的辩证唯物主义，也不存在一个独立的、仅仅具有应用性质的历史唯物主义，更不存在一个超然于历史辩证法和自然辩证法之上的唯物辩证法。这是在20世纪30年代的中国难以避免的历史局限。尽管如此，《社会学大纲》毕竟凝聚着中国学者对马克思主义哲学的独特理解，是中国学者以自己的表述方式撰写的第一部系统阐述马克思主义哲学的教科书，标志着中国的马克思主义哲学体系基本形成，同时也标志着辩证唯物主义和历史唯物主义体系在中国基本形成。

---

① 《李达文集》第2卷，北京：人民出版社1981年版，第56、60—61页。

二、从《辩证唯物主义历史唯物主义》到《辩证唯物主义原理》、《历史唯物主义原理》

在中国马克思主义哲学史上,1961年,艾思奇主编的《辩证唯物主义历史唯物主义》标志着辩证唯物主义和历史唯物主义体系在中国主导地位的确立。它对马克思主义哲学的对象、任务、性质,以及辩证唯物主义和历史唯物主义的关系都做出了明确规定:一是马克思主义哲学是科学的世界观和方法论,它在对"全部科学知识加以概括和总结"的基础上,研究自然、社会和思维运动的一般规律;二是马克思主义哲学是无产阶级的世界观,其主要任务是改变世界,因而是革命性和科学性的高度统一;三是"马克思主义哲学——辩证唯物主义和历史唯物主义","历史唯物主义和辩证唯物主义是不可分割的有机统一的整体",历史唯物主义就是"把辩证唯物主义推广到对人类社会的认识"。①

正是在这一思想的指导下,《辩证唯物主义历史唯物主义》对马克思主义哲学体系做了这样的安排:世界的物质性;物质和意识;对立统一规律;质量互变规律;否定之否定规律;唯物辩证法的基本范畴;认识和实践;真理;历史唯物主义和历史唯心主义的根本对立;生产力和生产关系;经济基础和上层建筑;阶级和国家;社会革命;社会意识及其形成;人民群众和个人在历史上的作用。其中,在阐述世界的物质性时,是撇开人的实践活动、社会历史来谈论物质的,是撇开人的实践活动、社会历史来谈论自然的;在阐述实践时,又是撇开人的存在方式、社会生活的本质和现存世界的基础来谈论实践的地位和作用的,实践仅仅被看作是认识的基础。这里,作为理论起点的物质实际上就是马克思所说的"抽象物质","人化自然"、"历史的自然"、"社会的物"统统

---

① 艾思奇:《辩证唯物主义历史唯物主义》,北京:人民出版社1961年版,第19、200页。

不见了，世界的物质统一性实际上成了自然界各领域的统一性。显然，《辩证唯物主义历史唯物主义》所建构的马克思主义哲学体系是一个以"抽象物质"为起点、辩证唯物主义和历史唯物主义"二分结构"的理论体系。从总体上看，它在基本观点和理论体系上没有超出苏联马克思主义哲学模式。当然，《辩证唯物主义历史唯物主义》又不是对苏联马克思主义哲学模式的简单模仿，它具有"中国元素"，并具有中国学者的独创性：一是结合了中国新民主主义革命和社会主义建设的实际来阐述马克思主义哲学的基本观点；二是结合了中国传统哲学，尤其是古代唯物主义和辩证法思想来阐述马克思主义哲学的基本观点；三是充分反映了毛泽东哲学思想对马克思主义哲学的丰富和发展，对对立统一规律、认识和实践的阐述，基本上采用了《矛盾论》、《实践论》的体例。

1981年、1983年，肖前、李秀林、汪永祥主编的《辩证唯物主义原理》、《历史唯物主义原理》相继出版。在关于马克思主义哲学的对象、性质和内容的规定，以及辩证唯物主义和历史唯物主义的关系上，《辩证唯物主义原理》和《历史唯物主义原理》从总体上继承了《辩证唯物主义历史唯物主义》的观点，同时，又深化了这些观点。其一，马克思主义哲学是科学的世界观和方法论，其任务就是"揭示贯穿于自然、社会和思维的一切领域中的最普遍的规律"[①]。其二，马克思主义哲学是"唯物主义和辩证法高度统一、唯物辩证的自然观和唯物辩证的历史观高度统一的完整严密的理论体系"。"辩证主义和辩证法的统一是普遍的原则"，"唯物辩证的自然观和唯物辩证的历史观的统一，具有特殊意义"[②]。其三，"马克思主义哲学是辩证唯物主义和历史唯物主义"，辩证唯物主义是"一般宇宙观"，历史唯物主义是"社会历史观""只有当包括自然观在内的一般宇宙观体现为社会历史观，并且真正付诸实

---

① 肖前、李秀林、汪永祥：《辩证唯物主义原理》（修订本），北京：人民出版社1991年版，第40页。

② 肖前、李秀林、汪永祥：《辩证唯物主义原理》（修订本），北京：人民出版社1991年版，第36页。

践的时候,一般宇宙观才能在实际生活中真正发生作用。"① 正是在这三条基本原则的指导下,《辩证唯物主义原理》和《历史唯物主义原理》建构了以"世界的物质性"为起点、辩证唯物主义和历史唯物主义"二分结构"的马克思主义哲学体系。辩证唯物主义原理:世界的物质性;意识的起源、本质和作用;唯物辩证法是关于联系和发展的科学;质量互变规律;对立统一规律;否定之否定规律;唯物辩证法诸范畴;实践及其在认识中的作用;认识的辩证运动;真理;辩证思维的形式和方法。历史唯物主义原理:历史唯物主义是科学的历史观;人类社会和自然界;生产力和生产关系;经济基础和上层建筑;阶级、国家、革命;社会意识;科学及其在社会历史中的地位和作用;人民群众和个人在历史中的作用;社会有机体及其发展和进步。

可见,就基本观点、基本原则和基本结构而言,《辩证唯物主义原理》和《历史唯物主义原理》同《辩证唯物主义历史唯物主义》本质一致,没有超出苏联马克思主义哲学模式。即使1991年出版的《辩证唯物主义原理》修订版和《历史唯物主义原理》修订版,在总体上也是如此。

可以看出,《辩证唯物主义原理》和《历史唯物主义原理》所建构的马克思主义哲学体系,与《辩证唯物主义历史唯物主义》所建构的马克思主义哲学体系,具有本质的相同性,这就是以自然、社会和思维运动的一般规律为研究对象,以思维与存在的关系问题为基本问题,以"抽象物质"为理论起点的辩证唯物主义和历史唯物主义的"二分结构"体系。当然,笔者注意到,在概括自然科学的新成果,总结社会实践的新经验,吸收哲学研究的新思想,以及在解读马克思主义哲学文本的深度和广度上,《辩证唯物主义原理》和《历史唯物主义原理》都远远超出了《辩证唯物主义历史唯物主义》,进一步深化了《辩证唯物主义历

---

① 肖前、李秀林、汪永祥:《辩证唯物主义原理》(修订本),北京:人民出版社1991年版,第8页。

史唯物主义》所阐述的马克思主义哲学的基本观点，进一步完善了《辩证唯物主义历史唯物主义》所建构的马克思主义哲学的理论体系，并产生了广泛的影响。如果说《辩证唯物主义历史唯物主义》确立了辩证唯物主义和历史唯物主义体系在中国的主导地位，那么，《辩证唯物主义原理》和《历史唯物主义原理》则从学理上巩固了辩证唯物主义和历史唯物主义体系在中国的主导地位。

三、从《马克思主义哲学基础》、《马克思主义哲学导论》到《马克思主义哲学原理》

重建中国马克思主义哲学体系始于20世纪80年代。分别于1985年和1987年出版的高清海主编的《马克思主义哲学基础》（上下）标志着中国学者开启了重建马克思主义哲学体系的历史进程。按照《马克思主义哲学基础》的观点，中国的马克思主义哲学体系基本上是从苏联马克思主义哲学教科书借鉴来的。这一体系是按照"两个主义"即辩证唯物主义和历史唯物主义、"四大块"即唯物论、辩证法、认识论和唯物史观，来安排马克思主义哲学内容的，并把本体论、方法论、认识论和历史观变成几个虽有联系，但又各自独立、并列的部分，因而不可能真正贯彻世界观、认识论和方法论或辩证法、逻辑学、认识论内在统一的原则，难以充分体现马克思主义哲学在研究对象和理论内容上的根本变革，难以充分体现马克思主义哲学是与实践密切统一的理论这一根本特征。这一评价中肯而深刻。

《马克思主义哲学基础》以实践为理论基础，以世界观、认识论和方法论的统一为基本原则，以主体与客体的矛盾关系为基本线索，以意识与存在的关系为人类认识史的基本矛盾，建构了一种新的马克思主义哲学体系。这就是，客体的规定性：事物的规定性、过程的规定性、关系的规定性；客体的规律性：质量互变规律、对立统一规律、否定之否定规律；世界统一于运动着的物质：辩证唯物主义的物质观、运动是物质的根本属性、空间、时间和物质的存在形式、世界是多样性的物质统一体；人作为主体的基本规定性：自主性、主观性、自为性；主体能力的自然基础：主体是自然演进到社会的最高产物、主体能力的生理基础、主体能力系统与智能模拟；主体的社会规定性：主体的存在形态、社会条件对主体活动的制约性、主体的历史发展及其规律；主客体统一的规定性：主客体对立统一关系的本质、主客体对立统一的内容；实践：实践的本质、实践的系统结构、实践的作用；认识：认识活动的本质、认识活动的要求及其内在机制、辩证思维与知性思维、认识的发展及其规律；自由：自由的本质、自由的实现。显而易见，《马克思主义哲学基础》所建构的马克思主义哲学体系已经在总体上突破了辩证唯物主义和历史唯物主义的"二分结构"，并产生了重大影响。

但是，《马克思主义哲学基础》在马克思主义哲学的理论起点上没有实现根本突破，仍然是以一种"抽象物质"为理论起点的。它虽然明确提出实践观点是马克思主义哲学的首要观点和理论核心，但在具体阐述马克思主义哲学基本观点时，又没有把这一首要观点、理论核心贯穿始终。相反，只是在阐述了客体规定性、主体规定性之后，才在第四篇，即"主体与客体的统一"中对实践观点作出阐述。客体的规定性、规律性仍然游离于实践观点之外，存在仍然没有被看作是在实践活动中生成的对象性的存在，"历史的自然和自然的历史"仍然在理论视野之外，就实质而言，物质仍然被看作是一种与人的活动、社会历史无关的"客观实在"，即马克思所说的"抽象物质"。

同时，《马克思主义哲学基础》在辩证唯物主义和历史唯物主义的关系问题上没有实现根本突破，仍然认为历史唯物主义是辩证唯物主义在历史领域的"贯彻"、"运用"、"体现"。《马克思主义哲学基础》强调历史唯物主义是辩证唯物主义得以形成的理论前提，"关于实践的理论既是发现唯物史观的必然结果，又是唯物史观的基本内容"[①]。这无疑

[①] 高清海：《马克思主义哲学基础》下册，北京：人民出版社1987年版，第260页。

是正确的,因为全部社会生活在本质上是实践的。但《马克思主义哲学基础》又提出,"不能由此就认为,马克思主义哲学主要就是历史唯物主义"。在马克思主义哲学中,"基础理论""就是辩证唯物主义",历史唯物主义则是把辩证唯物主义运用于历史领域的"中介性理论",是体现在历史观上的辩证唯物主义①。这是一个逻辑矛盾,也是一个理论误判。如前所述,在马克思主义哲学体系中,并不存在一个独立的、仅仅作为"理论基础"的辩证唯物主义,也不存在一个独立的、仅仅具有运用性质、作为"中介性理论"的历史唯物主义。

1988年,两个对重建中国马克思主义哲学体系具有极其重要意义的会议召开:一是"全国哲学体系改革讨论会",会议形成共识,即实践唯物主义应是重建马克思主义哲学体系的方向;二是"全国实践唯物主义讨论会",会议就实践唯物主义的理论内容和体系特征进行了深入而广泛的讨论。此后,以实践唯物主义为基本原则建构马克思主义哲学体系逐渐成为国内哲学界的主流。其中,辛敬良主编的《马克思主义哲学导论》、肖前主编的《马克思主义哲学原理》具有代表性。

1991年的《马克思主义哲学导论》,认为实践唯物主义不是把世界当作与人的活动无关的纯客观的存在,不是对世界本原的终极性思考,而是把世界作为人的实践活动的对象来把握,从而成为理论体系与价值体系的统一,唯物主义自然观与历史观的统一,辩证法与历史唯物主义的统一,辩证法、认识论与逻辑学的统一。以此为基本原则,《马克思主义哲学导论》建构了这样一种马克思主义哲学体系:以实践为中介的自然过程,即自然的客观性及对人的优先地位,自然界的对象性及向人的呈现,自然界的历史性及与人在社会中的统一;以实践为本质的社会历史过程,即社会有机体,历史的主客体和历史过程,社会物质生产,人自身生产和人群共同体,社会精神生产,精神产品的两大类型——意

---

① 参见高清海:《马克思主义哲学基础》下册,北京:人民出版社1987年版,第101页。

识形态和科学，社会形态及其演进序列，人、人性和人的全面发展；以实践为基础的意识和认识过程，即意识的发生和结构，认识过程，实践与真理，思维的规律和方法。

在这一新的马克思主义哲学体系中，实践观点的地位是基础性的，作用是全方位的：一是在自然观中强调"历史的自然和自然的历史"，并认为"历史的自然和自然的历史"是在人的实践活动中生成的，实践是自然与历史"一体化"的基础和中介，物质则"是实践活动的能动改造作用的最后界限"[①]；二是在历史观中强调社会生活本质上是实践的，历史是人类实践活动在时间中的展开，意识形态和科学是人们在实践基础上掌握世界的精神样式；三是在认识论中，强调意识与自我意识的内容和形式都取决于人的实践活动，认为"主体与客体的相互规定及双向运动的结构亦即对立统一的关系，就内化为辩证思维的规律也就是矛盾思维律"[②]。《马克思主义哲学导论》所建构的理论体系体现了实践唯物主义精神，为重建中国马克思主义哲学开辟了广阔的思维空间。

但是，在如何克服"抽象物质"的问题上，《马克思主义哲学导论》又显得力不从心了。《马克思主义哲学导论》的确注意到"抽象物质"的缺陷，因而提出物质"是作为实践对象的一切事物的共同特性的抽象或概括"，主体在实践活动中按照自己的目的，"用关于现实的观念模式和关于客体属性的知识来实现对客体的物质规定"[③]。但是，这只是转移问题，而没有解决问题。实际上，"物质本身是纯粹的思想创造物和纯粹的抽象"[④] 马克思关注的并不是"物质本身"，并不是人之前或人之外的存在，而是关注在特定历史条件下的物质的存在形态。马克思的新唯物主义并不是像旧唯物主义那样，撇开人的实践活动，撇开具体的社会条件，抽象地谈论物质，抽象地谈论存在，相反，马克思总是从人的

[①] 辛敬良：《马克思主义哲学导论》，上海：复旦大学出版社1991年版，第132页。
[②] 辛敬良：《马克思主义哲学导论》，上海：复旦大学出版社1991年版，第132页。
[③] 辛敬良：《马克思主义哲学导论》，上海：复旦大学出版社1991年版，第132、54页。
[④] 辛敬良：《马克思主义哲学导论》，上海：复旦大学出版社1991年版，第343页。

实践活动出发去研究物质在具体社会条件下的存在形态，理解"可感觉而又超感觉"的物，探讨"对象、现实、感性"何以成为这样的存在，把握"社会的物"、社会存在，正如马克思所说，"只有在社会中，自然界对人来说才是人与人联系的纽带，才是他为别人的存在和别人为他的存在；只有在社会中，自然界才是人自己的人的存在的基础，才是人的现实的生活要素。只有在社会中，人的自然存在对他来说才是自己的人的存在。"①

1993 年出版的《马克思主义哲学原理》明确指出：马克思主义哲学是实践的唯物主义哲学，力图从一个新的视角阐释马克思主义哲学是唯物论与辩证法的统一、唯物主义自然观与历史观的统一、认识论与本体论的统一、世界观与方法论的统一、主体性原则与客观性原则的统一。

第一，"以实践概念为基础，唯物论和辩证法这两种哲学传统获得了统一。"② 按照《马克思主义哲学原理》的观点，实践既是人们在一定的物质条件下表现自己的活动，又是人们在自然物中实现自己目的的能动的活动，是人与外部自然之间的一种物质性的否定性关系，因而构成了人的本质和存在方式。当马克思主义哲学从实践活动来规定人的本质和存在方式时，黑格尔辩证法的主体，即绝对精神便被转换为"现实的人和现实的自然界"，绝对精神的矛盾运动便被转化为"现实的人和现实的自然界"之间的矛盾运动。

第二，"马克思主义哲学运用实践的观点，揭示了自然史和人类史的相互制约关系，从而使自然观与历史观统一起来。"③ 按照《马克思主义哲学原理》的观点，社会历史本质上是物质生产方式的历史，因此，

---

① 《马克思恩格斯全集》第 42 卷，北京：人民出版社 1979 年版，第 112 页。
② 肖前：《马克思主义哲学原理》上册，北京：中国人民大学出版社 1993 年版，第 53 页。
③ 肖前：《马克思主义哲学原理》上册，北京：中国人民大学出版社 1993 年版，第 55 页。

当马克思主义哲学把实践理解为社会生活的本质，以实践的观点为基础去理解社会历史时，历史过程的客观性质、物质动因就被揭示出来了。这就创立了历史的唯物主义。在马克思主义哲学中，唯物主义历史观与唯物主义自然观是在实践范畴的基础上统一起来的。

第三，"在马克思主义哲学中，认识论与本体论也在实践概念的基础上达成了统一。"① 按照《马克思主义哲学原理》的观点，实践不仅是现存世界的基础，也是人类以观念的形式把握现存世界的基础。从本质上看，认识是实践活动在人脑中的"内化"和"升华"。因此，实践的观点不仅是马克思主义本体论的首要的基本的观点，而且是马克思主义认识论的首要的基本的观点。换言之，在马克思主义哲学中，本体论与认识论在实践范畴的基础上统一起来了。

第四，"马克思主义哲学把内含否定性、革命性规定的实践概念作为自身的基础，便从根本上决定了它的革命的批判的本质"。② 按照《马克思主义哲学原理》的观点，马克思主义哲学本身内在地包含着革命性、批判性的规定，这种革命性、批判性的规定又是内含于作为马克思主义哲学基石的实践范畴之中的。作为一种客观的、物质的否定性活动，实践构成了人的存在方式，因而成为人类一切否定性活动的原始形态，是人类一切革命性活动的源泉。因此，当马克思主义哲学把实践的观点作为自己首要的基本的观点时，它就必然内在地具有革命性、批判性的规定。

马克思主义哲学的革命性、批判性体现在方法论上就是辩证法。从实践出发，不仅从客体的形式，而且从主体的方面去理解现存事物，从而把握现存事物的历史性，就是辩证法。所以，"合理形态的辩证法"在对现存事物的肯定的理解中同时包含对现存事物的否定的理解。这同

---

① 肖前：《马克思主义哲学原理》上册，北京：中国人民大学出版社1993年版，第55页。
② 肖前：《马克思主义哲学原理》上册，北京：中国人民大学出版社1993年版，第58页。

时表明，辩证法本质上"是批判的和革命的"。从实践出发，从主体方面去理解现存事物，"不仅是一个世界观或存在论的原则，而且也是一个根本的方法论原则"①。马克思主义的世界观与方法论因此在实践范畴的基础上统一起来了。

第五，马克思主义哲学的主体性原则与客观性原则及其统一，同样是由实践范畴所规定的。按照《马克思主义哲学原理》的观点，人们以其目的为范型而进行实践活动，把目的实现于外部世界，不断地使观念的东西转化为实在的东西，就是对现存事物的否定。这充分体现了人的主体性。所以，以内含否定性、批判性、革命性规定的实践范畴为基础的马克思主义哲学，必然高度尊重并弘扬人的主体性。"现实的而非抽象的主体性原则，是马克思主义哲学的一个基本原则"②。

同时，客观性原则是马克思主义哲学的又一基本原则，人的实践活动是有目的的活动，但实践活动的对象，即自然界具有自身运动规律，客观的自然规律预先限制了实践活动可能达到的广度和深度，既定的社会条件直接制约着实践活动目的的实现，这在特定的时空条件下是一种确定的限制。因此，实践概念又内含着客观性的规定。正是实践范畴内含的这种客观性规定，决定了建立了实践范畴基础上的马克思主义哲学又具有客观性原则。

《马克思主义哲学原理》的这些观点体现了马克思主义哲学的本真精神，为重建中国马克思主义哲学体系开辟了新的天和地。然而，就在《马克思主义哲学原理》为重建中国马克思主义哲学体系展示一个新的地平线时，它又后退了一大步，提出"马克思主义哲学区别于其他一切

---

① 肖前：《马克思主义哲学原理》上册，北京：中国人民大学出版社1993年版，第58页。

② 肖前：《马克思主义哲学原理》上册，北京：中国人民大学出版社1993年版，第60页。

哲学的根本之处,在于它解决哲学基本问题的独特方式"①。马克思主义哲学同西方近代哲学乃至整个传统哲学一样,关注的仍然是思维与存在的关系问题,仍然是宇宙的本体、世界的本原问题。一言以蔽之,马克思主义哲学本质上仍然是知识论形态的哲学,仍然是"形而上学"。

以上述思想为依据,《马克思主义哲学原理》建构了这样一种马克思主义哲学体系:世界的物质统一性;物质世界的联系和发展;世界联系和发展的基本环节;世界联系和发展的基本规律;人类社会生活的实践本质;物质生产;物质生产基础上的社会有机系统;阶级斗争的历史地位;人民群众和个人在历史中的作用;科学及其社会功能;认识的本质和特征;认识的辩证过程;思维方法;真理和价值;文化、文明和社会进步;人的全面发展和人类的解放。无疑,《马克思主义哲学原理》所建构的马克思主义哲学体系对辩证唯物主义和历史唯物主义"二分结构"体系有突破之处,尤其是强调了人类社会生活的实践本质。

但是,《马克思主义哲学原理》所建构的这种马克思主义哲学体系,并没有把实践的观点是马克思主义哲学的首要的基本的观点这一精神真正贯彻下去,尤其是没有把实践的观点贯彻到本体论之中,没有贯彻到辩证法之中,因而也就没有真正实现自己的目标,即以实践范畴为基础建构自然观、历史观、认识论和价值论,从而以实践唯物主义为根本线索建构马克思主义哲学体系。从根本上说,《马克思主义哲学原理》仍然是以脱离人的活动和社会历史的"抽象物质"为理论起点,并以此为基础论述世界的物质统一性的。究其根本原因,是因为《马克思主义哲学原理》没有真正理解实践的本体论意义,因而也就没有深刻把握"社会的物",没有深刻阐述自然存在在人的实践活动中已经转化为社会存在,没有深刻阐述存在的社会历史性。

---

① 肖前:《马克思主义哲学原理》上册,北京:中国人民大学出版社1993年版,第50页。

四、简短的结语

在简短的结束语中，笔者不是对上面的论述做一概括和总结，而是就马克思主义哲学体系建构中的三个重大问题做一简明扼要的说明。

一是建构马克思主义哲学体系是以思维与存在的关系问题作为基本线索，还是以无产阶级和人类解放作为理论主题？几乎所有的马克思主义哲学教科书在建构马克思主义哲学体系时，都是以思维与存在的关系问题作为基本线索，以物质为逻辑起点和建构原则的。马克思主义哲学当然要解答思维与存在的关系问题，但它解答这一问题是为无产阶级和人类解放这一理论主题服务的。与西方近代哲学以至整个传统哲学不同，马克思主义哲学关注的并不是所谓的整个世界的"终极存在"，而是如何消除人的生存的异化状态，实现人类解放和人的全面而自由发展。如果说西方传统哲学的理论主题是"世界何以可能"，那么，马克思主义哲学的理论主题就是"人类解放何以可能"；如果说西方传统哲学重在解释世界，那么，马克思主义哲学则重在改变世界。因此，建构马克思主义哲学体系必须以无产阶级和人类解放为理论主题，以实践为逻辑起点和建构原则。

二是建构马克思主义哲学体系是以辩证唯物主义和历史唯物主义"二分结构"为基本框架，还是以实践、辩证、历史的唯物主义"一体化"为基本框架？改革开放之前，中国学者建构马克思主义哲学体系是以辩证唯物主义和历史唯物主义"二分结构"为基本框架的；改革开放之后，中国学者建构马克思主义哲学体系是以实践观点为核心范畴和建构原则而展开的。但是，我们不能把实践唯物主义和辩证唯物主义、历史唯物主义对立起来，不能把辩证唯物主义和历史唯物主义对立起来。在哲学史上，马克思第一次把实践提升为哲学的根本原则，转化为哲学的思维方式，从而创立一种实践、辩证、历史的唯物主义。实践唯物主义、辩证唯物主义、历史唯物主义是马克思主义哲学的三个基本特征，而不是三个主义。用"实践唯物主义"称谓马克思主义哲学，是为了透显马克思主义哲学所内含的实践维度及其首要性和基本性；用"辩证唯物主义"称谓马克思主义哲学，是为了透显马克思主义哲学所内含的辩证法维度及其批判性和革命性；用"历史唯物主义"称谓马克思主义哲学，是为了透显马克思主义哲学所内含的历史维度及其彻底性和完备性。我们应以实践唯物主义、辩证唯物主义、历史唯物主义的"一体化"作为马克思主义哲学体系的基本框架。

三是建构马克思主义哲学体系是把"纯粹"的哲学批判作为本质规定，还是把哲学批判、意识形态批判和资本批判的统一作为本质规定？几乎所有的马克思主义哲学教科书在建构马克思主义哲学体系时，都注意到了马克思主义哲学的批判性，但基本上都是在"纯粹"哲学的层面上阐述这种批判性。实际上，马克思主义哲学的批判性是哲学批判、意识形态批判和资本批判的高度统一。我们应当明白，资本不仅改变了与人相关的自然界的存在属性，而且改变了人类社会的存在形态；不仅改变了人与自然的关系，而且改变了人与人的关系，并使人与人的关系转化为物与物的关系，表现为物对人的支配关系。在资本主义社会，资本具有支配一切的权利，是资本主义社会的根本规定、存在形式和建构原则，并构成了资本主义社会的基本建制。一言以蔽之，资本本身就是一种独特的社会存在，是资本主义社会最基本和最高的社会存在物。

正是在资本批判的过程中，马克思扬弃了抽象的存在，发现了现实的社会存在，发现了人与人的关系以物化方式而存在的秘密，并透视出人的自我异化的秘密所在，从而把存在论或本体论和人间的苦难与幸福结合起来了，使无产阶级和人类解放得到了本体论证明。这就是说，马克思的资本批判本质上是一种存在论或本体论意义上的批判。马克思哲学批判的力度只有在同马克思资本批判的高度关联中才能显示出来；马克思资本批判的深度只有在马克思哲学批判的概念背景下才能得到深刻理解；而无论是哲学批判，还是资本批判，都只有在无产阶级和人类解放这一更大的意识形态背景下才能得到真正的理解和把握。哲学批判、意识形态批判和资本批判的高度关联、融为一体,这是马克思独特的思维方式,是马克思主义哲学的独特的存在方式。

(作者杨耕系北京师范大学教授)

认祖归宗与当代中国马克思主义哲学创新

汪信砚

[摘 要] 中国早期马克思主义者所开创的中国马克思主义哲学传统是一种马克思主义哲学中国化传统。自觉继承和发扬马克思主义哲学中国化传统，是实现当代中国马克思主义哲学创新的根本前提。必须正确认识马克思主义哲学中国化传统的重要意义；必须在当代中国马克思主义哲学研究中恢复和重建马克思主义哲学中国化范式；必须重建马克思主义哲学与其他人文社会科学的联盟，加强对马克思主义理论的整体研究。

[关键词] 中国马克思主义哲学传统　马克思主义哲学创新　马克思主义哲学中国化

国内学界关于当代中国马克思主义哲学创新问题的讨论已持续多年，但一直鲜有人提出和探讨当代中国马克思主义哲学创新与中国马克思主义哲学传统的关系问题。传统与创新向来都是相依相促的：传统通过创新而不断发展和延续，而创新则通过借重和超越传统来实现。当代中国马克思主义哲学研究，要真正实现创新，首先必须认祖归宗，自觉认同和皈依中国马克思主义哲学的传统。

---

* 原文发表于《哲学研究》2016 年第 5 期。

一

对于当代中国马克思主义哲学研究来说,所谓认祖归宗,就是要明确、珍重、认同、继承和发扬中国早期马克思主义者所开创的中国马克思主义哲学传统。中国早期马克思主义者是指五四运动后因受俄国十月革命的影响而信奉马克思主义并在中国积极传播马克思主义的一批先进知识分子,李大钊、陈独秀和李达是主要代表。他们开创了中国马克思主义哲学传统,这一传统就是马克思主义哲学中国化传统,具有以下几个鲜明特点:

第一,用马克思主义哲学改造中国,探索和回答"中国向何处去"这个时代的中心问题。鸦片战争以后,积贫积弱的中国饱受西方列强欺凌,中华民族的危机日益深重,"中国向何处去"凸显为时代的中心问题。正是为了探索和回答这一时代的中心问题,近代中国大批先进知识分子纷纷向西方学习,并由此掀起了西学东渐的热潮;也正是为了探索和回答这一时代的中心问题,中国早期马克思主义者自觉选择了马克思主义、把马克思主义哲学"作为观察国家命运的工具"①。而中国早期马克思主义者运用马克思主义哲学探索和回答"中国向何处去"这一时代的中心问题,结论是要走十月革命的道路。正如毛泽东所说:"走俄国人的路——这就是结论。"②

第二,坚持理论联系实际,把马克思主义哲学应用于中国的具体环境。要用马克思主义哲学改造中国,就必须把马克思主义哲学与中国的具体实际相结合,深入研究特定历史时期中国社会的各种重大问题,并由此规划和指导改造中国的实践。中国早期马克思主义者紧密结合中国

---

① 《毛泽东选集》第4卷,北京:人民出版社1991年版,第1470页。
② 《毛泽东选集》第4卷,北京:人民出版社1991年版,第1470页。

的具体实际来传播马克思主义哲学,不仅明确回答了"中国向何处去"这个时代的中心问题,提出了走十月革命道路的主张,而且对于在当时中国条件下如何走俄国十月革命道路的一系列相关问题进行了积极探索,为中国革命道路的开辟作了重要理论准备。

第三,立足中国实际,建构马克思主义哲学的中国话语。马克思主义哲学中国化即把马克思主义哲学与中国的具体实际相结合,改造中国、规范和促进中国社会的发展。这也包括立足于中国的具体实际研究马克思主义哲学、建构中国话语的马克思主义哲学。

第四,把对马克思主义哲学的研究扩展到人文社会科学各个学科,着力于对马克思主义理论的整体研究。中国早期马克思主义者一开始就意识到了马克思主义理论的整体性。例如,李大钊在 1919 年 10 月至 11 月的《我的马克思主义观》中写道:马克思的"三部理论,都有不可分的关系,而阶级竞争说恰如一条金线,把这三大原理从根本上联络起来"①。他还认为,马克思主义的理论整体是建立在唯物史观的基础上的,因此,"离了他的特有的史观,去考他的社会主义,简直的是不可能"②。正因为认识到唯物史观构成了整个马克思主义的理论基础,中国早期马克思主义者大多能够结合自己的学术背景自觉地运用唯物史观来考察人文社会科学各个学科中的问题,并由此突出体现了对马克思主义理论的整体研究的重视。比如李达将对唯物史观的研究扩展至社会学、宗教学、宪法学、教育学和文化思想史等领域,实现了马克思主义的综合理论创新,成为中国马克思主义发展史上注重对马克思主义理论的整体研究的典范。

---

① 《李大钊全集》第 3 卷,北京:人民出版社 2006 年版,第 19 页。
② 《李大钊全集》第 3 卷,北京:人民出版社 2006 年版,第 18 页。

二

中国早期马克思主义者开创的马克思主义哲学中国化传统，是当代中国马克思主义哲学创新的宝贵思想资源。认祖归宗、自觉继承和发扬中国早期马克思主义者开创的马克思主义哲学中国化传统，是实现当代中国马克思主义哲学创新的根本前提。这既是中国马克思主义哲学创新的重要经验，也是从当代中国马克思主义哲学创新的本质规定中得出的必然结论。

首先，要实现当代中国马克思主义哲学创新，就必须认祖归宗、自觉继承和发扬中国早期马克思主义者所开创的马克思主义哲学中国化传统。在中国马克思主义哲学发展史上，毛泽东的哲学创造无疑是中国马克思主义哲学创新的典范，因为正是他在构建马克思主义哲学的中国话语方面最先取得了突破性的成就，创造了中国马克思主义哲学的第一个理论形态，即毛泽东哲学思想。而毛泽东之所以能实现中国马克思主义哲学史上这一伟大创造，其中一个关键之点就是继承和发扬了中国早期马克思主义者所开创的马克思主义哲学中国化传统。

毛泽东的哲学创造最集中地体现在他于1937年7、8月间写的《实践论》和《矛盾论》中。它们堪称把马克思主义哲学与中国具体实际相结合、运用马克思主义哲学分析和解决中国问题的范例，并由此成为马克思主义哲学中国化传统的经典文本。其中，《实践论》创造性地阐述了实践的内容和形式、实践在认识过程中的基础地位和决定作用、认识发展的辩证过程、人类认识辩证运动的总过程和根本规律，并深刻地揭示了中国革命中的右倾机会主义和"左"倾冒险主义的认识论根源。

其次，要实现当代中国马克思主义哲学创新，就必须认祖归宗、自觉继承和发扬中国早期马克思主义者所开创的马克思主义哲学中国化传统。这是从当代中国马克思主义哲学创新的本质规定中得出的必然结论。建构新的中国化的马克思主义哲学体系或马克思主义哲学的当代形态，提出新的概念、范畴、命题、观点或对某些问题的新的理解，开辟新的研究领域、找到新的理论生长点或新的研究方法，等等，都是当代中国马克思主义哲学创新的表现形式，它们都必须具有这样一种本质规定性，即它必定同时既是马克思主义的又是中国的。

当代中国马克思主义哲学创新本质上是一种马克思主义的哲学创新，必须遵循马克思主义哲学的基本精神，坚持马克思主义哲学的基本原则，必须继承和发扬马克思、恩格斯所开创的马克思主义哲学传统。继承和发扬马克思主义哲学传统是马克思主义哲学创新的根本前提，也只有在这个前提下的哲学创新才是马克思主义哲学创新。这是因为，任何形式的马克思主义哲学创新都首先必须继承和发扬这种传统。如果背离了马克思主义哲学传统，即使能够实现什么哲学创新，也断不可能是马克思主义哲学创新。

我们说以往鲜有人提出和探讨当代中国马克思主义哲学创新与中国马克思主义哲学传统的关系问题，并不是说人们全都没有注意到当代中国马克思主义哲学创新与以往传统的联系。事实上，有些人是很重视当代中国马克思主义哲学创新与马克思主义哲学传统的关系的，提出回到经典，认为只有"返本"才能"开新"。"返本"即返回到马克思主义哲学经典文本，是为了实现对这些经典文本的原初意义的重新把握，虽然这种"返本"并不一定就能直接带来"开新"即马克思主义哲学创新，但它是实现马克思主义哲学创新的重要条件。

此外，当代中国马克思主义哲学创新还具有"当代"这一规定性，是当代条件下的中国马克思主义哲学创新，而这又意味着要实现当代中国马克思主义哲学创新，必须强化当代意识，把握时代精神的新变化，把马克思主义哲学与当代世界、特别是当代中国的具体实际相结合，努力促进中国马克思主义哲学的当代发展。这并不是要建构一种像马克思主义哲学的"经典形态"那样的、为马克思主义哲学的诸民族化形式都普遍认同和共享的马克思主义哲学的当代形态，马克思主义哲学的诸民族化形式都可以并且都应该努力建构马克思主义哲学的当代形态。这样一来,当代中国马克思主义哲学创新所追寻的就只能是中国化的马克思主义哲学的当代形态。显然,要实现这样一种目标,同样必须继承和发扬中国早期马克思主义者所开创的马克思主义哲学中国化传统。

三

认祖归宗、自觉继承和发扬中国早期马克思主义者所开创的马克思主义哲学中国化传统,是实现当代中国马克思主义哲学创新的内在要求。然而,在当代中国马克思主义哲学研究中,虽然人们都强调和追求马克思主义哲学创新,但不少人已完全忘却或从根本上无视中国早期马克思主义者所开创的马克思主义哲学中国化传统。有些人认为,中国早期马克思主义者最多只是在中国传播了马克思主义。这些人否定中国早期马克思主义者开创的马克思主义哲学中国化传统,同时也割断了当代中国马克思主义哲学研究与中国早期马克思主义哲学中国化传统之间的应有联系,严重阻滞了当代中国马克思主义哲学创新。今天,要推进当代中国马克思主义哲学创新,就必须把认祖归宗、自觉继承和发扬中国早期马克思主义者所开创的马克思主义哲学中国化传统落到实处。

首先,必须正确认识中国早期马克思主义者所开创的马克思主义哲学中国化传统的重要意义。中国早期马克思主义哲学中国化传统,本身就是马克思主义哲学发展史上的重大理论创新。它继承了马克思、恩格斯所开创的马克思主义哲学传统,同时又为这种传统注入了全新的内容,是对马克思主义哲学传统的创造性发展。马克思、恩格斯所开创的马克思主义哲学传统的重要特点之一,就是反对只是单纯地解释世界而特别注重改造世界。正如马克思所说:"哲学家们只是用不同的方式解释世界,问题在于改变世界。"① 也正因如此,所以马克思、恩格斯一向反对那种对待他们学说的教条主义态度,要求人们把他们的学说与各国

---

① 《马克思恩格斯选集》第 1 卷,北京:人民出版社 1995 年版,第 57 页。

的具体实际相结合，把他们的学说"应用于本国的经济条件和政治条件"①。同时，马克思、恩格斯所开创的马克思主义哲学传统也是一种注重在与人文社会科学各个领域的整体关联中来进行哲学探索的传统。中国早期的马克思主义哲学中国化传统，不仅忠实地继承了马克思主义哲学传统的这些基本特质，而且在中国的条件下演绎和弘扬了这一传统。虽然这一传统是在近一个世纪以前开创的，但它在今天仍然具有强大的生命力。要实现当代中国马克思主义哲学创新，就必须遵循这一传统所确立的马克思主义哲学研究的目标、方法和路径。

其次，必须在当代中国马克思主义哲学研究中恢复和重建马克思主义哲学中国化范式。在各门学科的发展过程中，范式都是一定的学术传统的核心，学术传统说到底就是一群研究者遵循共同的范式而形成的传统。中国早期马克思主义者所开创的马克思主义哲学中国化传统，其核心就是马克思主义哲学中国化的范式；而上述中国早期的马克思主义哲学中国化传统的前三个特点，恰好就是对于中国马克思主义哲学研究的目标、方法、路径的规定和诠释。我们主张认祖归宗、继承和发扬中国早期马克思主义者所开创的马克思主义哲学中国化传统，最为重要的就是要在当代中国马克思主义哲学研究中恢复和重建马克思主义哲学中国化范式。

再次，必须重建马克思主义哲学与其他各门人文社会科学的联盟，并由此加强对马克思主义理论的整体研究。马克思主义本身是以马克思主义哲学为基础并由马克思主义哲学、马克思主义政治经济学、科学社会主义等基本组成部分构成的内容极其丰富的理论整体。注重对马克思主义理论的整体研究，是中国早期马克思主义者所开创的中国马克思主义哲学传统的特点之一。我们强调要认祖归宗、自觉继承和发扬中国早期马克思主义者所开创的马克思主义哲学中国化传统，自当加强对马克思主义理论的整体研究。

---

① 《马克思恩格斯选集》第4卷，北京：人民出版社1995年版，第669页。

马克思、恩格斯创立马克思主义这一理论整体，是通过创造性地把马克思主义哲学运用于各门人文社会科学的研究来实现的。具体来说，他们充分吸收人类思想史上的优秀成果，深入探索客观世界的发展规律，创立了马克思主义哲学，并运用马克思主义哲学特别是唯物史观考察资本主义的经济关系，提出了剩余价值学说，而唯物史观和剩余价值学说这"两个伟大的发现"又为科学社会主义奠定了坚实的基础。此外，马克思、恩格斯还把马克思主义哲学运用于文学、艺术、史学、法学等领域的研究，创立了马克思主义的文学理论、艺术理论、史学理论、法学理论，等等。中国早期马克思主义者对马克思主义理论的整体研究，也是通过把对马克思主义哲学特别是唯物史观的研究扩展于经济学、政治学、法学、史学、社会学、民族学、教育学等人文社会科学的各个领域来实现的。但当代中国马克思主义哲学研究长期受到学科壁垒的限制，基本上失去了与其他各门人文社会科学的联系，由此丢弃了注重对马克思主义理论的整体研究的传统。而要改变这种状况，就必须重建马克思主义哲学与其他各门人文社会科学的联盟。

重建马克思主义哲学与各门人文社会科学的联盟，由此加强对马克思主义理论的整体研究，对于实现当代中国马克思主义哲学创新具有极其重要的意义。集合人文社会科学各学科的力量，以马克思主义哲学的立场、观点、方法和世界历史眼光透析中国道路，概括、提炼和深研中国道路开创实践中的时代性问题，深刻地总结中国经验，进而全面地把握当代中国的具体实际，必将有力地促进各门人文社会科学研究中中国话语的构建，必将带来当代中国马克思主义理论的整体性发展和当代中国马克思主义哲学的重大理论创新。

(作者汪信砚系武汉大学哲学学院教授)

三

学术争鸣

马克思政治经济学的四重维度

——兼评曹典顺《政治经济学与唯物史观的内在关联》一文

刘 李

[摘 要] 马克思政治经济学与历史唯物主义具有深刻的内在关联，这种关联使之具有不同于古典政治经济学和现代经济学的独特鲜明的理论特征，这些特征集中表现为，作为一种经济学理论的马克思政治经济学同时还具有历史的、社会的、政治的和道德的四重维度，并能够沿着这些维度展开为一种历史理论、社会理论、政治理论和蕴含深刻价值诉求的理论。这种认识有助于我们深刻把握马克思政治经济学的理论创新和当代意义。曹典顺教授的相关研究为这四重维度的阐发提供了重要的理论基础。

[关键词] 政治经济学 历史唯物主义 历史 社会 政治 道德

在《马克思与西方政治思想传统》一书中，汉娜·阿伦特认为西方近代社会发展催生出两个全新的和具有根本重要性的理论问题，即劳动问题与历史问题，而这才是马克思着力处理的真正问题。[①] 这固然是一家之言，但也从一个方面显示了马克思的政治经济学和历史唯物主义在

---

① 阿伦特：《马克思与西方政治思想传统》，孙传钊译，南京：凤凰出版传媒集团2007年版，第7页。

其思想体系以至于整个西方思想史中的重要地位，它们大体对应于这两大问题的确立和回答，并且，在马克思那里，两者（从而也是各自对应的两大问题）是相互关联的。

在当代，深入探讨这两种理论及其关联仍然具有重大的理论与现实意义。有鉴于此，《中国社会科学》2016年第十期刊发了一组专题为"唯物史观中的政治经济学批判"的文章，意在"从思想史角度发现马克思把握时代思想创造的当代意义"。在这组文章中，曹典顺教授的《政治经济学与唯物史观的内在关联》一文给人留下深刻印象。该文在把握政治经济学与唯物史观关系这一重大问题时表现出两个显著特点：一是运用了出场学的理论和方法，表现出鲜明的理论特色和创新意义；二是着力从马克思思想的发展史（并结合马克思所处时代的历史情境的变化）角度梳理两者关系，这种角度的探究凸显了这种关系发展的历史性，并分析了不同发展阶段呈现出的不同特点。

我们知道，思想和思想间存在两个维度，一是历史—经验的维度，一是语义—逻辑的维度。前者是指，思想总是在特定的历史时空中产生、持存和消亡，尤其是社会、人文思想，其产生和消亡不仅具有经验的条件，它们还直接或间接地以特定的现实为其内容，表现或回应某些特定现实问题。后者是指，思想作为概念、判断、推理构成的统一体，围绕特定的理论问题或对象、基于特定的理论预设、运用特定的理论方法建构起自身，并内在包含诸种语义的、逻辑的关系。从出场学的角度看，历史—经验的维度更具基础性，语义—逻辑的维度奠定在这一基础上并最终由它构成。这样，我们就不难理解曹教授从发展史的视角分析政治经济学与唯物史观的关系的原因以及这种分析的理论创新意义了。

虽然不具有基础性与真正的自足性，但思想的语义—逻辑方面仍然有相对的独立性，可以主要运用哲学的方法对其中包含的预设、方法、语义—逻辑关系进行分析。曹教授并没有忽视政治经济学和唯物史观关系的语义—逻辑的方面，在文章的第二部分他已经对此作了分析，只是由于不是文章重点和限于篇幅没有详细展开。本文是要接续曹教授没有充分展开的分析工作,重点关注经济学与历史唯物主义在语义—逻辑方面的内在关联,并在这一基础上阐明马克思政治经济学固有的四重维度。这些维度及其内在统一性使这种政治经济学既区别于古典政治经济学,也区别于西方现代经济学,并为对两者的批判提供了重要的理论资源。

一、马克思政治经济学与历史唯物主义的逻辑关联

在从语义—逻辑方面探讨政治经济学与历史唯物主义的内在关联时,首先回答这样一个基本问题:何为历史唯物主义?基于不同的解读方式,对这一问题的回答是不同的。在《社会理论的核心问题》一书中,吉登斯谈到了几种有代表性的解读方式,它们分别将历史唯物主义视作:(1)一种方法论描述或历史解释理论;(2)一种人类实践观念;(3)强调劳动在人类社会发展过程中的重要性的学说;(4)一种社会变迁理论;(5)一种关于经济基础与上层建筑之间关系的功能主义理论;(6)一种关于意识的化约主义理论;(7)一种有关阶级划分的核心地位的理论。[①]上述每种解读都能在马克思的相关著作中找到文本依据。

在我们看来,上述解读固然不同,但并不相互矛盾,实质上只是基于不同的理论视角对历史唯物主义的不同方面的把握。历史唯物主义,它直接显现的形态是对社会和历史的一种系统阐释,但这种作为研究结果的阐释基于特定的理论预设、解释原则和方法论,以及某种关于人类活动的特定观念,等等,它们当然也构成历史唯物主义的重要方面。我们看到,上述解读有些着眼于这些方面,有些着眼于历史唯物主义直接显现的形态,因而,它们完全可以被综合起来,构成一种统一并不断深化的历史唯物主义解释。

---

① 吉登斯:《社会理论的核心问题》,郭忠华等译,上海:上海译文出版社 2015 年版,第 162—165 页。

第一种和第六种解读模式,即将历史唯物主义视为一种方法论描述或历史解释路径,和视为关于意识的化约主义理论,都看到了历史唯物主义的这样一个重要特征,即它确立起一种根本不同于黑格尔和新黑格尔主义的历史解释原则和方法论。新的解释原则蕴含在"社会存在决定社会意识"(以及类似的理论表述)这一著名论断中,它将社会存在确立为解释的根据,将社会意识视为解释的对象,而黑格尔和新黑格尔主义的解释原则恰恰相反。与这一原则相适应的是,历史唯物主义的出发点是"现实的人及其生活"、"从事实际活动的人"(以及类似理论表述),而不是思想、观念、意识;由此展开的是一种对人类现实的社会生活的具体的、经验的研究,而不是运用抽象的思想范畴及范畴间的演绎关系来规定现实生活的本质;通过这种研究所产生的是马克思所谓的"真正的知识",而不是本质上虚假的思辨认识。

作为一种新的历史解释原则和方法论的历史唯物主义对政治经济学而言具有重大意义。第一,通过将思考的向度决定性地转向人的现实活动和人的现实的物质生活,历史唯物主义在理论上吁求政治经济学的出场,使之服务于对这一生活的系统阐明。第二,它同时为政治经济学的出场奠定了坚实的认识论和方法论基础,并通过对历史唯心主义的驱逐廓清了这个基础。在这一基础上发展起来的政治经济学将首先作为一门经验科学而不是一种政治经济学的形而上学存在,它所揭示的诸种辩证关系首先和本质上是现象内在的、固有的关系,而不是意识中经济范畴间的演绎关系。

如何从理论上规定作为历史唯物主义出发点"人的现实活动"呢?我们知道,马克思用一个新的概念(或赋予这一概念新的含义),即"实践",来表征这一活动,相应地,对这一活动的条件、本质和力量的理解都包含在实践概念的规定性中。简要地说,实践是现实的人基于特定的历史社会条件能动地改造自然世界,并同时改造社会世界和人自身的活动。这样初步规定中包含两个要点:

第一,在对人类活动的理解中,马克思既强调了具体实践对特定历史条件的依从性，以及由此而来的这些条件对活动的限制，同时又强调了人的主观性和能动性，实质上这两个方面并不冲突，而是内在统一的。这种关于人类活动的理解使历史唯物主义既区别于唯意志论，又区别于机械唯物主义和费尔巴哈式的唯物主义。对活动之性质的这种理解乃是显现人类活动以及作为活动产物的人类生活的历史性的认识论前提，它使人类生活作为一种具有连续性的、可理解的事物呈现自身，而唯意志论则使之成为任性意志的、从而也是碎片化的产物，机械唯物主义使之成为人类意识无法体验式理解的、被严格自然规律决定的自然过程，在这两种理论视角下，人类生活的历史性维度都消失不见了。

第二，实践所表征的现实活动作为构成历史、社会和人本身的本源性力量。在某种意义上，实践所具有的作用和意义可类比于现象学的意向性活动。正如意向构成的分析需要一对自然态度的悬置为前提一样，实践构成作用的分析也需要悬置对现象的自然态度，并且，分析最终会显示，现象最初对我们表现的样子常常只是幻相、拜物教、真相的倒置等等；正如在现象学那里世界作为意向活动的构成物一样，在历史唯物主义那里，历史、社会和人自身作为实践活动的产物；正如对世界中诸现象的本质和本质关系的分析需要回溯到意象活动的本质和本质结构以及意象活动的先验基础一样，对诸种历史社会现象的本质分析也要回溯到实践的层面，将之视为实践的相关物和产物，回溯到实践活动的基本条件或包含在实践中基本人类关系。

实践观点构成历史唯物主义的真正理论原点，并且，这一原点不是一个静止无力的点，而是一个具有本源性构成力量的、运动性、具有生产性的点，某种意义上，历史唯物主义正是实践观点扩展、深化的产物。对历史唯物主义的第二种解读，即将之看作一种关于人类实践的理论，正是紧紧抓住了这一点，将之视为历史唯物主义的本质规定。

通过实践观念，历史唯物主义获得更深刻的规定，那么，政治经济学和这种经由实践观念获得更深刻规定性的历史唯物主义存在何种关系呢？我们看到，作为政治经济学解释对象的经济现象正是人的经济活动及其产物，而作为经济行为的狭义上的"劳动"被马克思视为最基础和最重要的实践活动，即将经济活动视为最基础的构成力量，相应的，对作为构成物的历史、社会与人之本质的理解必须最终回溯到经济生活的层面，并将本质最终把握为人们在经济活动中结成的社会关系。这一点深刻规定了政治经济学与历史唯物主义的关系。政治经济学绝不仅仅只是对经济现象的解释，这一解释同时还是一种更宏大的解释的基础，后者旨在将包含了经济现象在内的社会和历史整体进行一种系统解释，而历史唯物主义正是这一解释或它的初步形态。这样，政治经济学就构成历史唯物主义的基础部分。同时，依据历史唯物主义的实践观念，我们看到，政治经济学出于内在的必然性又会将自身深化和扩展为一种宏大的历史—社会解释，即历史唯物主义。并且，也正是实践观念决定了这种政治经济学所要寻求的"现象之本质"必然是历史地实践着的人们之间的生产关系，并间接地和部分地决定了这门科学中达到本质或获得真理的方法。

正是作为劳动的实践活动的本源的构成活动产生了作为整体的社会，并且，由于实践活动的历史性和社会形态内部矛盾的发展，这个整体不是一个静止的结构，而是一个历史地形成和变迁的整体。正是这个历史—社会整体构成历史唯物主义真正的理论对象，对这个整体的系统阐释使历史唯物主义同时表现为一种关于经济基础和上层建筑关系的理论和一种社会变迁理论。前者着眼于整体的共时性的结构关系，后者着眼于结构的历史构成和变迁。这样，我们就将上述关于历史唯物主义的第四和第五种解读整合进来，并为分析政治经济学与历史唯物主义关系提供了新的平台。

在这一新的平台上，蕴含在实践观念中的两者的关系得到实现和表现。我们更清楚地看到，政治经济学构成历史唯物主义的一个基础部分，并且，政治经济学的研究必然突破经济现象的领域伸展到上层建筑的领域，并显示经济基础对上层建筑的构成和支配作用，从而，某种意义上可以说，历史唯物主义正是扩展了的政治经济学。但另一方面，政治经济学能够实现这样的扩展又是因为，它从历史唯物主义那里获得了它的历史性的向度，它的坚实的认识论和方法论支撑，关于它的真理或本质内容的规定，以及关于其研究对象和理论任务的不同于其他经济学的设定。

与历史唯物主义的这种内在关联使马克思政治经济学绝不仅仅只是一种经济学理论，它还同时具有历史的、社会的、政治的和道德的维度。从这些不同方面来看或沿着这些维度展开，马克思政治经济学同时还是（或必然发展为）一种历史性的和关于历史的理论、一种社会理论和政治理论、一种将价值评判结合进科学研究中的理论。

二、政治经济学的历史维度与社会维度

我们首先需要考察的是政治经济学的历史维度。我们所说的历史维度包含两个相关的规定：第一，政治经济学作为一种历史性的科学；第二，政治经济学作为一种关于历史或同时以历史为对象的科学。这两个规定是相统一的。

在马克思看来，政治经济学首先作为一门历史性科学而存在。政治经济学的研究对象是一种历史性而不是超历史的存在。人类的经济活动、人们在经济活动中结成的各种社会关系的性质和结构、建立在这一关系结构之上、作为其必然延伸的上层建筑都不是永恒不变的，而是历史地形成和发展、变化的。与之相应，政治经济学所运用的经济范畴的规定性也是历史地变化着的。范畴不仅仅是对特定经济现象的理论抽象或概况，同时更是对它的规定和解释，而经济现象的本质和意义不能一般性地和仅就现象本身来谈，而是必须将之置于特定的经济—社会结构中进行研究，这种研究将使经济范畴的规定性随着结构的不同而不同，随着结构的发展和变迁而不断丰富和深化。我们知道，在《贫困的哲学》中，马克思系统阐释了这一点。上述两种基本的限制（对象和范畴

的历史性）使得政治经济学仅仅只是对它所处的特定历史时代经济现象的解释和辩护，它所揭示的所谓"规律"也不具有普遍有效性。

马克思政治经济学同古典政治经济学一样具有历史性。但不同后者，这种经济学诞生于一个资本主义生产关系更发达、更成熟的阶段，这使得马克思获得了一个之前的政治经济学家不曾有的优势，即获得了一个丰富完整的现象整体作为研究对象，而这是阐明其本质，即它所包含的诸种关系的性质及其发展趋势的一个历史条件。并且，基于历史唯物主义的历史观念，马克思对政治经济学（当然也包括自己的政治经济学）的历史性具有充分的自觉（而之前的政治经济学家却缺乏这种自觉），这种自觉有助于他更深刻地看到古典政治经济学的局限性及其根源，同时也更深刻地认识到自己的政治经济学的对象、性质、功能和力量。

马克思自觉地将自己的政治经济学的对象设定为资本主义生产关系和以之为基础的资本主义社会形态，这种政治经济学分析是一种逻辑分析，即对这一整体内部关系及其转化的分析，同时也是一种历史分析，即对这个关系结构的形成、发展和衰亡的分析。在这样确证理论对象之历史性的同时也确证了自身，即关于对象的理论（包括它的范畴和规律）之历史性。并且，这种交织不仅存在于认识的层面，还存在于实践的层面，即这种政治经济学不仅将资本主义社会作为认识的对象，还作为批判的对象，不仅作为一种解释性理论，还作为无产阶级获得阶级自觉和进行阶级斗争的工具和武器介入历史进程。这是其历史性的更深意蕴。

马克思的政治经济学还是一种关于整个人类历史的理论。作为资本主义社会发展到成熟阶段的理论产物，政治经济学处于一个借以透视整个人类历史的更高位置上，而之前的历史学和政治经济学都没有这样的现实立足点。依据历史唯物主义的观念，历史的真理，它的逻辑和动力，在这样的更高发展阶段上才清晰地显现出来，因而，当以资本主义社会形态为对象并把握了它的运行规律和动力时，马克思同时获得了对整个人类历史做理性理解的基础和条件。"人体解剖是猴体解剖的钥匙","同样地,对资本主义社会的结构和发展这一历史性形态过程的理解,也可以使我们能应用相同的范畴来解释古代社会的历史发展。"① 这样,以资本主义为对象的政治经济学并不只能以之对象,它的方法论原则和范畴、它所揭示的社会结构关系和运行法则,其基本的方面同样适用于对过去的社会形态和形态之变迁的考察。在这种意义上,政治经济学同时也是(或必然能够发展为)一种宏大的历史解释理论。

我们再来看一下政治经济学的"社会"维度。"社会"概念是社会哲学和社会学的基本概念,但由于理论立场、视角和关注的基本问题的差别,不同的思想家对这一概念的规定存在极大差别。仅就马克思对这一概念的使用来说,我们首先需要区分狭义和广义上的社会概念。在《〈政治经济学批判〉导言》中,马克思说:"我所得到的,并且一经得到就用于指导我的研究工作的总的结果,可以简要地表述如下:人们在自己生活的社会生产中发生一定的、必然的、不以他们的意志为转移的关系,即同他们的物质生产力的一定发展阶段相适应的生产关系。这些生产关系的总和构成社会的经济结构,即有法律和政治的上层建筑竖立其上的并有一定的社会意识形式与之相适应的现实基础。"②参照这段文字,狭义上的社会(或市民社会)是指"这些生产关系的总和",而广义上的社会则指同时包括了上层建筑和诸社会意识形式在内的整体。固然,社会内在包含着比如人与自然的关系,但我们看到,无论是在狭义还是广义上使用这一概念,马克思重点关注的都是人与人的关系,并主要借助于人的生产关系类型来确定社会形态的类型。社会首先和根本上是人的社会关系构成的整体,或者说,社会就是实践着的人类联结为一个整体(但同时又在整体中分裂和相互对抗)的形式。

我们在此使用的社会概念是狭义而非广义上的,之所以如此,一是因为马克思主要在狭义上使用这一概念,二是因为可以借此区分社会和

---

① 吉登斯:《资本主义与现代社会理论》,郭忠华等译,上海:上海译文出版社2016年版,第57页。

② 《马克思恩格斯选集》第2卷,北京:人民出版社2012年版,第81页。

国家的概念（从而区分政治经济学的社会维度和政治维度），而在比如库诺看来，"马克思的整个社会学说都以此（社会与国家的区分）为支柱，并构成他的社会学概念的基本组成部分。没有这种概念，唯物史观的内部结构就无法理解。"① 从抽象的关系形式来看，狭义上的社会是生产关系的结构；从实践着的个体的角度来看，社会是个人的集合，但不是简单的相加意义上的集合，而是通过劳动实践所建立起的生产关系密切联系在一起的人的集合。将这两种视角进行综合，我们就看到："社会的形式是由服务于满足需求的整个的劳动过程和由这种过程所产生的经济关系来决定的。"② 马克思把这样的社会称之为"市民社会"。

显而易见，这样的"社会"领域同"经济"领域不仅没有明确的分界线，它本就是对同一事物的两种称呼，或从不同角度看到的一个事物。正是因此，马克思说："对市民社会的解剖应该到政治经济学中去寻找。"③ 而这样一来，对市民社会的政治经济学的分析和社会学分析就只存在表述上的差异了，这种表述上的差异源于审视这种"解剖"的学科视角的差异，即前者基于经济学视角，而后者基于社会学视角。经济学视角着眼于经济系统的运行，社会学视角着眼于人的联结和对抗。

政治经济学考察的经济关系同时正是使人们联结（和对抗）的方式，正是这一点决定了政治经济学的分析同时也是社会学性质的分析。政治经济学的分析在揭示经济关系结构的同时，也在揭示着人们相互联结为一个整体的方式以及这个整体的性质和形态；政治经济学在揭示经济关系结构之变迁的同时，也在揭示着人们相互联结（和对抗）的方式的变迁，以及这种联结所构成的整体的形态和性质的变迁。前者是从经济学角度看到的理论事实，后者是从社会学角度看到的理论事实。这

---

① 库诺：《马克思的历史、社会和国家学说》，袁志英译，上海：上海世纪出版集团2006年版，第255—256页。

② 库诺：《马克思的历史、社会和国家学说》，袁志英译，上海：上海世纪出版集团2006年版，第243—244页。

③ 《马克思恩格斯选集》第2卷，北京：人民出版社2012年版，第81页。

样,经济的因素和社会的因素就不是相互区别的因素,而只是从不同学科视角所看到的同一种因素。

政治经济学内在具有的社会维度必然在一种社会学视角上显明自身。即便我们谈到的是广义的社会概念,已经揭示的社会与经济、社会学与经济学的关系也是成立的。对这一点的进一步说明需要我们分析政治经济学的另一个重要维度,即政治的维度。

三、政治经济学的政治维度和道德维度

如同保罗·斯威齐所说的,现代经济学主要把经济学看作一门关于人与自然关系的科学,相应地,国家逻辑上不是理论经济学的研究对象,而只需在应用的水平上加以考察。① 在这一点上,马克思的政治经济学根本不同于现代经济学,在《政治经济学批判》的序言中,他计划将国家作为经济学考察的一个重要主题:"我考察资产阶级经济制度是按照以下的次序:资本、土地所有制、雇佣劳动;国家、对外贸易、世界市场。"② 国家何以能够成为政治经济学的主题呢?这需要从阶级谈起。

不同于其他思想家,马克思并没有用天赋、出身、财富的差异或社会分工来解释阶级的存在和将之作为区分阶级的标准,而是基于经济活动的方式和由此决定的人们在社会经济结构中的地位来划分阶级,显然,这一关于阶级的规定方式是经济学的。阶级概念首先是一个政治经济学概念,马克思用这一概念表征经济生活的真正主体,用阶级间的"支配—被支配"关系表征与一种生产体系相对应的社会生产关系的实质。但另一方面,阶级不仅仅只是一个如同"商品"和"货币"那样的纯粹经济学概念,同时还是一个政治学概念,因为作为经济主体的阶级

---

① 保罗·斯威齐:《资本主义发展论》,陈观烈等译,北京:商务印书馆2013年版,第299页。

② 《马克思恩格斯全集》第13卷,北京:人民出版社1998年版,第7页。

间的冲突构成了政治的领域，而阶级同时成为在这一领域中活动的政治主体。

作为阶级支配关系的生产关系构成经济—社会结构的基础，这种支配关系的稳定性深刻影响着经济—社会结构的稳定，但它恰恰是一种充满张力的冲突关系，这种冲突如此根本、广泛和剧烈，以至于马克思将迄今为止一切社会（更准确地说是一切有国家组织的社会）的历史都视为阶级斗争的历史。这就产生了一个基本难题：如何保障一种不平等的阶级结构在冲突造成的压力下继续存在，从而保障经济—社会再生产的持续和经济—社会结构的稳定？而国家的出现就是为了解决这一问题。众所周知，马克思将国家视为阶级统治的工具，而阶级统治就是要"不断加强和保证阶级结构本身的稳定性"。在资本主义社会，国家主要通过保护"存在于人和人的社会关系中的"私有财产来保障阶级结构的稳定性，进而保障经济—社会结构的稳定性。民主的政体形式只是对这种阶级统治一定程度的限制，但绝没有改变这种统治的实质。

这样，如同吉登斯所说，"阶级成为生产关系与社会其他层面或者说'上层建筑'之间的主要联系纽带"，阶级关系同时还是"政治权力分配所围绕的核心，是政治组织所依赖的枢纽。"[①] 经济生活中的主体，即阶级同时成为政治主体，经济权力变成政治权力；经济生活中的权力关系和斗争延伸到政治生活中或具有了政治的形式，但这种延伸没有改变关系的不平等的本质，只是改变了它的表现形式或者掩蔽、扭曲了它，也没有取消斗争，只是改变了斗争的场域和形式。

这种对政治与经济之关系的理解取消了政治领域的独立性，它实质上只是经济领域的延伸，是它所包含的矛盾的必然产物，它所包含的冲突关系的另一种表现形式。政治与经济的关系是内在的而非外在的关系。与之相应，政治经济学不仅是对市民社会的剖析，同时也是对政治

---

① 吉登斯：《资本主义与现代社会理论》，郭忠华等译，上海：上海译文出版社 2016 年版，第 52 页。

国家的剖析，这种剖析不是作为理论的某种"应用"，而是必然地使国家成为经济学分析的对象，并通过分析显示国家这种政治事物的起源和根本职能并不是政治的，而是经济的。而这就是我们所说的"马克思政治经济学的政治维度"的涵义。

道德维度同样是马克思政治经济学的一个重要维度。但不同于上述的社会和政治维度，这一道德维度不是源生于政治经济学，而是有其另外的起源，但与政治经济学的研究密切结合在一起。这里的道德也不是一般意义上的常识道德，而是某种超越常识道德的价值尺度。但在我们看来，这种价值尺度并非单一的，而是由不同层次但又相互关联的价值尺度构成的评价体系，它们分别是：一种宽泛的人本主义理念；一种正义观念；一种包含怜悯和义愤的道德情感。

我们知道，在《1844年经济学哲学手稿》中，马克思对古典政治经济学的一个重要批评是，它避而不谈资本主义制度下人的异化。这种批评的立足点是一种人本主义，而对异化的谴责实质上一种借用人本主义话语表达的道德谴责。当马克思致力于建构某种历史科学时，他并没有像阿尔都塞等人认为的那样清除了早期思想中的人本主义，实质上，他只是改造了人本主义并将它整合入科学的分析中。具体来说，结合历史唯物主义的基本思想，马克思赋予人本主义以历史性的内涵，这表现在，历史唯物主义所呈现的社会形态的变迁同时被从一种人本主义的视角解读为人的自由的历史性发展。人的自由仍然是一个根本的价值尺度，但这种自由不是依据关于人的某种本质规定加以确定的东西，而是必须在现实的历史发展中获得它的内容和形式。依据这样的人本主义理念，马克思看到，与市场经济形态相适应的是"以物的依赖性为基础的人的独立性"，并且，根据资本主义发展的逻辑，自由的这一发展阶段必将过渡到"建立在个人全面发展和他们共同的社会生产能力成为他们的社会财富这一基础上的自由个性"这一更高阶段。①

---

① 参见《马克思恩格斯全集》第46卷上，北京：人民出版社1998年版，第104页。

马克思的正义观念与政治经济学的联系更加紧密。我们知道,在政治经济学中,剩余价值理论具有的特别的意义,因为它构成对资本主义批判的重要理论基础。马克思通过这个部分论证了资本主义制度的剥削本质,而"剥削"(连同马克思在《资本论》中频繁使用的"盗窃"、"欺骗"等说法)绝不是单纯的描述,而同时是一种道德评判。柯亨、罗尔斯等人认为,这种评判基于一种普遍有效的正义观念。关于这种观念,罗尔斯认为:"他(马克思)假定,我们都会潜在地接受下述理念,即劳动才是唯一相关的社会资源,因为,作为一个社会,我们大家都要面对自然。他还假定,我们所有的人都应公平地分担社会的工作,并且应当拥有获得和使用社会之生产资料和自然资源的平等权利。"① 依据这一原则,马克思将包括资本主义经济制度在内的阶级社会的经济制度都视为不正义的,而只有他设想的共产主义才可能实现这种正义。

除了上述两种价值尺度,我们看到,马克思对资本主义的批判(政治经济学批判构成它的基础)事实上还以一种深刻的道德情感为更直接的动力,它包含了对"受屈辱、被奴役、被遗弃和被蔑视"的人的同情和对造成这一切的东西的愤慨。这种情感贯穿了马克思思想发展的历程,它也当然地渗透在政治经济学的研究中。政治经济学着力于剖析资本主义社会的经济制度,从方法论上,这种研究需要进行必要的抽象,涉及从事具体经济活动的人,即工人和资本家时,他们被抽象为劳动和资本,这是逻辑分析所必需的。但这种抽象仅仅服务于阐明资本主义生产关系结构的理论目的,一旦达到这一目的,工人和资本家作为有血有肉的人再次显现出来,已经阐明其结构的资本主义经济制度就与这些人的情感和需求,他们的权力和权利,他们在社会中的地位和尊严等联系在一起并通过这种联系说明了它们,从而,它也必然地成为道德情感的对象,而不仅仅是科学分析的对象。

---

① 罗尔斯:《政治哲学史讲义》,杨通进等译,北京:中国社会科学出版社 2011 年版,第 365 页。

显然，上述三种价值尺度是内在相关的，从理论层面上看，人本主义理念是基础性的，它支撑着一种正义观念并赋予道德情感深刻的理性内涵，使之区别于一般意义上的常识道德。但另一种意义上，我们也可以说，正是道德情感吁求一种人本主义作为它表达自身的语言并赋予这种语言以道德实质，吁求一种正义原则，使得同情和愤慨获得观念上的理由和论争的力量。

正是三者构成的这种价值统一体使得马克思的政治经济学思考不像古典政治经济学那样止步于对资本主义经济制度和生产关系结构的阐明，而是必然进一步（或同时）阐明这一制度和关系结构与人的痛苦和屈辱、与人的自由的关联，并因此从道义上谴责这一制度和深入探析它崩溃的可能性与条件，甚至通过介入现实、通过成为受压迫者的思想武器而将自身构成为其中的一个条件。这些价值尺度固然不是源生于政治经济学，但它们如此深刻地渗透入政治经济学的研究中，以至于我们可以说，道德或价值的维度构成这种政治经济学的一个基本维度。

结　语

马克思的政治经济学绝不只是一种经济理论，而同时具有历史的、社会的、政治和道德的维度，并在深化和发展中必然成为一种历史理论、社会理论、政治理论和蕴含深刻价值诉求的理论。这种鲜明的理论特色使其深刻区别于古典政治经济学和现代经济学，并对当下的经济社会实践具有不可替代的指导意义。在当代，对马克思政治经济学的理论上的发展和实践中的应用，都需要以这种认识为前提。

马克思政治经济学的四重维度根源于它同历史唯物主义的内在关联，上文的分析可以充分证明这一点，与历史唯物主义的关联同时还为这些维度的统一提供了基础（对这些维度间关联的分析不在本文范围，我们不拟展开），因而，阐明它同历史唯物主义的内在关联是深刻把握马克思政治经济学的理论创新和当代意义的必要前提。正是因此，我们认为，曹典顺教授在这方面做了基础性的工作，他以"政治经济学与唯物史观的内在关联"为主题的这篇文章对于创新和深化马克思政治经济学研究将产生重要的推进作用。

（作者刘李系吉林大学哲学社会学院副教授，哲学博士；主要研究领域为马克思主义哲学、西方伦理学）

历史唯物主义术语与内涵之考证

杨思基　徐甜甜　毛　健

[摘　要] "历史唯物主义"这一术语由何人何时提出，其含义是什么，这一术语在使用过程中其内涵又发生了哪些变化？弄清这些问题，对于研究说明马克思主义哲学的理论形态、理论定位和其本质特征，认识马克思与恩格斯在历史唯物主义创立、发展过程各自所做的贡献等问题具有重要意义，对如何认识并解决我国现阶段诸如社会发展道路、社会关系变革和思想意识形态等领域的诸多问题也有指导意义。因此，有必要对这一术语进行历史的考证，以厘清历史唯物主义的原初内涵与发展脉络。

[关键词] 历史唯物主义　恩格斯　第二国际　苏联"西方马克思主义"

"历史唯物主义"这一术语何人何时提出？它的含义是什么？在使用这一术语过程中其内涵又发生哪些变化？弄清这些问题，对于研究马克思主义哲学的形态，历史唯物主义在马克思主义（哲学）中的理论定位、理论本质特征，以及马克思和恩格斯在历史唯物主义思想形成发展过程各自所做的贡献等问题，显然具有重要意义，对如何认识并解决我国现阶段诸如社会发展道路、社会关系变革和思想意识形态等领域的诸多问题也有指导意义。因此，有必要对这一术语进行历史的考证，以厘清历史唯物主义的原初内涵与发展脉络。

一、"历史唯物主义"在它诞生的初期具有"有实无名"特点

任何思想理论都有一个孕育产生、成熟发展并科学合理地命名的问题，"历史唯物主义"也不例外。"历史唯物主义"的思想、一般原理早在《神圣家族》和《关于费尔巴哈的提纲》中就已经在孕育和产生，甚至在马克思的《1844年经济学哲学手稿》中就包含着许多思想萌芽，而在马克思、恩格斯写的《德意志意识形态》、《马克思致帕·瓦·安年科夫》、《共产党宣言》、《路易·波拿巴的雾月十八日》、《〈政治经济学批判〉序言》、《资本论》、《反杜林论》、《路德维希·费尔巴哈和德国古典哲学的终结》等一系列著作中则有系统详细的论述，甚至有结合历史事实的经验实证性说明。在《〈政治经济学批判〉序言》中，马克思对"历史唯物主义"的要点和实质作了扼要的经典阐述："人们在自己生活的社会生产中发生一定的、必然的、不以他们意志为转移的关系……物质生活的生产方式制约着整个社会生活、政治生活和精神生活的过程。"① 但在马克思主义创始人上述著作中都未明确出现"历史唯物主义"这一术语，后人的研究也只是从上述著作中的"新唯物主义"、"现代唯物主义"、"实践的唯物主义"来称呼马克思的新哲学世界观。称马克思创立的新哲学世界观是唯物主义的历史观或彻底的唯物主义，最早是马克思的亲密战友恩格斯。恩格斯在马克思逝世后担负起整理马克思遗稿阐述传播马克思思想并和资产阶级形形色色歪曲马克思主义的思想展开斗争的重任，"历史唯物主义"这个术语正是在这一时期出现在晚年恩格斯的著作中。

---

① 《马克思恩格斯选集》第2卷，北京：人民出版社1995年版，第32页。

在"历史唯物主义"术语未正式出现之前，马克思恩格斯在著作、书信、序言中已使用"唯物主义历史观"、"唯物史观"，诸如，1859年8月恩格斯在《卡尔·马克思〈政治经济学批判〉。第一分册》中提出"唯物主义历史观"是德国无产阶级政党全部理论——当然也包括其政治经济学理论研究的理论基础。他说"德国的经济学本质上是建立在唯物主义历史观的基础上的"①。在1870年出版的《德国农民战争》第二版序言中，恩格斯谦虚地说到，"这个唯一唯物主义的历史观不是由我，而是由马克思发现的。"② 在写于1872年5月—1873年1月的《论住宅问题》中，恩格斯把"唯物主义历史观"简化为"唯物史观"，并指出"德国的唯物史观是以一定历史时期的物质经济生活条件来说明一切历史事变和观念、一切政治、哲学和宗教的。"③ 1877—1878年，恩格斯在其论战性檄文《反杜林论》中从阐述历史唯物主义基本原理角度对唯物史观做了下述表述，"唯物主义历史观从下述原理出发：生产以及随生产而来的产品交换是一切社会制度的基础。"④ 在历史观上，"唯物主义历史观"针对"唯心主义历史观"，唯物主义历史观即唯物史观与历史唯物主义等同，而本文是从界定马克思主义哲学形态的角度考证"历史唯物主义"这一术语及其内涵。

二、"历史唯物主义"概念的使用之历史考察

（一）恩格斯与"历史唯物主义"

根据马克思恩格斯已公开出版的著作，"历史唯物主义"一词最早出现在1890年8月5日恩格斯与康·施米特的一封通信中。在这封信

---

① 《马克思恩格斯选集》第2卷，北京：人民出版社1995年版，第37—38页。
② 《马克思恩格斯选集》第2卷，北京：人民出版社1995年版，第623页。
③ 《马克思恩格斯选集》第3卷，北京：人民出版社1995年版，第209页。
④ 《马克思恩格斯选集》第3卷，北京：人民出版社1995年版，第617页。

里,恩格斯首次使用"历史唯物主义"这一术语。而值得注意的是,恩格斯在那里是指责德国思想界特别是青年知识分子只是把"唯物主义"这个词当作一个套语到处贴标签式地滥用,把"历史唯物主义"当作了他们不需去研究历史的借口。他们把"唯物主义"作为套语贴到历史上去就以为这是"历史唯物主义",贴到经济上去就以为这是马克思的"经济唯物主义",但这实际上是对马克思主义和历史唯物主义的严重歪曲。恩格斯批评这些年轻的德国人不钻研各种历史事实和它们背后起决定作用的客观历史逻辑和历史规律,在没有对历史现象进行客观全面而深入的研究情况下把"历史唯物主义"当作标签套用到他们所了解的历史过程或历史现象中,"他们只是用历史唯物主义的套语(**一切**都可能被变成套语)来把自己的相当贫乏的历史知识(经济史还处在襁褓之中呢!)尽速构成体系,于是就自以为非常了不起了",以为已经解决问题了。恩格斯认为,我们的历史观恰恰不是这种贴标签式的——黑格尔学派式的构造思想体系,而首先是研究工作的指南,是"必须重新研究全部历史,必须详细研究各种社会形态存在的条件,然后设法从这些条件中找出相应的政治、司法、美学、哲学、宗教等等的观点",需要"下一番功夫去钻研经济学、经济学史、商业史、工业史、农业史和社会形态发展史"①,而且,不这样我们就不可能真正理解唯物主义历史观。为与各种历史唯心主义划清界限,清算以黑格尔为代表的传统思辨哲学以抽象的"自我意识"和抽象观念所演绎的唯心主义历史观,建立彻底的唯物主义历史观,马克思和恩格斯当然特别强调作为经济基础的物质资料生产方式及其历史决定作用,强调经济基础对上层建筑的决定作用,但这也并不意味着历史唯物主义可以等同于"经济唯物主义"和"庸俗的经济决定论",从而为资产阶级改良主义和党内小资产阶级思想代表人物把马克思主义教条化、庸俗化为单纯经济主义留下缺口。我们从恩格斯回施米特的这封信里就可看到,保尔·巴尔特在《黑格尔和包括马

---

① 参见《马克思恩格斯选集》第 4 卷,北京:人民出版社 1995 年版,第 692 页。

克思及哈特曼在内的黑格尔派的历史哲学》（该书1890年在莱比锡出版）一书中把马克思哲学唯物主义等同于笛卡儿、霍布斯的自然哲学唯物主义，把人和动物等同于机器，把人的物质存在方式及其作用等同于自然物质对人的决定作用，把经济基础说成是历史的唯一决定因素，恩格斯对此表示非常反感。针对德法一些自称"马克思主义者"的人把马克思主义歪曲为"经济唯物主义"、"经济决定论"，马克思和恩格斯都表示了强烈的反对，他们声称："我播下的是龙种，而收获的却是跳蚤。"① 恩格斯严厉批评德国社会民主党的"青年派"不是把马克思的唯物史观作为行动指南，而是当作死板的公式来任意剪裁历史，把经济因素的决定作用简单地运用于社会发展的复杂过程。

稍后，1890年9月21—22日，在致约·布洛赫的书信中，恩格斯在论述唯物史观的基本观点——现实生活的生产与再生产是历史过程的决定因素时，对历史辩证法和历史唯物主义作了众所周知的较为详尽的说明，他再次重申政治、法律、哲学、宗教等上层建筑各种因素的反作用以及它们之间的相互作用；另外，恩格斯深入探究历史发展动力问题，发现人的意志、阶级斗争和人们实践的合力决定具体历史过程和其进程，由此提出了"历史合力论"，并在此基础上论述了历史发展的偶然性和必然性的关系。恩格斯在这封信中说："……根据唯物史观，历史过程中的决定性因素**归根到底**是现实生活的生产和再生产。无论马克思或我都从来没有肯定过比这更多的东西。如果有人在这里加以歪曲，说经济因素是**唯一**决定性的因素，那么他就是把这个命题变成毫无内容的、抽象的、荒诞无稽的空话。经济状况是基础，但是对历史斗争的进程发生影响并且在许多情况下主要是决定着这一斗争的**形式**的，还有上层建筑的各种因素：阶级斗争的各种政治形式及其成果——由胜利了的阶级在获胜以后确立的宪法等等，各种法的形式以及所有这些实际斗争在参加者头脑中的反映，政治的、法律的和哲学的理论，宗教的观点以

---

① 参见《马克思恩格斯文集》第10卷，北京：人民出版社2009年版，第586、590页。

及它们向教义体系的进一步发展。这里表现出这一切因素间的相互作用，而在这种相互作用中归根到底是经济运动作为必然的东西通过无穷无尽的偶然事件……向前发展。"① 恩格斯在这封信中还指出他们阐述历史唯物主义原理的代表性著作不仅有马克思的《路易·波拿巴的雾月十八日》和《资本论》，还有他写的《欧根·杜林先生在科学中实行的变革》（即《反杜林论》）和《路德维希·费尔巴哈和德国古典哲学的终结》。他说"我在这两部书里对历史唯物主义作了我所知是目前最为详尽的阐述"②。

1890年10月底，恩格斯在回康·施米特的书信中又进一步对历史唯物主义作了更为详尽的具体增补性说明，他指出产品贸易总体受生产运动支配，而它一旦脱离生产而相对独立地运动反过来又会反作用于生产。同理，金融市场由生产与商品贸易决定，但金融市场一经从生产和贸易中分离出来后它便有自己特殊的发展规律，对生产和贸易具有复杂的反作用。恩格斯正是通过生产与商品贸易关系以及二者和金融市场的关系之论证形象生动地来说明唯物史观经济基础和政治上层建筑、社会存在和社会意识的基础作用和相互作用，并且以生产和经济的发展与分工来论述各经济部门以及社会结构各个层面和部分之间的分化与相互关系，切合历史实际极为生动具体地说明了历史唯物主义关于社会各个层面、各个部分之间的相互关系和历史演变原理，说明了经济基础和上层建筑、社会存在和社会意识、历史主体和历史客体之间的辩证关系。恩格斯在作了这样的说明之后，他告诉施米特："我基本也已经回答了您关于历史唯物主义本身的问题"③。恩格斯认为从分工的观点来看问题最容易理解历史唯物主义基本原理，分工和阶级的划分使人们的特殊利益相互对立，并由此形成了凌驾于社会各利益集团之上的国家和国家权力，而伴随生产和经济的运动产生了新的力量和新的运动，产生了分工

---

① 《马克思恩格斯选集》第4卷，北京：人民出版社1995年版，第695—696页。
② 《马克思恩格斯选集》第4卷，北京：人民出版社1995年版，第698页。
③ 《马克思恩格斯选集》第4卷，北京：人民出版社1995年版，第700页。

越来越细密的新的经济政治职能部门和具有相对独立性的各种运动,包括新的经济和政治形式及其相对独立的运动,而它们又相互作用。他说,"正如在货币市场中,总的说来,并且在上述条件之下,是反映出,当然是**头足倒置**地反映出工业市场的运动一样,在政府和反对派之间的斗争中也反映出先前已经存在着并且正在斗争着的各个阶级的斗争,但是这个斗争同样是头足倒置地、不再是直接的、而是间接的、不是作为阶级斗争、而是作为维护各种政治原则的斗争反映出来的……以致需要经过上千年我们才终于把它的真相识破"①。国家权力、法与经济运行的关系,同样是与生产和经济运行的关系相适应并根据其需要而产生的,国家产生于社会,是社会适应经济需要而进行新的内部分工产生了专门从事社会管理活动而谋取特殊利益的新部门并凌驾于社会之上与社会相对立。同理,还产生了法,法是适应且表现总的经济状况并作为一种特殊社会意识形态协调经济社会体系内部的矛盾而形成的一种规范性意识形态。作为上层建筑的国家与法相互作用及对经济基础具有反作用,而国家与法作为上层建筑它们又都有着不同程度的独立性,有着各自特殊的运行发展规律,但它们绝不能离开经济基础而独立存在。也就是说,经济不是历史演变的唯一决定因素,决定历史走向和过程的是各种历史因素综合起作用的一种"合力",是各种力量相互作用的结果。但政治法律思想文化等上层建筑尽管能对经济基础具有巨大反作用,有时甚至可通过阶级斗争和社会变革改变一个国家的所有制关系和经济基础,而它们这种影响作用和变革仍然是要有一定的经济基础并顺应生产力的发展要求才是可能的。恩格斯指出国家权力对于经济发展的反作用可以沿着经济发展同一方向、相反方向和另外的不同方向三种形式发挥和实现,而分别具有促进经济发展和损害经济发展的巨大作用。

为使纯学术性著作理论通俗化适应工人群众直接宣传的需要,继续清除欧根·杜林在党内外的影响,恩格斯应保尔·拉法格之邀将《反杜

---

① 参见《马克思恩格斯选集》第 4 卷,北京:人民出版社 1995 年版,第 701 页。

林论》中的三章改编集结成册,并命名为《社会主义从空想到科学的发展》,由拉法格翻译成法文,经恩格斯校阅最初发表在《社会主义评论》上,于1880年在巴黎印成单行本出版。该书根据恩格斯原文在1883年1月又出版了德文版,至1892年,根据德文本陆续出版了意大利文、俄文、丹麦文、荷兰文、罗马尼亚文的译本,根据法文本翻译出版了波兰文和西班牙文译本,加上1892年出版的英文译本,共有10种文字的版本在世界上流传。其中仅德文版到1892年就出版了四版,印发达两万册。1892年恩格斯为这本小册子写英文版导言时两处使用"历史唯物主义"概念,并且是以引号形式出现,以期引起人们格外注意。第一处恩格斯点明写作此书的目的,即"本书所捍卫的是我们称之为'历史唯物主义'的东西……"① 这里突出强调"历史唯物主义",用以来概括马克思恩格斯哲学思想的倾向比较明显;另一处恩格斯则有对"历史唯物主义"这一专业术语界定的意味,他说我们用"'历史唯物主义'这个名词来表达一种关于历史过程的观点……这种观点认为一切重要历史事件的终极原因和伟大动力是社会的经济发展,是生产方式和交换方式的改变,是由此产生的社会之划分为不同的阶级,是这些阶级彼此之间的斗争。"② 恩格斯在此再次表明历史唯物主义所研究的不是感性具体的孤立自在的存在物,也不是超越这些具体存在物而凌驾于它们之上的抽象的一般存在物,而是人们现实的历史生活过程及客观如实地说明这一历史过程的唯物主义历史观。这种历史观的最为基本的观点是:一切重要历史事件的终极原因和伟大动力是社会的经济发展,是生产方式和交换方式的改变,及由此产生的社会之划分为阶级和这些阶级的阶级斗争,是不同阶级的实践和阶级斗争共同决定阶级社会的历史发展。另外值得注意的是,英文版导言以注释的形式标注了恩格斯在1892年6月将英文版导言翻译成德文,并直接以"论历史唯物主义"标题发表在《新时

---

① 《马克思恩格斯选集》第3卷,北京:人民出版社1995年版,第698页。
② 《马克思恩格斯选集》第3卷,北京:人民出版社1995年版,第704—705页。

代》杂志的 1892 年第 1 期和第 2 期上。遗憾的是被我们极为看重的俄文版与德文版《马克思恩格斯全集》第一版均未收录《历史唯物主义》这篇文章，这很容易导致我们由此而忽视这篇文章的价值和意义，忽视恩格斯晚年对历史唯物主义的新贡献：即恩格斯不仅是参与马克思主义哲学历史唯物主义创建的直接创建人和阐述者，而且同时也是马克思恩格斯哲学理论被命名为"历史唯物主义"的直接命名者。

2010 年新出版的 MEGAI/32 即新 MEGA 首次收录恩格斯 1892 年月底发表在《新时代》杂志上的《论历史唯物主义》一文。该文的大概内容早为大家所熟悉，即《〈社会主义从空想到科学〉英文版导言》的德译版。德文版的标题从英文版导言直接命名为《论历史唯物主义》，在内容上德文版则删去英文版的前七段，并且在具体表述和概念上对英文版做了补充性改动。结合这两个文本看恩格斯在这一文献中所阐述的思想，我们足可发现恩格斯是结合欧洲阶级斗争的状况和历史的具体发展过程、思想变迁来阐述历史唯物主义与旧唯物主义的根本区别及其革命意义的。

19 世纪 90 年代中期，恩格斯对与挚友马克思共创的理论已做了完备系统性的阐述，对后人关于"历史唯物主义"的曲解也做了大量有针对性的澄清。综观包括恩格斯晚年所著大量进一步阐释发挥"历史唯物主义"基本理论的文献著作，用"历史唯物主义"高度概括、完善总结马克思主义哲学并说明这一哲学观，不仅是在情理之中，更是马克思恩格斯哲学理论发展逻辑的必然结果。

《论历史唯物主义》的发表并没有让恩格斯放弃对历史唯物主义的进一步传播阐述，反而需要他以更多精力去解答来自党内外马克思主义者的疑问。1893 年 2 月，距《论历史唯物主义》出版 4 个月后，恩格斯在致弗·雅·施穆伊洛夫的书信中再次明确指出："关于历史唯物主义的**起源**，在我看来，您在我的《费尔巴哈》（即《路德维希·费尔巴哈和德国古典哲学的终结》——引者注）中就可以找到足够的东西——马克思的附录（即《关于费尔巴哈的提纲》——引者注）其实**就是**它的起源!其次,在《宣言》(1892年柏林新版)的序言(即《共产党宣言》1892年柏林版序言——引者注)和《揭露共产党人案件》的序言中也可以找到。"① 第二国际的马克思主义理论家们或多或少受《论历史唯物主义》的影响,梅林就有效仿恩格斯之疑将《莱辛传奇》的附录也定名为《论历史唯物主义》。在1893年7月致梅林的信中,恩格斯也认可梅林在这个"附录"中的论述,但也委婉地批评梅林在论述历史唯物主义时与之前自己和马克思犯了同样的错误,即一直对经济事实与政治、法等其他意识形态之间的"相互作用"强调得不够,因此被大家过分地忽略了。虽然梅林所理解的"相互作用"有简单化、机械化倾向,由此决定着他对历史唯物主义的体认还缺乏辩证法的理解,但他对马克思主义哲学界定为历史唯物主义,应当说这还是得到恩格斯默许的。

根据马克思恩格斯已公开出版的文献,恩格斯在致梅林这封信里是他生前最后一次使用"历史唯物主义"术语,但他对历史唯物主义的澄清论述绝不止于此。诸如1894年在写给瓦·博尔吉乌斯的信中,恩格斯对经济基础或经济关系进行了新的补充性解释,他说:"我们视之为社会历史的决定性基础的经济关系,是指一定社会的人们生产生活资料和彼此交换产品(在有分工的条件下)的方式。因此,这里包括生产和运输的**全部技术**。这种技术,照我们的观点看来,也决定着产品的交换方式以及分配方式,从而在氏族社会解体后也决定着阶级的划分,决定着统治和被奴役的关系,决定着国家、政治、法等等。此外,包括在经济关系中的还有这些关系赖以发展的**地理基础**和事实上由过去沿袭下来的先前各经济发展阶段的残余(这些残余往往只是由于传统或惰性才继续保存着),当然还有围绕着这一社会形式的外部环境。"② 在这里,恩格斯理解的经济关系既包括生产的社会形式生产关系,又包括生产的物质内容生产力和生产技术,甚至还有影响制约这些经济关系的自然地理

---

① 《马克思恩格斯选集》第4卷,北京:人民出版社1995年版,第721—722页。
② 《马克思恩格斯选集》第4卷,北京:人民出版社1995年版,第731页。

条件、社会历史条件等各种外部环境因素。而之前马克思在 1859 年《〈政治经济学批判〉序言》中所论述的经济基础主要是指生产关系总和即经济结构或经济制度，恩格斯对经济基础的新理解显然是对资产阶级理论家片面而简单化、机械化地理解马克思的经济范畴所进行的有力回击。在恩格斯看来，经济基础作为历史发展的决定性因素，仅可理解为"政治、法、哲学、宗教、文学、艺术等等的发展是以经济发展为基础的，但是，它们又都互相作用并对经济基础发生作用。并非只有经济状况才是**原因**，**才是积极的**，其余一切都不过是消极的结果。这是在**归根到底**总是得到实现的经济必然性的基础上的互相作用。"① 而政治上层建筑各种因素的相互作用以及它们对于经济基础的相互作用，包括各种经济关系和其环境条件的相互作用，它们归根到底都体现着经济发展的必然性和历史发展的辩证法，所谓的历史唯物主义归根到底也就是要通过具体的历史过程和历史现象的总和的运动来说明这种历史发展的经济必然性和各种历史因素相互作用的历史辩证法，说明历史发展的本质、规律和历史发展趋势，并由此而成就自觉认识利用历史规律的历史主体合乎历史规律地自觉创造人类历史，使人类历史的发展进程由类似自然历史过程的"必然性王国"跃升到人类自觉创造自己历史的"自由王国"的历史发展阶段。马克思主义哲学的理论宗旨或历史唯物主义的历史使命即在于此，归根到底它是为我们认识和改造世界而服务的。

我们从恩格斯上述包括书信、序言在内的著述中完全可以印证晚年恩格斯对历史唯物主义的关注程度，他根据时代的变化不断补充完善自《关于费尔巴哈的提纲》、《德意志意识形态》所形成的历史唯物主义基本原理，宣传捍卫发展马克思主义哲学，使马克思主义哲学历史唯物主义思想既在根本上区别于旧的唯物主义和唯心主义历史观，也在根本上与庸俗的"经济决定论"、唯生产力论和形而上学机械论的历史观划清了界限。事实说明，恩格斯对他与马克思所共创的历史唯物主义在理论

---

① 《马克思恩格斯选集》第 4 卷，北京：人民出版社 1995 年版，第 732 页。

阐释、坚持捍卫和思想澄清上功不可没，对马克思主义理论体系的构建与完善居功至伟，他关于马克思主义新哲学世界观、新唯物主义的命名和界定，具有影响深远的学术理论意义和其重要的实践价值。

国内外有部分学者和理论家在恩格斯逝世后将他们自己关于马克思主义哲学的错误理解强加于马克思和恩格斯，他们或把马克思主义哲学歪解为"见物不见人"、"跟着感觉走"的庸俗的旧唯物主义，歪解为一切从抽象一般的物质概念出发、从自私自利的个人一己私利出发之类的物质利益至上主义，歪解为庸俗经济决定论的单纯经济主义和唯生产力论，用唯心主义、形而上学机械论的历史观来曲解历史唯物主义；或把马克思主义哲学歪解为一切从"自我意识"、"先入之见"、"先验意识框架"等精神实体出发的思辨唯心主义，脱离人们现实的生活基础和历史运动过程以所谓"历史意识"来解说历史材料和历史事实；或割裂与肢解马克思、恩格斯的思想著述与表述，断章取义，脱离他们的思想和思想变化实际，抓住其只言片语仅仅根据其个人主观任意的理解和曲解来制造与夸大马克思与恩格斯的对立和思想分歧，制造和夸大马克思和恩格斯本人前后的思想矛盾，使他们或它们相互否定，以所谓不讲阶级斗争、告别革命的"人道主义的马克思主义"或以旧唯物主义、经济主义的"马克思主义"来取代革命的马克思主义，以此来否定和虚无马克思主义历史唯物主义哲学，这实际上都是以历史唯心主义来否定和取代历史唯物主义的做法。

（二）第二国际理论家与"历史唯物主义"

与恩格斯对历史唯物主义澄清阐述的同时或之后，与恩格斯交往甚密的第二国际理论家们也在关注着历史唯物主义的理论解释，也在从事马克思主义话语的构建和理解。尤其晚年恩格斯对历史唯物主义的重点关注，对历史唯物主义概念的正面使用及以其命名的文献陆续出版后，引发了第二国际理论家们的讨论与巨大争议，我们不仅可以在上文所述恩格斯晚年的历史唯物主义通信中寻觅到踪迹，而且可以直接从第二国际马克思主义理论家对"历史唯物主义"的著书立说中得到佐证。

　　前文提及的德国社会民主党左翼领袖弗兰茨·梅林，1893年在其《莱辛传奇》附录中也著有《论历史唯物主义》一文，而且在这之前的1892年，梅林在一书评中已使用"历史唯物主义"术语。梅林是第二国际理论家中少有的持无产阶级革命立场的马克思主义者，对马克思主义哲学的理解也基本正确。梅林所使用的历史唯物主义术语是指代马克思的全部哲学理论，这一术语的使用与当时各种错误歪曲马克思理论的背景分不开，与恩格斯的影响分不开。梅林对历史唯物主义的理解肯定了其历史观的唯物主义性质及其与辩证法的结合与内在统一性质，他推崇马克思在1859年《政治经济学批判》序言中所阐述的历史唯物主义基本要义，强调了唯物主义的方法论，批判反驳了资产阶级理论家对马克思学说的指责，保卫了马克思主义。但梅林侧重于对"历史"的唯物主义理解，认为"历史唯物主义是一种自成体系的理论，其使命是认识人类社会的历史发展……"① 即将马克思主义哲学理解为对社会历史的解释，是关于社会的唯物主义学说。他根据马克思、恩格斯在《德意志意识形态》中对思辨哲学形而上学的批判，和他们在那里提出唯物史观是一种"经验实证的历史科学"的思想，把马克思的学说仅仅局限于研究人类社会的历史，而不扩及研究说明整个世界，因此他不认为马克思主义哲学是一种新的哲学世界观理论。梅林的这一说法当然有他的合理和可靠的依据，但梅林没有看到人类社会的历史恰恰是由人们的现实生活世界及其生活过程所构成，是人们的生产和生活构建了一个人们不得不面对且需要予以科学说明的现实生活世界，而且是只有这个世界才能在人们实践和认识的基础上得到经验实证的科学说明并在人的革命实践中予以合理性的改造，而认识和改造这个世界又恰恰是需要有一个不同于以往思辨哲学、旧唯物主义哲学这些旧哲学的新哲学世界观理论。只有马克思主义新哲学的世界观理论或历史观才足以给我们提供观察认识

---

① 梅林：《保卫马克思主义》，吉洪译，北京：人民出版社1982年版，第163页。

世界、观察认识人类社会本身及其历史所需要的人的科学立场、科学的思维方式、方法和科学的世界观、历史观，并为科学有效地改造这个世界创造人类属于自己的历史、自己主宰自己的历史奠定理论和方法的基础，奠定历史的主体和主观认识条件。坚持马克思主义历史唯物主义并不是要不要哲学世界观的问题，而是要以什么样的哲学世界观和历史观来研究说明世界和历史的问题，是以怎样的立场、思维方式和方法去研究一个什么样的世界和历史而且要客观如实地说明这个世界和历史的问题。

  第二国际理论家最早对马克思主义哲学做历史唯物主义理解的，除了弗·梅林之外还有从事无产阶级革命运动的保尔·拉法格、安东尼奥·拉布里奥拉。拉法格与拉布里奥拉同样也用"历史唯物主义"来概述马克思的全部哲学理论，不过拉法格是用"经济唯物主义"指称马克思的唯物主义历史观，而此"经济唯物主义"也非巴尔特等资产阶级理论家否定历史唯物主义的"经济唯物主义"（恩格斯在1891年7月1日致施米特的信中称巴尔特是按照黑格尔的方法"制造一种历史发展的唯物主义理论"而强加于马克思，再指责马克思自相矛盾。①拉法格在科学社会历史观和方法论意义上使用"经济唯物主义"，认为它是"历史唯物主义"同义语，这说明他仍然没有搞清"经济唯物主义"与"历史唯物主义"是有本质区别的。他的《卡尔·马克思的经济决定论》（中译《思想起源论》），从经济关系论述各种观念与古希腊神话的起源，虽然这与马克思、恩格斯的理解保持一致，但他对恩格斯的"合力"思想和马克思、恩格斯所说的历史辩证法仍然是缺少深刻理解的。被恩格斯称为"严肃的马克思主义者"的安·拉布里奥拉著有《关于历史唯物主义》，他在那里运用渊博的历史知识考察人类发展历程，阐明历史唯物主义的一些基本原理，比较全面地剖析作为社会和历史存在物的人的历史生成过程，强调历史研究也要如实反映历史事实本来面目，"要通

---

① 参见《马克思恩格斯选集》第4卷，北京：人民出版社1995年版，第709—710页。

过历史的一切具体表现来充分地理解历史……过去和现在始终处于形成的过程……要写的是历史,而不是历史的骨架子。要叙述历史事件的过程,而不要抽象化,要记叙和理解整个历史……"① 应当说,拉布里奥拉对历史唯物主义的理解比较接近马克思、恩格斯的"历史"内涵,他突出强调了现实的人的活动所形成的具体历史现象是我们考察历史事物的出发点,科学的历史观应当来自我们对于历史现象总和的科学抽象,并从中发现其历史的本质和规律性联系,而历史唯物主义就是这样的一种哲学思维方式和批判方法。卡尔·考茨基在使用"历史唯物主义"时将之等同于唯物主义历史观,他说"历史唯物主义是应用到历史上的唯物主义"②。考茨基实际上是将历史唯物主义理解为一种立足于唯物主义哲学方法论的"科学的历史观",没有对历史唯物主义与旧唯物主义的根本区别给以足够重视。这说明他对于历史唯物主义所包含的各种历史因素交互作用的历史辩证法思想同样是理解不到位的。第二国际理论家对历史唯物主义的片面理解,显然为他们后来滑向庸俗的经济决定论和资产阶级改良主义构成了思想认识前提。

三、"历史唯物主义"在当代众说纷纭

由上可见,历史唯物主义自《关于费尔巴哈的提纲》、《德意志意识形态》创建其基本理论观点开始,至马克思、恩格斯写作《共产党宣言》、《路易·波拿巴的雾月十八日》、《资本论》、《反杜林论》、《路德维希·费尔巴哈和德国古典哲学的终结》,使其理论不断成熟完善并在具体研究中得到应用,再至恩格斯首次从正面意义上清晰明确地使用这一概念,一直到第二国际理论家关于历史唯物主义的理解诠释,这期间就经历了马克思和恩格斯一再阐明并不断充实完善和其他人不断误解、

---

① 安·拉布里奥拉:《关于历史唯物主义》,杨启潾等译,北京:人民出版社1984年版,第136—137页。

② 考茨基:《唯物主义历史观》第一分册,上海:上海人民出版社1963年版,第20页。

歪解甚至予以否定的过程，历史唯物主义正是在马克思和恩格斯为代表的马克思主义者与各种非马克思主义者、反马克思主义者的激烈思想斗争中得到不断完善和发展的。后来，由于第二国际的修正主义理论和路线在实践上全面破产，列宁坚持马克思主义以历史唯物主义、剩余价值理论和无产阶级革命学说研究资本主义进入帝国主义阶段的社会矛盾与历史趋势，结合俄国实际胜利领导了十月革命，在世界历史上首次夺取全国政权建立了第一个以马克思主义为思想指导的社会主义国家，给全世界被剥削被压迫人民以巨大鼓舞和影响。自此以后，苏维埃俄国和斯大林领导的社会主义苏联自视为正统的马克思主义继承者，掌握了解读马克思主义的话语权，他们对历史唯物主义的理解基本上局限于将研究自然界及至"整个世界"的辩证唯物主义或唯物辩证法具体应用于社会历史领域，于是就有了马克思主义历史唯物主义哲学。这实际上是受第二国际个别理论家包括普列汉诺夫等人的影响，将马克思主义哲学人为地割裂为辩证唯物主义和历史唯物主义两大理论部分，忽视了历史唯物主义本身就是马克思主义哲学的完整思想体系，其核心思想唯物史观与辩证唯物主义思想和方法不仅不矛盾，且只有坚持实践的、历史的辩证法和彻底的唯物主义精神，坚持实践唯物主义的思想方法和认识论，才能成就马克思主义哲学历史唯物主义。当然，以苏联马克思主义哲学教科书为代表的马克思主义哲学理解，尽管存在着上述缺陷和不足，但它对于在全世界宣传和推广马克思主义也发挥了不可抹杀的巨大作用。20世纪20年代起，"西方马克思主义"也掀起对马克思主义哲学、对历史唯物主义另辟蹊径的解读。我们认为，西方的解读同样也存在偏离甚至背离马克思主义历史唯物主义的情形。

（一）苏联与"历史唯物主义"

第二国际内部的思想理论家由于其自身马克思主义理论修养不足，如格·瓦·普列汉诺夫，他对马克思主义创始人所强调的历史辩证法就缺乏深入研究，致使他对马克思主义的理解有片面化、简单化、公式化倾向。加之垄断资本主义形成的时代变化导致第二国际内部思想认识混乱，社会民主党的第二国际从理论和实践上背叛马克思主义而走向资产阶级改良主义的修正主义，并最终蜕变成资产阶级的帮凶反对无产阶级革命和无产阶级专政，污蔑诋毁列宁领导的俄国十月革命，这样也就使其丧失了对国际工人阶级共产主义运动的领导，也就成为历史发展的必然。

面对激烈的理论纷争以及指导无产阶级革命实践的迫切需要，列宁投身俄国革命实践深入研究社会历史的发展规律，结合历史实际坚持捍卫马克思主义基本理论，以马克思主义的立场、观点和方法来说明新的历史变化，使马克思主义在马克思、恩格斯相继逝世后被逐步发展到列宁主义阶段。

列宁对马克思主义哲学的理解是一个不断探索的过程，他对历史唯物主义的理解在不同时期也有不同认识，大致分为以《唯物主义和经验批判主义》（简称《唯批》）为代表的早期和以《哲学笔记》（简称《笔记》）为代表的后期或成熟期。在早期即1908—1913年底，因革命实践以及与党内外修正主义、改良主义、马赫主义等各种反马克思主义错误思潮斗争的需要，列宁受普列汉诺夫影响以物质第一性为根本原则紧扣辩证法坚持唯物主义认识路线，坚决捍卫马克思主义，他简单地认为"马克思主义的哲学就是唯物主义"[1]。而他对历史唯物主义的理解则是"把唯物主义对自然界的认识推广到人类社会的认识"[2]。由此可见，在列宁看来，历史唯物主义是唯物主义在社会历史领域运用的结果，其基础就是哲学唯物主义，虽然列宁这里是指彻底的唯物主义。1914年之后，一战的国际环境与国内矛盾的激化加速了俄国革命形势的发展与革命任务的提出，这时列宁为批判第二国际修正主义和国内民粹派的改良主义，捍卫和宣传马克思主义无产阶级革命学说，列宁开始高度重视革

---

[1] 《列宁选集》第2卷，北京：人民出版社2012年版，第310页。
[2] 《列宁选集》第2卷，北京：人民出版社2012年版，第311页。

命的辩证法思想，促使他为更好地理解阐释马克思革命的辩证法思想而接触并研究黑格尔哲学。正是对黑格尔思辨的辩证法的钻研使列宁思想发生深刻变化，并且通过对逻辑学、辩证法、认识论相互关系的考察，使列宁开始立足于人与社会历史生活之上构建实践的辩证的唯物主义，在把马克思哲学系统地表述为"辩证唯物主义"之后，他认为历史唯物主义作为科学的社会历史观而成为辩证唯物主义的一个部分，而其基础是既唯物又辩证的实践观。

20世纪20年代至30年代，苏联哲学界对历史唯物主义的理解观点迭出，层出不穷。受列宁影响，德波林认为历史唯物主义是唯物主义辩证法在社会中的运用；布哈林所理解的历史唯物主义则是关于社会以及社会发展规律的科学理论和研究历史的科学方法；多数学者则在斯大林影响下将历史唯物主义看成马克思世界观的具体理论，以哲学教科书的形式将马克思主义哲学剪裁为唯物论（自然观）、辩证法、认识论和历史观几个部分。教科书哲学体系虽线条清晰，结构紧凑，但由此把历史唯物主义看作马克思哲学的一个特殊具体理论，割裂了马克思主义哲学的整体性、逻辑严密性，也淡化了其经验实证的科学性论证，使历史唯物主义逐渐"沦为"隶属于辩证唯物论而且仅仅是前者在社会历史领域推广应用的结果，这在实际上是大大降低了历史唯物主义在马克思主义哲学中的地位，某种程度上偏离了对马克思主义哲学本质理论特征的准确理解和全面理解。

1938年，在斯大林的政治影响下，苏共中央编写和出版了《联共（布）党史简明教程》，斯大林亲自参与撰写其中的《论辩证唯物主义和历史唯物主义》（以下简称《论》）。在高度集权集中的社会背景下，《论》就成了对马克思恩格斯学说的权威解读。《论》是《简明教程》的第四章第二节，是斯大林比较成熟的哲学著作。在此之前，斯大林在接触和研读马克思、恩格斯、列宁的著作时已零碎地形成了唯物史观的一些思想，在他早期著作中也有涉及历史唯物主义范畴和原理的论见，而在《论》中则比较系统地论述了他对马克思主义哲学、对历史唯物主义的理解。斯大林的刚毅果决性格也体现于其文风，他单刀直入地在首段就给前辈革命导师的世界观做了定位，对历史唯物主义下了明确的定义："辩证唯物主义是马克思列宁主义党的世界观……它是对自然界现象的看法……历史唯物主义就是把辩证唯物主义的原理推广去研究社会生活……应用于社会生活现象，应用于研究社会，应用于研究社会历史。"① 并由此论述了历史唯物主义一些基本问题，例如其基本任务就是解决社会存在与社会意识的关系以及社会物质生活和社会精神生活之间的关系；对"社会物质生活条件"范畴的具体阐明等。与列宁所使用的"推广"、"应用"相区别的是，斯大林的历史唯物主义的基础是辩证唯物主义，实际上，斯大林是把辩证唯物主义等同于辩证唯物主义自然观，而非关于"整个世界"的辩证唯物主义世界观理论，他把辩证唯物主义自然观作为辩证唯物主义历史观的基础，这既不同于列宁早期的"一般唯物主义哲学世界观理论"，也不同于列宁后期所理解的本身就已经包含历史唯物主义的唯物辩证的实践观哲学世界观理论。

由于特定历史条件限制，斯大林对历史唯物主义的界定成了当时苏联对历史唯物主义绝对不容置疑的理解方式，不仅对苏联而且对其他各国马克思主义学术理论研究、理论宣传与革命实践都造成了深远影响，虽然对宣传普及马克思主义起到了不容抹杀的积极作用，但也由此造成了不少对马克思主义哲学本真精神思想的歪曲和偏离，由此也埋下后来各国对斯大林哲学教条主义挑战的种子。

（二）"西方马克思主义"与"历史唯物主义"

20世纪20年代，"西方马克思主义"相对于第二国际、苏联而言作为非主流、非正统的理论思潮和实践运动兴起于西欧各国。应当说，是战争的国际环境、社会主义革命失败的阴影、第二国际独揽马克思主义话语权等综合因素使西欧各国的理论家们开始反思探索他们心目中"真

---

① 《联共（布）党史简明教程》，北京：人民出版社1975年版，第115—116页。

正的马克思主义"从而成就了如今我们所看到的另外一些理解方式的"西方马克思主义"。"西方马克思主义"至今没有统一的理论立场,对马克思主义对历史唯物主义的研究其思想观点和方法也各异,它们或补充、或修正、或歪曲、或偏离、或重建,可以说对历史唯物主义从不同立场和角度使用不同方法做了五花八门的理解。

早期西方马克思主义先驱卢卡奇率先对第二国际所谓"正统的马克思主义"发起挑战,卢卡奇用历史唯物主义指代马克思主义哲学,认为两者是同义语。在《历史与阶级意识》中,卢卡奇所阐述的历史唯物主义是比较丰富的,"什么是历史唯物主义……理解过去事件的一种科学方法……阶级斗争工具"[1],其职能和要解决的基本问题是批判揭露资本主义社会,解答一系列社会历史基本问题。针对后期第二国际理论家伯恩施坦等人将历史唯物主义歪曲为"宿命论"、"机械决定论",将唯物主义历史观所阐述的历史关系沦落为"宿命论"的线性决定关系,抹杀人在社会历史中的能动作用,卢卡奇提出了"总体性辩证法"范畴,而且认为"总体性辩证法"是重建历史唯物主义、理解马克思思想的核心。他以总体性范畴为核心的历史辩证法揭示历史过程中主客体之间的辩证关系,强调社会历史发展的"总体性"和各种历史因素的相互作用,卢卡奇在这里显然是真正把握了历史唯物主义最为精要的思想核心。但他把辩证法局限于主客体的历史辩证法、局限于人类实践和认识中主客体关系的辩证法及其实践认识的规律和历史规律,以马克思不研究与人无关的自然且这种自然不存在主客体的矛盾为由,否认恩格斯所说的自然辩证法,同时也把以自然界为研究对象的普列汉诺夫式的"辩证唯物主义"排除在马克思主义哲学的视野之外,这就把马克思主义哲学或者说"真正的历史唯物主义"局限于仅仅是研究人类社会主客体关系、历史关系和历史规律的历史哲学,而将人与自然的关系和自然界的本质规律与矛盾基本排除在马克思主义哲学的视野之外了。可以说自卢

---

[1] 卢卡奇:《历史与阶级意识》,北京:商务印书馆2014年版,第317页。

卡奇之后,"西方马克思主义"对历史唯物主义的研究基本上都受卢卡奇这一思想局限。

"西方马克思主义"早期代表人物科尔施同样认同马克思的唯物主义哲学研究的范围不是处于人类历史之外的自然而是社会历史整体,认为离开人类社会实践的自然是"超科学"概念,马克思主义哲学本质是历史的和辩证的唯物主义,即"辩证的唯物史观"。与卢卡奇一样,科尔施认为历史唯物主义不是第二国际理论家所理解的那种具有科学实证化倾向的"自然哲学唯物主义"或"经济唯物主义",而是人类社会普遍规律的"一般社会哲学",是对资本主义批判的科学革命的哲学。同时期的意大利革命家葛兰西也看到宿命论、机械论有导致取消无产阶级革命意义的危险,他以"实践"为理解马克思主义的基本范畴,遵循总体性原则,论述理论与实践、经济基础与上层建筑是统一的历史总体,并认为在这历史总体中人占主体地位,认为主体性的人的社会实践是历史发展动力的首要因素,是马克思历史唯物论的基础,因此,他用"实践哲学"指代马克思主义。葛兰西虽未明确使用"历史唯物主义"术语,但其"实践哲学"以人主体性的实践为基点来理解马克思主义,这显然也是抓住了理解历史唯物主义的根本点和关键。可惜的是,葛兰西没有看到哲学家对实践的理解自古以来就有着巨大的差异,而现在被命名为"实践哲学"的也远远不止是马克思主义哲学,还有很多非马克思主义甚至是反马克思主义哲学,它们也纷纷自我标榜为"实践哲学",以与过去实体主义旧哲学划清界限。

20世纪30年代兴起的法兰克福学派在西方马克思主义阵营独树一帜,其成员众多,理论复杂,且同一人在不同时期立场倾向也不一致,这里主要选取几位代表性人物以概述其思想。总的说来,与早期西方马克思主义者返本求源、"回到马克思"、依据马克思文本文献路径不同,法兰克福学派更多的是借助现代西方哲学成果补充和修正历史唯物主义,站在抽象人道主义的立场以马克思《1844年经济学哲学手稿》的异化理论和"理性批判理论"为武器,以所谓"人道主义的马克思主义"来诠释历史唯物主义,实际上是把马克思主义以历史唯物主义和剩余价值学说为理论武器并诉诸无产阶级革命实践的资本主义社会批判理论庸俗化为单纯道德人道价值和抽象理性的"意识形态批判"及"文化批判",使马克思主义历史唯物主义和科学社会主义变成了乌托邦空想。法兰克福学派创始人霍克海默将历史唯物主义定位为一种"社会批判理论",其研究领域是"工业社会"、"后工业社会"或"知识社会"的历史,其功能是对现实资本主义社会进行批判。阿多诺以对历史做否定理解的"否定辩证法"来恢复历史唯物主义批判精神,但他所说的"否定辩证法"是一种否定一切的绝对的否定,它彻底消解了历史连续性,显然不符合马克思主义既继承又批判、既保留又克服的唯物辩证法和历史辩证法精神。弗洛姆立足人本(道)主义认为历史唯物主义就是马克思的哲学,认可1859年《〈政治经济学批判〉序言》中马克思对历史唯物主义的精要概述,但同时又主张用"社会性格"弥补经济基础如何与上层建筑发生作用的空缺。弗洛姆注意到社会心理对历史进程的影响,但夸大了这种局部的偶然因素在历史过程中所起的作用。

与第一代成员相比,法兰克福学派第二代成员重释历史唯物主义理论有多维度、多层次的说明。其中马尔库塞受西方思潮影响,其思想经历了早中后期的一些变化,其早期思想与霍克海默较为接近,中期作为法兰克福学派第二代成员代表继承前辈"社会批判"的传统,比较强调对资本主义"理性统治"、"技术统治"的"意识形态批判"和"文化批判",后期转向弗洛伊德主义。马尔库塞用"历史唯物主义"术语统称马克思的理论,但他认为在高度发达的资本主义社会中有一些基本原理已不再适用,需借用弗洛伊德的精神分析理论补充历史唯物主义。在后期马尔库塞看来,历史唯物主义仅仅是揭示与说明作为人的本能本质的"爱欲"从受压抑到获得满足这种关于人自由解放的学说,实现人的解放其主要途径是改变主体人的心理结构,通过改变人的心理结构和文化,克服资本主义的"技术理性和工具理性统治",这样就可以扬弃人的异化实现社会革命。显然,马尔库塞否定历史唯物主义关于社会基本矛盾、阶级矛盾、社会历史发展规律、生产方式变革是社会发展根本动因等基本理论，放弃了马克思对资本主义生产方式、生产关系与基本社会制度的分析批判，否定了无产阶级的革命主体地位，实质上是对历史唯物主义的背离。施密特承认马克思哲学的唯物主义性质，认为历史唯物主义是哲学史上唯物主义传统的发展。施密特以具体的社会实践为出发点说明人与自然的辩证统一，而目前实践的对象就是资本主义社会，认为历史唯物主义批判就是对资本主义的批判。相对于其他人而言，施密特延承马克思批判的立场和某些理论资源，还没有太远离历史唯物主义。

以"重建历史唯物主义"为宏大理论抱负的法兰克福学派第二代旗手哈贝马斯，发现晚期资本主义具有与马克思所处时代的许多新变化、新特点和新问题，他以此为借口"批判反思""传统的历史唯物主义"，认为它有一些基本范畴、基本原理已不适用于当今高度发达的资本主义社会。如他指认马克思对"社会劳动"范畴的批判已经过时，马克思所说的生产方式已经不能作为社会形态划分的依据，马克思寄予厚望的产业工人阶级已不复存在，他由此认为传统历史唯物主义关于社会基本矛盾、阶级矛盾的思想，即生产力与生产关系、经济基础与上层建筑的矛盾及工人阶级因与资产阶级的矛盾必然导致工人阶级革命的思想已经过时，应重建历史唯物主义理论体系。由此，哈贝马斯对历史唯物主义的概念范畴和基本内容来了个大换血式地改造。如他说国家政府对经济干预的加强意味着上层建筑不再是依附经济基础；他用"劳动"和"相互作用"这样的抽象概念替换传统历史唯物主义最基本范畴——生产力与生产关系，认为在现代"工业社会"和"后工业社会"是"劳动"与"劳动的相互作用及其冲突"决定社会发展，人类"交往实践的矛盾"与"文化冲突"是现代社会基本矛盾或主要矛盾。哈贝马斯对传统历史唯物主义理论体系的重建实质是对资本主义社会进行合理性辩护的说辞，他试图以对交往实践关系的改良和文化的融合性改造来取代工人阶级对资本主义生产方式、生产关系和社会制度的革命变革，抹杀生产方式、所有制关系、生产关系在社会形态和社会有机体建构与结构中的基础地位,否定无产阶级社会主义革命的必要性和必然性,与马克思主义真正的历史唯物主义精神相去甚远。哈贝马斯实质是借生产方式、生产关系的变化来否定历史唯物主义关于生产方式和生产关系在所有社会关系中居基础地位有决定作用的思想。

总之,"西方马克思主义"理论形态多元,思想人物繁杂多变,限于本文篇幅和对象的复杂多样,我们很难在这里一一详述和分析评论,只能做上述概括性的介绍和述评。

此外,借用现代西方理论资源重读或补充马克思历史唯物主义思想的还有"存在主义的马克思主义者"萨特。按萨特的理解,历史唯物主义就是马克思主义,而马克思主义也就是"存在主义或人道主义的马克思主义",且是以"一种历史的内在辩证法为前提的历史唯物主义,而不是辩证唯物主义……"① 萨特立足存在主义认为历史唯物主义缺失"人"的维度,缺少"人"的主题,应把"人"纳入历史唯物主义研究的视阈,且也只能根据主体人之间的相互关系理解辩证法,即辩证法只是历史辩证法,辩证法只属于人。虽然萨特也试图从实践的角度阐述历史唯物主义,但其实践是意识活动的对象化,其理解的人在根本上不过是立足于绝对自我绝对自由的"自我意识"这种虚无性的个人存在,这便在根本上颠覆了马克思"现实的个人"及其历史实践的科学实践观,并不能真正补充与完善历史唯物主义。

结构主义的马克思主义者阿尔都塞用历史唯物主义概述马克思的社会历史理论、科学的社会批判和革命理论,同时他也认为这种唯物主义同时是辩证的唯物主义。当然,除"经典"西方马克思主义对历史唯物主义的理解,现在还存有其他各种杂多的重释历史唯物主义思潮,如渐渐兴起的生态学马克思主义对历史唯物主义的"修正",紧扣现实问题,

---

① 转引自徐崇温:《西方马克思主义》,天津:天津人民出版社1982年版,第463页。

提出了一些富有启发性的观点、论点，开拓了历史唯物主义新的研究领域。但它们那些思想观点也不同程度包含着值得分析批判的许多歪曲马克思主义经典作家历史唯物主义思想的成分，需要我们分析批判，仔细甄别，绝不能照抄照搬。

纵观"西方马克思主义"紧跟"时代变革"或借用马克思主义经典作家的某些理论方法，或沿袭历史唯物主义的"批判立场"，试图以现代西方哲学来"补充、修正和完善马克思主义哲学"，但这些对历史唯物主义重读、重释、重建的理论成果，不仅内容越来越庞杂，呈多元化、碎片化发展倾向，而且在总体上是将原本作为完整科学世界观的历史唯物主义转向了研究社会历史现象或微观社会现象甚至某一特定社会现象的支离破碎的思想认识，从强调总体性、主体性及历史必然性与主体能动性的结合逐步走向了非总体性、非主体性、非同一性的思想碎片，其中虽有合理性的片面深刻和科学成分，但总的说是越来越偏离历史唯物主义，造成了对历史唯物主义的严重误读和歪曲。"西方马克思主义"虽然突出了被第二国际遮蔽的人在历史过程中的主体性，但由此而越来越走向主观主义、唯心主义和形而上学的片面性，这显然是从一个错误极端走向另一个错误极端。历史唯物主义在"西方马克思主义"主要流派——法兰克福学派那里被局限在人类社会历史领域甚至某一特定的人文现象，撇开马克思的生产方式、生产关系分析和剩余价值学说只强调人的主体活动及心理文化特征，无限夸大人的主体性和主观性作用，而将资本主义的所有剥削奴役又片面归结为对人之主体性和自我意识自由的压抑，认为只要有对人的主观心理的、思想文化的批判和意识形态批判就能摆脱资本主义束缚，人只要摆脱"理性统治"和"科技奴役"，就能实现自己的解放，这无疑是严重背离了历史唯物主义关于历史基础关系、本质关系、矛盾运动规律、社会发展动力及社会存在和社会意识的辩证关系原理等基本理论，非但不是在完整准确地揭示历史唯物主义真理，实际上是颠覆否定马克思主义历史唯物主义。正是由于法兰克福学派后期代表人物如阿多诺、哈贝马斯等人站在抽象人道主义立场以历史唯心主义和形而上学思维方式来歪曲和颠覆历史唯物主义，并有列伏菲尔、福柯和鲍德里亚等人从结构主义的另一方向来歪解马克思主义，才有从他们这些人为开端而一直持续到现在仍在流行的公然否定马克思主义的所谓"后现代马克思主义思潮"（限于篇幅，这里对"后现代马克思主义"不再进行述评）。

我们认为，历史唯物主义是最能体现马克思主义哲学本质特征的基础理论或理论核心，是马克思包括剩余价值学说在内的"两大理论贡献"中最重要的一大理论贡献，它所研究的"历史"是包括与人的活动相联系而成立的自然的和社会的相互作用的历史，首先是人的以物质资料生产为基础的人类活动的历史，是人民群众的活动所创造的历史（历史的主客体关系及各种原初历史关系都是在人类物质资料的生产和再生产中，在人民群众创造历史的活动中形成和发展起来的）；其次是从人的关系和关系演变而考察的历史或历史的人的关系史（如马克思讲的人的关系演变从总体特征上讲经历了"人对人的依赖"、"人对物的依赖"和"人自由全面发展"三个发展阶段）；再次是由人的生产方式、生产关系变革所形成和推动的社会形态发展史（如"五大社会形态"依次演变发展的一般历史规律和过程）；然后是从生产技术、生产方式演变进步角度而考察的人类文明发展进步史（如恩格斯在《家庭、私有制和国家的起源》中，根据摩尔根的历史分期法把人类文明区分为依次发展的"蒙昧时代"、"野蛮时代"、"文明时代"，认为"蒙昧时代是以获取现成的天然产物为主的时期；人工产品主要是用做获取天然产物的辅助工具。野蛮时代是学会畜牧和农耕的时期，是学会靠人的活动来增加天然产物生产的方法的时期。文明时代是学会对天然产物进一步加工的时期，是真正的工业和艺术的时期。"① 另外，马克思恩格斯还有人类从"狩猎畜牧文明"到"农耕文明"，再到"工业文明社会"等的说法）；

---

① 《马克思恩格斯文集》第 4 卷，北京：人民出版社 2009 年版，第 38 页。

三 学术争鸣

最后是从人与必然的关系角度所考察认识的人类历史发展,它是由人奴隶般地服从历史必然性的、类似于自然历史过程的"必然王国"历史阶段最终发展到人自觉地认识利用客观规律、自觉地认识利用历史必然性——从而自觉地自己创造自己历史的"自由王国"阶段。历史唯物主义所唯的"物",不是和人无关的抽象地议论的自然存在物,也不是人感性对象性地所直观的具体物质实体或抽象的物质观念,而是与人的实践和认识活动相联系并由人具体的历史的生产实践、社会实践历史地构建的"实践关联物"或"社会存在物",是人实践认识的对象之物或关联之物,是人事之事物,当然也是在人的普遍性、特殊性相互联结有机结合的视野中所理解把握与改造的客观事物或客观历史事实。[①] 只有建立在上述"历史"视野或维度与"物"的对象视野所研究的历史和历史事物,那才是马克思立足于现实的个人和人类实践所创立的历史唯物主义所要研究的对象及所依据的事实根据,而且唯有如此,马克思才创立了一切从历史事物及历史事实本来面目客观如实地来说明历史事实及其本质和发展规律的彻底的唯物主义哲学,从而与旧唯物主义哲学以及唯心主义、形而上学的哲学划清了界限。历史唯物主义关于各种社会历史关系与历史发展本质和规律的论证及其基本理论就是在上述视野和实践认识的基础上所逐步确立起来的,同时也是在马克思主义一系列哲学革命变革和政治经济学革命批判的基础和维度上形成、成熟与发展起来的。今天,我们不仅要结合我们推动人类历史继续向前发展的实践的需要,不仅要结合我们历史时代背景、语境的变化,对照马克思、恩格斯当时创立历史唯物主义的历史条件和语境,来研究马克思主义创始人的经典著作和文献材料,探询与还原历史唯物主义原本的真实思想和内涵,同时我们也要去伪存真、通过分析比较鉴别的方法搞清前人和别人已有的历史唯物主义解读所存在的得失和偏颇,吸收一切有益的能够科

---

① 杨思基在《实践关联关系的"场"与历史唯物主义的"物"》一文中首先论证了历史唯物主义的"物"是动态的历史存在物、关系存在物、社会存在物,简言之它是人类在特定历史关系条件下由这种关系实践所中介和建构的实践关联物。见《哲学研究》2005年第3期。

学解释说明历史和现实的思想与方法，以对历史唯物主义做出我们新的合理化科学解释，以此来指导我们今天的认识和实践。厘清历史唯物主义的思想内涵，捍卫与发展与我们的实践紧密结合的马克思主义，以马克思主义历史唯物主义来反思和指导我们当下的实践与认识，使我们不断地、及时地发现和纠正错误，更好更快地推动我们的社会主义革命与建设事业不断前进，这对于我们来说仍然是任重而道远的历史责任和义务。

参考文献：

[1]《马克思恩格斯选集》第1—4卷，北京：人民出版社1995年版。

[2]《马克思恩格斯文集》第1—10卷，北京：人民出版社2009年版。

[3]《列宁选集》，北京：人民出版社2012年版。

[4]梅林：《保卫马克思主义》，吉洪译，北京：人民出版社1982年版。

[5]安·拉布里奥拉：《关于历史唯物主义》，杨启潾等译，北京：人民出版社1984年版。

[6]考茨基：《唯物主义历史观》，上海：上海人民出版社1963年版。

[7]《联共（布）党史简明教程》，北京：人民出版社1975年版。

[8]卢卡奇：《历史与阶级意识》，北京：商务印书馆2014年版。

[9]王金福：《马克思的哲学在理解中的命运——对马克思主义哲学史的解释学考察》，江苏：苏州大学出版社2003年版。

[10]徐崇温：《西方马克思主义》，天津：天津人民出版社1982年版。

[11]刘放桐等：《新编现代西方哲学》，北京：人民出版社2000年版。

[12] 张秀琴:《新 MEGA 之后的恩格斯与历史唯物主义之争——以 1892 年恩格斯的〈论历史唯物主义〉(MEGAI/32)为例》,载《教学与研究》2012 年第 11 期。

[13] 杨思基:《实践关联关系的"场"与历史唯物主义的"物"》,载《哲学研究》2005 年第 3 期。

(作者杨思基系苏州大学哲学系教授,博士生导师;徐甜甜系苏州大学哲学系硕士研究生;毛健系苏州大学哲学系硕士研究生)

中国马克思主义文本学研究范式的兴起与架构及可能走向

乔茂林

[摘　要] 该文梳理了中国马克思主义文本学研究范式兴起与中国其他人文学科建设共享的中国社会改革开放的历史语境，解释了拉开学术与政治必要张力的政治驱动力量，以及西方马克思主义的冲击所引起的反应，由此引发的马克思文本在此种历史语境下被重新激活的历史逻辑必然性。该文阐明马克思主义中文翻译文献对马克思主义文本学研究范式的基础性意义，并对中国马克思主义文本学研究范式的内部架构进行分析，论证了方法论的自觉、去本体论的认识论、对初始文本的强调、文本与思想的张力、文本的客观性与研究者的主体性的关系、公度性与个性化的差异、解读政治学、时代性视角构成了其核心内容，进而分别对每一项子结构进行了结构性解读。在把握其历史语境与内在架构的基础上，该文对中国马克思主义研究的文本学范式的可能走向进行了预测，即激活中国所积累的社会主义实践经验与市场经济实践经验，中国本土思想资源从隐性走向前台，国际学术话语中国化是中国马克思主义文本学研究国际化同构方向，体系化与学院化的走向，拉开与政治、大众、实践的必要张力并为其奠定思想根基的前景。

[关键词] 马克思主义文本学范式　架构　可能走向

中国马克思主义文本学范式自兴起以来取得了一系列研究成果，受到学界广泛关注，而对其本身的探究成为了马克思主义学科一个重要理论任务。本文目的在于梳理其兴起的历史语境与文本基础，分析其内部流派的各自特征，结构性解读其内在解释架构，从而图景式展示其蕴含的一般性方法论与主要成果，在此基础上，把握中国马克思主义文本学范式可能走向。

一、中国马克思主义文本学研究范式兴起的历史语境

中国马克思主义文本学研究范式兴起与中国其他人文学科建设共享了改革开放以来中国社会结构性变迁的历史语境，即超越苏联模式并探索中国特色社会主义道路。在此历史趋势下，中国马克思主义作为中国社会大系统中的敏感子系统，相应发生着更为剧烈的变革。诉诸自新中国成立以来的中国马克思主义思想史，前十年，仿照苏联教科书的体系；随后二十年，试图突破该体系但并未取得重大收获；近三十年，创建中国学术界的马克思主义话语。在中国学界创建马克思主义话语的进程中，遭遇的第一个问题是马克思主义究竟是方法还是体系，如果是体系，那么这种体系是辩证唯物主义还是历史唯物主义。这个争论不自明的前提是并未意识到回到马克思主义文本的基础性意义，但是却不自觉地以部分文本来重构马克思主义教科书体系，持续十年之久，即在20世纪80年代末生成了实践唯物主义体系。实践唯物主义体系的产生在当时看来是令人鼓舞的，但随后就暴露了其并不比苏联教科书体系更少的矛盾，因为范式构成恰恰依旧是苏联教科书式的，由此产生了现实与理论的双重困难，理论的困难表现在由于其非开放的思想指向难以与中国哲学以及西方哲学展开具有深层次学术内涵的对话，现实的困难表现为以现实世界鞭辟入里分析著称的马克思主义面对剧烈变迁的中国社会却难以做出令各方信服的考察。

在政治彻底淹没学术的"文革"时代，马克思主义也不能幸免，在

马克思原本规定中的哲学相对独立性被完全取消,彻底成为政治的附庸,最终导致哲学本身学术价值与独立尊严丧失,由此导致学术本身的合法性危机以及学术论证政治合法性时公信力下降。造成这一状况除了时代性的错误之外,马克思主义哲学内部隐含着的原因是,苏联马克思主义教科书对中国马克思主义理论的深度影响。马克思主义与政治的天然密切联系表现为理论与现实的两个方面,理论方面在于,"哲学把无产阶级当作自己的物质武器,同样,无产阶级也把哲学当作自己的精神武器"①;现实方面在于,"对实践的唯物主义者即共产主义者来说,全部问题在于使现存世界革命化,实际地反对并改变现存的事物"。②换言之,马克思主义经典的原意是以理论为中介,以无产阶级为掌握理论主体力量,最终完成世界的政治革命。也就是说,马克思主义在强调哲学的要义在改变世界的同时,并未取消哲学的相对独立性。然而教科书体系却完全将学术政治化,将马克思主义的永恒运用要义视为无物,认为政治领袖已经达到了马克思主义思想的最高峰;以政治领袖的意愿取消马克思主义的批判性,马克思主义对政治的唯一价值沦为赞美;在政治力量的威胁下,大量的马克思主义者被迫成为斯大林的歌功颂德者,严重伤害了学术应有的尊严。这种苏联教科书式马克思主义深刻影响了中国"文革"年代的学术与政治的正常关系。在"文革"结束后,政治与学术都需要重新建立马克思主义的相对学术独立性。然而,由于学术重建工作是项极为漫长的工作,仅是概念术语方面从政治用语到学术语言的复苏也需要多年的时间,因此,短时间并未取得良好效果,但这种内驱革新力量长久存在。

此为西方马克思主义的传入的窗口期,考察西方马克思主义传入中国的历史,我们发现,西方马克思主义诸多代表性人物及思想,早在20世纪30年代就传入中国,但是直到20世纪80年代开始,才被成体系成

---

① 《马克思恩格斯选集》第1卷,北京:人民出版社1995年版,第15页。
② 《马克思恩格斯选集》第1卷,北京:人民出版社1995年版,第75页。

规模化地引进、翻译、研究，这正是由于中国马克思主义学界的理论内需。国外马克思主义在中国的蓬勃发展势头于 90 年代初期陷入低潮，在 90 年代后期恢复并再度繁荣持续到当下。经过 30 年的发展，国外马克思主义已经从著名人物、热点著作进展到问题研究，发展为单独的学科领域，形成了经典马克思主义、新马克思主义、后马克思主义、马克思学等方向研究。国外马克思主义以与现实政治的必要张力筑造了其维护学术性的保护带，因此不仅可以回到马克思的文本，而且可以推进马克思主义，也就是说，一方面，通过对马克思的原初文本研究学术积淀，准确立体地把握马克思主义的立场、观点、方法；另一方面，紧紧围绕马克思主义对现代性的深刻分析，毫不妥协地进行彻底批判的精神，从而推进马克思主义。这当然对中国马克思主义学界构成持续的吸引力，然而难以解决的问题出现在三个方面，一是国外马克思主义均以解决其所处时间段的问题为核心进行研究批判，这种转换语境的成果如何转换为对中国社会实践产生可供借鉴的思想资源；二是，供国外马克思主义思想生成的马克思主义文本原文，以国内学界的能力并非难以得到，而该项工作却迟迟没有推动；三是，中国社会是近 70 年来特别是近 40 年来的马克思主义主要实践场域，其积累的实践经验为何难以形成与国外马克思主义展开深度对话的理论体系。这当然不仅是包括文本学在内的中国马克思主义研究新范式兴起的背景，也构成了其成长的理论语境。

西方马克思主义的思想冲击与苏东剧变的历史效应之外，在中国开始全面建设社会主义市场经济的历史洪流下，马克思主义研究的艰难内外局面在 20 世纪 90 年代初变得更加复杂化并孕育着新的生机。首先，社会主义市场经济的日益发展，为中国马克思主义研究者奠定了新的社会史地平线，马克思主义关于资本主义世界的研究与批判从几十年前的文本语言变成了日常的生活世界，曾经不得不按照枯燥的条文理解的文本，变成了鲜活的生活体验，马克思在更为深刻的意义上成为了中国马克思主义研究的同时代的人，马克思思想的当代价值被重新激活并赋予新的指导中国社会主义实践的意义。其次，学术研究范围日益国际化，对国外马克思主义以及更大范围的左派的研究日益去极端政治化，因此，有助于大量的国外相关资源进入中国马克思主义研究的视野；与此同时，重新评估右派思想资源中的相对合理成分，思想史上如柏拉图、康德、黑格尔等思想大家日益以学术的面目出现在中国马克思主义研究的视野内，极大地开拓了中国马克思主义研究的视野。再次，研究主体的个体化与其后的团队化研究，在社会主义市场经济深入发展的条件下，原有的计划经济时代的单调均质生活被进一步打破，研究者与社会其他成员一同感受到丰富多样的社会生活，自我意识逐步觉醒，摆脱曾经集体主义中无差别存在的状况，从以往整齐划一的桎梏中解放出来，根据自己在新时代条件下不同的体验确立了自己个体化的研究，在此基础上，由相近研究结论的各个个体化的人逐渐形成了团队化的研究组织并影响至今。最后，研究风格的个性化成为这一时期以及其后绵延至今的特点，研究者不仅能够在世界范围内选择自己所认同的学术思想，而且能够以更加个性化的语言风格表述其研究成果，从而造就了诸多具有独特个性的研究者。尽管如此，中国的马克思主义研究难以胜任引领中国社会走向的历史重任，然而"世界在变化，中国在前进。客观实践的发展变化，对加强马克思主义理论武装，推进理论创新提出了新的更高的要求"①，中国马克思主义研究必须寻求研究范式的转换。

二、中国马克思主义文本学研究范式的创立与架构

在上述中国马克思主义学术需要重建的历史语境下，当时的老一代学人与青年学者对马克思主义的信念愈加闪烁光芒，高清海教授以对思想史的深刻把握，在本体论的层次上展开马克思主义与其他哲学史大师的对话空间，从而为马克思主义回归建立学术独立性奠定基础；黄楠森

---

① 《在学习〈江泽民文选〉报告会上的讲话》，载《人民日报》2006年8月15日。

教授以其深厚的学术功底介入明显一时的人学研究后，对马克思主义人学范式的形成起到了至关重要的作用。除上述范式外，《中国马克思主义哲学史研究的范式生成与转换》①对截止到目前的马克思主义研究范式进行了图景式描绘，走出与重建范式、实践诠释学范式、逻辑分析范式、存在论范式、文本逻辑历史分析范式，其中，文本逻辑历史分析范式即本文所分析的文本学范式全称。上述中国马克思主义研究范式之间的论证与相互借鉴为了文本学范式的兴起奠定了直接的丰厚思想资源。

中央编译局自 1955 年开始编译并于 1985 年出齐的 50 卷《马克思恩格斯全集》不仅持续为中国马克思主义研究奠定前提条件，其大量内容直接构成包括文本学范式在内的中国马克思主义研究的有力文本支撑。不论中国马克思主义研究处于困顿期还是成果丰富期，编译局始终保持高度的政治责任感与历史使命感，以高度的学术热情、严谨的学术态度持续不断地为中国马克思主义研究提供可靠的中文译本。1986 年编译局开始编译《马克思恩格斯全集》中文第二版②，率先在中国马克思主义研究界将视野拓展到以德、英、法、俄等多种语言所组成的马克思文本群，其依据的《马克思恩格斯全集》历史考证版，即按国际马克思恩格斯基金会正在编撰的按照原貌完整展示马克思恩格斯著作及其写作过程的版本，在国内学界首次系统性地提出了马克思主义文本原初形态的问题。《马恩全集》中文第二版已经出版的部分，同样直接构成了包括文本学范式在内的中国马克思主义研究的有力文本支撑。马克思主义研究近 30 年来的诸多成就，正是在对照两种版本之间的差异所产生的。"经典著作编译是马克思主义理论建设的基础性工作，它为马克思主义理论

---

① 张亮：《中国马克思主义哲学史研究的范式生成与转换》，载《中国社会科学》2008 年第 4 期。

② 关于《马恩全集》中文第二版的初始简介，参阅宋书声：《〈马恩全集〉在我国的翻译和出版》，载《中国翻译》1983 年第 5 期。

的学习、研究和宣传提供文本依据"。① 与此同时，编译局还编辑了以《马克思恩格斯文集》、《列宁专题文集》为代表的马克思主义经典选本，"旨在为深入学习和研究马克思主义理论提供选材更精当、译文更准确、资料更翔实的基础文本，以适应党在新时期用中国特色社会主义理论体系武装全党、教育人民的需要"②，从而适应不同研究层次的需求。此外，中央编译局建成的亚洲最好的马克思主义研究文献馆藏中心及国际性的合作网络，不仅为中国的西方马克思主义研究提供了文本支撑，而且其典藏的重要海外研究资料直接构成了中国马克思主义文本学范式的思想来源。在马克思主义文献方面工作的扎实性与前瞻性得到了包括文本学研究范式在内的学界的高度评价，"众所周知，国内马恩著作的翻译是由中央编译局的同志来完成的，他们无论是在国外出版和研究动态的了解上，还是在翻译上都是十分权威的。近30年来，他们一直追踪国外研究，编辑出版各种文献资料（例如《马列主义研究资料》、《马克思恩格斯研究》、《〈资本论〉研究资料与动态》以及1996年以后合并的《马克思恩格斯列宁斯大林研究》等内部连续出版物），在这些资料中，相当数量的经济学新文献都已经从 MEGA^2 及其准备材料中翻译过来了"③。

目前中国马克思主义文本学范式的图景主要由南京大学孙伯鍨、张一兵、胡大平一脉与北京大学聂锦芳以及清华大学韩立新构成的。有趣的是，其中几位研究者关于文本学研究范式本身展开了竞争性对话，因而为我们的叙述线索准备了条件。需要指出的是，本文无意亦步亦趋地重复上述研究者的全部研究成果，而是要在解释原则层面上展现各流派的思想架构，并在此基础上预估马克思主义文本学范式的逻辑走向。

---

① 贾高建：《充分重视和加强马克思主义理论建设》，载《求是》2015年第13期。
② 韦建桦：《关于两部文集编译工作的汇报》，载《光明日报》2009年12月28日第003版。
③ 胡大平：《也论马克思主义哲学的研究方法与学术规范——与聂锦芳商榷》，载《哲学动态》2003年第2期。

南京大学一脉的文本学研究范式自孙伯鍨教授肇始，发扬于张一兵教授，胡大平亦是其中重要组成成员，研究对象涉及马克思文本、恩格斯文本、列宁文本、西方马克思主义经典文本、西方哲学如海德格尔与拉康以及福柯文本。由于本文论域限定，仅就《回到马克思》这一文献对张一兵的文本学范式的架构进行解读，而恰好这一文献又是其文本学范式的代表作品。关于《回到马克思》出版以来获得的赞美与所引发的争议可谓近20年以来中国马克思主义研究的一大景观，本文无意介入这些争论[①]，与这些争论展开关于争论的争论，而是拟从方法论的自觉与去本体论化以及对原初文本的强调三个方面对《回到马克思》的文本学范式的架构进行梳理。

上述构成文本学范式核心内容的方法论的自觉与去本体论的认识论以及对原始文本的强调，在《回到马克思》中各有其具体内容。方法论自觉表现为理清前人的多种解读模式，并提出自己的新方法论，"借助于历史性的'文本学解读'，使过去在传统解读构架内的熟知文本重新'陌生化'，以建构一种全新的历史性理解视域"[②]，文本的真实含义只有阅读者在与文本生成的历史语境产生视域融合的时候才能发生。去本体论的认识论在张一兵教授的表述中是由历史语境引申出来的，即如果读者本人没有相应的思想支援背景，那么文本的思想史不会自行呈现的，以往中国大量马克思主义研究著作对马克思文本是显性线性思想仓的无意识假设只是一种朴素唯物主义的虚妄，读者的思想支援背景很大程度上决定阅读的结果，《回到马克思》引用伽达默尔的不同视阈的历史性融合来论证观点，但随即出现了令人颇感意外的去本体论认识论，即声明与伽达默尔的解释学的本质性差异在于其文本学没有任何本体论的僭妄。对马克思主义原始文本的特别重视是文本学范式的内容之一，"假如没有一个对马克思哲学文本（特别是 MEGA^2）的第一手精心解读，

---

① 相关争论参见胡大平：《近十年马克思主义哲学理论热点解析》，载《南京大学学报（哲学、人文科学、社会科学）》2012年第1期。

② 张一兵：《回到马克思》，南京：江苏人民出版社2009年版，第632页。

没有对马克思思想发展脉络的科学的全面把握,就不可能真正实现马克思哲学的当代性言说"①,除去马克思也是当代思想家这一命题外,对原始文本的特别重视体现在《回到马克思》中对 MEGA² 的引用。

方法论自觉表现为将前人自觉不自觉的方法论做出清理,即将前人的方法总结为西方马克思主义的模式、西方马克思主义人本学的模式、阿尔都塞的模式、前苏东学者的模式,并且自觉继承了第六种模式即孙伯鍨教授的模式,这种模式的提出是为了解决在马克思主义研究时将历史性文本强制处理为同质性文本,马克思不同时期、不同历史语境、不同研究主题、不同论争对象的问题一概被取消,马克思文本变成了可以任意被引用的杂乱语料仓库。《回到马克思》延续的文本学范式就是为了在自觉的历史性解读中恢复马克思文本的原初语境,这个深层次的语境被张一兵教授指认为经济学研究的深层次语境,即重新理解马克思的哲学话语转换必须深入马克思经济学研究的深层语境。《回到马克思》对这一论证的理由是自从马克思 1842 年下半年试图进入经济学以来,其百分之七十的文本都是经济学的内容,对于马克思主义意义上的马克思而言,脱离经济学的纯粹的哲学和科学社会主义研究并未独立存在过。这当然与一般意义上的马克思主义研究的结论也是相吻合的,马克思自《德意志意识形态》以来政治经济学一直是其关注的核心与主要问题,而彼时并没有经济学这一学科,所有的经济学都被称之为政治经济学。重要的论证发生于《回到马克思》将马克思思想的转变指认为三次,而三次转变的最深层次规定均来自于政治经济学,即否定客观存在于古典经济学中的社会唯物主义思路与方法,科学批判政治经济学理论基础的形成,历史现象学的创立与剩余价值理论的形成,第三次转变是第二次转变的延续与深入,因而也与政治经济学的语境关系至为密切。

对于马克思原始文本的强调表象是体现为对 MEGA² 的引用,而在真实研究的意义上最原始文献的引用只有在两个方面才具有价值,一

---

① 张一兵:《回到马克思》,南京:江苏人民出版社 2009 年版,第 629 页。

是,新文献(包括时间意义上的新和最原初意义的新)对现有学术研究结论有进一步论证的作用;二是,新文献有助于推翻现有结论确立新的研究结果。文本学研究范式正是要在推翻现有总体架构的基础上重建马克思主义的研究范式,因此,新文献出场的价值只存在于上述第二个方面,表现为三个新创新:一是文本新分类之后价值层次的转换,二是功能阅读法,三是话语复调语境。《回到马克思》将《马克思恩格斯全集》历史考证版(MEGA²)已经发表的部分分为三个类,一是读书笔记与记事笔记,二是未完成的书稿和书信,三是已经完成的和公开发表的文献,并且对三类的层次做出划分,第一、二类文本比第三类文本更能展现马克思思想进程的历史语境,如果文本学范式之前范式的研究证据来源或是对上述文献不进行层次区分,那么其结果很可能被文本学范式从论证材料方面给予硬伤性打击。功能性阅读法借用于阿尔都塞,从马克思已经写出的显性文字中读出马克思没有写出的隐性理论构架,显性文字体现出马克思的前台理论目的,隐形架构是支援马克思完成认识过程的后台语境,这在《回到马克思》对于《巴黎笔记》解读中表现为,前台理论目的是为了否定资产阶级经济学家所肯定的东西;后台隐形理论是赫斯、青年恩格斯、蒲鲁东对国民经济学的批判,更为深层次的支援理论来自于费尔巴哈和黑格尔的哲学逻辑。复调话语语境在《回到马克思》中最为典型的部分是对《1844年经济学哲学手稿》的分析,将其区分为三种不同的话语:"一是出于被告席上的资产阶级社会制度及国民经济学(直接被反驳的对象);二是蒲鲁东—青年恩格斯的审判与指认;三是马克思超越这种在国民经检修范围内指控资产阶级社会的哲学人本主义批判(里面又暗含着自然唯物主义前提)。"[①] 对这种复调语境的理解是《回到马克思》反过来批判将《巴黎手稿》与《1844年经济学哲学手稿》两个同时期手稿碎片化做法的基础,并且指认了 MEGA²

---

① 张一兵:《回到马克思》,南京:江苏人民出版社2009年版,第207页。

版的编者对苏联这种错误的理论全盘接受。①

　　文本学范式对读者认知架构的逻辑先在性的强调,不仅表现在对马克思文本解读时,也体现在马克思在阅读文本时面对他的阅读对象时的强调。前者去本体化的认识论在《回到列宁》中将主体所掌握的思想与方法置于阅读文本的逻辑先在地位的文本学范式进行了公开表达,而在《回到马克思》中所传达的信息是认为追求本体论只是一种思想的僭妄。这当然需要追溯这种去本体论化认识论的思想来源,考察《回到马克思》,该书在诸多方面批判性借鉴了 20 世纪 60 年代西方创立并且至今影响仍然十分深远的哲学最新成果。诉诸哲学史,20 世纪特别是下半叶的哲学的科学主义与人本主义都以否认本体论方式拒斥形而上学,前者认为本体论立场夸大了人的理性能力,后者将人这种能够提出本体论问题存在者作为优先性考察对象。该书作者张一兵教授于数年之后对去本体论化认识论思想进行细致化表达,"恰是承认认知结果的有限性和主观性,才会反证一种历史性的客观性和真理性,这种新的客观性与真理性正是当代哲学和科学认识论的积极反思的结果。说远一点,当康德给予主体认知设定有限前提时,当海德格尔从存在论上承认个人主体不过是一定时间中的有死者时,当波普尔将科学真理的标准从证实转换为证伪时,科学认识论是在从牛顿式的绝对客观真理退回到有限的主观认知论。"② 这一思想引发了马克思主义学界中近年来思想最为深邃的争论,以中西思想为背景的中国现代马克思主义哲学研究者之间展开的争论,在本体论问题上达到了最为精彩的程度。这种去本体论化认识论的要点在于不可能绝对地达及文本所谓原初的客观意义,"我们的任何一次研究,任何一次认识,都不过是我们基于既有的一些学术立足点和学术记忆而激活起来和当下发生的认识活动过程"③,所有的研究都是彼时彼刻复现和建构研究对象的当下思想活动。

---

① 参见 MEGA² 第一部分,第 2 卷,柏林;狄茨出版社 1981 年版,导言。
② 张一兵:《"思想构境论"想说明什么》,载《学术月刊》2009 年第 7 期。
③ 张一兵:《"思想构境论"想说明什么》,载《学术月刊》2009 年第 7 期。

聂锦芳的文本学研究以批判国内现有马克思主义文本学范式的思想成果，但以坚持马克思主义文本学研究范式出场，其对该项研究的起点可以追溯到 2000 年为北京大学马克思主义文献研究中心系统购买资料和清理已有学术积累。① 其文本学研究范式集中体现在以《清理与超越——重读马克思文本的意旨、基础与方法》为一般方法论、以《批判与建构：〈德意志意识形态〉文本学研究》为微观解剖分析与示范之中。其一般性思想结构围绕三个关键问题展开，文本与思想、文本的客观性与研究者的主体性、公度性与个性化。在一般性思想结构指导下，具体研究工作分为三个方面：一是文本研究的前提性工作，即学术基础清理与方法醒思；二是重要文本的具体解读，包括文本的个案研究或微观研究、整体研究或宏观研究；三是对马克思思想的重新阐释和评价，这在其《批判与建构：〈德意志意识形态〉文本学研究》中有图示性的介绍。②

文本与思想的关系问题是聂锦芳的核心聚焦，他从文本研究的哲学与科学差异入手认为，哲学由于研究的对象具有长程有效性，面对这些横亘人类全部文明史的问题，不同的时代给予了不同的回答，因此，哲学研究必须通晓哲学史，"不能设想一个哲学理论的思考者和创造者是不了解哲学史的"③，对文本的熟悉在聂锦芳的语境中可置换为对学术史或思想史的把握，文本与思想的关系是兼顾平衡，思想性奠基于学术性之上是哲学研究的正常状态。聂锦芳考察中国哲学界的研究状况认为，中国传统哲学与西方哲学在文本与思想的平衡关系上偏重于史，马克思主义研究过分偏重于思想，甚至是脱离文本的思想，因此导致的结果是

---

① 金海民、丰子义、聂锦芳：《马克思文本研究的历史与现状、意义与方法》，载《哲学动态》2003 年第 4 期。

② 聂锦芳：《批判与建构：〈德意志意识形态〉文本学研究》，北京：人民出版社 2012 年版，第 2 页。

③ 聂锦芳：《清理与超越——重读马克思文本的意旨、基础与方法》，北京：北京大学出版 2005 年版，第 250 页。

虽然热点不断、新见迭出，但大量成果缺乏马克思文本的支撑或脱离马克思文本的具体语境。因此，所需要的工作是突出"我注六经"的维度，文本研究、版本考证、概念梳理是奠定思想性的真实基础而且是唯一真实基础，他所推崇的与中国马克思主义学界论远超史相对峙的论从史出的苏联马克思主义学者阿达邵夫，从马克思的文本中提炼出24个命题，然后对这24个命题中的每一个命题在马克思不同时期的著述中进行考察，辨析每一个命题在不同语境下的不同内涵，不同内涵的演变进行线索，从而塑造这部《马克思著作中关于"人的"问题的论述辑录》经典著作。当然，聂锦芳的马克思文本学范式认为，即使充分占有所有的文本，在彻底和完全的意义上，复原本来意义上的马克思是不可能的，在这一终极问题上，聂锦芳与张一兵的看法是一致的，分歧在于如何能够更加逼近马克思的原相，在这一过程中文本的价值究竟是根本性作用还是基础性作用，这当然需要对文本的客观性与研究者的主体性进行考察才能接近这一问题的答案。

文本的客观性与研究者的主体性的关系问题是聂锦芳马克思主义文本学范式一般性思想结构的重要问题，研究者的主体性不可避免但必须限定其发挥作用的空间，尽量避免先入之见和感情因素的困扰，只服从理性的客观原则，但对于自己研究的结论却不能奢望是普遍性和绝对性的。这当然会引发一个逻辑上的难题，既然服从理性的客观原则，那么得出结论为什么不是绝对性的呢，如果两个或多个研究主体都对马克思主义文本进行了只服从理性的客观原则的研究，那么他们得出的结论应当是一致的或者至少是极其接近的，诉诸作者所推崇的苏联马克思文本研究和"西方马克思学"，两者结论不但不接近甚至在马克思恩格思想一致性这个关键问题上南辕北辙。关于这一问题，聂锦芳在其后的《马克思文本研究方法再省思》①中又进一步回答并进行了相应的调整，即

---

① 聂锦芳：《马克思文本研究方法再省思》，见《清理与超越——重读马克思文本的意旨、基础与方法》，北京：北京大学出版社2005年版，第275—288页。

在马克思文本解读的过程中只服从客观的理性,尽量压缩研究者的主体性,进展为研究者的主体性发挥到怎样的程度,将文本的客观性与研究者的主体性关系问题转化为五个前后相继的工作流程,文本的表层结构解读、文本的深层观念的把握、文本的自洽性分析、作者思想的理解、概括和阐述、作者思想的评价与"重构"。聂锦芳认为,研究者主体性在上述五步骤的每一步骤中都发挥着作用,脱离解读的主体性解读是无法完成的,但是又必须对解读的主体性进行规定和限制。当文本呈现的面貌、包含的信息与研究者的解读模式相匹配时,承认研究者的解读模式;反之,则调整研究主体的解读模式而决不能削足适履。

马克思文本研究的公度性与个性化关系问题,是中国马克思主义学术共同体建立的关键问题,学术共同体建立的核心在于共享共同的学术范式与基本结论,因此,面对相同的马克思文本,不同的研究者之间构成一种分散的还是共同体的关系对于中国马克思主义的研究推进是奠基性的。在这一问题上,聂锦芳认为,研究必然带有研究者个体性,但学术乃天下公器,因此又是公度性的,脱离个性化的公度性会阻滞学术研究的进程,导致千人一面、千部一腔的重复性研究,脱离公度性的个性化研究,则导致无法保障学术的积累与传承,最终也无法推进中国马克思主义的研究进程。中国马克思文本研究的"这种公度性不仅体现在诸如马克思的生卒年代、著述和活动的情况等显示性方面达成共识,而且对于马克思思想的内容及其发展我们也应该有大致相同的把握"①。马克思文本研究者之间的公度性体现在面对马克思文本时公正、理性的态度、研究成果严格依照马克思文本的史实、遵循不寻章摘句理解马克思文本与无中生有地进行解读的逻辑原则与规程。与公度性互相制约与促进的是个性化,这体现在基于对马克思文本真实研究基础上的研究结论以丰富多样的方式呈现、对马克思同一文本、同一思想发出的不同评

---

① 聂锦芳:《清理与超越——重读马克思文本的意旨、基础与方法》,北京:北京大学出版社2005年版,第250页。

判、将原有文本不系统的表述与模糊性的论据以及使之呈现出较为清晰与系统的形态。

学术思想归属于孙伯鍨、张一兵一脉的胡大平,其马克思文本学研究成果集中体现在《回到恩格斯》①,而对马克思文本学范式的介入却可追溯到《也论马克思主义哲学的研究方法与学术规范——与聂锦芳商榷》②,作者在这篇文章中从"史"与"论"的关系入手探讨马克思文本学研究范式认为,包括马克思文本在内的所有文本研究都会面临审视证据的方法的问题,在新的方法关照下,证据、文本、经验对象会呈现出不同的性质,面对共同的资本主义经验事实,德意志意识形态、古典政治经济学家与马克思眼中呈现出截然不同的性质,马克思在《德意志意识形态》与《资本论》对前两者的超越依据并非经验对象,因为资本主义经验对象并非未发生变化,而是方法论革命的结果。胡大平进一步引申进入20世纪福柯的知识考古学带来的对历史与文本研究的爆炸性见解,突出方法论的重要意义。

从文本、证据、经验对象到方法论自觉再到福柯等人方法论突破是《也论马克思主义哲学的研究方法与学术规范——与聂锦芳商榷》的思想线索,这在《回到恩格斯》中进展为文本、理论和解读政治学,呈现出明晰的马克思主义文本学范式的结构。其中,解读政治学是作者的方法论自觉,从葛兰西的认知习惯中如何包含权力关系,到阿尔都塞的理论这种严肃活动背后的严肃政治,怀特的历史叙事的想象本质,马克思恩格斯以《共产党宣言》取代《人权宣言》揭示隐含在普遍利益背后的特殊阶级诉求的非法性,表述了胡大平关于任何解读都无法脱离权力结构的框架的解读方法论原则。在这一原则下,胡大平对文本和理论的关系问题的处理是,反对把文本作为一种先进的技术,而关注的核心应当聚焦于文本中所蕴含的理论问题,呈现完整的恩格斯的途径是使得这些

---

① 胡大平:《回到恩格斯》,南京:江苏人民出版社2011年版。
② 胡大平:《也论马克思主义哲学的研究方法与学术规范——与聂锦芳商榷》,载《哲学动态》2003年第2期。

理论问题回到真正位置上，这个位置就是在社会史和逻辑史关照下打开创作史的过程，从而为效果史打开大门，其中，尤为关键的是理解文本所蕴含的理论问题一定要锁定这一理论问题所要解决的实际社会问题，比如《政治经济学大纲》是为了探索现代政治的秘密和工人阶级的命运问题，而脱离这一实际问题的文本理解都将导致悬置根本问题的文字游戏。

韩立新马克思文本学研究范式成果集中体现在《〈巴黎手稿〉研究》，其结构可以分为时代视角、中国关怀、从黑格尔到马克思的延伸的解读框架，而这三个问题又被市民社会紧紧凝结。韩立新认为，市民社会是世界进入新时代的标志，黑格尔哲学的现代性恰恰在于对其当时并未彻底展开的市民社会新时代进行说明，从而构成了马克思意义上的任何真正的哲学都是自己时代的精神上的精华，马克思与黑格尔研究的对象一脉相承，区别在于在马克思的时代市民社会已经从黑格尔时代的如一个初生婴儿那样还不是一个完全的现实，进展到"作为资本主义社会已经成熟、定型，国民经济学（私有所有）取得全面胜利……西欧社会进入到了政治经济学的时代，即人的全面异化的资本主义时代"①。在韩立新看来，正是因为马克思和黑格尔紧紧把握住了这个新时代的主题，因此，只要资本主义时代并未终结，那么他们的思想就不会过时，而中国从1978年开始能够体验市民社会，为重新打开马克思文本提供新的契机，中国学人能否在概念的高度把握这个新时代，对中国与世界的未来都是至关重要的。

韩立新认为，《巴黎手稿》正是对市民社会透视的杰出成果，马克思在这个文本群中第一次将国民经济学、德国古典哲学和共产主义结合在一起，预示了市民社会是一个两极分化的苦难社会，其对"市民社会及其本质私人所有的否定态度，从而将前人所能达到的理论坐标从市民

---

① 韩立新：《〈巴黎手稿〉研究》，北京：北京师范大学出版社2014年版，第505页。

社会的肯定推向了对市民社会的否定，推进到了共产主义"①，因而标志着马克思成为马克思主义者，正是在这一思想层面上，《巴黎手稿》成为了中国与世界的幸运。面对如此重要的文本，韩立新试图从卢卡奇、阿尔都塞、广松涉、望月清司、孙伯鍨和张一兵的解读框架之外另辟蹊径，这就形成了从个人到社会、从国家到市民社会、从费尔巴哈到黑格尔、从异化劳动到交往异化、物本身的逻辑、从主观的内在原则到客观的外在原则等新解释框架，作为新解释框架的核心原则是在黑格尔的思想水平线上重新理解马克思，将黑格尔从形而上学的理解引入社会历史领域，从而在更为深刻的思想层面上展现马克思文本的深刻内涵。

三、中国马克思主义文本学研究范式的可能走向

中国马克思主义文本学研究范式独特优势在于中国所积累的社会主义实践经验与市场经济实践经验的结合，因此，中国的马克思主义研究者具备更深入把握马克思思想的历史语境与思想本身的可能性，从而奠定了以文本学范式回到马克思文本历史语境与思想内容的社会基础。中国的马克思主义研究者在上述的社会主义与市场经济的双重意义上构成了马克思的同时代人，理解市场经济的本质与总结中国社会主义运动的宝贵历史经验，在此基础上，借鉴马克思之后的人类历史事实，激活马克思主义的当代思想价值，使得马克思主义的真实意蕴得到呈现，从而用以指导我们把握旧世界、理解新世界，解释马克思主义如何成功破坏了一个旧世界，指导我们如何构建新世界的秩序、如何实现新世界的和平与发展，这是中国马克思研究者一再回到马克思文本的历史使命与理论责任的自觉。

中国本土思想资源是中国马克思主义文本学研究范式的重要隐性内容，随着这一研究范式成果的不断推出与研究成果影响的扩大，反向推

---

① 韩立新：《〈巴黎手稿〉研究》，北京：北京师范大学出版社2014年版，第506页。

动其内在逻辑的澄清工作的展开，其范式内部蕴涵的中国本土思想资源将从隐性走向前台。在突破苏联教条化马克思主义问题上，中国马克思主义首先面临的问题是，逻辑思维与建构体系的能力不如苏联学者的事实，这也就导致了 20 世纪 80 年代有一批学者试图结合当时自然科学与社会科学的最新成果建立一个超越苏联教科书体系的马克思主义体系的失败，因此，返回本土思想资源寻找突破成为思想逻辑进程的必然。中国本土思想资源最为丰富的部分并非一般所认为的历史学而是经学。从一般样貌来看，中国最为深厚的传统似乎为对传统典籍的整理可以追溯到以先秦儒家为代表的对传统典籍的编纂与解释，然而编纂与解释在随后发生了分歧，即中国学术传统分为侧重经典文字训诂的汉学与强调文本义理的宋明理学，汉学昌盛于乾嘉时期，知识分子在高压意识形态下被迫放弃义理引申，侧重文字考据。其实是误解，中国的学问自始至终都是以经学为根本，史学与考据只是为了证实经学，先秦百家对在他们之前典籍的解读与编纂，就是义理先行而非史料先行，秦汉之后延绵唐宋均为如此，变化最为显著的在于经学逐渐成为政治解释学，清代的学问也是史为经用，纷争双方的分歧根本不在于文字的训诂与考证而在于门派之争，也就是经学观念之争，并非新的史料与实证考据可以调和双方。这并非一般经验主义意义上的唯心主义与观念先行，而是在于判断真理主要依靠的并非对所有信息的掌握，因为近乎无限的信息等于没有信息，而是依靠对整个格局的把握，然而用材料与信息对总体把握做出调整，这里所谓的对格局的把握也就是解释框架。换言之，《回到马克思》、《回到恩格斯》、《巴黎手稿研究》中对方法论优先于材料的强调，是与中国这种学术传统的暗合或隐性使用，中国传统学术在对解释框架优先性的强调所积累的丰厚传统是需要中国马克思主义文本学范式积极汲取的。

这同时也是中国马克思主义研究国际化的根基，翻译和引进国外最新思潮或者翻译引进国外著名思想家的次要作品只是国际化的第一步工作，国际化的本质绝非引用或者以国外思想家的名字或词句发表言论，言必称某国外思想家或者言必称国外思想家的言必称者,也不是用中国某位思想家与某位外国思想家对比,而是在于以本民族的思想介入国际思想界讨论的问题,给出独特的解释甚至解决方案,使国际学术话语本国化才真正进入了国际学术界,才能进行真正的学术对话。在这一问题上,德国古典哲学正是使得欧洲思想问题德国化德语化,然后德国才从一个世界学术体系的边缘民族真正进入了国际学术界,是我们的出色借鉴史例。中国马克思主义文本学范式可能走向之一正是返回本民族的文化传统,这里必须强调并非本民族传统典籍中的某些词句某些人名,而是把握其解释框架,以本民族文化对马克思主义文本解读,在解释中融合西方哲学与社会科学的解释框架,从而完成本土已有解释框架的更新。与此同时,介入国际马克思主义学术问题时,才可能完成国际马克思主义研究的中国化,从而完成中国马克思主义研究的国际化。

体系化建构的再次尝试是未来马克思主义文本学范式的一个重要方向,尽管近三十年来在反对苏联马克思主义教科书体系的进程中,产生了为中国马克思主义研究奠定再出发基础的丰厚成果,但是对待体系本身却存在着一种历史主义的学术倾向,一门学科真正的成熟恰恰在于体系的建立,哲学从古希腊到中世纪再到德国古典莫不如此,马克思本人的代表著作《资本论》恰恰是以体系化的方式来阐述资本时代的奥秘,恩格斯的《社会主义从空想到科学的发展》也以体系化的方式来论证科学社会主义的要义,"这恰恰证明了体系本身就是一个涉及马克思主义哲学研究的科学基础的原则问题"。[1]

体系化问题必须与学院化同体完成,因为体系化是一个极其难以完成的任务,它直接挑战的是中国学术传统中对形上问题概念思辨相对缺乏的传统,这一工作必须在学院中加已完成。中国目前马克思主义研究对于马克思思想本身的探讨占据主流[2],这是一个非常好的研究倾向。

---

[1] 张亮:《应当如何正确对待"教科书体系"》,载《福建论坛(人文社会科学版)》2011年第7期。

[2] 乔茂林:《中国哲学学术生产力状况分析》,载《江西社会科学》2015年第6期。

但是尚未拉开学术研究相对于政治、大众、实践的必要张力，学院化体系化的任务在于提供一种理解马克思最完整与真实的体系化依据，这是政治、大众、实践的坚实前提，舍此，一切理论指导实践的言论均为空谈，理论尚未厘清如何指导政治、如何大众化、如何实践。

张一兵对文本学与版本学的区分是一个非常出色的开端，他认为文本代表着打开思想本身理解的唯一途径，而流传的版本是我们打开社会历史的途径，MEGA^{2}的意义也正在于此。聂锦芳对于重建马克思主义研究的强调及其在《批判与建构：〈德意志意识形态〉文本学研究》中对马克思主义文本细致化学术研究的探索无疑有十分重要的借鉴意义。对于文本所带来的细致化是学院化建构的必由之路，而绝非一般所认为的学术研究繁琐化，诉诸任何一门科学发展的历史，无一例外地都包含细致化的内容，那些看似繁琐的论证中恰恰就是思想本身而非思想之外的琐碎工具，大而化之对于学院化建构是极其有害的而绝非相反。只有在体系化学院化成立的前提下，指导政治实践与大众才有讨论的可能，马克思主义文本学研究范式正是此种前提的提供者之一。

（作者乔茂林系中央编译局马列主义文献信息部助理研究员，法学博士；研究方向为马克思主义基本原理、国外马克思主义）

论争：作为马克思主义哲学的出场形态之一

姜海波

[摘 要] 马克思主义哲学是在论争中出场的，马克思主义在中国的早期传播也伴随着论争，当前中国的马克思主义哲学，不论是从意识形态的深层稳定，还是学术研究的扎实推进，抑或现实问题的积极诠释来看，都亟待出场。论争是当代马克思主义哲学的出场形态之一。

[关键词] 论争 出场 马克思主义哲学

毫无疑问，任平教授首倡的"出场学"是生产性的，它愈引起人们的关注就愈成为徐州师范大学的学术名片。按照任平教授的提法，出场学是"一种理解马克思主义出场过程创新本性的辩证视域"①，其中包含着对既有理论资源的积极消化和吸收，以及由此引申而来的一系列术语组成的思维结构，还折射出一代学者的理论关怀与社会责任。

一般而言，马克思主义哲学是在论争中出场的，在论争的"明细"中可以列出很多名字，马克思主义也正是伴随着这些论争而逐渐深入人心，进而成为影响整个20世纪历史进程的伟大思想体系。在20世纪马克思主义的分化和演进过程中，论争也始终"在场"。鉴于此，本文以"论争"作为切入点来谈谈马克思主义哲学在当代中国的"出场"问题。

---

① 《当代中国马克思主义哲学研究（2013）》，北京：中央编译出版社2013年版，第1页。

三 学术争鸣

一、关于论争的中国史效应

中国近代史的唯一主题就是：旧中国怎样成为一个独立的民族国家。为此，农民的基督教、士绅的经世学、君主立宪制与民主共和制等都成为救中国的"药方"。19世纪末、20世纪初的"西学东渐"在客观上既引发了国学的变革，又促成了马克思主义在中国的传播。在回答"中国向何处去"这个时代问题时，国学和马克思主义逐渐成为两大主流。这也是国学与马克思主义最初相遇的年代，这里所说的国学是指一种以经学、史学、哲学等学术知识为载体，以知识分子阶层的思想观念为代表的社会主流价值观，它是传统文化中的学术部分。国学与马克思主义这两种"选择"的最初相遇曾激起深层的思想碰撞，从而实际地影响了中国的历史进程。换句话说，马克思主义哲学在近现代中国的出场伴随着论争，这里以史学界的梁启超和哲学界的牟宗三为例加以说明。

梁启超是中国近代史上最早译介马克思主义的代表人物之一，同时也是极力公开反对社会主义的国学大师。在梁启超看来，由于不具备经济条件，没有工人阶级，以及不适合革命等原因，中国不能走社会主义道路。梁启超的论说彰显了国学与马克思主义的内在紧张关系，特别是在游历欧洲之后，梁启超在《欧游心影录》中专门设有"社会主义商榷"一节，他说，"我们须知，拿孔孟程朱的话当金科玉律，说他神圣不可侵犯，固是不该，拿马克思、易卜生的话当金科玉律，说他神圣不可侵犯，难道又是该的吗？"[①] 1921年发表的《复张东荪书论社会主义运动》一文是梁启超关于社会主义最为集中和系统的阐释，其中的核心观点是：当时的中国不宜实行社会主义。李达"认定梁任公这篇文字是

---

① 梁启超：《欧游心影录》，见《梁启超全集》第5册，北京：北京出版社1999年版，第2981页。

最有力的论敌"①，并撰文予以反驳。当然，关于社会主义大论战的内容与过程无需在此详述。今天看来，梁启超无疑在中国的马克思主义传播史上占有一定的地位，梁启超传播马克思主义的努力对后来社会发展起到了重要的历史引擎作用。梁启超在目睹了西方资本主义的弊端后，他希望通过有效措施救中国，并实现社会主义的愿景。但是梁启超对社会主义的理解囿于国学的框架内，这样的社会主义实行起来势必与中国实际大相径庭，也不能从根本上扬弃和超越西方的资本主义。晚清时期的中国社会是错综复杂的，而中国要在短时间内实现资本主义几百年的巨变，建成现代国家，因而来不及建构一个完整而稳定的思想体系，国学仍是最重要的主流思潮之一。国学中既有儒家的大同思想，也有朴素的平均主义思想，马克思和恩格斯将其称为"中国的社会主义"，他们指出，"中国的社会主义跟欧洲的社会主义象中国哲学跟黑格尔哲学一样具有共同之点"②。梁启超也是在这个意义上来理解和介绍马克思的社会主义学说。在梁启超看来，社会主义不是外来的，原本是国学中所固有的，由此，对于马克思主义哲学而言，论争是不可避免的，否则它将消融在国学中，无法出场。

牟宗三是现代新儒家的代表人物之一，是中国极具原创性的思想家之一，他的"智的直觉"、"圆善论"等思想是中国哲学研究中的重要语汇。牟宗三对自己建构的哲学体系颇具信心，自称为"古今无两"③。汉语学界对牟宗三哲学思想的研究可谓汗牛充栋，然而，牟宗三的学术思想与马克思主义的关系却鲜有论及。特别是在我国台湾地区出版的《牟宗三先生全集》中，批判马克思主义和中国共产党的内容比比皆是。尽管这不算是牟宗三思想研究的绝对主题，但是它对于理解牟宗三哲学思

---

① 李达：《讨论社会主义并质梁任公》，载《新青年》第9卷第1号。
② 《马克思恩格斯全集》第7卷，北京：人民出版社1959年版，第265页。
③ 《牟宗三先生学思年谱》，见《牟宗三先生全集》第32卷，台北：台湾联经出版事业公司2003年版，第92页。原书中以繁体字刊印，本文均改录为简体字。以下凡引此书仅标卷次和页码。

想的形成与发展具有不容回避的意义,对于理解国学与马克思主义相遇之后的时代走向具有极为重要的参照意义和价值。牟宗三一生都将马克思主义视为必须面对的敌手,并在持续批判马克思主义的思想历程中逐渐建构了自己的学术思想体系,他无非是将马克思主义看作是"反面教材"。但也如牟宗三所说,对于马克思主义的批判文章"措辞行文类皆粗枝大叶,而又多激愤之辞。概亦悲感使然"①。牟宗三对马克思主义的回应可以看作是国学对西方思想的回应,彭国翔认为,"牟宗三对于马克思主义的一生拒斥,实在是基于其30年代即已形成的理性认知和判断"②,还可以进一步说,牟宗三的参与论争的思想基础是"国学"。当时,我国思想界发生了一场关于"唯物辩证法"的争论,牟宗三在其中扮演着极为重要的角色,这些论争在客观上传播了马克思主义哲学。总体来说,牟宗三未能窥见马克思思想的全貌,比如,马克思早期的重要著述《1844年经济学哲学手稿》和《德意志意识形态》均是1932年首次全文发表,当时我国并未有译本,而这时,牟宗三已经在没有全部阅读马克思的哲学文本的情况下就开始批判马克思主义,因此,对马克思早期思想中关于"人"的理论存在较大误解。此外,他一生未能区分马克思和马克思主义,实际上他批判的对象是斯大林主义或苏联教科书所阐释的马克思主义。牟宗三对马克思主义哲学的理解囿于国学的框架内,他没有看到马克思主义的政治意义,即社会主义是要实现人与人之间真正的平等,要开拓人的自由全面发展的广阔空间,因而他的救国手段和策略也仅仅是一种"精英意识"。

由此可见,论争是马克思主义哲学在近现代中国得以"出场"的形态之一。当一种外来的思想体系遇到本民族的文化传统时,论争就是不可避免的、最直接的和最具实效性的出场形态。当代中国比当时更多地面对西方思潮,但已经不是国学去面对,而是马克思主义哲学。

---

① 《道德的理想主义》序,见《牟宗三先生全集》第9卷,台北:台湾联经出版事业公司2003年版,第10页。

② 彭国翔:《牟宗三对唯物辩证法和唯物史观的批判》,载《思想与文化》2012年辑刊。

二、关于论争的出场语境

国学与马克思主义的论争带来后者的出场,进而使中国走上社会主义道路。在新中国的历史上各个不同时期,以"真理标准的讨论"为代表,也出现了各种形式和各个层面上的论争,均发挥了重要作用和影响。今天看来,论争仍然不可避免。

首先,它是意识形态深层稳定的需要。当代中国的意识形态是马克思主义、传统文化与西方思潮相互激荡的产物,是中国文化在现代性背景下的重新组合。总体而言,中国特色社会主义的意识形态,或称主流意识形态,还占据着主导和核心地位。此外,还包括自由主义、实用主义和功利主义、老左派和新左派、儒家宪政理论,等等。各种思潮都是基于中国社会发展现实的言说,甚至改革开放以来的事实的序列可以被各种思潮利用并演绎,以至于究竟是"马克思主义中国化",还是"自由主义中国化"都能成为论争的内容。但是,中国当前面临的意识形态之争,实质是中国道路之争。由于中国社会的现代化转型与民族自强的实际进程交织在一起,因而它又是在理想性与现实性、终极目标与阶段目标之间做何种优先选择之争。一般说来,意识形态是社会不同阶层、阶级之间博弈的晴雨表,是国家发展的方向、路标与指南。当代中国的意识形态建构是一个过程,是长期的和复杂的。那么,当前马克思主义意识形态的建构是随机性的修补,还是有预定计划的时间表与路线图?如果是意识形态修补,它只能是一种局部的认识,在缺乏全局性共识的情况下,就不可能将局部成功的经验,上升为普适的意识形态,各种思潮相互冲突的张力还会长期保持,有时还会发展成为对立和紧张的关系。如果是系统的建构,会形成共识吗?如果有共识,是党内共识,还是全社会共识呢?党内的共识能否成为全社会的共识呢?目前,我的设想是:意识形态的系统建构需要一个思想沟通和交流的社会公共平台,使各种意见、主张、观点能够充分被大众了解，而不能是一种声音，那么，为了能使马克思主义在深层次上占据主流地位，论争不可避免。

其次，它是学术研究扎实推进的需要。时至今日，马克思全部著作的编辑工作也没有最后完成，于是马克思主义哲学研究的困难就在于缺乏确定的文本。同时，马克思主义哲学研究的学术性不强也是使其自身不在场的一个原因，许多研究不遵循学术研究的一般原则和规范，于是往往浅尝辄止，难以持续。许多研究不是以"文献"为对象进行详尽的、全面的讨论，不对基本概念和理论实质进行深入的梳理，而是把马克思主义看作是"六经注我"的工具，也就产生了各种离谱或教条的解释。实际上，马克思在各个时期针对不同的问题都有具体的论述，只有直接面对这些文献，才能把马克思的全部著述看作一个有机联系的整体，才能深刻理解马克思思想的丰富内涵，同理，只有把马克思主义看作一个发展的理论谱系和过程，才能对马克思主义有准确和完整的理解。这里存在着一个误解，似乎对经典文献进行深入细致的研读就会陷入经院哲学式的抽象论证，因此，许多人在没有了解马克思著作的本真含义以前就急于联系实际。然而大量的历史事实告诉我们，忽视对经典文献的研读必将导致实践上的巨大偏差。总之，对马克思的文献的研究是学术性研究，它虽然不是马克思主义研究的全部内容，但它是马克思主义研究的必要条件和基本前提。为了克服随意解释和建构马克思思想的倾向，就必须回到马克思的哲学文本中，以科学的态度和严谨的学风对待它，在马克思写作的原初语境中准确地回答他读了哪些书，他如何摘录这些著作，他为什么如此摘录，他批判了什么，继承了什么，他随后说了什么，他指的是什么，他的中心问题是什么，手稿中的加写和改写、边注和符号意味着什么等等一系列带有学术性的问题。在马克思的著作中，哪些是对体系来说重要的观点，哪些不是；哪些是在马克思那个时代有效的，哪些是在今天仍然有效的，藉此阐明马克思主义理论的系统性和连贯性，进而回答19世纪以来，为什么会在马克思主义的名义下派生出来诸种思潮，为什么他们要强调发端于马克思？能否真正厘清以马克思的名义所进行的各种运动和理论倾向的巨大差异，关键就在于学术化地对待马克思的文献。若要澄清这些误解或曲解，稳步推进学术积累，论争就不可避免。

第三，它是对现实问题积极诠释的需要。对马克思的"阅读"和"讨论"又必须要超越学者式的、书斋式的和经院式的讨论，不能忽略现实中人的生存状况和生存境遇，不能无视实践，否则也将是个极大的错误。马克思和同时代的思想家面对的是同样的社会现实问题，他们之间有着复杂的思想纠葛和理论差异，他们在同一时代、同一社会环境、同一思想传统中却产生了完全迥异的理论和实践取向，而马克思的研究方法恰恰是沉淀在这些理论差异之中，正是这些差异彰显了马克思方法的独特意义和价值。从当代中国的现实生活出发"提出问题"自然是无可厚非的，但"解决问题"时则不能把马克思主义的某些具体论述和当代中国的现实问题做简单关联，要使马克思的研究方法出场。在我看来，我们要探求的真正联系介于马克思解决当时社会问题的方法和当代中国的实践之间。在世界变化日益迅速和深刻的当代，马克思主义哲学必须能透彻的回答各种各样的社会问题，更好地促进这些中国社会问题的解决，它才能主导大众的心灵和头脑，才能占据主导地位。今日的中国，尽管经过三十多年的快速发展，但是人口多、底子薄、发展不平衡的基本国情没有改变，发展中国家的地位没有改变，社会主义初级阶段的特征没有改变。此外，诸如自然资源短缺、环境污染严重、消费需求不足、劳动力结构性缺失、科技创新能力不强、现代企业制度未能根本确立、社会保障体系不健全、城乡收入差距较大以及腐败等重大问题仍亟待解决。对此，不同的理论视域会提出不同的解决办法，论争不可避免。

三、关于论争的出场路径

当前，马克思主义哲学的出场路径应遵循马克思本人提出的"改变世界"的原则，从变革现有马克思主义哲学的阐释方式入手，论争就是马克思主义哲学的出场形态之一，而且论争应该成为出场学的应有之义。从形式上看，论争就是避免"一厢情愿"。近来，内蒙古电视台的一档"马克思靠谱"的访谈节目进入了大众的视野，几位青年学者在全国性的公共平台上宣讲马克思主义哲学，但它远没有"百家讲坛"的影响力和号召力。究其原因，它属于马克思主义哲学教科书的自说自话，与当前的现实和理论缺乏内在的关联，也就无法使马克思主义哲学真正"出场"。作为出场学的出场路径之一，论争的内容也是多方面的。

首先，在论争中更新研究资料。既然我国学界已经摒弃马克思主义"一线单传"和"唯我正宗"的观点，那么就必须要直面纷繁芜杂的各种打着马克思主义"旗号"的社会思潮，论争也就无法避免。例如，许多学者将追踪研究理解为"赶时髦"，或为了累积学术成果的数量而"猎奇"，甚至产生一些单纯研究某个人物的"学术专业户"，这样使人"眼花缭乱"，进而迷失研究的方向，无法坚持研究的宗旨。我认为，占有最新材料是一个无可厚非的研究前提，"眼花缭乱"并不是拒绝"新人物"、"新概念"和"新思潮"的理由，因为利用哪些最新材料则完全在于研究者的主动选择，通俗地说，没有人强求别人去阅读和研究那些已经翻译出版的全部著述，研究者尽可以"眼不见为净"。这里的关键是：能否用高水平的理论成果去吸引和说服年轻一代学者。自然会有一些"明星式的"学术人物与著述，但经过大浪淘沙以后，经典的文本自然脱颖而出。也不必等待国外"检验"之后，我国才翻译引进，这样就会丧失同步研究的机遇，罗尔斯《正义论》一书翻译的滞后就是一个教训，而且中国学者也具备对其进行检验的能力和水平。还可以说，今天"用不上"的文献资料并不等于永远是无用的,也不等于从任何角度和学科展开研究都是无意义的,更不等于"沉思"以后就能一举洞穿这些资料。鉴于此,我们必须坚持一种开放的视域,论争不可避免。马克思在《资本论》1872年德文第二版"跋"中指出,"在形式上,叙述方法必须与研究方法不同。研究必须充分地占有材料,分析它的各种发展形式,探寻这些形式的内在联系。只有这项工作完成以后,现实的运动才能适当地叙述出来。这点一旦做到,材料的生命一旦在观念上反映出来,呈现在我们面前的就好像是一个先验的结构了。"[1] 那么,在马克思主义哲学的实际研究中,"充分地占有"不应被指责,关键在于赋予这些新材料以"生命"。这样才知道应该追踪哪些成果,进而"生成"特定的前沿问题,"前沿"由此也就成为一个动词,亦即"出场"。

其次,在论争中更新问题域。问题域的拓展有利于建构出专属于中国学界的马克思主义哲学的"理论内核",从而形成从中心到边缘的研究层级或知识网络,才能更为准确地给各种新观点、新概念、新思潮进行科学的理论定位,这样才能使这种研究持续和深入地展开。凝练理论内核与拓展问题域并不矛盾,一方面,没有理论内核,各领域研究就会各自分散、独立、缺乏内在联系,最终会解构作为研究领域的马克思主义哲学本身;另一方面,没有问题域的拓展,理论内核也就是僵化的和静止的,如同没有西方马克思主义之前,马克思主义的理论内核就是"辩证唯物主义和历史唯物主义",因此,二者相辅相成。在我看来,功利化、技术化、实证化倾向的研究是一定社会阶段的产物和表现,这并不妨碍我国学界最终认识和理解整个"森林"。一方面,并非所有的研究者都能见到"森林",个体之间天赋、兴趣、勤奋程度等因素影响是自然而然的现象,现代社会并未给青年学者提供"十年寒窗"的机会,也就无法苛求青年一代在开始研究工作时,就达到成熟的水平,换句话

---

[1] 《马克思恩格斯文集》第5卷,北京:人民出版社2009年版,第21—22页。

说,很多青年学者无法做到将追踪研究和基本理论研究结合起来。另一方面,森林也不是先在的,等待着我们去"静观"和"直观","森林在哪里"、"向哪个方向看"也是悬而未决的问题。这些问题的解决并非一个或几个"思想家"就能完成,人类在一定历史阶段只能解决其中的部分问题,或解决他所能解决的问题。

最后,在论争中形成研究合力。"论争"概念是指研究者在研究过程中,通过对研究对象的深刻洞察、怀疑、批判等方式,产生了认知冲突,经过深入思考后仍然难解时所产生的一种强烈的与他人共同探索愿望,并试图在与他人的对话中解决问题的一种心理状态。表面看来,论争似乎是和谐社会中的不和谐音符,但它却是哲学研究的特有存在方式,尽管它可能带来人际关系的"破裂",但它更能带来马克思主义哲学研究的"出场"。"中国学派"形成研究"合力"就显得极为重要,形成合力的前提恰恰是差异,而理论差异和分歧是学术研究的常态,它关系到一个国家或民族的学术团体的理论旨趣、学术积累,以及向世界贡献思想资源的方式。因而,我国学界应该形成一种学术争鸣的氛围,而不仅是一种外在的、与研究内容无关的方法论指责。合力的生成需要某种"对话"的机制,包括老一辈学者对青年学者的"真诚指导",也包括青年学者对老一辈的"虚心请教",还包括同辈学者之间的"平等讨论"。实质性的对话需要"平台",能在平台上对话的内容一定凝聚在马克思思想的周围。同时,中国学派的出场则依赖着关于中国道路的论争及历史选择,只有通过这条道路才能形成独特的、马克思主义哲学的阐释视域。马克思主义哲学作为一种理论研究,存在着"隐性边界",边界就处于理论和实践的交汇处,而马克思主义的中国化则不完全是一个理论问题,严格说来,它是一个实践的问题。理论和实践固然存在着本质的、内在的联系,但毕竟理论是理论,实践是实践,理论往往需要坚持形式逻辑的原则,而实践往往倾向于辩证逻辑的原则,通过实际的"做"才能完成。正如《圣经·新约》中所说"凯撒的归凯撒,上帝的归上帝"①，我们似乎可以借用这种表述方式，即"理论的归理论，实践的归实践"。

在我看来，哲学研究，特别是马克思主义哲学研究遵循着"好酒不怕巷子深"的原则，遵循理论谱系的内在演变机制，将论争视为马克思主义哲学出场的形态之一，马克思主义哲学的出场是必然的。

（作者姜海波系黑龙江大学哲学学院教授，研究方向为马克思主义哲学史）

---

① 见《马太福音》，第二十二章，第十五节至二十一节。

四

国外视点

历史地理唯物主义与关系性存在论

——张一兵与大卫·哈维的对话*

张一兵　〔美〕大卫·哈维

[摘　要] 张一兵认为,马克思的历史唯物主义并不仅仅是线性的时间,而是作为"关系总和"的生产,这里面已经包含了空间的定位,因此哈维将地理空间概念引入历史唯物主义是非常重要的,这种地理概念不同于我们通常理解的科学的地理学概念,而是资本在空间中的布展和构形。张一兵还提出,海德格尔的关涉存在论和福柯的事件场概念,对哈维的关系空间理论具有重要影响。哈维则认为,福柯只讨论了权力的地域逻辑,而完全没有涉及权力的资本逻辑;而海德格尔的"居在"思想则假设了与土地之间的有机认知,具有民族主义的倾向,有一定的危险性。哈维还提出,劳动价值论的现实基础是市场交换,从20世纪60年代开始市场已从地方垄断发展为全球化竞争,今天几近完成了一个同一性的全球价值体制,这个过程就是马克思所说的"时间对空间的消解"。

[关键词] 历史唯物主义　历史地理唯物主义　关系空间理论　《资本论》　劳动价值论

---

* 原文发表于《南京大学学报(哲学·人文科学·社会科学版)》2017年第1期。

张一兵（以下简称"张"）：特别高兴能有机会与哈维教授一起讨论问题，这种讨论对我自己的学术研究将起到重要促进作用。前天的学科交流，我主要介绍了南京大学马克思主义哲学专业在人才培养、学术研究方面的大概情况，哈维教授也与我们的老师讨论了各自感兴趣的话题。今天想集中提出一些在阅读您文本时产生的疑问，希望在更深的思想层面上得到相互了解和合作。

哈维（以下简称"哈"）：前一晚因研讨过于兴奋睡不着，看了您的《回到马克思》（*Back to Marx：Changes of Philosophical Discourse in the Context of Economics*，Universitätsverlag Göttingen，2014），现在我觉得，对我来说，把马克思主义带入地理学，比把地理学带入马克思主义容易得多。

张：我认为，您对历史唯物主义在当代的发展有着重要的贡献。在第二国际时期，特别是前苏东教条主义哲学所理解的唯物史观逻辑基本上是线性时间观，这种观点影响很大。但我觉得，马克思的历史唯物主义并不仅仅是线性的时间，而是作为"关系总和"的生产，这里面已经包含了空间的定位，即马克思的历史概念已经包含了时间与空间的维度。因此，您将地理空间概念引入历史唯物主义是非常重要的。同时，依我的看法，您在"历史地理唯物主义"中使用的地理概念，并不同于我们通常理解的科学的地理学概念。也就是说，在您的理论建构中，地理学已经发生了革命性的变化，您讨论的地理概念已经是资本在空间中的布展和构形——您特别强调构形（con-figuration）概念。在您那里，新的历史地理唯物主义是一种关系性的类存在论。类存在——共同存在的空间感，以及辩证法，或者叫关系构形的辩证法，这显然已经不是自然地理，而是人文地理，这是否构成了您的不平衡发展空间理论的基础？同时，我也注意到，您非常关注怀特海的关系构成论。我想提出的问题是，您是否意识到海德格尔对关系存在论的超越？因为马克思和广松涉都是"关系存在论"，但海德格尔对关系存在论提出了超越，提出"关涉存在论"，或者说"关涉时空论"。这里还包括您已经涉及的福柯哲学思想，比如"异托邦"和"事件场"。您使用了相近的"事件"概念，更多讨论的是"地方"和"场所"，而在福柯那里，他强调的是"场境"的概念，而不是物性的位置。我个人认为，海德格尔的关涉存在论和福柯的事件场概念，对加深您的关系空间理论，至少应该是一个重要的方向。实际上，在 19 世纪末到 20 世纪初，俄国的普列汉诺夫就较早地提出了地理历史唯物主义，强调自然地理环境对历史发展的决定性作用，历史唯物主义归根结底是自然地理决定论。这个观点和您的观点是完全不一样的，他讲的是自然地理，您讲的是人文地理、空间的生产。这是完全不一样的。

哈：我看了很多福柯关于空间的研究成果，包括他关于地域（territory）和人口的书和文章，以及他与地理学家之间的对话。从我的视角来看，福柯根本没有理解空间。我觉得，福柯有关空间的理解是非常有限的。对他来说，空间只是比喻。福柯所使用的地域（territory）概念，与空间不同，对我来说，空间与地域、空间与地方的关系是非常重要的。例如，在新自由主义思想中，我区别出权力的地域逻辑（territory logic of power）与权力的资本逻辑（capital logic of power）。二者完全不同，福柯只讨论了权力的地域逻辑，而完全没有涉及权力的资本逻辑。我们今天看到的情况是，权力的资本逻辑——债券持有者们（bond holders）在很多方面和很大程度上控制着权力的地域逻辑如何实现和实践。例如，今天的希腊，完全在权力的资本逻辑控制之下，主权完全被资本主义逻辑所瓦解。

关于马克思，有些问题我一直在思考。劳动价值论的现实基础是市场交换，后者被假定为是完全竞争的，但在实际运作过程中，却在所有地方生成地方性垄断。空间竞争总是垄断竞争。对我来说，有趣的问题是，基于空间垄断竞争的劳动价值论，是否与完全竞争假设条件下的劳动价值论相同？在昨天的报告里，我举了一个啤酒酿造的例子。我小时候，你可以通过当地生产的啤酒判断你所在的城市，而从 20 世纪 60 年代开始，啤酒生产逐渐变为地区的，并进一步成为国家的，甚至国际的。我们已从地方性垄断发展为全球化竞争。在今天的纽约，我在商店里看到的是来自中国的、比利时的、澳大利亚的、英国的啤酒之间的竞争。资本主义的历史基本上都在努力消除地方性垄断力量，通过交通和通讯方式的转变来实现。最大的革命之一，便是集装箱化。集装箱化大大减少了全球的运输成本，使全球竞争成为可能。资本的全球组织，致力于减少贸易税收壁垒。二战后，关贸总协定、世贸组织、跨太平洋伙伴关系协议的签订，都是为了推动全球化进程，使世界变平。在20世纪60年代，各国的劳动力市场受到国家保护，不受国际竞争的影响，世界上尚存在着不同的价值体制，而今天，很多国家的保护机制都已被破坏，不同的价值体制相互融合。我们今天，几近建立起了一个同一性的全球价值体制。这个过程，也就是马克思所说的"时间对空间的消解"。我特别关注了马克思在《政治经济学批判大纲》中对这一趋势不可避免性的描述。对我来说，非常重要的是去研究资本主义发展进程中的空间竞争历史。马克思在不同地方都有谈到，但这仍然需要一个复杂的整合工作。

  关于海德格尔，我曾经对海德格尔做过一些研究，但绝不是专家。海德格尔的居在（dwelling）思想，还是很有问题的。列菲伏尔将其称为栖息（habitat），我觉得更合适。居在思想假设了人与土地之间的有机认知，我觉得这一认识是有些危险的。他对法西斯主义的欣赏和认同，与他关于人与土地之间有机关系的观点还是有些关联的。因此，海德格尔一定会持有民族主义的倾向，会提倡反移民、反都市化。很多地理学家喜欢海德格尔而不喜欢马克思，正是因为他们对地方的情感。我觉得对地方的情感很重要，但我不觉得它需要植根于对土地的有机认知。近期的国家主义复兴，尤其在欧洲，是非常危险的。我可能是错的，但这确实是我对海德格尔的理解，非常浅薄的理解。我不是一位哲学家。

  张：我完全同意您对海德格尔的判断。我把海德格尔的思想总结为"乡土浪漫主义"。我去过海德格尔的老家弗莱堡和他山上的小木屋很多次，他把自己封闭在一个小地方，并且是拒斥现代性的。海德格尔的思想说到底是贵族哲学，在根子上很深地与这种雅利安种族至上精神是相关的。雅斯贝斯批评过他，曾经说过一句话，读不懂海德格尔东西的，都是下等人，海德格尔的东西是写给贵族看的。因此，您的判断是对的。我为什么会去研究海德格尔，因为，他是从根本上反对马克思的，他最终拒绝马克思关于"改造世界"的想法，这一点与他封闭的山民生活是相一致的。但是，在海德格尔的前期哲学观点中，我发现他对马克思的理解是很深的，他只是把马克思所说的资本现实关系全部剥离，还原为赤裸裸的"人的此在"的哲学判断。

哈：在马克思那里，自然对价值有贡献吗？

张：以我的理解，在马克思那里不存在这一问题，因为在一般的意义上，抽象的自然与价值没有关系。莫斯也讲过，在原始部族生活中，自然物本身是没有价值、没有财富性的。在马克思中晚期的政治经济学研究中，自然概念已经是指商品社会中的自然，当自然物进入商品交换过程中的时候，劳动和生产过程是一分为二的，一部分通过劳动塑形（formation），使自然物获得一个新的使用功能，这部分被马克思判定为使用价值，使用价值来自于劳动对外部世界的一个塑形（for-mation），您用的是构形（configuration）这个概念。这一部分在非商品社会中同样是不存在的，因为它是历史的。这是具体劳动转化为使用价值。而在马克思那里，自然本身，自然的质性、自然的质料，是不进入"财富一般"概念的，在这一意义上，是没有。但是，劳动本身在塑形过程中的注入，当对象化在交换过程中形成价值，在这一意义上，自然获得的形式本身，同劳动（的抽象形式本身）同时被计入。被改造了的人工自然，已经是劳动的对象化部分，而这部分经过抽象，成为价值的一种依托。在这里，要区分出两个层面：一般意义上，自然与价值是没有关联的；在商品生产和商品交换过程当中，劳动被同时一分为二，具体劳动对象为使用价值，使用价值不是自然本身，而是自然获得的一种工业生产的存在方式。

哈：提这个问题，是因为有很多批判，例如西方的环境主义者，批评马克思并不认同自然对价值的贡献，因此指责他是反生态学的。

张：在海德格尔那里不存在纯粹的自然概念。他认为，人类出现以后自然概念就与人相关，在古希腊语言中，自然（φνσιζ，涌现）就是向我们涌现，人出现以后，所有的自然存在已经是面向主体。举个例子，当我们面对自然界的植物时，我们就把它分成了粮食和杂草，这不是自然给定的，而是人给予的界定，因此海德格尔认为，任何不假思索的自然概念都是有问题的，自然也是需要思考和分析的。这个观点恰恰是生态主义观点最重要基础。在农耕社会当中，财富的形式主要是自然财富，自然生长的植物和畜牧业，开始，它们不是价值概念，因为价值概念是交换的商品经济的产物，在那里，自然——这个自然已经是海德格尔意义上的自然，是财富的主要物质存在和表现形式。工业生产与农耕是不一样的，早期古典经济学的重农学派，比如配第，就比较早地发现了不同于自然财富的社会财富，这个社会财富（价值）是在工业文明之后的资本主义商品经济中才出现的。而马克思后来的价值概念是与这个社会财富相关联的，价值的抽象，实际上和劳动交换、商品交换相一致的。在这里还有一个不同的地方，就是在农耕社会之前，人的劳动本身并不直接进入财富过程，有也是比较少的，财富主体部分恰恰是打引号的"自然生长"。

我注意到，您特别关注资本的空间布展，关注马克思的拜物教批判思想，提到很多思想家在读马克思《资本论》的时候，在很多地方忽略了拜物教。然而我以为，在马克思那里，拜物教分为三个层面：商品拜物教、货币拜物教和资本拜物教。理解这个问题，对人们理解为何资本在每一个空间当中会很迅速地改变人们的存在、使所有介入商品和资本过程的人臣服于这样一种经济生活，是至关重要的。特别是在现实生活当中，拜物教成为整个社会的主导性观念，最大的问题是所有人都不认为自己在市场经济过程当中被奴役了。在这里，我的观点是，拜物教的背后，是对经济变化事实的主观误认，这个问题可以分为两个层面来理解，也就是我们注意到的马克思使用的两个概念："事物化"（Versachlichung）与"物化"（Verdinglichung）。事物化概念，指的是人和人的劳动交换关系，即劳动价值论本身的秘密，颠倒为不是劳动价值论的物和物之间的关系，即物与物之间对等的交换关系。而物化概念，表明一种社会属性，即价值交换变成了商品的物的属性。物化是主观化的拜物教误认，这就是导致拜物教发生的最核心部分。

哈：我从来没有看到这一区别，需要思考一下。我明白张教授所说的，最初的拜物教，是说这一拜物教的具体表现，直到马克思所讨论的这一拜物教被资产阶级政治经济学家们在理论上无意识地复制，政治经济学本身也变为一种物，像外部结构本身一样。我能在马克思那里看到您对这两个概念的区分所要表达的内容，但我从没有从这一视角出发思考过这样两个概念。

张：我看到您评奈格里和哈特《大同世界》的文章，对他们的"非物质劳动"概念提出了一些质疑。我也看了奈格里他们对这一批评的回应。当然，他们的回答显然没有完全理解您的意思。我这里的问题与您现在特别关心的劳动价值论相关。今天在网络信息技术条件下，劳动价值的创造性生产，有没有一个从体力劳动向编程劳动的智力价值的转换问题。我们刚才讨论过马克思的物质劳动塑形，是改变一个物质的具体形式，给它一个新的方式，形成产品和商品这个过程，即创造使用价值过程。现在如果把它抽离出来，放到计算机的数字化的构形过程，数字化构形取代劳动塑形，劳动的塑形和构序实际上是在虚拟世界中实现的。我这里举的例子就是苹果公司，在智能手机操控当中，它已经实现了一个从左到右，从物的空间旋钮到虚拟的按钮，远近推放从实体的物理操控到三指在屏幕上的虚拟推放，这也是一个数字化的构形过程，与传统的物质构形过程完全不一样，这种东西以一种新的方式参与了关系空间的存在建构。这里的空间概念，即数字化空间，是不是构成另一个新的存在空间？如果这一点是成立的，那么，在乔布斯或比尔·盖茨那里是不是存在这样一种双重剥削：一方面是对编程人员劳动的无偿占有，另一方面是对中国、拉美等国家和地区生产线上活劳动的无偿占有？

哈：这是一个非常大的问题，有关非物质劳动。我将价值视为社会关系，非物质的，却是客观的。马克思讨论幽灵般的价值，你不能看到劳动，你不能通过分解一本书看到其中的劳动价值。我认为，当奈格里等人开始讨论非物质性，他们讨论的是一些在马克思那里十分基础的东西，而并非超出马克思之外。这是第一点。第二点，在思考劳动价值论的问题时，作为这一问题的回应，我发现非常重要的是反价值概念。在《资本论》第一部分的结尾，马克思说如果没有对商品的需要、需求和欲望，就没有价值。也就意味着，如果你和我决定我们不买手指粗的金链子，那它便不存在价值。价值取决于需要、需求和欲望的状态。我看到资本在价值与反价值之间进行着巨大的斗争。在《政治经济学批判大纲》中，马克思讨论劳动者作为反价值的所在，我觉得奈格里等人应该说，这是反抗资本的最重要的斗争点之一，但他们后来讨论的非物质劳动等思想，却走上了错误的方向。

现在的问题，有关数字劳动，看起来似乎是一个反转，因为马克思倾向于将劳动与资本的形式从属（formal containment）看成被劳动与资本的现实从属（real containment）所取代，但在数字世界，我们仿佛又回到了形式，有点将系统本身作为一切的意思。在知识工业中，人们期望通过一个软件来解决所有问题。迈克尔·鲍恩最近讨论了数字劳动问题，他认为，在市场上，数字劳动的价值接近于零。软件工程师们解决着巨大问题，却没有赚到任何钱。资本发现了特定的方式，剥削无偿劳动，通过租金的渠道获得价值。对于苹果、谷歌这样的公司，所有人，包括你我，都在为他们打工——通过生产他们可以利用的信息。不是劳动过程在资本的控制之下，而是我们的生活在资本的控制下，我们通过日常生活在完成着原本的劳动过程，不是通过现实的方式。程序员、用户，都不在真正的现实从属之中，而是在抽象的形式从属之中，我们的每一动作，都有可能成为资本盘剥的对象。这是正在发生的转变。我还不太确定我将如何具体分析这些问题,也还不清楚我的最终结论。这是一个开放的问题,可能对所有马克思主义理论界的学者来说,这都是一个开放的问题。对我来说,马克思思想中的价值与反价值之间的关系,很像物理学家在宇宙论中讨论的物质与反物质概念。我用这样一个类比,因为很多经济学家,包括马克思主义的经济学家,都非常推崇物理学,因此我想指出,远在物理学家之前,马克思早已得出这样的思想认识。因此,我认为这是理解马克思的价值和价值理论的一个非常重要的方面。

张:您专门讲到本雅明,本雅明讨论复制时代的艺术品。在新的工业进程当中,原来劳动中的独一无二性消失了,在复制与批量生产当中,价值实现过程里面出现了一个衰减,这是一个问题。到了鲍德里亚那里,他强调现在的数字化创造过程,他的基础是私有财产这个概念发生了根本性问题,因为数字化的劳动结果,很少能够被独占,它可以无限复制。斯蒂格勒的一个创造性在于,在劳动过程当中,微软等公司通过知识产权把劳动成果私有化,流通和交换过程的私有化,斯蒂格勒的理论基础是,当这种产品被创造出来时,它的基础就是共产主义的。所以,他建构的30万人组成的电子共产主义社区,就有一批软件设计员,通过他们的劳动创造免费的软件,可供无数人共享,这里不是价值与反价值,而是私人占有与非私人占有,或者说资本控制与反资本控制,在数字化的电子时代发生了根本性的变化。斯蒂格勒向我们介绍他的这一实践时,我们觉得非常有意思。在中国,也出现了类似的共产主义电子社区,这个基础,与他前面讲的有一点关联。

哈:我对此表示怀疑。我已经看过太多被我称为"技术乌托邦(technotopias)"变为资本主义梦魇的例子。我觉得迈克尔·鲍恩关于这一主题的文章非常有趣。他本人领导了一个同盟者基地,在集体劳动和共同协作上作出很多原创性工作,但他现在非常伤心失望,因为他看到他的工作如何被亚马逊等大型电子公司剥削,实际上变为免费劳动。这个系统总是充满希望,但除非我们能够真正进入并分解资本主义的社会关系，我觉得阶级统治才是根本的问题所在。但我不会说你们不要去做，重要的是去鼓励他们，甚至推一把，看会发生什么。

张：我知道，与一些人只是看《资本论》第一卷不同，您非常强调《资本论》完整的三卷对于理解马克思价值理论的重要性。但我们思考这个问题时，可能更多的会从《伦敦笔记》开始，再到《1857—1858年经济学手稿》，《1861—1863年经济学手稿》，即剩余价值理论批判，这是劳动价值理论在马克思那里的形成过程。而在 70 年代以后，马克思关注到俄国的公社经济和亚细亚经济模式，他后来反省到一个问题，即《资本论》讨论更多的是欧洲的道路，所以后来他关注的是非欧洲的东方道路。可能这样一条完整的线索，会为您讨论的资本空间布展提供更为完善的马克思的经济学研究基础。

哈：如果思考马克思，你的范围可以不断甚至无限制地扩展。我要做的，是让人们不要只是满足于在《资本论》第一卷中阅读马克思，要看到《资本论》三卷本之间的重要关联和同一性。作为同一系统的不同视角，这一系统假设了很多东西，是一个带着假设的模型，《资本论》第一卷假设了完全竞争，但它并没有真正讨论国家以及权力在国家内部的布展。我发现，有趣的是，马克思《资本论》第三卷中的分配理论，并没有讨论税收这一剩余价值重新分配的首要形式。是的，很多事情需要展开，正如马克思在《资本论》第一卷中所说的，他考虑的是资本主义国家封闭经济中的系统，或者在一个完全成为资本主义的世界中应该发生的事情。马克思提出了这些假设，后来任何模型的建设者得出的结论，都依赖于这些假设。我想让人们清楚地理解这一点。我希望我有时间重读《伦敦笔记》等文本，我也非常感谢 MEGA 的编辑整理者们做的重要工作。但是，我已经 80 岁，我已经没有时间和精力完成这样的工作，我只能依据我已有的成果，将它传给你们这些年轻人，你们会成为批判的后继者。马克思发现，发现方法与表现方法是非常不同的，在过去的几年中，我非常关心的是发现一种表现方法，将我所知道的东西更加容易地传达给一般的公众，目前来看还不算成功,但至少我已经完成了一部分,将我已经知道的东西以大家能够理解的方式呈现给人们。

张:在过去研究马克思的学术传统中,很大的一个问题是,经常会把马克思学术化,会跟着马克思把很多重要问题变成老百姓听不懂的东西,而您做的最重要的工作,是把马克思所说的道理通过所有人都能读懂的、非常浅显的方式表现出来,这在目前关于马克思的研究中是非常重要的。当然,在我这里情况似乎是颠倒的。表面上看,我似乎是在将中国马克思的研究话语思辨化了。这像是一个笑话。笑话是,我的老师们,在读到我的《回到马克思》以后,给我提的一个问题是,我们原来所有的这些书,都是大家能够读懂的东西,为什么到你这本书,连我们都不知道你在说什么。可是,为什么我会选择这样一条道路呢?是因为在苏联和过去极"左"时期中国的马克思研究当中,基于教条主义的方式来进行宣传和教学,从高中生开始,每天都在讲,因此大家都觉得自己非常熟知马克思的概念和观点,而马克思变得非常"便宜",像白开水一样,所有人都可以蔑视地去说马克思是什么和不是什么。我走的这条道路,是要重新告诉大家,马克思实际上并不是非常不值钱的、可以轻易获得的东西,想要还原和理解马克思哲学、经济学和科学社会主义思想的过程,那必须是要付出艰辛的劳动的。在我们今天的教学中,存在两种情况,马列课大家都不愿意听,但在我的课堂上,所有人要想听懂马克思,那是要付出代价的。

哈:最初,我在约翰·霍普金斯大学开设的《资本论》(*Capital*)课程被校方领导认为是关于"首都城市"(capital)的课程。五年后,等到他们发现时,已经太晚了,因为课程已经非常流行,以致无法取消。在我过去三四十年的教学经验中,我的目的是教英美学生读《资本论》。但我发现,如果我花过多时间在价值概念和价值理论上,人们会迷失,我也会迷失。因此,围绕价值和价值理论的讨论,例如马克思的社会必要劳动时间,我会告诉学生,围绕这一概念有很多复杂的讨论,你可以去读一下,但我不会在课堂上展开,而是让学生们知道这些讨论将帮助我们理解什么。因此,在某种程度上,价值思想的合理性论证不是通过对《资本论》第一卷或第一章内容的哲学追问实现的,而是通过一些其他讨论,例如剩余价值、工作日等。在我讲课和写作《指南》时,我决定掠过(skate over)整个价值问题,但现在,我却发现自己掉进了冰中,在水下挣扎着努力找到自己对价值理论的解读。我以为这只会是一篇短文,但它却不小心正在变成一本书。

(作者张一兵系南京大学教授;大卫·哈维系纽约城市大学教授;南京大学杨乔喻译)

马克思的斯宾诺莎《神学政治论》研究的问题像*

〔日〕内田弘 由阳 译

马克思在柏林大学就读期间，曾于1841年3—4月份研究了斯宾诺莎（Baruch de Spinoza，1632—1677年）的《神学政治论》。具体来说，以H. E.Gottiried Paulus编撰的《斯宾诺莎遗稿集》(*Benedictus de Spinoza*; *Opera quae supersunt omina*；2卷本，1802—1803）所收录的《神学政治论》和《斯宾诺莎书信集》为对象，马克思不加评注地完成了内容详尽的摘录笔记（我在下文将其称为《〈神学政治论〉摘录笔记》或《摘录笔记》。Cf. MEGA，IV/1，1974）。《神学政治论》在写作《伦理学》期间完成，1670年匿名发行，两年后受到了禁止发行的处分。当时，阿米尼乌斯和共和派琼·德威特掌握荷兰共和国的国家权力并与旧制度的奥兰治派、加尔文派相抗衡，斯宾诺莎为了支持前者，历时四年完成了这部禁书。从他本人的书信内容可以判断，《神学政治论》的写作动机有三点（《斯宾诺莎书信集》30，第165—166页）：（1）反对阻碍民众接受哲学的神学家的偏见；（2）去除持有斯宾诺莎是无神论者看法的民众的偏见；（3）对自由思想的拥护。

---

* 该文发表于《当代国外马克思主义评论》2016年版。

《神学政治论》虽然是在写作《伦理学》的过程中完成的，却鲜明地表达了后者的人的观点和政治哲学观点。这一点三木清早就考察过了（三木清，1932：296 页，下文仅记录为〈三木清，296〉）。

《神学政治论》问世的若干年后，马克思在题为"需要"的一个简短片段中，回顾了世界市场都市从 12 世纪十字军时期的君士坦丁堡到 17 世纪斯宾诺莎时期的阿姆斯特丹这段世界市场的地政历史。说到君士坦丁堡和阿姆斯特丹，英国皇家学院的书记官奥尔登堡给斯宾诺莎的书信（第 33 封）中提到过这两个地名，并且在马克思的《斯宾诺莎书信集》摘录笔记中也出现了（MEGA，IV/1，263；Aparat 803）。

> 在这里到处流传了一个谣言，散居了两千多年的犹太人将要返回他们的祖国。在这里少数人相信，多数人只是愿望这样。（中略——中译者）至于我的看法，只要这不是来自君士坦丁堡（它是与这件事最有关系的）可信任的人们所报道的，我是决不相信的。我很想知道阿姆斯特丹的犹太人关于这件事听到了什么，他们对这个重要消息有什么反应。这消息如果是真的，整个世界将面临一场大祸。①

马克思在进行摘录笔记时，也许并没有预料到自己不久后便丧失国籍的散居命运。在斯宾诺莎时期，"借金不还"和"伊壁鸠鲁主义"（扰乱犹太共同体〈commune〉的习惯）是被犹太社会流放（excommunicatio）的两大原因。"借金不还"容易导致犹太共同体的经济解体，"伊壁鸠鲁主义"则导致离散状态的犹太人自由随意地行动，从而造成更严重的散居。散居状态不容许发生上述状况，所以出现了这样的禁令。该禁令是从物质生活和精神生活两方面来防止散居的策略。被西班牙、葡萄牙驱逐后移居荷兰的犹太人民（马拉诺人），当荷兰的早期资本主义和世界市场的交流致使犹太的传统习惯变成狭隘的桎梏时，他们

---

① 《斯宾诺莎书信集》，洪汉鼎译，北京：商务印书馆1993 年版，第 149 页。

为了守护犹太共同体施行了这样的流放政策。这是一种试图用古老教义对抗新的时代趋势的行为。出生于商贾之家的斯宾诺莎在接受犹太教的精英教育时,犹如天然水晶那样以其透明的思考能力直观到了教义内部的矛盾。这一矛盾是犹太共同体与外部世界的矛盾。斯宾诺莎开始直观世界市场文化的影响下打破地区狭隘并形成世界历史诸个人的现实的运动。他并不反对这个运动,而是在其中探求构建合理的思维方式、生活方式的道路。斯宾诺莎根据世界市场的作用作出判断,只有沿寻彻底"独立"的方向,才能恢复人类诸个人的"共同性"。

约二百年后的德国人马克思也探寻同样的路径。马克思的父亲曾经从信奉犹太教改信基督教新教。可是,脱离犹太"共同体"的"独立",即改宗并不一定会使改宗的犹太人(马拉诺人)摆脱内心的苦楚(植村,33),因改宗而丧失"共同性"者顽强地谋求共同性之恢复。提及"伊壁鸠鲁",犹太人会立即联想到声名狼藉的"伊壁鸠鲁主义"。马克思早在写作学位论文时期就已经在伊壁鸠鲁的原子论即自由论那里寻求人类存在的根据。那就是博士论文《德谟克利特的自然哲学和伊壁鸠鲁的自然哲学的差别》(参考 MEGA,IV/1:10-58;内田弘,1999)。

马克思的《〈神学政治论〉摘录笔记》的主题是自由共和制。《摘录笔记》其后三年的《德法年鉴》的《论犹太人问题》中,马克思指出货币崇拜不仅仅是犹太人的天性,还是近代社会的普遍特性。这种思考首先意味着生而为犹太人的马克思在确定自身思想的位置。斯宾诺莎关于民族成立的根据这样写道:

> 个人是天性养成的,天性则不足以造成不同的民族。民族与民族之差是由于他们的语言、风俗与法律的不同;而由于最后说的两项,即风俗与法律,他们可能有一种特具的性情,一种特具的生活方式与特有的偏见。①

---

① 〔荷〕斯宾诺莎:《神学政治论》,温锡增译,北京:商务印书馆1963年版,第245—246页。

马克思虽然没有摘录上文,但应该已经注意到了。同年在《年鉴》上发表的《〈黑格尔法哲学批判〉导言》隐含的重要主题就是德国的贸易政策问题。也就是对于贸易的文明化作用抹消民族差异并创造世界公民(cosmopolitan)的力量,人们应该如何应对的问题。可以认为,当马克思遭遇这个问题时,斯宾诺莎对民族的定义就变成了他思想的一个基准。从《〈黑格尔法哲学批判〉导言》历经《德意志意识形态》、《政治经济学批判大纲》直到《资本论》,马克思始终在人类打破地区狭隘形成世界史之个人的方向上摸索人类自然史之必然性。

一、马克思《斯宾诺莎〈神学政治论〉摘录笔记》的特殊性

现在,我们来看一下马克思的《摘录笔记》。马克思把《神学政治论》各章里原本较长的题目缩短并变换了顺序(MEGA, V/1, S. 233)。需要指出的是,何人更改了目录"尚未得到确认",然而,由于马克思在不确定作者的《斯宾诺莎的〈神学政治论〉》标题以及下文的目录(In-haltsverzeichnis)之间亲笔写下"来自卡尔·海因里希·马克思。柏林。1841(von Karl Heinrich Marx. Berlin 1841)",所以可以判断马克思承认该目录为自己所著。下文列出的目录可以认定是马克思本人的东西,不过(1)(2)(3)(4)的编号为笔者所付。

(1) 第 6 章 论奇迹
  第 14 章 何谓信仰
  第 15 章 论理智和神学
(2) 第 20 章 论言论自由
  第 19 章 神圣事物中的法
  第 18 章 自希伯来人的国家引出的政治意义
  第 17 章 论希伯来人的国家
  第 16 章 国家的基础

(3) 第7章　论解释《圣经》

第8章　论《摩西五书》等之起源

第9章　以斯拉的《圣经》编纂及旁注

第10章　关于其他各书

第11章　论书信作者的使徒们

第12章　作为真神语言的《圣经》

第13章　《圣经》关于行为的简单思想

(4) 第1章　论预言

第2章　论预言家

第3章　论希伯来人的预言的恩赐

第4章　论神律

第5章　论仪式和历史故事的信仰

《摘录笔记》的顺序和《神学政治论》的顺序不同。它是原著顺序的重新编辑。这种重编暗示着什么内容？简单来说，《摘录笔记》把斯宾诺莎的记述顺序拆解开来，并从马克思独自的问题意识出发重新编撰而成。重编必须以精熟《神学政治论》为前提。也就是说，马克思在上文的（1）（2）（3）（4）中：（1）在斯宾诺莎的神学和政治学的严格区别中寻求解读《神学政治论》的标准；（2）以二者的区别为标准讨论政治制度；（3）（4）讨论神学。

首先，在（1）中，马克思为了发掘《神学政治论》里未被斯宾诺莎意识到的体系而把标准确定为"神学和政治学的严格区分"。他认为《神学政治论》的"神学"和"政治学"的二分可以提取出"斯宾诺莎中的合理的东西"。以何物为标准才能把"合理的东西"所潜藏着的、斯宾诺莎未曾意识到的隐蔽体系解析出来？是"神学和政治学的严格区分"。就是说，马克思批判神学＝宗教（政教合一）的政治统治，确立了把政治从宗教中独立出来的观点。以此区分标准重编《神学政治论》。《神学政治论》的序言可以进一步确定我的判断。《摘录笔记》虽然没有从"序言"节选内容，但是"批判神学的政治统治"、"主张神学和政治学的彻底分离"正是"序言"揭示的主题。这个主张就是马克思用来揭示斯宾诺莎的隐藏体系的标准。以之为标准，马克思才完成了《摘录笔记》。马克思在《神学政治论》序言里发现了分析斯宾诺莎的隐藏体系的标准。即斯宾诺莎的《神学政治论》序言显示：

（1）斯宾诺莎主张，信仰、神学是每个人自由选择的领域。在那里各种思想都应得到应有的尊重。没有必要要求某种特定的想法一定要达成社会性的统一。也没有必须那样去做的领域。

（2）政治哲学——在斯宾诺莎那里，比起政治学，称为政治哲学更加合适——乃是关于人们交换意见、讨论意见并形成共识的公共圈子（respublica：共和国）的学问。而且，共和制的组织原则是民主制（democratia）。民主制是最适合人类本性（自然）的政体。斯宾诺莎认为人天生就具备形成民主制的本性。

（3）斯宾诺莎《神学政治论》的立脚点是自然哲学。自然（Natura）是生成万物之源。人类受到自然之光（lumen naturale）的指引可以运用"理性"认识万物，这是斯宾诺莎认可的自然赋予人类的潜能（poten-tia）。他主张，追随自然之光孕育理性是重中之重，自然之光是理性之源。

（4）人类会疯狂，但自然不会疯狂。人类捏造各种东西，自然只创造应该存在的东西。存在物是在本源上就应该存在的东西。在斯宾诺莎看来，一切皆必然，人类的虚假捏造也出于本人不自觉的必然性。神就是在这样的自然里被定义的。完成《〈神学政治论〉摘录笔记》的同年，马克思在学位论文《德谟克利特的自然哲学和伊壁鸠鲁的自然哲学的差别》中，把万物皆出于必然观点的斯宾诺莎和万物皆出于偶然观点的伊壁鸠鲁进行对比，指出斯宾诺莎的观点是个别的偶然事物通过相互作用会形成总体的必然的倾向（参考内田弘，1999）。

（5）站在人类立场上看，现存事物无论如何都是自然且必然的东西。斯宾诺莎以此为标准指出了人类的现实状态。没有比人心更不可靠的东西。人心变幻不停。人处于顺境时总是不听他人的意见，大摇大摆得意洋洋。可是一旦陷入了困局,就把什么都拿过来当作信仰了。也就是人们常说的"临时抱佛脚"。

(6) 人类发挥与生俱来的想象力 (imaginatio;构想力) 想象各种东西。斯宾诺莎和帕斯卡一样,把 imaginatio 规定为否定的、消极的性质。想象威胁生存的东西就会陷入恐惧。想象力捏造不合理的东西并努力将之合理化。想象力就会加深迷信。

> 在他们的想象中总有这类的预兆或可以惊怪的事出现。好像自然也和他们一样的痴狂,他们时于自然会有这样荒诞的看法。①

(7) 然而,尽管人会被想象力迷惑,但正因如此才应该坚决要求人类"判断的自由"。才应该对比每个人的观点,围绕究竟何为真理、何为真实的问题交换意见进行讨论。作为讨论的前提条件,必须要求判断的自由。即便压制判断的自由强行输入特定的思想,人依然会在暗中自由思考。在不断变换的环境中首先在肉体上适应并活下去的才是人。为了生存,必须反复思考各种状况。否则,被抛入动荡中的人是无法生存的。斯宾诺莎认为,每个人都拥有"判断的自由"。

(8) 解读《圣经》也是自由的。关于《圣经》,除了清楚明白的内容以外,不强加给他人任何东西。这是斯宾诺莎解释《圣经》的原则。"《圣经》对于理智绝不加以束缚,与哲学绝无相同之点。事实上,启示与哲学完全站在不同的立脚点上。"② 斯宾诺莎严格区分了神学和哲学。"凯撒的物当归给凯撒,神的物当归给神",必须把教会和国家严格区别开来。斯宾诺莎认为,"凡是用成见以迷惑人心,用威力加之于人民的意见,或用类似宗教叛乱的武器,都是与公众的自由背道而驰的"③;"他们却爱惜与他们意见相同的人,无论那些人是多么愚蠢,认为那些

---

① 〔荷〕斯宾诺莎:《神学政治论》,温锡增译,北京:商务印书馆1963年版,第9页。
② 〔荷〕斯宾诺莎:《神学政治论》,温锡增译,北京:商务印书馆1963年版,第15页。
③ 〔荷〕斯宾诺莎:《神学政治论》,温锡增译,北京:商务印书馆1963年版,第11页。

人是上帝的选民"，"这种行为是想象所及的最恶劣的，于国家最为危险的"①。斯宾诺莎指责独善其身的宗派主义。神学完全属于私事。不要去追问是否信仰，因为它是每个人的自由。当问到人的社会责任时，那只是在询问社会行为的结果，而不应该责问是何种信条造成的。这样，斯宾诺莎强烈主张每个人的内在的自由。"宗教的信仰是基于历史与语言，必须只能求之于《圣经》与启示"②，所谓奇迹，无非是民众运用想象力想象出来并相信它确实发生的东西而已。

在当时的荷兰，该主张意味着对把政治、社会的问题看作宗教问题这一事态的批判。当荷兰资本主义利用资本、商品、劳动力等在各个不同的国家和地区之间通商时，排他性的宗派主义成为了阻碍。斯宾诺莎的思想和追求非宗教性的荷兰资本主义的意向是一致的。

（9）"理性被自然之光开发和引导。自然既孕育理性又培育理性。在自然中自然和普遍性法则不会产生任何矛盾"。哲学以自然之光培育的发达的理性为基础。"共通概念"只能从自然得出。斯宾诺莎认为，当人们转让自然权利在自发形成的公共圈中发言时，只应讨论理性能够判断和解决的问题。

那么，斯宾诺莎的"共通概念"究竟是什么？它是公共圈中通过交换意见、讨论或实验积累和共有的共享知识库（common stock）。斯宾诺莎说公共圈是由"自主独立的精神的领主"、"自主独立的人们"构成的。在公共圈的内部，唯有理性可到达的、哲学的、科学的真理才是可以取得共识的标准。斯宾诺莎在写给奥尔登堡的书信（第六封）中，列举了许多硝石实验来说明物体的凝固性和流动性。他认为，除了科学上的真理以外，社会道德的真实也要依靠理性来引导，二者占据同一片领域。和对待宗教的态度一样，"所有的人都能顺从，与人类的总数比起

---

① 〔荷〕斯宾诺莎：《神学政治论》，温锡增译，北京：商务印书馆1963年版，第194页。

② 〔荷〕斯宾诺莎：《神学政治论》，温锡增译，北京：商务印书馆1963年版，第201页。

来，却只有极少数能单借理智的指导获得道德的习惯"①。斯宾诺莎直视民众的现状，民众"常趋于迷信，注重古代的零碎事物，对永恒的真理反而漠然"②，"他们的坚忍不挠却是固执顽强，他们对于什么的褒贬是由于一时的冲动而不是靠着理智"③。民众用捏造各种东西的想象力安慰自己。要想打破民众的现状，首先必须找到打破现状的根据。Yovel 认为斯宾诺莎把民众划分为有教养的民众和无知的民众，并指出：

> 斯宾诺莎的对象不只是这个顽固集团的有教养的民众（the learned multitude），他最终还作为一名讲授知识的传达者向无教养的民众（the uneducated multitude）传达易于理解的新鲜思想（Yovel, vol.1: 137）。

然而，斯宾诺莎曾经提到，因为大众确实固执地以迷信为标准误读、误解《神学政治论》，所以他丝毫不希望进行哲学思考之外的人阅读自己的作品，完全没有把他们当作读者。我们不能断言斯宾诺莎把那样的大众也当成"理性上的存在者"的潜在力量。可以说，这是斯宾诺莎未曾解决的问题，或者说是斯宾诺莎研究尚未解决的问题。我在后文会论述，马克思就是在这里发现了问题。

斯宾诺莎一边宣称"信仰和哲学分离才是《神学政治论》的主题"，一边又认为比起那些我们完全无法理解的东西（奇迹），运用哲学（科学）所理解的东西拥有更多的权利，也能回到神的作为那里去。斯宾诺莎主张神学和哲学有所区别，认为理解自然是理解神的作为的正确途径。事实上，"神即自然"的这一斯宾诺莎的命题早在《伦理学》之前的《神学政治论》中就已经提到过了。相信奇迹那样的反自然、超自然的事件最终会陷入无神论。斯宾诺莎反问：即便那样也无所谓吗？针对

---

① 〔荷〕斯宾诺莎：《神学政治论》，温锡增译，北京：商务印书馆1963年版，第211页。

② 〔荷〕斯宾诺莎：《神学政治论》，温锡增译，北京：商务印书馆1963年版，第15页。

③ 〔荷〕斯宾诺莎：《神学政治论》，温锡增译，北京：商务印书馆1963年版，第17页。

"无神论者斯宾诺莎"的这个大众的误解,他反讽道:陷入无神论的是大众才对吧?

二、自然哲学的还原

马克思对《〈神学政治论〉摘录笔记》进行了"自然哲学的还原"。具体来说,神学应被限定为私人领域,哲学是奠基公共圈的知识活动的这一斯宾诺莎思想深处的合理内核究竟是什么?它是把即成的、人为的东西全部打破重新开始,回到万物生成的根源,由此追溯万物的生成(Ereignis)过程,这就是"自然哲学的还原"。马克思认为,只有把斯宾诺莎的固有的哲学彻底化,即进行自然哲学的还原,才会弄清楚《神学政治论》的哲学根据。马克思正是基于这样的判断才完成了《〈神学政治论〉摘录笔记》。他在笔记中推断《神学政治论》的合理顺序应该是:

ⅰ 哲学、神学区别论(第6章、第14章、第15章)→
ⅱ 论共和制(第20章、第19章、第18章、第17章、第16章)→
ⅲ 论《圣经》(第7章—第13章)→
ⅳ 论预言(第1章—第5章)(ⅰ~ⅳ为摘录顺序)

"序言"提到的神学和哲学(政治哲学)区别论的真正展开是第6章的"论奇迹"(ⅰ)。因此马克思断定《摘录笔记》应该从这里开始。和第6章紧密联系的是具体论述政治、哲学比宗教、神学更根本的第14、15章。接下来摘录的是和斯宾诺莎政治论相关的、论证最符合自然哲学的政体是民主制的第16章到第20章(ⅱ)。斯宾诺莎认为人天生具有适应力量的生存权利,"力量以权利为根据"。他的观点和霍布斯的"自然权之权利以力量为根据"截然相反。在斯宾诺莎那里,自由是力量的实现。积极展开自由论的是ⅱ的第一篇笔记第20章。他在该章提到，在为了人的自身生存而组成的国家中，只要不危害国家的权力和和平就应该容许每个人的自由，"共和制的目的（finis Reipublicae）就是自由"。接下来摘录的第 19 章里，斯宾诺莎说在民主国家里，正义掌握在转让人们命令的权利的统治者手里，而非宗教领袖的手里。接下来的第 18 章，斯宾诺莎涉及了 4 点主张，即宗教领袖不应享受公共的命令权、宗教法不应支配世俗事务、对正当性的判断权应该交给统治者、（和霍布斯不同）君主制是危险的。而在第 17 章中，斯宾诺莎指出即便把自然权利转让给国家，也不应该全部转让，每个人都应当保留自然权利。最后的第 16 章则指出，人类为了共存需要转让每个人的自然权利，以此形成共同的力量（国家权力）。在该章中，斯宾诺莎论证人类生来（自然地）就是最大限度地追求自由的存在，最适合人类的政体是民主制。

我认为，倘若第 20 章后面直接连接论证共和制的基础是人的意义上的自然权利、民主制是最自然的政体的第 16 章，也许是更自然的顺序。但是，马克思近乎机械地采用了"第 20 章→第 19 章→第 18 章→第 17 章→第 16 章"的顺序，即与斯宾诺莎完全相反的顺序。马克思的选择或许可以这样理解：

（ii-1）共和制的目的是自由（第 20 章）。

（ii-2）共和制是独立于宗教权威的存在，信条不同的人合作（共和）就是民主制（第 19—18 章）。

（ii-3）其根据就是每个人的自然权利（第 17—16 章）。

以自由为目的的民主制是马克思当时的问题意识。我认为马克思着眼于斯宾诺莎的民主制并解释了关注的原因。

《摘录笔记》最后的 iii 和 iv 也许是出于如下思路构成的。就是说，马克思看到了斯宾诺莎的立论（第 7 章—第 13 章），即奇迹以自然之光能够认识的法则为基础，但预言只以《圣经》为基础，所以摘录了后文的预言论（第 1 章—第 5 章）（iii 论《圣经》→iv 论预言）。斯宾诺莎在此指出，预言家话语的可靠只有心性上的可靠性（certitudomo-ralis），即只存在于明显活跃的表象力（imaginatio）、印记（signo）、善导精神当中，它不是指引哲学的自然之光。在这里，神学领域和哲学领域再次被严格划分了。

这样，马克思依据斯宾诺莎的自然哲学重构了《神学政治论》。他在《神学政治论》中发现了斯宾诺莎自身不自觉的合理的核心——自然哲学，并以之为基础重新编纂了斯宾诺莎。马克思在早于《〈神学政治论〉摘录笔记》的两年前，即1839年完成的《第六笔记》里，就秉持着宗教和哲学严格区分的观点，并指出"另一方面，任何一种古代哲学都不比柏拉图哲学更具有宗教性"。马克思写了一篇《亚里士多德—黑格尔颂》，并称赞当斯宾诺莎讲述"在永恒的相下的思考时，在讲述神之爱、人的精神自由（libertas memos humanae）时，他的感激之情比那具备更真、更强烈、更普遍的教养的精神还要令人心旷神怡"（MEW, Erg. Bd.：225）。

1858年，马克思在写给斐迪南·拉萨尔的书信中回顾了自己1839—1842年间对伊壁鸠鲁的研究和斯宾诺莎的研究，并如下写道：

> 你在写作（赫拉克利特）中必须克服的困难，我尤其清楚，因为十八年前我曾对容易理解得多的哲学家—伊壁鸠鲁进行过类似的工作，也就是说，根据一些残篇阐述了整个体系。不过，我确信这个体系，赫拉克利特的体系也是这样，在伊壁鸠鲁的著作中只是"自在地"存在，而不是作为自觉的体系存在。即便在那些赋予自己的著作以系统的形式的哲学家如像斯宾诺莎那里，他的体系的实际的内部结构同他自觉地提出的体系所采用的形式是完全不同的。①

上段引文对于我们理解马克思的斯宾诺莎研究是至关重要的。原始的文献没有"体系的内部结构"，即便研究者根据文献进行"自觉的体

---

① 《马克思恩格斯全集》第29卷，北京：人民出版社1972年版，第540页。

系"化，体系的构建也不会成功。马克思想要表达的是，即便像赫拉克利特或伊壁鸠鲁那样，他们的文献是自带体系的，然而这种体系和文献的叙述人（赫拉克利特或伊壁鸠鲁）自觉地提出的体系是完全不同的东西。在这封书信中，斯宾诺莎的名字伴同伊壁鸠鲁一起出现了。1841—1842年，当时的马克思正准备有关自然哲学的毕业论文。作为论文的准备工作，除了伊壁鸠鲁，他还阅读了斯宾诺莎的《神学政治论》和《斯宾诺莎书信集》。可以确定，马克思在1858年给拉萨尔写信时，回顾过柏林时期的研究经历，那就是，当马克思以特殊顺序完成《神学政治论》的摘录笔记，即马克思认识到斯宾诺莎思想的合理核心是他的自然哲学并以之为标准重构《神学政治论》时，斯宾诺莎的思想显现出来了。在此值得一提的是，大约6年以后，马克思在写给舅父、荷兰商人莱昂·菲利普斯的信件中，回忆了《神学政治论》第8章的摘录，并介绍说"《摩西五经》只是在犹太人从巴比伦囚禁中返回以后才著成的，这一点斯宾诺莎在他的《神学政治论文》中就已经探讨清楚了"①。由此可见，马克思在后来也清晰地记得青年时的研究思想。

三、《摘录笔记》的顺序反应出的马克思的问题意识

马克思的《〈神学政治论〉摘录笔记》是依据上述问题意识编排而成的。Yovel说马克思"用奇怪的顺序排列了摘录笔记"（Yovel, vol.2；78），这种说法是错误的。Yovel没有看到问题的关键。鹫田小弥太在《〈神学政治论〉摘录笔记》的先驱性研究著作《致斯宾诺莎先生》中，详细介绍了马克思的《摘录笔记》，并指出了言论自由、民主制等马克思的问题意识。然而，遗憾的是，他没有涉及摘录和本来顺序的关系。洪汉鼎把上文的那封致拉萨尔的信作为"重要文献"引用（Hong Han Ding, 205—206），这实属难能可贵，但他却未曾注意到马克思在信里

---

① 《马克思恩格斯全集》第30卷，北京：人民出版社1972年版，第662页。

设想了笔记的特有顺序。

另外，有一种说法是，马克思进行《〈神学政治论〉摘录笔记》的动机是为了准备博士论文《德谟克利特的自然哲学和伊壁鸠鲁的自然哲学的差别》的口试，即"备考说"（广松、井上，270）。然而，上述那种《摘录笔记》的"复杂顺序"对于"备考"是必要的吗？笔者对此表示怀疑。"备考说"认为"务必把进行笔记的机缘或动机和笔记对马克思治学的意义区分开来"（广松、井上，271），但是这种观点会把人引入歧途。设想一下，即便马克思在免于口试之前就完成了作为口试准备工作的《摘录笔记》，也并不能由此断定进行摘录时的马克思的问题意识和后来的问题意识有所不同。毋宁说，前后两个问题意识是连续性的、统一的。在"备考说"那里，《摘录笔记》对"马克思治学的意义"最终产生了。可是，把马克思在思考《摘录笔记》的特有顺序时、在临近考试时所持有的问题意识和他后来的问题意识区分开来的做法无论如何都没有道理。认为马克思的笔记只是对考试的战术上的回应的观点和笔记的特有顺序在根本上是矛盾的。那会背离阐明笔记之特有性这个重要的问题。若只是为了"备考"，那么应该准备一份不刺激考官的、不过分尖锐的（内田义彦）更加保守安全的笔记。"备考说"的出现，是否是为了打破"马克思《摘录笔记》的问题意识就是民主制的探求"的鹫田小弥太说的垄断局面？如果考虑到笔记的特有顺序，那么应该能够理解马克思是怀着这样的也是贯穿了博士论文的问题意识去准备口试的：承担着实践世界的大众为何以及如何成为理论的主体并认识到民主制才是最自然且自由的政体。

马克思对斯宾诺莎《神学政治论》的解读方法批判了视斯宾诺莎为"死狗"的观点。正如洪汉鼎所言，"马克思的时代是要从僵死的形式中提取出富有生机的思想的时代"（Hong Han Ding，206）。"马克思没有把斯宾诺莎当成思想贫瘠的古典学家，而是当成同盟者接受"，应该"对这个同盟者的反动的偏见毫不留情，将之拆解到水晶一样透明"（ibid.，198）。在《〈神学政治论〉摘录笔记》里，马克思没有把斯宾诺莎看成17世纪的人物，而是当成同时代的人重新解读。斯宾诺莎最早挑起了反对宗教权威的斗争，并提出了民主制是最符合人类本性的政体的这个挑战的根据。然而，对于马克思来说，宗教批判已经不是他所处时代的主要课题，民主制的实现才是时代的主题，因此他最先摘录了《神学政治论》的政治学部分，即上文的第2节内容。

四、马克思思想中的斯宾诺莎

马克思的斯宾诺莎研究给他后来的思想带来深远的影响。就如Yovel 所言，"关于斯宾诺莎的思想，马克思灵活运用的场合比他自己以为的还要多得多"（Yovel，2：78）。马克思提到斯宾诺莎的出处可以参考《马克思恩格斯全集》的人名索引或 Marx/Engels Uber Geschichte der Philosophie, Reclam 1983 等，但"马克思思想中的斯宾诺莎问题"却不能局限于此。马克思压缩记录自己的研究思想，马克思文献里没有提到斯宾诺莎的地方也隐藏着斯宾诺莎的元素。

（一）从《1844年经济学哲学手稿》到《政治经济学批判大纲》

马克思思想中的斯宾诺莎元素最早见之于《1844年经济学哲学手稿》。在那里，马克思站在了从"根源的生成—本生（Ereignis）"角度理解万物的斯宾诺莎的立场之上。

> 正如一切自然物必须形成一样，人也有自己的形成过程即历史，但历史对人来说是被认识到的历史，因而它作为形成过程是一种有意识地扬弃自身的形成过程。历史是人的真正的自然史。① 历史本身是自然史的即自然界生成为人这一过程的一个现实部分。②

---

① 《马克思恩格斯全集》第3卷，北京：人民出版社2002年版，第326页。
② 《马克思恩格斯全集》第3卷，北京：人民出版社2002年版，第308页。

从自然史生成的人把每个人的五感和精神实践的感觉结合为社会性器官,并借助自己的感觉发挥它们的作用。人性并非一成不变。《哲学的贫困》也指出了"历史就是一切人类本性的不断变化"。《手稿》首先讨论的劳动过程的部分,即"没有自然界,没有感性的外部世界,工人什么也不能创造。它是工人的劳动得以实现、工人的劳动在其中活动、工人的劳动从中生产出和借以生产出自己的产品的材料"①,表明马克思研究经济学并展开了斯宾诺莎奠定的自然概念,即以自然为母体的人是如何发生关系、保证生存的必需品、通过活动改变自身等。总之,《1844年经济学哲学手稿》中的自然论离开斯宾诺莎就无法理解。《手稿》的事实上的劳动价值论在《大纲》中得到了系统的分析。斯宾诺莎批判性地继承了中世纪经院哲学的"能生的自然"(natura naturans)和"被生的自然"(natura naturata)概念,然而对于马克思来说,它们乃是现实世界的人的"生命活动能力"(Psychologie=de animao 翻译成"心理学"是错误的)以国民经济的产业的方式获得实现。关于这个问题,内田义彦曾经指出:

> 自然是创造活动的同时还是被创造物乃至被创造物的创造活动,这是一种继承了雅典的欧洲的传统看法。一切东西是被创造物的同时也是创造的活动;人是自然界的自然的精华,自然环境本身由自然的结果即人类的自然(创造活动)加工改变而成。若不领会这些思想就无法理解如《手稿》里的"自然"、"人类本质"等问题(内田义彦,83—84)。

内田义彦的观点对于我们理解"马克思思想中的斯宾诺莎问题"十分重要。马克思研究斯宾诺莎的同时也做了亚里士多德《论灵魂》的摘录笔记。该笔记对于我们思考自然史中的人类颇有启发性。与《〈神学政治论〉摘录笔记》不同,马克思以《论灵魂》的第3卷为中心按照章

---

① 《马克思恩格斯全集》第3卷,北京:人民出版社2002年版,第269页。

节顺序记录要点。在要点里，马克思从斯宾诺莎写给耶勒斯的书信，即"形状无非只是限定，而限定就是否定，所以，正如我们所说的，形状除了是否定外，不能是别的"[①]的内容中，摘引了"限定就是否定"这句话。亚里士多德在《论灵魂》的第3卷考察了人的五感、共同感觉、判断能力、思维能力（理性）、心灵表象、运动能力、欲望能力等内容。马克思的笔记的观点是，诸如这些人的能力（psyche）都是历史性地发展而来的。该观点在《手稿》的产业论里被活化了。《政治经济学批判大纲》（1857—1858年）的《序说》里也引用了"限定就是否定"的部分。在那里，马克思是这样活用斯宾诺莎的限定即否定的论题的。马克思分析了生产、消费、分配、交换四个范畴彼此吸纳其他三个范畴时又反过来被吸纳的生产有机体。例如，（1）生产的规定在形式上是不生产（生产的否定），即充其量只是消费、分配、交换的否定（生产的否定）；但是在现实上，生产反过来由自身（消费、分配、交换）的否定规定。（2）生产和消费相互关联。通过因个人消费而再生产的劳动能力和生产手段的生产性消费，生产得以进行。（3）生产和分配相互关联。生产手段和劳动力的社会分配方式决定生产各要素的结合方式和产品的分配方式。（4）生产和交换相互关联。以何种方式进行交换决定了交换的目的（以消费为目的的产品简单交换，还是以利润为目的的交换）。这样，马克思看到，生产一方面被自己的否定要素（消费、分配、交换）规定，一方面吸纳性地规定这些要素。判断的标准就是斯宾诺莎的"限定就是否定"命题。

《大纲》里的斯宾诺莎较之《手稿》更为系统化。"货币章"的基础文献是斯密的《国富论》。然而马克思几乎没有使用"使用价值（Gebrauchswert）"这个用语，而是用"属性（Atribute）"取而代之。与其搭配的"实体（Substanz）"、"个体（Individuum）"成为论证货币生成的基本用语。"实体、属性、个体（有限形式）"，这些都是斯宾诺

[①]《斯宾诺莎书信集》，洪汉鼎译，北京：商务印书馆1993年版，第206页。

莎《伦理学》的基本术语。马克思把名为商品的"个体"分为"特殊的自然属性"（使用价值）和"一般的社会属性"（交换价值）两种"属性"，并分别分析特殊属性产生于自然实体（具体劳动）、交换价值的实体产生于社会实体（抽象劳动）。"个体→属性→实体"的顺序和斯宾诺莎《伦理学》的"实体→属性→样式"完全相反。只有倒置斯宾诺莎的顺序才能构成合理的体系。前文谈到的马克思致拉萨尔的书信内容也包含这一层含义。斯宾诺莎把实体概念限定为无限实体（神即自然）的其中一种，马克思则想到了亚里士多德的第一实体（个体）和第二实体（可以分离的形式 chorismos。cf. MEGA，IV/1；163），把议论的场域从形而上学转换到实践的世界（资本主义）。在实践世界里，既有作为满足人类特殊欲望之属性的根据的东西（自然实体），同时又有人类的诸种社会关系即借助他们无意识的思维和行为自身产生的东西（社会实体）。在斯宾诺莎那里，存在着"神即自然"这个唯一的无限实体。而在马克思那里，自然孕育的人即被生的自然所进行的创造活动（劳动）才是产生和支撑人类现实世界的实体。在资本主义社会，劳动分裂为自然的具体的实体和社会的抽象的实体，后者（抽象实体、价值实体）的抽象性能够组织生产有机体并开展不断突破界限的扩张主义运动。就像诸个人建立民主制那样，当诸多国家组建国家联合体时，荷兰等早期资本主义国家向前资本主义国家地区挺进，通过通商关系不断地吸纳或联合。想必斯宾诺莎注意到了这种事态（渡边，1950）。

（二）《资本论》

《资本论》第一版序言的如下记述和斯宾诺莎思想有关：

> 这里涉及的人，只是经济范畴的人格化，是一定的阶级关系和利益的承担者。我的观点是把经济的社会形态的发展理解为一种自然史的过程。不管个人在主观上怎样超脱各种关系，他在社会意义上总是这些关系的产物。同其他任何观点比起来，我的观点是更不

能要个人对这些关系负责的。①

首先,"自然史的过程"观点和斯宾诺莎的"仅是哲学基础的普遍的自然史(Universali Historia Naturae)"有很强的亲和性。这种观点意味着,把每个人运用主观想象力的行为合为一体,虽然从短期来看它并不稳固,然而从长期来看,在朝向一定方向运动的人类历史中,人类的诸种生存条件自然且必然的改善过程变得明晰了。其次,斯宾诺莎认为,"自然不为人的理智的规律所拘束。人类的理智的规律其目的只在求人的真正的利益与保存;自然的界限更要无限的宽广,与自然的永恒秩序相连。在此秩序中人不过是一个微粒而已。正是由于这个必然性,所有的个体都用某种特别的方式以生活与活动"②。但是,在马克思看来,人类是自然的产物,也是模拟并扩张自然的创造活动的第二自然,是有意识地实现"自然目的"的主体。人类通过自然的因果法则实现自己的目的。然而,这种观点即便在自然科学—技术的层面行得通,但是社会和历史层面上的目的也能那样实现吗?社会历史的层面上不会出现不同于个人意图的东西吗?马克思考虑到了这一点,弄清楚这个问题才是社会科学的使命。

再次,当马克思规定用 materialistisch 把握自己的历史观时,他强烈地意识到了亚里士多德和斯宾诺莎的思想。马克思的 materialistisch 绝不能理解成反映论的、摹写论的东西。他的物象化论(Versachlichung)表明人类是无法直接且透明地观察事物的。人类可以认识自身的经验直至概念的高度。产生概念装置的是学问。《资本论》论证了资本主义下经济世界的物象化形态。因此,贯穿《资本论》体系的主题之一就是物象化论。但是,马克思所说的 Versachlichung 并非他提到的 Materia(1)-ismusomateria(根源的自然)和 Sache-pragma(人的行为事实)在用语

---

① 《资本论》第1卷,北京:人民出版社2004年版,第10页。
② 〔荷〕斯宾诺莎:《神学政治论》,温锡增译,北京:商务印书馆1963年版,第213页。

方面没有直接联系。当物质生活的过程被价值关系组织起来时，也就是被"物象化"了。

唯物主义是把历史深处支撑人类生存的自然视为基础的观点。唯物主义认为，虽然亚里士多德说的形式因在人为的世界里优越于质料因，但是从历史的长时期来看，质料因不仅包含形式因的作用还逐渐地超越形式因。自然（质料因）相对于人（形式因）具有根源上的优越性、肉体劳动（质料因）相对于精神劳动（形式因）具有根源上的优越性，这些观点都是唯物主义的。Materialismu 的词根 materia 是希腊语 hylē 的拉丁文译法。Hylē 是母胎，是自然，是质料因。人类最终也不会超越生养自己、供给自身生活资料的自然。人是在根源上依赖自然而生存的存在。这就是马克思的唯物主义观点。马克思在亚里士多德的《论灵魂》和斯宾诺莎的自然哲学的还原之处看到了人类存在对自然的根本性的依存性。但是，无论是亚里士多德还是斯宾诺莎，都没有把自然当作人类的物质行为——根源生成的对象正面对待，只把它看成了理论对象。马克思认为，人类运用科学技术把自然下降为作为产业去经营的物质生活过程。此时，人对自然的根源上的依存性获得了根本的理论依据。马克思的经济学研究中开展了这项工作。物质生活过程的承担者是劳动的大众。这样，不仅是斯宾诺莎所说的大众的想象力，就连斯宾诺莎的政治哲学都被重新定义为意识形态的东西。麦卡锡在《辩证法与颓废主义》和《马克思与古代作家们》中说过：

> （马克思）成功地赋予了宗教所表现的"被压迫者的呼声"主题以历史上的、结构上的意义。"非宗教的基础是这样的，即人创造宗教而非宗教创造人"。马克思的早期的宗教批判蕴含着经济学批判的基础。因为后者是从前者产生的（MacCarthy，1994：128）。拜物教批判是从批判伊壁鸠鲁的神话和自然法则以及犹太预言家的偶像崇拜和虚伪的众神开始发展而来的（MacCarthy，1994：259）。

最后，斯宾诺莎在《神学政治论》的序言里把人分为哲人和无知者（大众），还说他对后者几乎绝望了。马克思的《资本论》则把人看成社会的产物，并与追问个人的历史责任的立场保持了距离。斯宾诺莎把作品的读者限定为"具有哲学素养的人"，对其他大众毫不在意。他不希望那些人读他的《神学政治论》。这种对人的二分也许是斯宾诺莎在现实生活中对人际关系的投影。斯宾诺莎虽然提到最符合人类自然（本性）的政体是民主制，但是关于接下来如何打破宗教的迷信和独断、民主制何以可能等关键问题却什么也没有说。马克思则在人类史作为自然史的一环不断推移的进程中看到了民主制生成的可能性。在人类史中，人类解放的各种客观条件以及承担它们的各种主体条件生成了。马克思判断，分析它的现实可能性是学问（哲学）的使命。从短期和个别对象来看，各种具体问题的责任只能落在特定的人群身上。然而，马克思的立场是，这些问题被整体地根本地解决了吗？社会要求个人的道德固然重要，但是，社会除了承担责任的特定的个人以外还包括"其余的人"，他们没有像个人经营道德生活那样的改善各种生活条件的义务吗？既然要求个人的道德，那么要求者们所身处的社会本身充满道德吗？社会是为了强制一部分人的非道德行为而组织的吗？类似的形而上学的问题一直存在。马克思的观点，即在自然史的过程中思考社会中的个人观点开阔了我们的视野。"特定的个人"和"其余的人"的对比，不仅存在于斯宾诺莎的思想当中，还存在于意识到这一问题的马克思的思想中。接下来，我将用斯宾诺莎的民主制的生成论和马克思的货币生成论对这对比较加以进一步的阐释。

五、斯宾诺莎的大众和货币的生成

斯宾诺莎一方面论证最适合人类本性的政治制度是民主制，另一方面又对占据人类大多数的大众表现了极为严厉的态度。他一方面说最自由的政体是民主制，一方面又说作为民主制的实现者、承担者的大众容易受到迷信的困扰，对于运用自然之光之引线的理性便可洞察的民主制，大众恐怕无法理解它对人类本性的适宜。斯宾诺莎在《神学政治论》的序言里谈到，"一般人常趋于迷信，注重古代的零碎事物，对永恒的真理反而漠然"①，"在大众的心中迷信与恐惧都是牢不可破的"，"他们对于什么的褒贬是由于一时的冲动而不是靠着理智"②，"对乱民最有左右力量的是迷信"③。因此他坚决提出对思考哲学的少数读者、学术精英以外的"其余的人我不欲推崇我的书"④。斯宾诺莎苦心论证出了民主制，却在缺失民主制的实现者和承担者的状况下，使《神学政治论》完结了。斯宾诺莎对大众的态度受到越来越多的斯宾诺莎研究者的关注（Balibar、水岛、上村、上野）。

马克思看到了斯宾诺莎的大众问题中遗留的问题。他在与斯宾诺莎研究同时进行的学位论文里，用"大众与苏格拉底"的分裂来代表和表象实践世界的承担者（大众）与理性世界的承担者的分裂（内田弘，1999；149—150）。马克思在斯宾诺莎那里也看到了这种分裂。马克思研究斯宾诺莎的内容无疑是民主制问题，但更关键的任务是要进一步论证，民主制的实现者和承担者是否存在以及在何处存在？这个任务是实践性的。对于马克思来说，理论是形式因，实践是质料因。在这里也是一样，问题在于"materialistic，即生成母胎是谁以及如何实现课题"。

马克思的任务是要在根本上（materialistisch）深化问题，例如仅在政治领域是否能够把握民主制的问题、在依托政治的经济领域里民主制问题能否得到进一步的规定等。而问题的设定就是论证货币生成的问题。

马克思在《资本论》"转化论"的结尾写着"自由、平等、所有权和边沁"。这是为什么？法国第一次市民革命的政治口号（1789年《人

---

① 〔荷〕斯宾诺莎：《神学政治论》，温锡增译，北京：商务印书馆1963年版，第15页。
② 〔荷〕斯宾诺莎：《神学政治论》，温锡增译，北京：商务印书馆1963年版，第17页。
③ 〔荷〕斯宾诺莎：《神学政治论》，温锡增译，北京：商务印书馆1963年版，第11页。
④ 〔荷〕斯宾诺莎：《神学政治论》，温锡增译，北京：商务印书馆1963年版，第17页。

权宣言》）是"自由、平等、所有权"。第二次市民革命（1848年）的政治纲领改成了"自由、平等、博爱"，又添写了法国社会以"所有权和劳动为基础"这一条内容。那么，对应这次修改，在经济世界里，以"所有权（资产阶级）和劳动（无产阶级）"为基础关系的"自由平等"的经济体系能否实现"边沁"即"最多数人的最大幸福"？这是马克思在后面的《资本论》里打算讨论的问题。第二次市民革命修正了第一次市民革命的"财产所有者中心主义"并让"无产者"成为市民社会的成员。那么，问题得到解决了吗？

斯宾诺莎已经完成了对政治哲学的民主制成立的论证。这种政治学的论证能否构建货币生成这一经济学批判问题上的理论基础？马克思不是从霍布斯和洛克，而首先从斯宾诺莎和黑格尔那里学习论证。他吸收了这些论证并相应地在经济的世界里开始了"货币发生史"的论证。

斯宾诺莎在《神学政治论》里对民主制的论证大体是这样的。如果每个人都行使允许人为所欲为的自然权利，最终生活会陷入仇恨、愤怒和不安当中。所以每个人都应尽力避免上述状况的发生。斯宾诺莎将其称为"理性的命令"。遵循《理性的命令》，人类就会这样行动。马克思在笔记里也摘录了这一段内容。

> 人类为了安稳和舒适的生活，必然地要结合为一个整体（necessario in unum），进而他们每个人都要把自然赋予的权利共同所有（collectives habeo），这种权利不应再为个人的能力和欲望所规定，而要取决于众人的合力和意志。①

也就是说，要把众人的力量（自然权）合而为一。平田清明（平田，1969：213—214；平田，1971：287—288）最早意识到了这一点，他的论证令我联想到马克思的交换过程论里关于约翰《启示录》的引

---

① 〔荷〕斯宾诺莎：《神学政治论》（下卷），畠中尚志译，岩波书店1944年版，第168页。中译本参见〔荷〕斯宾诺莎：《神学政治论》，温锡增译，北京：商务印书馆1963年版，第214页。由于日译文和中译文差别较大且与前后文联系紧密，在此根据日译文表述译出。

文,"他们同心同意……凡没有这种印记即没有这个兽名或兽名的数字者,都不能买卖。"① 马克思还从《神学政治论》里摘录了以下内容。

> 若是每个个人把他的权利全部交付给国家,国家就有统御一切事物的天然之权;就是说,国家就有唯一绝对统治之权,每个人必须服从,否则就要受到最严厉的处罚。这样的一个政体就是一个民主政体。民主政体的界说可以说是一个社会②,这一社会是共有(collegiartur)一切事务之最高权力的人类的综合性结合(coetus universes hominum)。③

斯宾诺莎把这种制度称为民主制。他还把下文的【】部分也摘录出来。

> 【我相信,在所有政体之中,民主政体是最自然、与个人自由最相合的政体】。在民主政治中,没人把他的天赋之权绝对地转付于人,以致对于事务他再不能表示意见。他只是把天赋之权交付给一个社会的大多数。他是那个社会的一分子。④

对于斯宾诺莎来说,民主制就是共有每个人的力量——自然权利并集结为"一体"之力即"人类的综合性结合"的东西。这里蕴含着多数人和少数人的关系问题。斯宾诺莎提倡内在的自由、言论的自由,还说少数人在思维和判断的理论生活(theoria)中没必要效仿多数人。多数

---

① 《资本论》第1卷,北京:人民出版社2004年版,第106页。
② 〔荷〕斯宾诺莎:《神学政治论》,温锡增译,北京:商务印书馆1963年版,第216页。
③ 〔荷〕斯宾诺莎:《神学政治论》(下卷),畠中尚志译,岩波书店1944年版,第173页。中译本参见〔荷〕斯宾诺莎:《神学政治论》,温锡增译,北京:商务印书馆1963年版,第216—217页。由于日译文和中译文差别较大且与前后文联系紧密,在此根据日译文表述译出。
④ 〔荷〕斯宾诺莎:《神学政治论》,温锡增译,北京:商务印书馆1963年版,第219页。

人和少数人分裂了。但他又说在实践生活里不得不按照多数人的方式。多数人支配着实践世界的整体。在实践世界,事务要按照全体人员的"共同决定(communis desretum)"进行。斯宾诺莎还说,"我们只能说平民的权是指每人所有的保存其生存的自由。"① 这样,全体一致的共同决定的设想变成了现实上的统治力量的把持。

马克思的问题意识是论证第一次市民革命(bourgeois 革命)到第二次市民革命(bourgeois 社会)产生的以劳动者获得参与权为标志的民主制,它和资本主义商品社会的形成是否大体上基于同一原理。论证这个内容的就是货币生成论,特别是价值形式即交换过程论。马克思在《哲学的贫困》里提到了"货币生成的论证问题",在《政治经济学批判大纲》的"货币章"里涉及了价值形式即交换过程论的部分。马克思早在《1844 年经济学哲学手稿》里就继承了黑格尔的市民社会论,还把霍布斯对自然状态的定义即"一切人对一切人的战争"转化为市民社会的定义。《资本论》里也是一样的。

值得注意的是,马克思论证货币发生的方法和斯宾诺莎论证民主制的方法相同。经济上的民主制就是资本主义的货币制度。就是说,把货币从多种多样的商品中生成的过程,理解为类似斯宾诺莎的论证过程,即每个人交付保存自身生存的自然权利凝结为共同的"一体"之力并选拔合适的统治者的过程。此时,斯宾诺莎口中的"每个人"被重新定义为每个商品的所有者。马克思讨论了存在于商品所有者之间的、关于商品的价值表现的第 2 种形式中的对抗关系。所谓第 2 种形式指的是某个商品 W 的价值表现为其他所有商品($W_2W_3W_4\cdots\cdots W_n$)的使用价值形式($W_1=W_2W_3W_4\cdots\cdots W_n$)。每个商品所有者都竞相凸显自己商品的价值表现。现在,如果商品世界有 n 种商品种类,就会产生 n 个第 2 种形式。马克思是这样理解竞争关系的。

---

① 〔荷〕斯宾诺莎:《神学政治论》,温锡增译,北京:商务印书馆 1963 年版,第 219 页。

如果商品 A 属于一种形式规定（相对价值形式），那么（其余的所有）商品 B、C 对立于商品 A 属于另一种形式规定（等价形式）。这些形式只能处于这种对立关系中，任何商品都是如此。（MEGA，ILS：80；《资本论第一卷初版》：77）。

马克思在此分析了"1・对・(n-1)"的对立构图。前文的《〈神学政治论〉摘录笔记》的引文里出现了这种构图，它也是斯宾诺莎论证民主制的基本构图。斯宾诺莎的看法是，因为订立了在实践世界一个人（1）（或者是少数人）服从于多数的"其余的人"（n-1）的契约，全体一致的构想得以现实化了。马克思也强调，只要每个商品所有者是独立的主体，他们就存在于，"1・对・(n-1)"的构图中。那么，这种对立构图最终落脚于何处？斯宾诺莎最终得出结论：把每个人的力量——权利汇集为合力（民主制），选拔出能够表现"一体之力"的领导者；只有这样做，他们才会变为"一体"。马克思也如斯宾诺莎那样，认为"1・对・(n-1)"构图要落脚在汇聚"一体"即一个特定的商品种类——货币商品上。每个商品所有者都是在一定的共同体（Gemeinwesen）内相互依存、共同生活的人。在那里，他们不自觉地创造了货币。

商品持有者在生活过程中具有相互依存的"共同性"。但同时他们也具有首先考虑自身得失的个人的"自主性"。就是说，他们具有共同性和自主性的双重性格。作为个人，只要符合自身的利益就会采取"共同行动"。虽然潜在着对立关系，但只要利害一致就会联合起来。然而，必须率先维护自身的利益时，就会与多数的"其余的人"对立。关于货币生成的核心问题，马克思本人只是回答说："商品本性（自然：Warennatur）的各项规定由商品所有者的自然本能决定"（Marx, 1962：101）。商品所有者不知道为何、何以生成了货币。他们是不自觉地创造货币的。马克思认为他们不晓得商品世界的自然法则，只是本能地追随它而行动。当马克思说"商品本性=自然"、"自然本能"时，商品所有者和斯宾诺莎口中的无知大众是相同的。但是，马克思没有加以进一步的阐释。笔者（内田弘，1996）对此曾尝试过演绎论证。也就是说，每个商品所有者一边把自己与其他一切商品的"共同性"归纳于自身，一边享有一次与其他一切商品所有者独立和对立的机会；同时还和其他的某"一个"独立的商品所有者对立，并拥有与其他一切商品所有者"共同行动"的"n-1"次机会。所谓商品，指的是在私有制制度下，由其他商品所有者评价的、财产和服务作为社会分工之一环的劳动产品中有价值的东西。此时，价值具有了双重含义，第一，对于购买该商品的人来说的使用价值；第二，伴随着社会评价，投入商品生产的劳动成为社会分工整体且必要的总劳动的一部分，在这个意义上即在一般的抽象维度（dimension＝尺度）上具有了价值。我们的任务就是要论证，n 种商品在彼此的双重社会性自我实现（"作为使用价值的实现"和"作为价值的实现"）之前的竞争会导致"一个"商品成为货币、其他多数"其余的东西"成为商品（所有者）（大众）之必然性。在民主制制度下，每个大众都有可能被选为统治者。同理，每个商品都有可能包含自身，成为代表由 n 种商品构成的世界的形式（货币）。但是，这 n 个第 2 种形式都在争夺它们的自我实现。脱离这种复杂的对立关系的方法只有一个，即把具有最能表现一般抽象价值的使用价值的那个"唯一"的商品排除出来。它就是黄金。持有商品的大众们的忘我的竞争关系不自觉地采取了这种方式。对货币商品的排出是自然而然发生的。

另一方面，斯宾诺莎在《伦理学》第 2 部分命题 7 的附释处提到"任意属性的实体是同一的"。所以"思想属性"和"广延属性"属于同一实体（参见松田，416—421）。从马克思的商品论观点来看，斯宾诺莎的思想属性相当于商品的价值，广延属性相当于使用价值。在斯宾诺莎那里，思想属性和广延属性二者"平行"着归于实体，而不会相互干扰。由于斯宾诺莎的民主制理论站在"多数人"自觉选出"一个代表"且代表的意义能够得到直接实现的构想之上，所以没有必要像马克思的价值形式即交换过程论那样在理论和实践的中介关系上进行论证。原因在于，马克思的价值形式论里，某个商品的价值（思想属性）要依靠其他商品的使用价值（广延属性）来表现，二者在"理论关系"上是依赖关系。进一步说，交换过程论这一"实践过程"乃是"价值的实现"和"使用价值的实现"的相互前提或者说是假定的过程。在此意义上，马克思的货币生成论对应了斯宾诺莎的民主制的统合为一的政治权力的生成论。这种政治权力的使命不仅在于国内的统治，还致力于把资本主义商品世界扩展到国内市场乃至世界市场。斯宾诺莎留意到17世纪上半叶开始的日本和荷兰的通商关系，并认为个人为了生存组建国家，国家为了生存而联合。这样，对政治上的民主制和经济上的货币关系的问题阐释，在斯宾诺莎—马克思的系谱中就继承和发展出来了。

参考文献

[1] Althusser, Louis, *Ecrits Philosophiques et Politiques*, Edition STOCK/IMEC, 1994.

[2] アルチュヤール、ルイ（1999）（市田良彦・福井和美訳）『哲学・政治』（Ⅰ・Ⅱ）藤原書店，1999年。

[3] Balet, Leo, *Rembrandt and Spinoza*, Philosophical Library New York, 1962.

[4] バレット、レオ（1978）（奥山秀美訳）『レンブラントとスピノザ』法政大学出版局。

[5] Balibar, Etienne, *Spinoza and Politics*, trs., by Snowdon, Peter, Verso, 1998.

[6] Bell, David (ed.), *Spinoza in Germany from 1670 to the age of Geothe*, University of London, 1984.

[7] Duff, Robert A., *Spinoza's Political and Ethical Philosophy*, Glasgow, 1903.

[8] ドゥルーズ、ジル（1991）（工藤喜作監），『スピノザと表現の問題』法政大学出版局。

[9] フロイデンタール、ヤーコプ（1982）（工藤喜作訳）『スピ

ノザの生涯』哲書房。

［10］『現代思想』（1987）「特集 スピノザ」9月号。

［11］『現代思想』（1996）「総特集 スピノザ」11月臨時増刊。

［12］平田清明（1969）『市民社会と社会主義』岩波書店。

［13］平田清明（1971）『経済学と歴史認識』岩波書店。

［14］ Hobbes, Thomas, ed., by Macpherson, Leviathan, Penguin Books, 1968.

［15］ホッブズ、トーマス（1996）（水田洋訳）『リヴァイアサン』河出書房。

［16］ Hong Han–Ding, S*pinoza und die Deutsche Philosophie*, Scientia Verlag Aalen, 1989.

［17］小岸昭（1992）『スペインを追われたユダヤ人』人文書院。

［18］工藤喜作・桜井直文編（1995）『スピノザと政治的なもの』講談社。

［19］リュカスノコレルス（1996）（渡辺義雄訳・解題）、『スピノザの生涯と精神』学樹書院。

［20］ Marx, Karl, "Exzerpte aus Benedictus de Spinoza Opera", in *MEGA*, IV/1, 1974.

［21］ Machery, Pierre, *Hegel ou Spinoza*, Maspero, 1979.

［22］マシュレ、ピエール（1986）『ヘーゲルかスピノザか』新評論。

［23］ McCarthy, George E., *Marx & the Ancients*, Rowman & Littlefield Publishers Inc., 1990.

［24］ McCarthy, George E., *Dialectics and Decadance*, Rowman & Littlefield Publishers Inc., 1994.

［25］ Marx, Karl, "Das Kapital", Otto–Meisner Verlag Hamburg, in *MEGA*^{2}, II/5, 1983.

［26］マルクス（1976）（岡崎次郎訳）『資本論第1巻初版』国民

文庫。

［27］Marx/Engels Werke（MEW），Bd.29，1963.

［28］Marx/Engels Werke（MEW），Bd.30，1964.

［29］的場昭弘（1980）『トリーアの社会史』未来社。

［30］松田克進（2007）「スピノザ」小林道夫編集『哲学の歴史』第5巻、中央公論新社。

［31］三木清（1932）「スピノザける人間と国家」『三木清全集』第2巻、岩波書店。

［32］水嶋一憲（1999）「スピノザの異例性が開示するもの」『社会思想史研究』北樹出版。

［33］Nader, Steven, *Spinoza: a life*, Cambridge, 1999.

［34］Pereboom, Derek, *The Rationalists: Critical essays on Descartes*, Spinoza and Leibniz, 1999.

［35］桜井直文編（1989）「日本におけるスピノザ文献目録」『アレフ』第2号、アレフの会。

［36］柴田寿子（2000）『スピノザの政治思想』未来社。

［37］清水禮子（1978）『破門の哲学』みすず書房。

［38］Spinoza Opera, im Auftrag der Heiderberger Akademie der Wissenschaften herausgegebenvon Carl Gebhardt（I, II, III, IV），1925.

［39］Spinoza, Baruch de（1976）hrg. von Gawlick, Theologisch-Politischer Traktat, Felix Meiner Verlag Hamburg.

［40］スピノザ（1944）（畠中尚志訳）『神学・政治論』（上・下）岩波文庫。

［41］スピノザ（1958）（畠中尚志訳）『往復書簡集』岩波文庫。

［42］篁實（1932）『スピノザ』弘文堂書房。

［43］德永恂（1997）『ヴェニスのゲットーにて』みすず書房。

［44］植村邦彦（1993）『同化と解放：19世纪《ユダヤ人問題》論争』平凡社。

［45］上村忠男（1998）「アントニオ・ネゲリのスピノザについて」『現代思想』3月号。

［46］上野修（1998）「アントニオ・ネゲリのスピノザ論」『現代思想』3月号。

［47］上野修（1998）「アルチユセールとスピノザ」『現代思想』12月号。

［48］上野修（1999）『精神の眼は論証そのもの』学樹書院。

［49］内田弘（1996）「再生産関係態としての価値形態」『専修経済学論集』第31巻第1号。

［50］内田弘（1999）「マルクス・エピクロス・ヘーゲル」『専修経済学論集』第33巻第1号。

［51］内田義彦（1971）『社会認識の歩み』岩波新書。

［52］Yovel, Yirmiyahu, *Spinoza and Other Heretics*, Princeton University Press, 1989.

［53］ヨベル、イルミヤフ（1998）（小岸昭・E. ヨリッヤン・細見和之訳）『スピノザ異端の系譜』人文書院。

［54］鷲田小彌太（1987）『スピノザの方へ』三一書房。

［55］鷲田小彌太（1980）『哲学史の可能性』新泉社。

［56］渡辺義晴（1950）『資本主義黎明期の哲学』刀江書院。

（作者内田弘系日本专修大学教授；吉林大学由阳译）

五

发展理论

绿色发展的文化路径*

王建明

绿色发展作为一种全新的发展理念和发展方式，迫切需要一场深刻的文化变革。当今生态危机，本质上是一种人类文明发展进程中的文化危机，是人类长期以来形成的基于"人定胜天"的发展信念、以主宰和征服自然为特征的狭隘人类中心主义文化所产生的必然后果。正如恩格斯所说："人类不要过分陶醉于对自然的胜利，对于每一次这样的胜利，自然界都报复了我们"。[①] 因此，走出发展中面临的生态危机，从根源上看，人类的绿色发展无疑应当以文化的绿色变革为要，彻底摒弃主客对立、征服自然的旧文化，走向天人合一、和合自然的绿色新文化。中国的绿色发展，绿色文化的培育是关键。绿色文化是绿色发展的灵魂，只有固本强基，塑造文化的生态品格，方能导向合乎生态文明时代需要的绿色发展。在中国的绿色发展中，必须重构绿色发展的文化路径，充分发挥绿色文化在发展模式绿色转型中的引领功能，自觉追求并践行好环境友好型的绿色发展方式。

---

* 国家社会科学基金项目"面向当代中国本土生态文明实践的企业生态责任建设研究"（08BZX025）；江苏省社科基金项目"生态文明建设的'苏州经验'研究（13ZHB003）"。

① 《马克思恩格斯选集》第3卷，北京：人民出版社1972年版，第517页。

一、绿色文化的内涵、特征及其本质

(一) 绿色文化的内涵

1. 文化的内涵

"文化"是一个与"自然"(天然)状态相对应的概念。在西方,"文化"一词最初源于拉丁文"cultura",意指"耕作"、"培育"、"驯化"。现代欧洲的文化内涵都是从中发展而来的。在《牛津高阶英汉双解词典》中,把文化理解为种植、养殖、培育;风俗、信仰等生活方式;拥有特定信仰的国家或群体;艺术、音乐、文学的统称;看法与态度等多种内涵。① 其中,既保留了原初的物质生产方式的内涵,也拓展到了生活方式、文化实体、艺术、价值观等精神层面。在19世纪的英国文化人类学家泰勒看来,文化是由习俗和情感、态度等自发形态的社会心理与自觉形态的社会意识形式构成的复杂整体。他认为,文化"包括知识、信仰、艺术、道德、法律、习俗和任何人作为一名社会成员而获得的能力和习惯在内的复杂整体"②。美国当代政治学家亨廷顿认为,"文明和文化都涉及一个民族全面的生活方式,文明是放大了的文化。他们都包括'价值、规则、体制和在一个既定社会中历代人赋予了头等重要性的思维模式'"③。生活方式、价值观、制度、思维模式成为其所理解的文化与文明共同的核心内涵。西方环境伦理学的先驱者、敬畏生命伦理学的倡导者法国阿尔贝特·施韦泽认为,"最为一般地说,文化

---

① 《牛津高阶英汉双解词典》,商务印书馆、牛津大学出版社2004年版,第412—413页。
② 泰勒·S.E.B.:《文化之定义》,见庄锡昌等主编:《多维视野中的文化理论》,杭州:浙江人民出版社1987年版,第99—100页。
③ 塞缪尔·亨廷顿:《文明的冲突与世界的秩序的重建》,周琪等译,北京:新华出版社1998年版,第24页。

是进步，是个人和集体在物质和精神上的进步"。① 在他看来，文化就其本质而言具有双重进步的内涵，即人类通过理性实施对自然的控制和对人类信念的控制所取得的进步。前者即物质上的进步，后者是精神上的成就。施韦泽认为，精神上的进步是文化中最为本质的东西。施韦泽在此所理解的文化，其实是在文明的意义上加以使用的。

在我国，古代先辈对文化的最初理解有"文治教化"之意。《周易》中有"观乎'天文'，以察时变；观乎'人文'，以化成天下"②。这里的"文化"所涵指的"教化"，与西方对文化的原初理解的"耕作"、"培育"、"驯化"有相通之处，两者均突出了对外部自然实施人为改造之意。现代人们对文化的理解有广义与狭义之分。"广义来说，指人类社会历史实践过程中所创造的物质财富和精神财富的总和。从狭义来说，指社会的意识形态，以及与之相适应的制度和组织机构。"③

在马克思和恩格斯的著作中，虽然没有专门给文化直接下定义，但在多处使用了文化一词。马克思认为，"在文化初期，第一类自然富源具有决定性的意义，在较高的发展阶段，第二类自然富源具有决定性的意义"④。恩格斯在《反杜林论》中指出，"最初的、从动物界分离出来的人，在一切本质方面是和动物本身一样是不自由的；但是文化上的每一个进步，都是迈向自由的一步。"⑤ 在此，马克思和恩格斯对文化的理解，无疑是在广义的意义上使用的，它包含了人类改造自然的一切物质与精神成果，是与自然相对的人的本质性力量发展的体现。人类文化的发展就是一个不断地认识和利用自然规律，逐渐摆脱被自然束缚和奴役的自在状态，走向顺应并利用自然规律，创造出不同于自在自然与自身动物本能的自由发展的自觉状态。

---

① 阿尔贝特·施韦泽：《文化哲学》，上海：上海世纪出版集团2008年版，第61页。
② 李学勤主编：《周易正义》卷三，北京：北京大学出版社1999年版，第105页。
③ 《辞海》，上海：上海辞书出版社1979版，第3510页。
④ 《马克思恩格斯全集》第44卷，北京：人民出版社2001年版，第586页。
⑤ 《马克思恩格斯选集》第3卷，北京：人民出版社1995年版，第456页。

可见，文化原初的"耕作"、"培育"、"驯化"内涵随着社会历史的大发展而不断丰富化。尽管对文化内涵的表述因人而异，但是人们对文化的共识性理解是确定的。简而言之，广义上的文化，是指人类在认识和实践活动中所取得的一切成果的结晶，它由物质文化、制度文化、行为文化和精神文化四层次结构因素构成。狭义上的文化主要是指与政治、经济相对应的精神文化或观念文化，既表现为自发形态的习俗、社会心理，也表现为自觉形态的科学、哲学和艺术等社会意识形式。文化作为人类特有的生存与发展方式，其本质是超越动物性生存，为谋求人的自由而全面发展所进行的"自然的人化"和"人的自然化"。

2. 绿色文化的内涵

绿色文化，也称生态文化，它是人类文化发展到生态文明时代的新型文化。从广义上说，绿色文化是绿化或生态化的人类生存方式，是人类秉持尊重、顺应和保护自然、敬畏生命、以自然为友、和合共生、可持续发展等绿色理念，在人类认识和实践活动中所取得的环境友好型的一切物质进步与积极的精神成就。具体而言，广义的绿色文化可以从以下几方面加以理解：

其一，物质形态的绿色文化。它也称绿色物质文化，主要涵指一切有益于人与自然和合共生、可持续发展的所有物化形式的人类文化。主要包括直接满足维持人类个体生命再生产和社会再生产需要的低耗、低碳、低污染或无公害、无污染的绿色物品。包括绿色科技含量高的绿色生产设备与工具，环境友好型的绿色产品、绿色建筑、生态景观、绿色交通等。绿色物质文化是创造与发展绿色文化的基础。

其二，制度形态的绿色文化。它也称绿色制度文化，是指人类为保护自然、促进人与自然关系协同进化与可持续发展，制定和实施的调整各种交往实践行为的一切法律、规章制度的总和。主要包括绿色政治制度、绿色经济制度、环境法律制度、绿色教育制度、绿色社会制度、绿色管理制度，等等。绿色制度文化是规范人们绿化发展方式的保障。

其三，行为形态的绿色文化。它也称绿色行为文化，是指人们在交往实践活动中所表现出来的尊重、关爱和保护自然的文化行为。主要包括见之于交往实践中良好的生态行为习惯、敬畏自然的民风民俗、保护环境的社会风尚等。绿色行为文化是绿色观念文化的反映,也是长期以来绿色制度文化规范的结果。

其四,观念形态的绿色文化。它也称绿色观念文化或绿色精神文化,是指个人、群体和社会对人与自然关系开展的所有积极的精神活动及其成就的总称。它是以生态价值观为核心的生态思想观念或理论体系,主要包括涉及尊重、顺应和保护生态环境的社会心理等自发形态的绿色文化,也包括生态哲学、生态伦理学、生态宗教、生态道德、生态艺术、生态文明观等自觉追求人与自然和合共生、可持续健康发展的自觉形态的绿色文化。

狭义的绿色文化,也就是观念形态的绿色文化,它与绿色政治、绿色经济、绿色社会、绿色环境相对。它所包涵的生态世界观、生态价值观、生态伦理观、生态宗教观、生态艺术观、生态文明观等,共同构成了绿色文化的核心。狭义绿色文化是整个广义绿色文化的内核与灵魂,对人类的绿色政治、绿色经济、绿色社会、绿色环境的形成与发展,以及生态文明目标的实现,无疑起着决定性作用。

(二) 绿色文化的特征

"绿色"是象征生命、活力、希望的有机色彩,绿色文化作为支撑绿色发展的人类新文化形态,除了一般的文化特征以外,还彰显着与以往完全不同的新文化特征。

1. 倡导有机论世界观与自然观。以往的现代文化中,机械论世界观和自然观长期处于统治地位。机械论是一种单纯用古典力学观察世界、分析一切自然现象的世界观和自然观。它以孤立、静止和片面的观点解释和对待自然,认为自然界中的一切事物都完全服从于机械因果律。人们习惯于把自然看成是一架机器,可以任意拆分与组装,把大自然这一复杂的有机整体分解为简单的各个细小部分。机械论的世界观和自然观，借助于主客二分的思维方式，把自然置于与人直接对立的地位，从而为人们不断开发、掠夺和榨取自然，提供了理论基础。今天人类面临的生态危机，与现代文化中的机械论思维无疑有着直接的相关性。

绿色文化倡导的有机论，是以生态科学为基础的，它把整个世界理解为由一个个大小不同的复杂系统组成的有机整体，这个有机整体的各部分存在着千丝万缕的联系和相互作用，其功能远远大于各部分之和。大自然就是这样的有机整体，地球就是一个有机的生态共同体。美国生态哲学家麦茜特指出，"生态共同体的每一个部分、每一小环境都与周围生态系统处于动态联系之中……作为一个自然哲学，生态学扎根于有机论——认为宇宙是有机的整体，它的生长发展在于其内部的力量，它是结构与功能的统一整体"。[①] 可见，绿色文化倡导的有机整体论，克服了现代文化中的机械论和主客二分的思维缺陷，为人们确立辩证的生态世界观和生态自然观奠定了基础，为人们重新认识自然并正确处理自然关系提供了新思维。

2. 主张善待自然和敬畏生命的伙伴态度。长期以来，尤其是工业革命以后，现代人类文化所信奉的是"科技理性"与"人定胜天"的信念，秉持的是主宰自然、征服自然的态度。其结果造成了资源短缺、环境污染、生物多样性破坏、生态失衡……环境问题和生态危机蔓延全球。作为变革现代文化的绿色文化，彰显的是人对待自然的全新理念、态度和行为。绿色文化主张的是人类以自然为友，把自然当作共生共荣的伙伴；倡导人们对自然予以尊重，把自然纳入道德关怀的范围予以关心与爱护。珍爱万物，敬畏生命；顺应自然，利用规律；人与自然和合共生，永续发展等等，这一切均是绿色文化的永恒主题。

3. 坚持以人为本的环境价值观。以往人类文化的发展史，就是一部不断向自然界索取，以牺牲环境换发展的历史。尤其是工业革命以来，

[①] 卡洛琳·麦茜特：《自然之死》，吴国盛等译，长春：吉林人民出版社1999年版，第110页。

人类欲望不断膨胀,借助发达的生产力,超大规模和超速开发自然。地球的生态环境由此前所未有地趋于崩溃的边缘。绿色文化所彰显的,就是要遏制住索取自然和破坏生态环境的加剧蔓延态势,保护、修复和改善好人类赖以生存与发展的自然基础。当然,绿色文化主张的环保,既不是回归原始,停止一切发展,也不是离开人的利益,为了自然而保护环境,而是坚持保护环境须以人为本。绿色文化倡导的以人为本的环境价值观,强调的是以什么样的人和以人的什么样的利益为本。绿色文化不是主张以往的以狭隘的个人利益为本的极端人类中心主义,而是强调以最广大人民群众的共同利益为本,以人类利益共同体的整体利益为本,以千秋万代人的可持续发展利益为本。绿色文化不是仅仅主张以单一的物质利益为本,而是着重于以人的自由而全面发展的利益为本。正如习近平总书记所言,"良好生态环境是最公平的公共产品,是最普惠的民生福祉。"[①] 保护生态环境,就是保护最广大人民的最根本的利益,是一项利在当代、功在千秋的伟大事业,也是一场益于人类、惠及自然的绿色革命。

4. 奉行低碳循环和简约健康的生存方式。现代文化熏陶下的人类,习惯于把自然看作是取之不尽、用之不竭的资源库,同时又将自然视为可以无限排放的废气管、污水池与垃圾场。物质主义、消费主义、享乐主义盛行,自然有限的资源正被人类无限的贪欲所吞噬。绿色文化就是要引导人类自觉摒弃以往不可持续的生产与生活方式,倡导绿色低碳、循环再生、节约高效的绿色生产方式,力行轻物质、重精神,戒奢侈、求简约的绿色生活方式,建设环境友好型与资源节约型的生态文明社会。

5. 崇尚天人和合与可持续共荣的绿色发展。长期以来,现代文化强调的是征服自然。人类一味地与自然玩零和博弈游戏,不讲双方的共生

---

① 中共中央宣传部:《习近平总书记系列重要讲话读本》,北京:学习出版社、人民出版社2014年版,第123页。

共赢；只知道从自然中索取，不知道要回报自然；只注重追求人的眼前利益满足，而忽视了长远的利益需要。人与自然间不断地上演着征服与报复的悲剧。地球生态共同体发出的生态危机警报，提醒人们不可继续陶醉于对自然的所谓胜利之中。因此，绿色文化呼唤人类的生态觉醒，致力于促进人与自然和合共生，和谐发展。绿色文化主张停止不顾及自然生态承载力的掠夺与征服，走出"GDP主义"的迷幻，走向人与自然共存共荣、协调可持续的绿色发展。

总而言之，绿色文化以其上述鲜明的特征表明，绿色文化是不同于传统和现代文化的新型文化，它彰显出人类将回归理性、回归绿色、回归和谐、回归可持续发展的生态文明之道。绿色文化是生态文明的风向标，标志着人类即将告别征服自然的历史，转向人与自然和谐发展的新阶段。绿色文化让人们看到了诗意地栖居于地球的新希望。

（三）绿色文化的本质

文化是人类在自然界特有的生存与发展方式。生态环境问题，表面上是人与自然关系的冲突，本质上却是人自身的生存发展方式赖以支撑的文化出了问题。正是人类统治自然的旧文化，导致了一系列诸如资源危机、能源短缺、气候异常、物种锐减、地球失衡等生态环境问题。人类赖以生存的自然正在发生的生态危机，究其实质，最终是人的文化危机，是人类长期不断加剧的反自然文化所酿成的自反性恶果。其结论是："如果我们想自救的话，只有进行文化性质的革命，即提高对站在地球上特殊地位产生的内在的挑战和责任以及对策略和手段的理解，进行符合时代要求的那种文化革命。"①

绿色文化就其本质而言，便是人类为了破解所面临的生态危机而发起的自救行动，这是一场符合生态文明时代要求的、从物质到精神、制度到行为等一切领域的全面而又深刻的文化变革。透过当今绿色文

---

① 参见余谋昌：《生态文化论》，石家庄：河北教育出版社2001年版，第336页。

化的诸多表现形态，如绿色政治、绿色经济、绿色生产、绿色生活、绿色技术、绿色产品、生态哲学、生态科学、绿色宗教、绿色艺术等，我们不难发现，绿色文化正在引发人类世界观的生态转向，正在促进人类生态价值观的形成，正在引导人类把自然纳入道德的怀抱，正在驱动人类重新评估人在自然界中的地位，自觉调整生存方式与发展方向，走低碳、循环、绿色发展之路，实现人与自然均能永续发展的生态文明理想社会。

绿色文化的崛起，把人类带上了历史新的转折点上。人类将深刻反思现代文化造成的生态困境，告别人类统治自然的历史，重构人与自然新型伙伴关系，使人与自然走向更高水平的和谐发展的生态文明新时代。

绿色文化本质上是为摆脱自然束缚，顺应并利用自然规律，创造人类价值，追求自由而全面发展，走向人与自然和合共生，同享可持续发展的新文化。绿色文化不是原始的绿色文化的简单回归，而是人类文化生态觉醒后的辩证的绿色复归，是人类汲取了深刻教训后作出的理性选择。绿色文化引导人们尊重自然、善待自然，是人类远离自然后对自然的伙伴式的回归，是人类既往绿色文化的升华与质的飞跃。绿色，既是古老文化的起源，又是现代文化的归宿。在走向生态文明的新时代，绿色文化将与人类一路同行，成为人类永不枯竭的绿色发展之源。

二、绿色文化是绿色发展的灵魂

发展，从哲学层面来说是一种向上的、前进的运动。现代发展理论认为，发展是政治、经济、社会三者相互联系的渐进变革过程。人类是文化动物，文化是人类积极适应自然而自觉选择的生存方式。就广义文化来说，发展是人类积极向上的生存方式，其目的是为了更好地可持续生存，其本质上呈现的是人类社会从物质到精神，从观念到制度，从生产到生活的全面进步的文化状态。从狭义来说，文化是发展的内核，人们的习俗、社会心理以及社会意识形式，都对人类的政治、经济、社会和生态环境的发展产生极其重要的影响。

以习近平总书记为核心的党中央提出的"绿色发展"，内涵丰富，意义深远。绿色发展，是人类经济、社会和生态环境的协调发展，是眼前与长远、当代与后代的平衡发展，是人与自然关系的和合共生，协同发展，是习近平总书记强调的利在当代，功在千秋的人与自然的永续发展，是对破解当代生态危机的中国式解答。绿色发展贯穿政治、经济、文化、社会、生态五大建设的一切领域和全过程，包括经济的绿色发展、政治的绿色发展、文化的绿色发展、社会的绿色发展和环境的绿色发展。其中，文化的绿色发展，也就是精神形态的绿色文化，主要包括生态学、生态哲学、生态伦理、生态宗教、生态文学艺术等等。绿色理念是绿色发展行动的先导，作为一种精神形态的绿色文化，是绿色发展的灵魂，它自始至终地渗透贯穿并深刻影响着绿色发展的方方面面，决定着绿色发展的思路与方向。

（一）生态学为绿色发展提供重要的科学基础

现代生态学是研究生命系统与环境系统之间相互关系的科学，是自然科学与社会科学的桥梁。美国生态学者麦茜特认为，"生态学的前提是自然界所有的东西联系在一起的。它强调自然界相互作用过程是第一位的。所有的部分都与其他部分及整体相互依赖相互作用。生态共同体的每一部分、每一小环境都与周围生态系统处于动态联系之中……都影响和受影响于整个由有生命的和非生命环境组成的网。"[①] 生态学这种典型的有机整体主义思想，无疑为我们构建生态世界观、绿色发展观、生态文明观等绿色文化，实现生产方式和生活方式的绿色转型，修复人与自然的和谐关系，提供了坚实的科学基础。生态学所提出的生态系统理论及其揭示的有关人、社会与自然相互作用的生态规律，为人们更加全

---

① 卡洛琳·麦茜特：《自然之死》，长春：吉林人民出版社1999年版，第110页。

面正确地把握人与自然的关系奠定了理论基础;为人们摒弃征服自然的世界观、机械论的自然观、原子论的思维方式、极端人类中心主义的价值观等提供了科学依据;为人类社会确立绿色文化、推进绿色发展、建设生态文明提供了新理论、新方法和新路径。

(二) 生态哲学是指导绿色发展的世界观和方法论

长期以来,现代哲学凸显人的主体性解放,以主客二分的观点,过度强调了人与自然的区别,割裂了两者的联系,形成了人统治自然的根本性看法。生态哲学则以人与自然的关系为基本问题,以重建人与自然关系的和谐为目标,反思生态危机,批判机械论的自然观、还原论的思维方式和狭隘的人类中心主义价值观,把人与自然视为一个复杂的有机生态共同体,用生态系统理论加以观察分析、解释和研究人与自然的相互联系、相互影响,用有机整体论的生态世界观、以人为本的环境价值观,指导人们改造和利用自然的各种实践活动。

生态哲学是绿色发展的理论依据。生态哲学为绿色发展提供了新的世界观。生态世界观反对主客二分,强调世界是一个"人—社会—自然"复合的生态系统,它具有有机整体性、系统关联性、动态平衡性及其复杂性等特征,认为地球就是一个有无数生命系统组成的复杂生命之网。习近平总书记一再强调的"山水林田湖"系统观,即"山水林田湖是一个生命共同体,人的命脉在田,田的命脉在水,水的命脉在山,山的命脉在土,土的命脉在树。"[1] 就是对生态哲学强调的生态世界观的生动演绎。我们正是必须用这样的生态世界观指导当今发展观和发展模式的绿色转型。

不仅如此,生态哲学强调的以人为本的环境价值观,为我国绿色发展提供了新的价值尺度。在处理人与自然关系上,以往人们基本上奉行

---

[1] 参见《关于〈中共中央关于全面深化改革若干重大问题的决定〉的说明》(2013年11月9日),公开发表于2013年11月16日《人民日报》。

的是狭隘的人类中心主义价值观,其结果是以牺牲环境换增长,导致生态危机日益严峻化。生态哲学认为,人类的发展应当以最大多数人的根本利益为价值尺度,人类和生态共同体的整体利益,应当成为人类实践活动的出发点和归宿点。人们只有走出狭隘的个人中心主义、集团中心主义或地方利己主义、虚幻的人类中心主义,才能避免竭泽而渔式的增长方式,绿色发展理念和生态文明理念才能真正确立起来,绿色、低碳、循环的绿色的生产方式与生活方式也才能得以实现。

(三) 生态伦理学为绿色发展提供了行为规范体系

生态伦理学,也称环境伦理学,是关于人与自然关系的道德体系学说。它突破了传统的伦理观,把伦理道德由人类社会拓展到了非人类的自然界,人与自然万物均应当是人类关怀的道德对象。它倡导人们必须抛弃旧有的那种主宰自然、践踏自然和掠夺自然的观念、态度和行为,应当确立起尊重自然、善待生态、敬畏生命、关爱万物的伦理态度。它主张人类与自然的交往实践活动,应当遵循环境道德的"双标尺度",即既要利于人类利益共同体,也要益于地球生态共同体。它强调人类应把尊重、爱惜人类赖以生存的地球环境,把维护整个生态共同体的完整、稳定和美丽,作为调节人与自然关系时必须遵循的基本伦理规范与准则。

在当代倡导一种绿色发展的新理念,是主张尊重自然、善待自然的生态伦理学的必然要求。绿色发展作为指导我国科学发展的新理念和新发展方式,如果没有以生态伦理观和生态道德为内核的绿色文化支撑,无疑是很难得到切实有效的贯彻与实现的。我们要真正遏制住并转变不利于可持续发展的生态环境失衡局面,就必须从深层的伦理意识和道德规范的转变入手,远离一切蔑视自然、为一己私利不惜损害生态环境的自私观念和不道德行为,全面确立起尊重、关爱与保护自然环境的生态道德意识,并将之内化为人们的生态良知,自觉规范一切改造自然的环境行为,在推进绿色生产方式、绿色生活方式,以及建设生态文明进程中，自觉践行绿色发展理念。只有在道德上形成了真正的绿色自觉，我们的绿色发展和生态文明实践才会有良序。

（四）生态宗教是绿色发展的重要影响力

生态危机是一种文化危机。传统宗教作为一种深深影响人类发展的特有文化因子，在生态危机中同样负有不可推卸的责任。在美国著名的历史学家怀特看来，"西方形式的基督教是世界上所见到的最人类中心主义的宗教"。[①]著名的英国历史学家汤因比在《目前环境危机的宗教背景》一文中指出，基督教用上帝"一神论"代替敬畏自然的泛神论，使自然丧失了以往的神圣不可侵犯性，助长了人对自然的统治与掠夺的态度与行为。在经历了环境危机与宗教关系的反思后，西方宗教迎来了一场新的宗教改革，生态宗教运动在全球纷纷兴起。"敬畏生命"的佛学和"道法自然"的道学，成为这场绿色宗教改革运动中被敬仰的东方生态智慧。尊重与敬畏、关怀与看护、顺应和管理自然，成为当代生态宗教的生态共识。

在推进绿色发展中，我们同样不可忽视生态宗教的影响力。生态宗教作为一种绿色文化力量，对其信徒的信仰活动和实践活动的绿色转型，发挥着极其重要的影响作用。它们倡导的"人类是自然的看护者和管理者"、"敬畏生命"、"道法自然"、"天人合一"等自然观、生命观和道德观，有助于形成良好的生态习俗和社会心理，有助于破除传统的机械自然观、走出狭隘的统治自然的人类中心主义，有助于促进人们对生态共同体多一份尊重，对生命共同体多一份关爱，对地球生物多样性多一份保护，形成走资源节约型和环境友好型发展道路的良好文化氛围，为助推绿色发展倡导的绿色政治、绿色经济和绿色社会建设提供有益的精神文化资源。

---

① 引自余谋昌：《生态哲学》，西安：陕西人民出版社2000年版，第168页。

（五）生态文学艺术为绿色发展提供审美情感和绿色态度支持

生态文学艺术是用语言、文字和形象表达人们对社会交往和自然交往生活的理解，是依托绿色美学表达人生的自然情感体验、以及对自然生态环境美的向往和生态价值追求的绿色意识形态。人们习惯把以环保为主题的文学艺术统称为生态文学艺术。

生态文学艺术的兴起，是对传统审美标准的深刻变革，是把审美和关怀的主题由人际社会关系拓展到人与自然关系的领域，它充分发挥其劝善抑恶、引导教化功能，唤起人们对地球环境的忧患意识，激发人们对地球的关爱之情，引导人们欣赏大自然的生态之美，陶冶人们善待自然的绿色情操，激励人们担当保护自然的生态责任。

绿色发展的理念践行，需要生态文学艺术的理解和支持。能否在全社会确立起绿色发展理念和生态文明观，能否让生态道德与责任意识内化于心，能否让人们在潜移默化中养成尊重、关怀、保护自然的良好习惯，进而积极参与到绿色发展进程之中，生态文学艺术的熏陶无疑是不可或缺的重要因素。

综上所述，绿色文化是绿色发展的灵魂，只有在全社会进一步弘扬绿色文化，让生态世界观、生态价值观、生态道德观、生态伦理观、生态文明观等深入人心，并全面贯穿和渗透于五大建设之中，形成浓厚的绿色文化氛围，才能切实促进我国发展模式、发展道路、生产方式与生活方式的绿色转型。否则，一旦缺失绿色文化之魂，绿色发展局面终将难以形成，美丽中国与生态文明目标也绝无实现可能。

三、绿色文化引领绿色发展的路径

绿色发展观业已成为我国"十三五"以及今后较长时期经济社会发展的重要指导思想。如何将绿色发展理念化为中国特色社会主义五大建设中的自觉行动，真正实现发展方式的全面绿色转型，促进美丽中国和生态文明建设目标的顺利实现，这一切迫切需要我国锻造绿色发展的文化之魂，重构绿色发展的文化路径，以绿色文化引领绿色政治、绿色经济、绿色社会、绿色环境的建设和发展。通过实现世界观、价值观、伦理道德观等精神世界的全方位绿色变革，繁荣绿色文化，全面驱动生产和生活方式的生态化转型，促进人与自然和合共生与可持续发展。

（一）以绿色文化引领发展绿色政治

1. 绿色政治内涵

绿色政治作为上层建筑，对于绿色发展的战略布局、制度保障、社会动员等方面，有着十分重要的促进作用。绿色政治，也称生态政治，其内涵可以从广义和狭义两个层面来理解。从广义方面来讲，绿色政治是关于生态的政治，只要在政治活动中涉及生态环境问题，都可以归到绿色政治范畴中去理解。从狭义方面看，绿色政治是政治的生态化，也就是政治的绿化，或者说是为了解决生态危机问题，一个政党、组织，或是一个国家、民族按生态学的原则来加以推进的政治理论或实践。狭义的绿色政治主要包括三个方面：一是政治观念和政治理论的生态化或绿化，比如写入欧美绿党纲领中的生态马克思主义、生态社会主义，写入中国共产党党章和党的决议中的科学发展观、生态文明、绿色发展观等；二是政治法律制度和政策的绿化，如生态文明制度、环境法律制度、绿色政绩考核制度、生态补偿政策，等等；三是政治实践的绿化，就是按生态学的世界观、生态哲学思维和方法去推动的重大政治实践活动。例如我国的"两型社会"建设与生态文明建设等。

2. 绿色文化对绿色政治发展的引领功能

绿色政治是绿色文化的重要内容之一。绿色文化决定绿色政治，绿色文化是绿色政治的精神资源和价值源泉，绿色政治是绿色文化的政治化表达，对绿色文化建设有加速推进作用。从根本上说，绿色文化对绿色政治能起到引领作用，并通过绿色政治行动促进和保障绿色发展的顺利开展。绿色文化对绿色政治的引领功能，主要表现为三大方面：

（1）以绿色文化引导治国理政理念的生态化转型。我国科学发展观、生态文明、绿色发展等理念的提出，固然与现实紧迫的人口、资源与生态环境压力凸显有关，但从更深层的文化因素看，这与世界绿色文化的兴起有关，更与我们党和政府的绿色文化自觉有着极其密切的关系。

首先，席卷全球的世界绿色文化唤醒了中国政府的环保意识。1968年蕾切尔·卡逊发表的《寂静的春天》，率先拉开了现代环境伦理学研究的序幕。1972年首届人类环境会议通过的《人类环境宣言》，喊出了"只有一个地球，我们要对地球这颗小小的行星表示关怀和维护"的环保理念。1987年世界环境与发展委员会正式提出了"可持续发展"理念，以及1992年全球首脑签订《21世纪议程》，全球各国达成了一系列"可持续发展"的战略共识……一波又一波呼啸而来的绿色文化浪潮，唤醒了中国的环保意识。中国古老的"天人合一"的生态智慧与当代世界的生态哲学、生态伦理学、生态政治学、生态文学艺术等一系列绿色文化相互激荡，催生了中国特色的绿色文化。在这近半个世纪的绿色文化的熏陶中，生态世界观、生态价值观和生态伦理观等绿色文化渐渐进入政治领域，悄悄引发了我国治理理念、法律法规和政策的绿色变革。

其次，我国党和政府的绿色文化自觉，带来了治国理政观念和政治理论的绿色创新。1973年，即联合国首届人类环境会议召开的第二年，国务院召开了首届全国环境保护会议，绿色文化开始浸润我国政治领域。1979年，我国人大颁布了第一部环保法。1982年底，国务院举行第二次全国环保会议，把环境保护列为基本国策，并提出了中国的三大环保政策思想，即"预防为主，防治结合"、"谁污染谁治理"、"强化环境管理"。排污收费制度、环境影响报告制度和"三同时"制度等一系列环境法规制度相继出台，中国特色的环保道路由此开启。在世界可持续发展观的影响下，中国政府于1988年正式成立国家环保局。1992年里约环发大会前后，《北京宣言》与《中国21世纪议程》的发表，表明了中国政府的环境立场与推进可持续发展战略的政治主张。国家环境与资源保护委员会的设立和运行，表明中国环境与资源保护的法律体系建设，以及环境执法监督、环境舆论监督进入正常化的轨道。21世纪以来，党和政府绿色文化的自觉进程日益加快。党的十七大以来，中国共产党确立的"以人为本，全面、协调、可持续"的科学发展观，成为我国各级党和政府的执政主导理念。统筹人与自然关系，建立良好生态，成为党和政府自觉的政治目标。

尤其是十八大以来，以习近平总书记为核心的中国共产党，自觉以绿色文化引领绿色执政。在党的十八大上，中国共产党率先向全世界宣告了绿色施政纲领，把"生态文明"纳入了中国特色社会主义事业总体布局之中。生态文明建设主题多次进入了中共中央政治局集体学习的内容。近三年来，习总书记创新性地提出了一系列具有中国特色的生态政治观："良好生态环境是最公平的公共产品，是最普惠的民生福祉"（2013年4月），"建设生态文明，关系人民福祉，关乎民族未来"（2013年5月），"既要绿水青山，也要金山银山。宁要绿水青山，不要金山银山，而且绿水青山就是金山银山"（2013年9月），"走绿色发展之路，努力实现凤凰涅槃"（2014年3月），"青山就是美丽，蓝天也是幸福"（2014年3月），"保护生态环境就是保护生产力、改善生态环境就是发展生产力"（2014年1月），"像保护眼睛一样保护生态环境，像对待生命一样对待生态环境"（2015年3月），"让良好生态环境成为人民生活质量的增长点"（2015年5月），"贯彻创新、协调、绿色、开放、共享的发展理念"（2016年1月），"要把修复长江生态环境摆在压倒性位置，共抓大保护，不搞大开发。"（2016年1月）……习总书记有关生态文明和绿色发展的系列讲话，本身就是用绿色文化自觉引领治国理政观生态观绿色转型的最好例证。

（2）以绿色制度文化引领绿色发展政治制度的顶层设计。绿色政治制度是着力于生态环境保护的制度设计，它是绿色发展的根本保障。而这种制度的科学化设计，必须奠基于人们的生态世界观、生态价值观、生态伦理观、生态法治观等一系列绿色文化之上。各级党和政府在什么程度和水平上实现绿色文化的自觉,绿色政治制度便在相应的程度和水平上加以设计和执行。

近年来,党和政府学习和弘扬绿色文化的成效日益明显,表现在绿色发展和生态文明建设被加快纳入了一系列的制度安排。如"生态红线制度"、"绿色GDP核算制度"、"党政同责制度"、"领导干部自然资源资产离任审计制度"、"损害生态环境终身追责制度"、"生态环境补偿机制"等,中央政府以明确的制度设计和政策导向引领绿色发展,促进社会正义和生态正义。以新修订的《环境保护法》为核心的绿色法律文化,集中体现了党和国家对加强环境法治、大力推动生态文明建设的坚定意志,力促全社会形成全面完善的长效环境治理机制体系,为调整经济结构和转变发展方式保驾护航。

在未来的绿色发展和生态文明建设中,还需要进一步深化绿色文化认同,坚持马克思主义绿色文化的指导地位,用马克思主义的生态自然观、辩证发展观、以人为本的环境价值观、社会正义与生态正义相统一的伦理观、科学发展观、生态文明观、绿色发展观等,有效指导我国绿色政治制度的设计。进一步完善政府的绿色决策制度、环境治理制度、绿色绩效的考核制度、环境问责制度、环境权益保障制度、生态正义制度等等,促进政府生态责任意识的提高和绿色执政能力的提升。

(3)以绿色文化引领绿色政治实践。绿色政治理念和绿色政治制度,如何化为有效的绿色政治行动,同样需要依托绿色文化凝心聚力,以最广泛的政治动员全面激励社会公民贯彻执行。党和政府领导人民建设美丽中国,走向生态文明建设新时代,取得生态现代化的伟大胜利,必须破除一切陈旧的"人定胜天"、"以环境换发展"等阻碍绿色发展的观念和制度因素,在全社会发起一场绿色思想的解放运动,让人们真正确立起科学发展观、生态文明观和五大发展理念,以对人民负责、对子孙后代负责、对大自然负责的态度,充分发挥中国特色社会主义的制度优势,引导各级党派、社会组织和公民有序参与绿色政治,切实有效地协同推进中国的低碳、循环的绿色发展，共建迈向生态文明的美丽中国。

可见，绿色文化对绿色政治具有积极的引导作用。绿色文化是绿色政治的理论根基，绿色发展观则是绿色政治的重要内容。绿色发展观从绿色政治范畴提出到政治认同，再到层层动员和推进，绿色文化的深层指引作用不可或缺。绿色文化如能先行广泛传播和深入推进，各级党和政府的生态理论与绿色执政素养将得到不断提升，绿色发展将获得各级各类政党组织的支持，生产和生活方式的生态化也将向更深入的方向发展。

（二）以绿色文化引领绿色经济建设

绿色经济是以保护生态环境为自然前提，以珍惜并高效利用自然资源为内容，以经济、社会、生态三效益统一为原则，以低碳、绿色、循环为发展方式，以经济与环境、人与自然协调可持续发展为目标的生态化经济形态。绿色经济是生态文明建设的必然要求，是当代世界可持续发展的主流趋势。要实现绿色经济的转型升级，绿色文化的引领是关键。观念决定行动，思路决定出路，态度决定高度。绿色经济的发展必须首先构建起具有方向引领作用的绿色文化形态。

1. 树立绿色GDP文化。绿色GDP是指一个国家或地区在扣除了自然资源耗减成本与环境成本之后得到的GDP。以往在传统的工具主义价值观主导下，无视自然的生态价值，其经济价值成为经济增长中唯一的追求目标，"以GDP论英雄"的价值观盛行一时，而且在核算GDP时，只算经济账，不算生态账，生态环境沦为GDP增长的牺牲品。绿色经济必须跳出不计生态资源和环境成本的"GDP主义"的老路。习近平曾指出，经济发展"要提高经济增长质量和效益，避免单纯以国内生产总值增长率论英雄"。"GDP快速增长是政绩，生态保护和建设也是政绩。"自然是财富之母，自然的生态价值是一切GDP的基础。只有让"绿水青山就是金山银山"等绿色文化理念深深扎根于人们的脑海中，尊重自然，珍视自然环境的生态价值观念才能蔚然成风，才能避免"以 GDP 论英雄"的粗放型发展模式，最终转向经济发展与资源环境相脱钩的绿色发展之路。

2. 树立生态责任文化。人类对自然讲环境道德，谈生态责任，这是生态伦理文化的核心观念。传统经济发展中，只讲对人的责任，而从不论对自然的生态责任，生态环境恶化也就成为必然。绿色经济之所以是"绿色"的，其本质就在于经济发展中植入了生态责任的文化内核，保护和优化生态环境成为绿色经济追求的重要的价值目标之一。因此，作为绿色经济的发展主体，无论是政府、企业还是个人，无疑都应当以确立生态责任理念为前提，唤醒生态良知与环境担当，始终把对自然的生态责任作为经济活动选择的重要维度。2013 年 5 月 24 日，习近平主持十八届中央政治局第六次集体学习时提到，我们要以对人民群众、对子孙后代高度负责的态度和责任，真正下决心把环境污染治理好、把生态环境建设好，努力走向社会主义生态文明新时代，为人民创造良好生产生活环境。只有这样，经济的绿色转型才有可能，绿色经济才能成为支撑绿色发展和生态文明的主流经济形态。

3. 树立"生态创新"文化。"生态创新"概念是 1988 年由 Carley and Spapens 提出的，它是用知识创新、技术创新、制度政策创新方法来解决绿色经济问题的一种有效理论。"生态创新"虽然没有统一的定义，但有共识性理解，即通过科技和政策创新，实现资源使用最少化，单位经济效益最大化，而环境影响最小化的资源节约型与环境友好型的发展方式。"生态创新"文化就是要将这种创新成为经济发展中自觉的文化追求。

"生态创新"被国际上称之为工业革命以来的第六次技术创新和经济创新，欧美发达国家将之视为发展绿色经济的重要突破口。21 世纪以来，欧美等国家已将"生态创新"纳入绿色发展战略，计划在 2005—2030 年间，将资源生产率提高 4—10 倍。据报道，美国每创造 1 美元的经济产出，其消耗的能源已经比 30 年前减少了 47%。这很大程度上要归功"生态创新"文化的进步。

我国绿色经济的发展，更加迫切需要"生态创新"文化的引领。据清华大学社会科学学院非物质经济研究中心2013年12月1日发布的研究成果表明，中国资源利用率居G20国家倒数第二，仅居于印度之前。[①]据统计，我国矿产资源总回收率和共伴生矿产资源综合利用率平均分别仅为30%和35%左右，比国际先进水平低20%。[②] 因此，加快以绿色科技创新为切入点，积极推进"生态创新"文化的培育，加大对节能降耗、废物处理、能源替代、资源生产率提升等绿色新技术的研发利用、投资、资金补助和贷款支持力度，积极借鉴国外先进技术，不断提高绿色技术的自主研发与创新能力，不断提升资源和环境的生产率。只有依靠"生态创新"，才能真正提高我国有限资源的利用率和生态环境的承载力，才能真正实现习近平提出的"让良好生态环境成为人民生活质量的增长点"，使百姓富与环境美有机统一，才能真正实现人与自然的和谐共进。

（三）以绿色文化引领绿色社会的构建

绿色社会，也称生态社会，有广义与狭义之分。广义上的绿色社会，是指将生态文明理念深刻融入和贯穿于政治、经济、文化、社会和生态建设的一切方面和全过程，从而形成的人与人、人与自然双和谐的生态文明社会。狭义的绿色社会，是在与绿色政治、绿色经济、绿色文化相并列的层面上说的，意指社会生活系统的生态化转型。绿色社会建设包括健全的生态价值观整合、生态权益保障、生态正义维护、绿色社会组织培育、绿色社区建设、绿色生活方式和绿色消费方式引导，等等。绿色文化是绿色社会建设的灵魂，具有指引方向、凝聚力量、提供精神支持作用。

1. 绿色文化引领培育绿色社会价值观。历史上，社会长期流行的是

---

① 张一鸣：《中国资源利用率居G20国家倒数第二》，中国经济新闻网，2013年12月2日。

② 毕玉才、刘勇：《废弃矿山的出路在哪里》，载《光明日报》，2016年3月30日。

唯利是图、物质主义、工具主义等狭隘的价值观。正是在这样的价值观影响下，从个人到群体，从城市到乡村，物质利益满足最大化成为人们的主导需要，社会物质的丰裕却导致了自然走向贫乏。绿色社会建设作为"一场真正的转变运动，即旨在化破坏性社会为生态可持续型社会"①，必须首先培育和确立新的价值观。正如布朗所言，"没有个人着重点和价值观的转变，便不会出现向永续社会的演进。"② 绿色价值观的引导和培育，显然是绿色文化的历史使命。只有在全社会彻底反思和批判个人主义、工具主义价值观，广泛学习宣传、深刻把握领会有机整体主义价值观、以人为本的环境价值观等等，才能构建起绿色社会的新型价值观。

2. 绿色文化引领社会维护生态正义。绿色社会建设最根本目的在于保障和改善生态民生，维护和促进生态公平正义。正如2013年4月，习近平在海南考察时指出，"良好生态环境是最公平的公共产品，是最普惠的民生福祉。"因此，绿色社会建设需要在文化上引导人们重新认识生态环境，从共时态和历时态两大维度把握生态正义，既要看到生态环境作为公共物品的利益共享性，也要关注生态环境历史继承的公平性。

在利用自然环境上，反对只顾狭隘的个人利益、群体利益、地方利益或当代人利益的自私行为，倡导兼顾他人享有同等利用环境的机会。反对只开发而不保护环境、只享受生态利益而不补偿生态需要的损人利己行为，坚持公平公正利用自然环境，根据受益的不同，实行共担但有区别的生态责任。少数既得利益集团是强势群体，他们取得了相应的经济利益，却没有承担相应的生态成本和环境恶果。许多弱势群体往往是生态破坏和环境污染的受害者，绿色社会建设特别要解决由于生态恶化而造成的社会不公现象。如果没有正确的生态正义观引导，就不可能改

---

① 丹尼尔·A.科尔曼：《生态政治——建设一个绿色生辉》，梅俊杰译，上海：上海译文出版社2002年版，第112页。
② 丹尼尔·A.科尔曼：《生态政治——建设一个绿色生辉》，梅俊杰译，上海：上海译文出版社2002年版，第111页。

变生态不公正现象,甚至危及和谐的社会关系,以及和谐的人与自然关系。只有在主张和维护生态正义的绿色文化的指引下,绿色社会才能真正实现社会公平和生态公平。

3. 绿色文化引领公民的环境参与。环境保护和绿色社会建设,不仅仅是政府的事,而是整个社会公民的责任和义务。习近平指出,生态文明建设是关系人民福祉、关乎民族未来的长远大计。政府、企业和公民都是不可或缺的绿色社会建设的重要主体。公民的环境参与度决定着绿色社会和生态文明建设的成败。在绿色社会建设中,公民参与意识的强弱、参与能力的大小、参与热情的高低,需要依托绿色文化的熏陶、培育、引导和激励。只有浓郁的绿色文化才能造就出高素质的绿色公民,进而才能确保公民的有序、高效参与。

4. 绿色文化引领绿色社区建设。社区是社会的细胞,绿色社会是由一个个绿色社区凝聚而成的。绿色文化只有渗透到社区,通过多样化的传播渠道和丰富的表现形式,充分发挥其引领功能,培育社区成员的绿色价值观、绿色发展观、生态文明观,以及生态环境科学素养等,基层社区才能转型为资源节约型和环境友好型社区,从而形成绿色、低碳、循环、美丽、文明的生态型社会。

5. 绿色文化引领绿色生活方式。日常社会生活是社会的重要内容。绿色社会建设就是要通过绿色文化的引领,变革传统的物质主义生活方式,转向尊重与顺应自然、崇尚绿色健康的绿色生活方式。我国改革开放以来,随着经济的高速发展和物质财富的极大增长,重物质消费、轻精神提升的现象日趋严重。日常生活中的过度消费突出,使得人口、资源和环境的矛盾日益加剧,生态环境问题频发。只有消解物质主义文化,弘扬我国优秀传统文化中的节俭美德文化,才能形成绿色生活方式,促进绿色社会的发展。

(四) 以绿色文化引领文化的生态变革

文化是一个民族和社会的基因,文化建设涉及人们的深层精神生活，它是一个社会和民族生存和繁荣的精神之源泉、凝聚和创新的重要源泉。如果说文化是软实力，那么，绿色文化是一个民族和国家的绿色软实力。生态危机本质是工业文明时代征服自然型文化的危机。生态文明呼唤新的文化建设，而新文化建设的指针便是绿色文化。

1. 普及绿色文化知识，宣传生态文明理念。知识就是力量，生态环境科学知识是绿色文化的科学内涵，也是生态世界观、生态价值观、生态伦理观、生态文明观等文化观生成的科学前提。绿色文化知识传播和普及的广度与深度，决定文化绿色转型的成败。绿色文化引领文化建设，就是要大力宣传生态文明观和绿色发展观，在全社会形成良好的社会绿色文化氛围。

2. 开展绿色文化理论研究，推动成果应用与示范。文化建设的绿色化，需要绿色文化理论的支撑。一方面，要积极借鉴世界优秀的绿色文化理论研究成果，结合中国国情，推动中国特色的社会主义文化建设。另一方面，要积极挖掘中国传统的优秀绿色文化，把古人的生态智慧和绿色习俗文化与当代的生态哲学、生态伦理、生态美学等有机结合，实现传统绿色文化的创造性转型与创新型转化，为中国特色的社会主义绿色文化建设提供引领、支撑与示范作用。

3. 丰富绿色文化产品，繁荣绿色文化产业，推进绿色文化交流。绿色文化建设需要物质基础和物质载体的支撑，群策群力，主动开发各种形式的绿色文化产品，并形成绿色文化产业。积极推进绿色文化的国际合作交流。组织生态文化业务培训，出版生态文化宣传刊物。只有在全社会大力建设和弘扬绿色文化，才能使生态文明的建设落到实处，才能造福于广大人民群众，实现中华民族的伟大复兴和永续繁荣。

（五）以绿色文化引领生态环境建设

生态环境建设是指通过合理利用自然资源，防止自然环境与人文环境的污染和破坏，保护自然环境和地球生物的多样性，改善人类社会环境的生存状态，维护和发展生态环境的动态平衡，协调人类与自然环境的关系，以保证人类社会与自然环境的和合共生，共同发展。

1. 加强引领生态环境建设的重要性与紧迫性的社会认同度。习近平在中央政治局第六次集体学习时指出："生态环境保护是功在当代、利在千秋的事业。要清醒认识保护生态环境、治理环境污染的紧迫性和艰巨性，清醒认识加强生态文明建设的重要性和必要性，以对人民群众、对子孙后代高度负责的态度和责任，为人民创造良好生产生活环境。"①习近平强调，"建设生态文明，关系人民福祉，关乎民族未来。""良好的生态环境是最公平的公共产品，是最普惠的民生福祉。"②在推进新型城镇化建设中，习总书记一再强调要注重生态环境的保护，要让人们"看得见山，望得见水，记得住乡愁"。2015 年 1 月 20 日，习总书记在云南考察工作时指出，新农村建设一定要充分体现农村特点，注意乡土味道，保留乡村风貌，留得住青山绿水，记得住乡愁。经济要发展，但不能以破坏生态环境为代价。生态环境保护是一个长期任务，要久久为功。生态环境建设的重要性与紧迫性，必须借助于绿色文化的各种渠道和形式加以广泛宣传。

2. 加强改善和优化生态环境。生态环境是人类生存的基础。一方面，人们要尊重自然、顺应自然、保护自然；另一方面，人们不能被动适应自然，不能因保护而放弃发展，而是应当在保护中开发，在开发中保护。通过合理的改造，即在自然生态承载力范围内，促进自然的人化，在一定的限度内改善和优化自然环境，以确保人类的基本的生存需要与合理的发展需要的满足。在五中全会上，习近平强调，环境治理力要以提高环境质量为核心，实行最严格的环境保护制度，并指出："要实施重大生态修复工程，增强生态产品生产能力。环境保护和治理要以解决损害群众健康突出环境问题为重点，坚持预防为主、综合治理，强化水、大气、土壤等污染

---

① 《习近平总书记系列讲话精神学习读本》，北京：中共中央党校出版社 2013 年版，第 81 页。

② 《习近平总书记系列讲话精神学习读本》，北京：中共中央党校出版社 2013 年版，第 82 页。

防治，着力推进重点流域和区域水污染防治，着力推进重点行业和重点区域大气污染治理"，"给自然留下更多修复空间，给农业留下更多两天，给子孙后代留下天蓝、地绿、水净的美好家园。"①

3、引领安全发展以维护生态安全。安全发展是绿色发展的重要内容，主要是指通过维护生态安全而实现绿色发展的发展理念和发展方式。生态安全主要指的是要维护和保持生态系统的完整性、多样性和稳定性。必须高度重视生态安全，正如习近平指出的，要筑牢生态安全屏障，坚持保护优先、自然恢复为主，实施山水林田湖生态保护和修复工程，开展大规模国土绿化行动，完善天然林保护制度，开展蓝色海湾整治行动。总之，要以系统性整体性思维关注和维护生态安全，将全部国土（全部的领土、领海、领空、地下）作为一个完整的生态系统来进行规划和管理，切实维护生物和生态的多样性，不断扩大绿色生态空间比重，构建科学而合理的生态安全新格局。

总之，中国特色社会主义的发展进入了一个全面绿色发展的新时代。绿色发展迫切需要全社会的发展理念、发展道路和发展模式的绿色转型。作为绿色发展之魂的绿色文化，担当着率先全面引领与催化绿色发展的历史使命。没有文化的绿色变革，不可能真正开启绿色、低碳、循环和可持续的发展模式。没有绿色文化的重塑和全方位、多路径的引领，绿色发展的时代潮流之势难以最终形成，生态文明之舟也将无法抵达理想的彼岸。因此，只有立足本土，借鉴全人类的生态智慧，全面厚值绿色文化，才能多路径促进绿色发展不断迈上新台阶，实现马克思和恩格斯所说的人与人、人与自然的"双和解"图景，真正化危为机，走上人与自然和合共生、充满生机且永续发展的生态文明大道。

（作者王建明系苏州科技大学马克思主义学院教授）

---

① 《习近平总书记系列讲话精神学习读本》，北京：中共中央党校出版社2013年版，第84—85页。

生态危机背景下"人类命运共同体"思想的出场逻辑

李包庚　周文娟

[摘　要]"人类命运共同体"思想是对当前世界局势和全球治理的科学构想,它涉及范围广并在不同领域内找到了人类的共性之需。在生态危机背景下,"人类命运体共同体"思想在理论上突破了两大中心主义关于生态问题的相互争议和内在局限,重新诠释了人和自然之间的关系;在出场路径上深度解读了"类存在""共同体""世界命运"的哲学意蕴,深刻剖析生态危机产生的原因,体现出"人类命运共同体"思想的话语革新;在出场形态上,"人类命运共同体"内在反映出"求同存异"、"义利统一"、"天下一家"思想精髓,积极推进全球生态文明建设与全球治理。

[关键词]人类命运共同体　生态危机　两大中心主义

打破时空的局限,勇敢的进行思想对话,才能擦出智慧的火花。任何理论在出现之前必然要经历一场与其他理论的对话和反思。"人类命运共同体"思想正是各种思想在不断对话和反思的过程中努力打破旧精神枷锁的积极产物,它内在注入辩证的否定观,历史与逻辑统一的视野来寻求解决现存的各种矛盾。

一、历史语境：与两大中心主义的反思与对话

(一) 敢于进行思想对话是"人类命运共同体"的出场前提

生态危机并非一天两天形成的，也并非一朝一夕就能解决。它的产生经历了一段非常复杂且漫长的过程，这段长路也意味着解除危机并非一朝一夕。人类穷尽智慧，提出了各种解决生态危机的理论建树，例如：东方的生态哲学思想、西方的生态马克思主义思想等。本文重点探讨的是两大中心主义：人类中心主义和非人类中心主义。因为这两大中心主义直接关切生态问题，二者作为对立面争论的焦点非常明确：到底是以人为中心还是以自然为中心？在"人类"这个问题上，"人类命运共同体"思想显然在他们来回辩驳的过程中寻找到了新的突破口。

第一场思想对话是人类中心主义和非人类中心主义，对话的问题和目的非常明确。"非人类中心主义者主张人类应当超越或走出人类中心主义，而人类中心主义者则认为非人类中心主义者的这种要求是一种完全抛开人类生存利益尺度的主张。"① 非人类中心主义的存在价值正是对人类中心主义引发生态危机的深刻批判和有力驳斥。为了强调自然界的重要性，提倡走出人类中心主义，他们的观点具有极强的针对性：首先，批判人类的肆意妄为。人和动物一样都是自然界的一部分，即使人具有独特的认识能力和实践能力，但总归是有限的，在无限的大自然面前，有限的人类如何能完全控制和占有它呢？其次，扩大"道德"范围。道德是人类社会发展的产物，是维系人和人之间关系的行为准则。但是，道德的服务对象不应该被局限住，它还应该涉及人如何对待动物，如何对待自然的问题。再次，否定只有人具有价值判断。人虽具有

---

① 郑慧子：《从人类中心主义到非人类中心主义——一个文化进化的观点》，载《河南大学学报（社会科学版）》2005年第1期。

价值判断，但是地球上所有的生命体也有内在的"价值能力"。人会按照自身的利益和需求进行价值选择，动植物同样也会根据环境的变化对自身做出相应的调整。如果是这样，为何只有人能作为价值判断的主体而动物不可以？最后，指出人类中心主义的利益权衡。即使人类中心主义开始注重人和自然的关系，提出人与自然和谐相处的主张，但是，当人类利益和自然界发生根本冲突时，人类利益仍被放在第一位。对此，人类中心主义指出，即使非人类中心主义再多批判，但在主客体这一根本问题上就已经错误了。

（二）批判性反思是"人类命运共同体"的出场动力

时代的进步和发展催生了很多建设性思想并对两大中心主义开始重新审视和反思，这些观点不仅凝练成智慧的结晶促成"人类命运共同体"思想的形成，而且还以第三者的评价身份促成了第二场思想对话。

反思之一：人和自然谁处于主体地位属于一个根本性的原则问题，非人类中心主义显然是错误的。"人"永远是哲学研究的主题，"人的主体地位"不可动摇。强调以自然为中心无非是把人类历史倒退到原始社会，重新回归对自然界的崇拜，但人的认识能力和实践能力不可能为了解决生态问题回到最弱状态，它是社会历史发展的客观产物，只有提高没有倒退，因此，非人类中心主义带有一定的理想色彩。可非人类中心主义的存在并非无价值，它是建立在人类中心主义片面强调人和自然关系的基础上所产生的一种反向作用力，思维模式的极端化可能会导致另一种思维模式出现并压制它。人类中心主义过于极端化会产生人类沙文主义，而人类沙文主义又催促非人类中心主义的产生。面对两种极端化的思想我们是否可以从中探寻一种新的思想批判继承呢？

反思之二：人类中心主义强调人是中心，尤其近代人类中心主义已经使人逐渐走向自然的对立面，无节制的掠夺自然资源，破坏自然环境，引发严重的生态危机，但是，这一后果的产生有其深刻的历史背景。最早的宇宙人类中心主义所表达的是人类对地球未知领域探索的渴望，它具有一定的启蒙意义，但缺乏科学依据并带有主观主义色彩。神学人类中心主义则从"目的论"角度充分肯定人的价值，但实则以宗教神学禁锢人的思想和行为，人的主体性根本没有得到实质解放。到了近代人类中心主义，文艺复兴真正地把人从神的束缚中解放出来，在"理性哲学"的基础上构建了一套真正的、以人为核心的实践认知体系。在这里我们可以看见双面性，人类中心主义的核心思想既是对神学色彩的一种有力驳斥，也是引发人与自然关系走向破裂的关键因素。神学对于人性过分的压制必然如力学一样产生极强的反作用，人们越想摆脱神的控制，就越会用激进的观点证明人类现实生活的正确性与合理性。这种极端化的走向是一定时代背景和特殊条件下的产物，如果没有这样的思想，人们可能也难以摆脱神学的桎梏，只是这样的核心思想在取得胜利后并没有从长远考虑。当人作为真正的主体战胜了神后，他们的骄傲和自豪将一直在持续，康德的"人是目的"，培根的"知识就是力量"等理论成为人们新的价值标准。人类没有意识到，人和自然的关系不同于人和神的关系，两者不是根本对立的。对于上述反思，我们如何能正确发挥人的主体性并寻找人和自然相处的和谐之道呢？

（三）继承与发展是"人类命运共同体"的出场标识

在生态方面，"人类命运共同体"显然整合了两大中心主义的利益倾向，它既肯定人类存在的意义和价值，又强调人类命运与自然的紧密联系，人类命运共同体的内在意蕴恰恰以一种求同存异的形式对两大中心主义加以继承和发展。

一方面，在认识论上，两大人类中心主义无论是在观点还是在立场上都是根本对立的，但"人类命运共同体"思想找到了他们的共性所在。第一，两大中心主义一直争论不休的现实原因始终关乎生态问题，因此他们讨论的焦点必然离不开人类和自然。因为人类破坏自然致使植被减少、空气污染、河流污染、物种灭绝等问题，所以自然界必然会用特定的方式去报复人类。人类生存危机和生态危机成为了两大中心主义共同探讨的前提。第二，无论是注重"自然的利益"还是追求"人类的利益"，两大中心主义都把人都当作"类"去探讨而不是"个体"。也就是说，他们把人类当成一个共同体来对待。第三，两大中心主义都处于主—客体的两极模式里，并没有其他的模式。只不过人类中心主义侧重主体考察客体，强调人的主体论，而非人类中心主义侧重客体要求主体，最终引发极端的"客体论"。因此，他们都是在这一模式里，力求在抽象的人和自然之间寻找一个中心。"人类命运共同体"思想离不开对生态问题的考察，也离不开把人类当成共同体来看待，同时它在主客体之间也找到了一个新的平衡点。

另一方面，在方法论上，人类命运共同体找到他们的矛盾焦点，力求以一种新的方式克服两大中心主义的缺陷。人是主体，自然是客体，但是我们可以突破传统的主—客体两极模式，实现一种主—客—主的多极主体思维模式，平等是它最显著的特点。"所谓平等地位的多极主体存在于两个向度：一是空间横向上的多极主体，指同一历史时期的不同个体或个群体；一是历史纵向上的多极主体，指现在的人与未来的人。"[①] 不同时期、不同领域的人都有主体权力，但多极主体权力的公平性会受到客体的影响，而客体产生的影响恰好来自于一定时期和一定领域的一极主体对它的影响，所以在宏观层面也就成为了多极主体之间跨领域、跨时间的相互影响。"人类命运共同体"恰恰是在强调多极主体之间的平等，部分人在破坏自然的过程中，不仅使自然界受到伤害，更使同时期主体和未来主体受到伤害，最终还是危害到人类自身。因此，主体在对待客体的过程中，要始终把握好"度"的问题。

[①] 陈忠：《以人为中心的多极主体化——对人类中心主义与非人类中心主义的一点思考》，载《哲学动态》1995年第6期。

二、出场路径：生态危机下"人类命运共同体"的话语革新

（一）哲学深思：冲破"群体本位"和"个体本位"

"人类命运共同体"内在意蕴着人类正走向自觉的类存在。马克思曾说过，"人是类存在物"①，但作为"类存在物"要想真正实现人的"类本位"必然要经历一个曲折发展的过程，我们正慢慢靠近人与人、人与自然内在统一的一体性这一伟大目标，力求冲破思维枷锁真正达到人类文明的一种高度自觉。早在过去，人类还处在"群体本位"时代，以群族的形式对自然界盲目崇拜和过分依赖，他们的主体性意识弱，"我们属于大自然，却并不属于我自己"。群体状态带来的影响是双面的：一方面，人们学会把个体生命集合在一起并在有限的能力范围内去发挥类的力量，例如通过简单的生产合作向自然界索取资源。但另一方面，正是因为群体性的局限和狭隘把人的类力量牢牢束缚住了。

随着时代的不断进步和发展，"个体本位"取代"群体本位"，这无疑是人类发展史上的巨大进步，但也使人和自然的关系开始紧张起来。人类在生产实践的过程中慢慢把自己从自然界中提升出来并上升到主体地位，人的类本性和类力量得到进一步发挥，这看似是人类自我意识的一种进步、自我能力的一种提升以及人和自然达到更高层次关系的一种表现，但是却因深处"个体本位"割裂了人和自然的关系。个体本位的典型表现是由过去对自然的过分依赖转变为彰显人的独立性利用和改造自然，"我并不归属于大自然，我属于我自己。"当人们属于自己后，人和人之间的利益战争就开始了，他们之间的对立关系也直接决定了人和自然之间也是对立的，对大自然的掠夺实则被作为征服他人和剥削他人

---

① 《马克思恩格斯全集》第42卷，北京：人民出版社1992年版，第96页。

的一种具体手段,人在超越自我的同时也在否定自然。很显然,能源枯竭、环境污染是人们取得战利品和实现个人价值后的产物。

要想冲破"个体本位",必然要使人从物中解放出来,从自我的狭隘中解脱出来。随着时代的继续进步和发展,人类必然从肯定—否定—否定之否定的路径出发,去寻求一种更高层次的生存状态,它既能保持个体本位所重视的个人主体性,同时还能实现马克思所说的"自由个性"的联合体形态。人作为类存在,必然要最大程度地实现"类本位"这样一种状态,人类命运共同体就是对这一状态的最好诠释。它作为新时期发展的产物,内在包含着整体人类向往的一种和谐共生。共生不仅体现在人和人的关系上,更体现在人和自然的关系上。当人和人实现类本质的统一后会产生这样一种共识:地球作为人类唯一的生存载体,所有人都应该用心呵护这个家园,这不仅是对人类的生存环境负责,更是对整个人类自身负责。

(二)现实呼吁:生态恶化背景下"共同体"的重新诠释

人走向自觉的类存在代表着现代人类命运的"共同体"思想被赋予了新的科学内涵。共同体是人与人发生交往关系的必然产物,是人的本质的直接表现,没有人就没有共同体,没有共同体就没有人,但不同时期"共同体"的思想范畴是不同的。人类早期的共同体形式是以血缘关系为标准的氏族社会,其间接反映出人类最单纯、最原始的依赖关系是建立在人类固有生命属性的基础之上。随着人类交往关系的进步,人对于物的依赖已经达到一个新的层次,阶级对立、私有制产生、利益冲突等问题把人类带入资本主义社会的共同体,它指的仅仅是一个阶级为了剥削另一个阶级的联合,利益关系是形成资本主义社会共同体的关键。在这样一个社会里,共同体不只有一个,而是有多个,且每个共同体内部的人群数量、生活质量有着极大的差距。在马克思看来,这属于"虚假的共同体",而实现"自由人的联合体"才是真正意义上的"共同体"。在这种共同体中,人们并不被异己的力量控制和左右,也不因剥削的存在导致社会矛盾尖锐，而是人与人之间存在的一种平等的交往关系，并且这种关系被全人类共同掌握，正如马克思恩格斯强调："代替那存在着阶级和阶级对立的资产阶级旧社会的，将是这样一个联合体，在那里，每个人的自由发展是一切人的自由发展的条件。"①

在马克思"共同体"思想的关照下，"人类命运共同体"被作为现实探索的产物影响深远，对构建生态文明具有重要的意义。一方面，虚假共同体给环境带来的影响是恶劣的。早在资本主义社会，占统治阶级地位的共同体通过资本逻辑加速生态环境的恶化。首先，他们会凭借资本的有用属性尽可能的把客观存在的物质都变的有用，自然界本有自己"感性的光辉"，有它自己存在的意义和价值，可是在资本面前，它的价值仅仅体现在"有用性"上，它的其他表现形式都被资本这一局限的规定抽象化了。其次，他们会通过科学技术等手段实现资本的增值。科学技术为人们高效率索取自然资源提供有效的手段，不仅如此，当工场手工业被大机器代替后，纺织业、轻工业、重工业等行业不断发展，导致空气污染、河流污染等现象。最终，虚假共同体带来的只是人和人的异化、人和自然的异化。另一方面，走向人类命运共同体，生态矛盾将会得到有效解决。这里的共同体强烈反对国家和国家之间为了利益需求拼个你死我活的状态，也反对因为阶级之差所遭受的歧视和排挤，它所期盼的是世界各国人民应该在团结与合作的基础上从这些个性中脱离出来，走向对立面的共性之需。在生态问题面前，全世界人民在生态问题上具有强烈共识，在这样的共识之下建立一个跨越国家、跨越种族、跨越地域的共同体非常必要。

（三）目标追求：摆脱"国族狭隘"走向"世界命运"

一个人可以主宰自己的命运，但世界的命运却不会为一个人或者一个国家所主宰。人作为个体存在，首先会考虑自身的运命，然后可能考

---

① 《马克思恩格斯选集》第 1 卷，北京：人民出版社 2012 年版，第 422 页。

虑到本民族和国家的命运，但却很难向更高的层次发展了。面对全人类的生态问题，我们是否能摆脱国族狭隘走向世界命运呢？这是一个极其复杂的问题，也是一个极其艰巨的任务。

在生态方面，人类是有共鸣的：人对待自然的后果并非是善有善报，恶有恶报，遭到自然界报复的不只是那些对自然界有所恶劣作为的群体或国家，而是全人类。从某种程度上看，个人命运走向世界命运是社会矛盾倒逼后的必然选择。当我们清楚这一事实后，我们需要采取措施，但却面临重重阻碍：第一，命运与利益相联系，从局部利益过渡到整体利益、从近期利益过渡到长远利益、从一国利益过渡到全球国家利益绝非是一件易事，社会矛盾的各种交织不得不让一个国家、一个民族去权衡利弊关系。例如，资本主义国家无法做到为了生态环境去消除资本家私人占有和社会大生产之间的矛盾，也无法停止转移污染工厂到发展中国家。第二，全球生态问题下夹杂各种国际威胁，走向世界命运虽然可以给人带来长远利益，但也必须承担一定的风险。大国威胁、邻国威胁等世界言论造成了各个国家内部的担忧，不安全因素使各个国家缺乏相互信任。第三，部分国家的责任意识太差，面对生态问题更是想着独善其身，少承担点责任，多占点便宜。虽然我们已经认知到"世界命运"的重要性，但行动能力不够强。

"人类命运共同体"作为冲破国族狭隘的理论指导，必须通过思想引导和制度保障帮助人类真正实现命运与共。一方面，人类命运共同体要促成一种新型的文明观，加强人类之间的文化交流与沟通，排斥意识形态渗透的霸权行为，通过正确的价值观导向帮助人类形成责任意识，树立正确的生态观。另一方面，各个国家必须团结起来反对强权主义和生态霸权，在国际范围内建立一套共同行为准则，以制度为支撑，有效约束部分主权国家的不良行为。总之，我们必须吸取经验教训：化被动为主动。既然生态危机让我们逐渐意识到"世界命运"的重要性，那我们就必须把"世界命运"作为解决生态危机的有效武器，在全世界人民共同的努力下，重新唤醒地球的美丽与活力。

三、出场形态:"人类命运共同体"登上世界舞台推进生态文明建设

(一)"求同存异"推动全球生态治理

"人类命运共同体"思想根植于博大精深的中华文明和中国丰富的外交经验,表达了各国人民共合作、谋发展的美好夙愿。早在先秦时期,儒家就提出"和而不同"思想,世界万物都有它自己的发展规律,都各有不同,但不同并不代表对立,恰恰反映出"和"的存在价值,如果万事万物皆相同,就无所谓"和"了,我们正是在承认"世界发展具有多样性"这一客观事实的基础上,努力寻找大家的共性之需,真正实现"和"的理念。1955 年周恩来在参加万隆会议时创造性的阐述了"求同存异"方针,把中国优秀的思想文化传播到国际舞台并使亚非拉国家有了更深刻的觉醒和思考,寻找共同点保留不同意见才是解决问题的关键。在万隆精神的影响下,"人类命运共同体"赋予了"求同存异"新的时代内涵,习近平指出:"国际社会共同努力,多一份平和,多一份合作,变对抗为合作,化干戈为玉帛,共同构建各国人民共有共享的人类命运共同体。"[①] 从概念到意识,从意识到共识,人类命运共同体以"包容"的胸怀推进全球治理的各方面发展。在全球生态治理方面,人类命运共同体强调"同呼吸,共命运","这个世界,各国相互联系、相互依存的程度空前加深,人类生活在同一个地球村里,生活在历史和现实交汇的同一个时空里,越来越成为你中有我、我中有你的命运共同体"。[②] 经济全球化的发展已经使各国的联系日益紧密,但是人类命运共

[①] 《中国对非洲政策文件》(全文),外交部网站,http://www.fmprc.gov.cn/web/zyxw/t1321556.shtml

[②] 《坚定不移沿着中国特色社会主义道路前进 为全面建成小康社会而奋斗》,新华网,2012 年 11 月 19 日。

同体内在的"包容性"并非仅仅体现在经济上帮助,政治上互惠,文化上交流,在生态危机愈演愈烈的情况下,世界各族人民必须坚持"一边倒":我们必须要有解决生态问题的坚定立场和正确态度。我们要以"海纳百川,有容乃大"的胸怀去应对生态治理过程中的各种挑战,在"求同存异"的基础上达成全人类的生态共识;坚决反对以牺牲环境为代价谋求短期的经济增长,始终走可持续发展道路,树立尊重自然、顺应自然、保护自然的意识,齐心协力建设美丽世界。

(二)"义利统一"打开人与自然的和谐之道

"人类命运共同体"融合了中国传统文化思想的义利观与现代义利观,帮助人们正确处理人与人、人与自然之间的关系。"义"强调正义和道义,是一种伦理规范和道德原则。一方面,国家和国家在交往的过程中必须遵守国际准则,建立一种公平、公正的责任机制。另一方面,人类不仅要对自己的同类坚守道义原则,对自然也要施以道义的态度。"利"强调利益,是人们毕生离不开的话题,当"义"遇到"利"时会出现这样的抉择:我们是选择见利忘义还是选择以义制利?在儒家思想里,重义轻利是正确的价值选择,它代表的是"舍生取义"精神的继承和发扬。而在西方社会过分强调"利益至上"原则,忽视了"义"的重要性。生态危机正是人们过分注重个人利益、丧失自然道义后的结果。在当前的国际环境下,我们如何平衡两者之间的关系呢?人类命运共同体内在的强调我们是可以做到"义利统一"的。人对自然的态度和行为直接反映出全人类之间的一种关系状态,人和自然要想保持和谐之道必须首先处理好人和人之间的利益关系。"思想一旦离开利益,就一定会使自己出丑"[①],但在利益内部,我们可以内在的渗透"义"的理念,实现"义利并举"。人类命运共同体倡导的正是一种破除一国利益观达到共同利益观的普遍信仰,而共同利益观的实现必然是对局部利益

---

① 《马克思恩格斯文集》第 1 卷,北京:人民出版社 2009 年版,第 270 页。

和整体利益、眼前利益和长远利益扬弃的过程，而扬弃的过程又深刻地体现出人们对"义"的遵守与执行。人与自然之间的紧张关系实则体现出人和人之间利益的冲突和对立，反映的是人和人之间的经济关系。当人类开始从个人利益走向整体利益时，他们作为一个共同体对待自然的行为将保持一致，要么继续破坏自然，要么保护自然。我们已经开始意识到：人和自然之间恰好反映出"义利统一"的必然性与可能性。当我们抱有功利主义、自私自利的态度对待自然时，自然不会对我们施以它的"道义"。当我们以正义和道义的态度对待自然时，自然回馈给我们的是全人类赖以生存的美好家园，这是人类从自然界那里获得的最大利益。

（三）"天下一家"诠释了"天人一体"的人类情怀

"人类命运共同体"内在包含中国儒家思想的天下观，强调应该超越国家、超越种族的局限，把人文关怀投向全世界人民。孔子的"四海之内皆兄弟"，《大学》的"修身、齐家、治国、平天下"，"平天下"指的正是全人类范围内的天下太平。在思想上，我们具有"天下一家"的强烈共识，在行为上，我们具有促成"天下一家"的勇气魄力。当前，世界各国人民秉承睦邻友好、互惠互利、反对霸权的交往原则，加强彼此的经济联系、政治沟通和文化交流，但是"共同体"的范围不应该只局限于人类自身的交往与合作，更应该扩展到包括人类共同体以外的其他共同体。张载讲道："民，吾同胞；物，吾与也。"他强调除了民众是我的同胞，动植物也是我的同胞。习近平也指出："我们要认识到，山水林田湖是一个生命共同体，人的命脉在田，田的命脉在水，水的命脉在山，山的命脉在土，土的命脉在数。"[①] 由此可见，"天人一家"内在的强调"天人一体"的宇宙情怀，人类真正实现命运与共必然离不开

---

① 《关于中共中央关于全面深化改革若干重大问题的决定的说明》，载《人民日报》2013年11月16日第1版。

人与自然的命运牵连。面对气候变暖、海平面上升、海洋污染、物种灭绝等一系列生态问题，地球人应承担起宇宙之责，把自然界纳入"人类命运共同体"之中。同时，"天人一体"衬托出人类命运共同体在对待生态问题上具有依存性、关联性、复合性和持久性特点。共同体的依存性证明自然界是人类赖以生存的基础，没有自然就没有人类；共同体的关联性强调我们的举措和行为都有可能影响到自然环境的变化，部分群体对环境的破坏，危机到的却是全人类的生命；共同体的复合型表现为我们的命运不仅因经济、政治、文化紧密联系在一起，还应该为了解决生态危机加强彼此之间的生态沟通与交流；共同体的持久性提醒我们，共同体并不意味着解决矛盾后就可以解散，它会一直存在且不断丰富自身的内涵。生态治理只有进行时没有完成时，其过程是一个长期且艰巨的过程，人类只有耐心、细心、用心对待自然，才能最终解决生态危机。

结　语

康德曾深刻指出，"世界上有两样东西最令我敬畏：一是头顶上的璀璨星空，二是人类心中的道德律。"[①] 人类只有一个地球，地球是人类赖以生存的家园。人类的发展历程中，在很漫长的时期，人类普遍敬畏自然，遵循"天人合一"，因而人与自然和谐相处；近代以来，人的理性得到普遍张扬，在科技革命和资本主义生产方式的驱动下，人类开始肆无忌惮地征服自然，疯狂地向大自然过度索取。可以说，人类文明的进步与人类对自然的虐待是同步演进的。特别是20世纪以来，现代性的疯狂演绎，比如过度工业化、霸权主义的军事扩张、科技领域无底线地研制各种毁灭性武器、滥用化肥、农药、激素、抗生素等，到了登峰

[①] 康德：《康德著作全集》，李秋零译，北京：中国人民大学出版社2007年版，第169页。

造极的程度，正在疯狂地破坏这个美丽的星球，正在毁灭着我们人类赖以生存的美好家园！地球不堪重负，地球在哀号！人类遭遇到自然前所未有的报复，臭氧层破坏、酸雨、雾霾、土地荒漠化、土壤重金属化……吞噬着人类的健康乃至生命。在自然的报复前面，唯有站在人类命运共同体的高度，抛弃片面追求局部利益的狭隘思维，尊重自然规律，恪守道德底线，倡导并践行低碳环保的生活理念，才有可能修复人与自然的关系，实现绿色、共享的可持续发展。

（作者李包庚系宁波大学马克思主义学院副院长，教授，博士；周文娟系宁波大学马克思主义学院硕士研究生）

驾驭资本与中国道路*

——马克思《1844年经济学哲学手稿》深度阐释

李 齐 田辉玉

[摘 要] 资本成为当今学术界热议的研究对象,一方面在于"资本的文明"对于推动人类社会历史发展与进步的巨大作用,另一方面在于只有对资本进行有效的控制,才能抵制资本的负面效应及其对人的抽象统治,进而在马克思所言的立足"人类社会"的语境中开启人的全面自由发展的路向。在马克思如何驾驭资本的思路上,当今学界的研究多见于宏观上的梳理与阐发,从具体途径来分析马克思驾驭资本的构思,即从人的对象性活动出发阐释驾驭资本的方向上,亟须做出理论上的推进与深化。

[关键词] 资本 自我意识 对象性活动 中国道路 存在论

毋庸置疑,马克思对国民经济学和形而上学批判的根本主旨在于实现人的全面自由发展,这是马克思一生为之奋斗的目标。一般认为,资本一经形成就成为不以人的意志为转移的客观存在,它本身有不以人的

---

* 本文系湖北省教育厅人文社会科学研究重点项目"唯物史观的资本批判与中国问题研究"(15D041)阶段性成果;国家社科基金项目"马克思的现代性思想及其对当代中国社会的启示"(14BZX009)阶段性成果;武汉工程大学人文社科基金项目"唯物史观的资本批判与当代中国问题研究"(R201401)阶段性成果。

意志为转移的客观发展规律,这是我们对资本惯常的看法,说明资本体现出自运转的必然性与客观性,这可以从马克思对商品的使用价值与交换价值的矛盾统一的分析上得到确认,就像费彻尔所言,"每个个人必须把他的产品(他的活动或他的制品)转化为'交换价值的形式,转化为货币',因为它仅仅在这种形式中才是'社会权力',是统治他物的权力。"① 但是,这仅仅把握到了马克思资本思想的一个方面,其另一方面却被我们忽视了,即马克思还认为只有在人真正地占有自己"对象性本质力量"的基础上,以及由此形成的真正的属人的社会关系时,才能够抵制资本负面效应的侵蚀,也才能够瓦解资本逻辑对人的抽象统治,亦即驾驭资本。由此一来,马克思立足"人类社会"所揭示的共产主义道路,本质就在于使人在对象中重新占有自己的本质力量。就此而言,在《1844年经济学哲学手稿》中,马克思从对黑格尔劳动概念的颠覆开始,随着对人的劳动本质的揭示,进而形成驾驭资本的逻辑预设,这样的实情理应得到认真的对待与阐发。

一、"对象性的本质力量"的阐发

我们知道,黑格尔以他抽象的、思辨的、逻辑的哲学体系论说了人类社会历史的发展过程,而且达到了登峰造极的地步,这是他绝对唯心主义的必然结果。但是,当黑格尔把人类社会看作通过人的劳动的创造性活动所产生的过程而言,黑格尔是正确的。理由在于,黑格尔从不把人的劳动看作为抽象的主观精神活动,即不是把劳动看作为没有对象(内容)的空洞的自我运作,而是看作在对象当中被规定了的活动,这可以从黑格尔在《精神现象学》中所论述的"主奴意识"思想中得到明示。黑格尔"主奴意识"思想说明的道理在于,"只要生死斗争被主——

---

① 〔德〕费彻尔:《马克思与马克思主义:从经济学批判到世界观》,北京:北京师范大学出版社2009年版,第44页。

奴关系取代，斗争中的两个自我意识都寻求的承认就可以达至。"① 就此看来，黑格尔的深刻性不仅在于他把人类社会历史理解为一个不断形成的发展过程，还在于他把人类社会历史理解为在人的劳动与对象世界的矛盾统一中相互斗争的结果，黑格尔提出的市民社会正是这种结果的现实表现。恰恰在这一点上，我们并没有很好地理解黑格尔，例如，没有理解黑格尔为什么在论述人的自由时，把自由规定为人在占有对象基础上所实现的自由意志，也即是规定为自由的实现必然要以意志对对象的真正占有为前提。黑格尔指出，"光是符合概念的意志，是自在地自由的，而同时又是不自由的，因为它只有作为真正被规定的内容，才是真实地自由的。"② 所以说，恩格斯所指出的黑格尔的唯心主义体系中包含了很多唯物主义因素，也就能够理解了。

进一步而言，黑格尔所理解的劳动并不是人的现实的对象化活动，而是人的自我意识的活动，"是**外化的**因而从自然界和现实的人抽象出来的**思维**，即**抽象**思维。"③ 如此一来，这种抽象的意识活动也就受到其自身的限制，这种限制标示的是自我意识的活动作为"创造性的劳动"，它对对象的占有仅仅是对意识本身的占有，从而意识与对象的关系也只能局限在意识及其活动内部。所以，马克思指出，"**自我意识**通过自己的外化所能设定的只是**物性**，即只是抽象物、抽象的物，而不是**现实的物**。"④ 因为黑格尔把意识看作为设定外物的前提，又因为意识本身的活动确凿无疑，所以意识也就能够在自己的活动中构建自己的对象，那么意识活动本身也就成为了意识与对象的中介，而且是根本的中介。在这样的意义上，黑格尔认为人的本质就是自我意识，自我意识确证着人的

---

① 〔英〕霍尔盖特：《黑格尔导论：自由、真理与历史》，丁三东译，北京：商务印书馆2013年版，第110页。
② 〔德〕黑格尔：《法哲学原理》，范扬、张企泰译，北京：商务印书馆1961年版，第21页。
③ 《马克思恩格斯全集》第42卷，北京：人民出版社1979年版，第160页。
④ 《马克思恩格斯全集》第42卷，北京：人民出版社1979年版，第166页。

现实存在，"人的本质，人，在黑格尔看来是和**自我意识**等同的。"① 以此思路出发，黑格尔想要解决市民社会中的人的异化问题，却只能达到对市民社会中人的异化的抽象理解，而他所做出的通过国家而对市民社会的扬弃，也只能达到"是思想上的本质的扬弃，也就是是说，**思想上的私有财产在道德观念**中的扬弃"②。除此之外，并无任何实质性进展。

马克思在《1844年经济学哲学手稿》中阐发了他"对黑格尔的辩证法和整个哲学的批判"的思路，其实质在于马克思对黑格尔的抽象的自我意识及其活动所进行的批判。马克思指出，"当现实的、有形体的、站在稳固的地球上呼吸着一切自然力的人通过自己的外化把自己现实的、对象性的**本质力量**设定为异己的对象时，这种设定并不是主体；它是**对象性**的本质力量的主体性，因为这些本质力量的活动也必须是**对象性的活动**。"③ 马克思的这句话直接击破了黑格尔对人的本质的抽象理解，也就直接洞察到人作为人是在对象当中体现出自己的生命本质。马克思的这种批判，应该理解为在存在论上的翻转，也就是说，马克思是在揭露黑格尔哲学体系基础的矛盾上做出的，而黑格尔哲学体系的矛盾恰恰在于他没有理解劳动与对象的真实关系，也就是不能理解人的本质本身。进一步而论，人对自己对象的占有，占有自己的对象，当然不是在意识中，尤其不是在黑格尔所言的自我意识的活动中被刻画出来。而是说人作为对象性的存在物，他的对象性活动本身已经包含了对象，对象与对象性活动是一道被建构出来的。因此，事情是这样的，"马克思把对象性的存在物和感性存在物等同起来，把拥有自身之外的对象这一特性和存在物具有感性这一特性等同起来。"④ 在这样的理解上，作为对象性存在物的人与感性的存在物之间被富有成效地连接在了一起，人对

---

① 《马克思恩格斯全集》第42卷，北京：人民出版社1979年版，第165页。
② 《马克思恩格斯全集》第42卷，北京：人民出版社1979年版，第173页。
③ 《马克思恩格斯全集》第42卷，北京：人民出版社1979年版，第167页。
④ 《西方学者论〈一八四四年经济学—哲学手稿〉》，上海：复旦大学出版社1983年版，第110页。

对象的占有，无非是从人作为对象性活动本身这个过程中体现出来的结果，这个结果对于马克思来说，不仅意味着社会的产生，而且还意味着"只有在社会中，自然界才是人自己的**人的**存在的基础。只有在社会中，人的**自然**的存在对他来说才是他的**人的**存在，而自然界对他来说才成为人"①。

提出人与对象在对象性活动这个基础上实现的统一，这是马克思在哲学存在论上实现哲学变革的质点，其重要意义在于，一方面马克思揭露出黑格尔从人的自我意识及其活动本身来抽象地理解对象的虚妄，从而避免把人与对象以及两者统一的社会理解为"抽象物同个人对立起来"；更为重要的是，马克思把对象看作人的对象化活动的产物，"也就是洞察人和他的作为社会关系的对象性世界，是怎么样和通过什么成为它们现在这个样子的。这也就是洞察人的历史—社会状况。"② 问题迎刃而解，马克思把整个自然界对人来说的生成过程，看作为只有在工业面前才能识破的秘密，就像马克思所言，"**工业**的历史和工业的已经产生的**对象性**的存在，是一本**打开了的**关于人的**本质力量**的书，是感性地摆在我们面前的人的**心理学**。"③ 但是，马克思这里所说的"工业的历史"，指的是以私有财产为基础形成的资本主义社会史，而且只有在资本主义的私有财产（尽管是以异化了的形式）中才能够完全体现出人的本质力量，即对象性活动本身之对于社会历史的形成所具有的根本价值。

总而言之，马克思在充分肯定黑格尔把人的劳动"看作外化和这种外化的扬弃"，即黑格尔所提出的"作为推动原则和创造原则的否定性的辩证法"的伟大之处之后，批判了黑格尔所把握到的劳动，仅仅是人的自我意识的抽象活动、活动的抽象。这种抽象的自我意识活动，它对

---

① 《马克思恩格斯全集》第42卷，北京：人民出版社1979年版，第122页。

② 《西方学者论〈一八四四年经济学—哲学手稿〉》，上海：复旦大学出版社1983年版，第127页。

③ 《马克思恩格斯全集》第42卷，北京：人民出版社1979年版，第127页。

人的异化仅仅做到了抽象的理解，当然也就看不到私有财产的真正起源及其本质，从而在力图阐释人从异化走向复归的努力上，陷入到了绝境，"人的异化了的对象，人的异化了的、本质的现实性，不外就是异化的**意识**，就是异化的思想，是异化的**抽象的**因而无内容的和非现实的表现，即**否定**。"① 马克思把人的劳动看作为人的对象性活动，看作只有在人与对象的双向形成过程中才能够被确认的现实的感性活动。就此而言，我们可以认为，马克思驾驭资本的思路，才真正地被提示出来。

二、驾驭资本的逻辑思路

在论及马克思驾驭资本的思想之前，我们不得不首先对阿尔都塞的观点进行必要的说明，这样的说明并非刻意地反驳阿尔都塞对马克思前后期思想断裂的阐述，亦不是充分展示马克思早晚期思想的一致性，关键在于，如果不懂得马克思的对象性活动，就不可能理解马克思在《资本论》中所蕴含着的改变世界的内涵，也就不懂得为什么马克思创立的历史唯物主义竟然会被置于尴尬的境地，如被描述为"经济决定论"等。阿尔都塞确实指出了马克思前后期思想出现认识论的断裂，如他所言，"这种'认识论断裂'把马克思的思想分成两个大阶段：1845年断裂前是'意识形态'阶段，1845年断裂后是'科学'阶段。"② 阿尔都塞这样表达马克思思想的前后期断裂，源于马克思在《德意志意识形态》中所说过的那句话，即"把我们从前的哲学信仰清算一下"。但是，在这里细致分析阿尔都塞对马克思思想断裂的研究，并不是本文所要完成的任务，这里只需向读者交待，阿尔都塞为我们提出的关键问题在于，我们是否以及在何种程度上能够把马克思的思想描述为"历史科学（历史唯物主义），同时又作为哲学（它能够认识各种理论形态的本质和

---

① 《马克思恩格斯全集》第42卷，北京：人民出版社1979年版，第176页。
② 〔法〕阿尔都塞：《保卫马克思》，顾良译，北京：商务印书馆2006年版，第16页。

历史，因而在把自己当作对象的情况下，也能够认识自己）的辩证理论，这是必然的事情"①。

言归正传，让我们在分析马克思如何驾驭资本的思路上，回答阿尔都塞的提问，这是理所当然的。马克思在《资本论》及其手稿中，论述了资本的本质及其运行方式，而对资本运行方式的概括可以表达为资本逻辑。以此来看，资本逻辑的实质就是资本主义的生产方式，它以榨取剩余劳动价值为目的，以交换价值为中介实现自身无限增值。我们知道，从《资本论》的论证内容来看，马克思从来不是一位道德说教家，他也从来不把人的异化及其克服归结为伦理道德上的事情，如亚当·斯密和黑格尔等那样，而是把人的异化以及复归认定为资本的运行方式及其内在矛盾的结果。资本在增值自身的过程中，必将会达到自己的界限，从而失去其基础和动力并趋于覆灭，这可以说是历史地摆在我们面前的客观规律。例如，马克思在《1857—1858年经济学手稿》中阐述了资本的四个界限，从而深刻地表达了资本否定自身的具体内容。马克思说道，"资本忘记和不顾下列各点：（1）必要劳动是活劳动能力的交换价值的界限；（2）剩余价值是剩余劳动和生产力发展的界限；（3）货币是生产的界限；（4）使用价值的生产受交换价值的限制。"② 从资本的四个界限来看，确实是迎合了阿尔都塞所言的马克思思想的前后期断裂，但是，如果事情仅止于此，与其说我们把握到了马克思驾驭资本思想的核心内容，不如说我们还没有把马克思驾驭资本的思想说全，说到位。

缘由何在？问题的实质并不是对资本及其运行逻辑的现象学描述，而是立足人及其现实的对象性活动来完成"改变世界"的任务。也就是说，当马克思把自己奋斗的目标作为"改变世界"的时候，马克思从来不会也不可能脱离人，脱离人与感性世界的关系来谈论这个目标及其实

---

① 〔法〕阿尔都塞：《保卫马克思》，顾良译，北京：商务印书馆2006年版，第22页。
② 《马克思恩格斯全集》第30卷，北京：人民出版社1995年版，第397页。

现。这可以从马克思对费尔巴哈的分析批判中得到确认。这样一来,在如何驾驭资本这个问题的解决上,核心是如何理解资本逻辑与人的对象性活动的矛盾统一关系,以及如何理解人的对象性活动之对于资本的四个界限所具有的革命性作用。

就此而言,马克思创制的驾驭资本的思路需要从以下途径上提出:失去生产资料的工人,怎样在资本的抽象统治下,从异化走向复归并重新占有自己的对象,进而在这种占有中展现出自己的本质力量,并建立属人的社会关系,即"人类社会"。马克思认为,工人从异化走向复归,关键在于从对象性活动上阐发整个人类社会历史,把人所面对的对象世界作为自己感性生命的体现。也就是说,整个感性世界并不是与人相隔绝的静止的客体,尤其像费尔巴哈所认为的那样,而是理解为在人的感性活动(对象性活动)中不断生成的感性世界。对此,马克思指出,"这种活动、这种连续不断的感性劳动和创造、这种生产,正是整个现存的感性世界的基础"①,人与感性世界之间首先不是认识论关系,而是存在论关系。我们只有明白了这一点,才能够进入到马克思所言的人对对象的真正占有的语境当中。确切地说,马克思所指出的工人面对的感性世界,是以私有财产的形式形成的,私有财产是人所面对的这个感性世界的现象学表达,"私有财产的运动——生产和消费——是以往全部生产的运动的**感性**表现,也就是说,是人的实现或现实。"② 当然,马克思并不是在肯定的意义上看待整个感性世界(私有财产),而是在否定的意义上,在工人的异化的处境上谈及的。在马克思看来,工人从异化走向复归,就必须把私有财产作为复归的基础和前提,如马尔库塞所言,"批判的基本概念(外化劳动和私有财产)一开始就并不是简单地作为经济学的概念,而是作为在人的历史中一个重要的过程的概念被接受过来和加以批判的,所以,通过人的现实的真正占有来实现对私有财

---

① 《马克思恩格斯文集》第1卷,北京:人民出版社2009年版,第529页。
② 《马克思恩格斯全集》第42卷,北京:人民出版社1979年版,第121页。

产的'积极的扬弃'将使整个人类历史革命化。"① 马克思同样也指出，"私有财产的扬弃，是人的一切感觉和特性的彻底解放；但这种扬弃之所以是这种解放，正是因为这些感觉和特性无论在主体上还是在客体上都变成**人的**。"②

或许阿尔都塞抓住马克思这里所说的"**人的**"这个术语不放，才导致了他认为马克思的早期思想陷入到了"意识形态"当中。事情果真如此？断然不是。如果我们不局限在概念上的争论不休，那么很容易看到，马克思所论及的"人的一切感觉和特性的解放都变成人的"这句话的根本含义在于，马克思要让异化了的人在面对私有财产时，从私有财产中真正释放出自己的本质力量，进而"以全面的方式，也就是说，作为一个完整的人，占有自己的全面的本质"③。这里的"占有"之所以是属人的占有，完全取决于人对私有财产的属人本质的揭示，也即是取决于人与感性世界（虽然是以异化了的形式）本质关联的真正显现。由此出发，事情也就转变为这样，马克思在《1857—1858年经济学手稿》中所论及的资本的四个界限，无非是人的对象性活动与其产物即私有财产关系的界限，而劳动二重性及其矛盾的提出，其用意不仅在于揭示资本对人的抽象统治，而且还在于让我们懂得异化了的人在克服异化的道路上，要把具体劳动作为抽象劳动的否定，以及作为扬弃交换价值的根本力量来看待。或者可以说，工人生产商品使用价值的具体劳动才是属于工人本质力量的体现，而生产商品交换价值的抽象劳动仅仅是体现私有财产（资本）的形式，虽然这种抽象的形式得到了马克思最为严肃的对待，但这也只是马克思揭露资本抽象统治的现象学表达罢了。问题的实质在于，马克思时刻提醒工人并使之明白，只有在他们真正地占有使用价值（在资本主义社会是私有财产），从而在这种占有中解放自己的

---

① 《西方学者论〈一八四四年经济学—哲学手稿〉》，上海：复旦大学出版社1983年版，第99页。

② 《马克思恩格斯全集》第42卷，北京：人民出版社1979年版，第124页。

③ 《马克思恩格斯全集》第42卷，北京：人民出版社1979年版，第123页。

感性生命时，才能够有效地破除交换价值的抽象统治，也即是驾驭资本，最终从异化状态中超拔出来并获得重新占有自身生命本质的力量。由此看来，阿尔都塞所言的马克思思想的前后期断裂，其实并不存在，就像大卫·哈维所指出的那样，马克思前后期所用的术语不一样，但这并不妨碍马克思思想的整体性，而且马克思所使用的术语的变化本身，还能够使我们处于一定的优势地位，因为"具备了这些基本概念之后，我们可以重新回到实物的表面，这是从抽象到具体的方法，以便揭示出表象世界具有的欺骗性。从这一点出发，我们就可以处在用完全不同的术语去解释世界的有利位置"①。

进一步而言，在工人占有自己对象的过程中，工人如何以这种占有为前提构建真正的属人的生产关系，即把雇佣劳动关系转变为真正的人的关系。众所周知，马克思所阐释的资本，不是国民经济学家所指出的实物要素的价值，而是一定条件下的生产关系，在资本主义条件下，就是雇佣劳动关系。就此而言，马克思驾驭资本思想，也就顺理成章的从占有对象过渡到以驾驭雇佣劳动关系为其深化，才具有现实性。确切地讲，驾驭雇佣劳动关系就是把真正体现人的关系交还给人，并且在人的对象性活动中形成属人的关系，而不是物的关系。在资本的统治下，人与人的关系通过物与物的关系反映出来，人的社会关系也就被物的关系所掩盖，马克思在《资本论》中阐述的"商品拜物教"对此做出了说明。与此同时，马克思在《关于费尔巴哈的提纲》中提出，"旧唯物主义的立脚点是市民社会，新唯物主义的立脚点则是人类社会或社会的人类。"② 这句话表明，马克思要立足"社会的人类"来建立属人的社会关系，这样一种真正的属人的关系的建立，其前提就在于使人在自身的对象性活动本质力量的基础上把社会关系构建起来。也就是说，人与人的关系的属人性，而不是属物性，需要在人对对象真正占有的基础上才

---

① 〔美〕哈维：《跟大卫·哈维读〈资本论〉》，刘英译，上海：上海译文出版社2014年版，第8页。

② 《马克思恩格斯文集》第1卷，北京：人民出版社2009年版，第502页。

能够形成。对于这个问题，马克思并没有给我们一个确切的描述，而是以他特有的论战性方式提出了解决这个问题的方向，马克思说道，"随着对象性的现实在社会中对人来说到处成为人的本质力量的现实，成为人的现实，因而成为**人自己的**本质力量的现实，一切**对象**对他来说也就成为他自身的**对象化**，成为确证和实现他的个性的对象，成为他的对象，而这就是说，对象成了**他自身**。"① 这句话表明，在人以全面的方式占有对象的条件下，一个人在自己的对象中体现出来的自己的本质力量就成为这个社会的现实，结果是人在对象化当中从对象身上得到了关于自己的个性的确证，也就证实了自己本质力量的现实性。这样一来，人与对象之间的真正占有关系也就形成真正的属人的关系，成为人与人之间建立真正社会关系的起点。这种关系已经突破了资本统治下的抽象的物与物的关系，展现出了一个体现真正"人类社会"关系的图景，即"**私有财产**的积极的扬弃，作为对**人的**生命的占有，是一切异化的积极的扬弃，从而是人从宗教、家庭、国家等等向自己的**人的**即**社会的**存在的复归。"②

综上所述，马克思驾驭资本的思想，已经在他早期所撰写的《1844年经济学哲学手稿》中奠定了基础，而且在马克思以后的思想发展中，他一直在致力于如何更加深入地分析资本主义生产方式，以至于让异化了的工人正确地理解自己的异化处境及其形成过程，并为工人的反异化革命提供理论支撑，而《资本论》就是佐证。就此可知，马克思撰写《资本论》的用意，并非要把资本看作与人无关的客观运行方式，任由资本自行运转并最终自行毁灭，这可以从马克思把资本看作为一定条件下的生产关系，同时又把人的本质看作一切社会关系的总和中得到有力的证明。所以说，如要完整地理解马克思驾驭资本的思想，就不能割裂马克思思想的连续性和整体性，尤其要在存在论上揭示马克思的早期思

---

① 《马克思恩格斯全集》第42卷，北京：人民出版社1979年版，第121页。
② 《马克思恩格斯全集》第42卷，北京：人民出版社1979年版，第121页。

想与晚期思想的一致性，只有这样才能够深入的理解马克思曾经所言的"改变世界"之现实可能性，这就是从人的对象性活动出发，在人以全面的方式占有对象的基础上，形成真正的属人的社会关系，如此才能够驾驭并克服资本对人的抽象统治。这难道不是我们继承与发展马克思理应尊重的事实吗？

三、中国道路的合理筹划

很确切地讲，当今推动全球化发展的根本动力在于资本及其逻辑。资本逻辑在世界范围的展开，以及由资本逻辑构筑的现代世界，它所呈现出的各民族和各国家一体化发展态势，从客观上要求中国走进全球化、走入全球化来谋求发展。另一方面，中国在谋求现代化发展的同时，理应深刻理解全球各个国家发展的现实情况，并且还要从中国社会历史现实出发，开拓出符合中国国情的现代化道路。如此说来，就中国特色社会主义道路所承担的历史使命而言，马克思的驾驭资本思想顺其自然地成为推进与引领中国现代化的理论纲领，使中国利用资本推动解放生产力和发展生产力的同时，限制资本的负面效应，有效阻止资本给中国的现代化带来的两个危险：一是资本导致的人的异化；二是资本在中国的发展壮大有可能导致中国的资本主义化。这两个方面的危险是目前中国现代化进程急需解决的重要问题，而对这个问题的解决顺利与否，成为当今中国为什么还需要马克思的试金石。

马克思曾在《〈黑格尔法哲学批判〉导言》中明确地指出，"理论在一个国家实现的程度，总是取决于理论满足这个国家的需要的程度。"[①] 这句话义理深刻，因为马克思从来不把理论与实践的统一，看作理论本身的事情，或者可以说，理论是在一个国家需要的时候而产生的，它源于国家的需要而且又要在满足国家的需要上成为真正的理论。

---

① 《马克思恩格斯文集》第1卷，北京：人民出版社2009年版，第12页。

就此而言，马克思的驾驭资本思想就不仅仅是历史唯物主义理论本身的应有之义，根本的事情在于，中国的现代化实践进程，无不印证着资本的巨大作用，亦即马克思所分析的资本在世界范围的布展，而当今中国也融入了这样的现实环境当中。就像海德格尔所言，"与此不同，现今的'哲学'满足于跟在科学后面亦步亦趋，这种哲学误解了这个时代的两重独特现实：经济发展与这种发展所需要的架构。马克思主义懂得这（双重）现实。"① 海德格尔的明见颇为深刻，当今时代就是资本通过市场经济展现自身魅力的时代，而马克思与其他哲学的根本不同就在于，马克思懂得当今的经济发展与资本逻辑之间的架构。所以说，马克思的驾驭资本思想已经超出了任何"理论家"所能达到的高度，中国的现代化进程以马克思的驾驭资本思想为理论指导，必将体现出较之资本主义的优越性。

具体来说，以马克思的驾驭资本思想为切入点，中国现代化建设的发展须臾遵循以下两个途径，才能体现出中国特色社会主义制度的优越性所在。

第一，我们要把解放生产力和发展生产力作为中国特色社会主义本质的基础上，提出要以人的全面方式占有生产力创造出来的物质财富和精神财富，进而提高人民群众的生活水平和素质，为人的全面发展提供坚实基础。众所周知，发展生产力是推进人的自由全面发展的基础，只有生产力极度的发达与提高方才创造出使人全面自由发展的客观条件。但是，这样的说法并没有透彻地理解马克思的本意，因为马克思还提示我们，人只有在充分占有生产力成果的基础上，才能够使人的全面自由发展的现实条件显现出来。对此，马克思指出，"**共产主义是私有财产即人的自我异化的积极扬弃**，因而是通过人并且为了**人**而对人的本质的真正**占有**；因此，它是人向自身、向**社会的**（即人的）人的复归，这种

---

① 〔德〕海德格尔：《晚期海德格尔的三天讨论班纪要》，丁耘摘译，载《哲学译丛》2001年第3期。

复归是完全的、自觉的而且保存了以往发展的全部财富的。"① 从马克思驾驭资本思想的逻辑思路来看，生产力的发展与人的发展是统一的，而且是在人充分地占有生产力结果的过程中，人的各方面能力充分展现出来，从而将会在对感性世界的真正占有中获得全面自由的发展。

与此同时，当今中国现代化实践进程中所要求的"坚持发展为了人民、发展依靠人民、发展成果由人民共享"的举措，其目的不仅仅在于提升中国现代化发展水平与综合国力，更是要在发展现代化的过程中完全以人的现实生活为价值关怀，让中国人民能够在现代化过程中充分地拥有和占有发展的果实，即"使全体人民在共建共享发展中有更多获得感，增强发展动力，增进人民团结，朝着共同富裕方向稳步前进"。这是中国特色社会主义道路先进性的根本体现。如此一来，虽说生产力的发展需要以资本作为催化剂，才能够形成源源不断的动力，但马克思的驾驭资本思想必将成为限制资本负面效应的有效手段。因此，我们一方面要以大力发展和解放生产力作为中国推进现代化的根本动力，更重要的是，中国还要通过设计更加符合马克思驾驭资本思想的制度，来让中国人民充分占有和享受生产力发展的果实，限制由资本所导致的人的异化状况。

第二，我们要从生产关系入手，并在调整与改革中国的经济体制、政治体制和文化体制的基础上，提出要以人的真正的属人的社会关系作为构建全面建成小康社会的战略任务的重要支点，从而建立符合中国特色社会主义道路的新型生产关系结构。就如马克思所言："在被积极扬弃的私有财产的前提下，人如何生产人——他自己和别人；直接体现他的个性的对象如何是他自己为别人的存在，同时是这个别人的存在，而且也是这个别人为他的存在。"② 从这个层面上来讲，体现中国特色社会主义制度优越性的关键在于，当今中国要把人与人的生产关系从资本的

---

① 《马克思恩格斯全集》第 42 卷，北京：人民出版社 1979 年版，第 120 页。
② 《马克思恩格斯全集》第 42 卷，北京：人民出版社 1979 年版，第 121 页。

统治下解放出来,要不断地在制度层面上——经济制度、政治制度、文化制度和社会制度——充分考虑并建立马克思所说的以立足"人类社会"为关切的新型生产关系,这种新型生产关系体现出的不是人与人之间的利益关系、剥削关系和敌视关系等,它是超越了这些关系的具有"人类社会"性质的生产关系,即可以称之为"共产主义生产关系"。

另外,中国特色社会主义在建立人的全面自由发展的"共产主义生产关系"时,应当以马克思的驾驭资本思想为理论指导,限制或者说控制资本可能给人带来的异化处境,这是当前中国必须重视的根本问题。这里所言的异化处境尤其是指当今中国社会中人的利益膨胀、享乐主义、拜金主义的弥散。就此而言,以马克思的驾驭资本思想为纲领,我们如何使人与人的关系从物的关系的统治下超拔出来,从而坚决与资本主义腐朽的东西划清界限,也就成为展现中国特色社会主义制度的优越性所在。进而言之,像有些国内学者所指出的那样,"在资本主义生产方式还占主导地位的世界历史时代,在一个广博、比较落后且发展极不平衡的国家,我们只能通过对'资本逻辑'的驾驭(而不是被'资本逻辑'的支配)来推进社会主义的发展。"[①] 就这样的提法本身而言,中国需要而且必须走一条利用"资本逻辑"谋求发展的道路,但更加需要我们重视的是,中国特色社会主义道路不能够依附资本主义生产方式来实现现代化,尤其不能把中国道路看作为资本主义道路的东方补充,亦绝不使中国道路发生像资本主义社会那样导致人异化发展的情况出现。所以说,从目前中国现代化建设的情况来看,马克思的驾驭资本思想,即在人的对象性活动的基础上所进行的构建"人类社会"的诉求,需要在中国特色社会主义历史实践过程中被充分地吸取和转化,这样的吸取与转化必将与中国目前所进行的经济结构调整、政治体制改革、文化体制改进等政策相互照应,形成相互作用且相互补充

---

① 叶险明:《驾驭"资本逻辑"的中国特色社会主义初论》,载《天津社会科学》2014年第3期。

的趋势,而这种趋势本身也必然会在中国特色社会主义道路的未来发展中被确定下来。

总而言之,马克思的驾驭资本思想,随着中国特色社会主义在引入资本来寻求现代化发展的历史进程中,已经显现出了对中国道路的合理性指导作用,这可以从当今中国社会各方面事业的蓬勃发展中得到确证。但是,在当今中国社会的深入转型和调整的背景下,我们更要抓住这个有利机遇,把马克思的驾驭资本思想充分地融入到当今中国社会各方面事业的建设当中,以至于无论在理论上还是在实践上,都为中国道路的未来健康发展提供卓有成效的理论支持,最终为共产主义的到来做好积极准备。这难道不是马克思思想遗产的真正复活吗?

(作者李齐系武汉工程大学马克思主义学院讲师,博士,主要从事历史唯物主义主义研究;田辉玉系武汉工程大学马克思主义学院教授,博士,主要从事马克思主义哲学研究。)

《当代中国马克思主义哲学研究》
编辑部征稿启事

  《当代中国马克思主义哲学研究》是江苏师范大学当代马克思主义哲学范式创新研究中心与中共中央编译局江苏师范大学发展理论研究中心共同主办的学术刊物，以国内著名马克思主义哲学研究专家江苏师范大学校长任平教授领衔组成编委会，每年出版一期。本刊的办刊主旨是全面介绍、客观评价、深入研究当代中国马克思主义哲学研究的状况及相关热点问题，进一步推动马克思主义哲学的繁荣和发展。

  本刊诚挚欢迎广大马克思主义哲学研究的专家、学者，围绕本刊的主旨给予投稿。稿件一经采用，即付稿酬。

  投稿内容不限，但对于所投稿件本刊编辑部有删减（非修改）的权力。如不同意修改，请在投稿时注明。因篇幅等原因，对不同意删减的文章一般不予采用。

编辑部地址：江苏省徐州市铜山区上海路 101 号 江苏师范大学《当代中国马克思主义哲学研究》编辑部

  邮　编：221116
  联系人：冯建华
  邮　箱：13815301350@126.com

图书在版编目（CIP）数据

当代中国马克思主义哲学研究. 2016 /
任平主编. —北京：中央编译出版社, 2017.11

ISBN 978-7-5117-3395-5

Ⅰ.①当… Ⅱ.①任… Ⅲ.①马克思主义哲学-研究-中国 Ⅳ.①B0-0

中国版本图书馆 CIP 数据核字（2017）第 222855 号

当代中国马克思主义哲学研究. 2016

出 版 人：葛海彦
出版统筹：贾宇琰
责任编辑：李媛媛
责任印制：刘 慧
出版发行：中央编译出版社
地　　址：北京西城区车公庄大街乙 5 号鸿儒大厦 B 座（100044）
电　　话：（010）52612345（总编室）　　（010）52612335（编辑室）
　　　　　（010）52612316（发行部）　　（010）52612346（馆配部）
传　　真：（010）66515838
经　　销：全国新华书店
印　　刷：北京紫瑞利印刷有限公司
开　　本：787 毫米×1092 毫米　1/16
字　　数：322 千字
印　　张：25
版　　次：2017 年 11 月第 1 版
印　　次：2017 年 11 月第 1 次印刷
定　　价：85.00 元

网　　址：www.cctphome.com　　邮　　箱：cctp@cctphome.com
新浪微博：@中央编译出版社　　微　　信：中央编译出版社（ID：cctphome）
淘宝店铺：中央编译出版社直销店（http://shop108367160.taobao.com）　（010）55626985

本社常年法律顾问：北京市吴栾赵阎律师事务所律师　闫军　梁勤
凡有印装质量问题，本社负责调换。电话：（010）55626985